About Pearson

Pearson is the world's learning company, with presence across 70 countries worldwide. Our unique insights and world-class expertise comes from a long history of working closely with renowned teachers, authors and thought leaders, as a result of which, we have emerged as the preferred choice for millions of teachers and learners across the world.

We believe learning opens up opportunities, creates fulfilling careers and hence better lives. We hence collaborate with the best of minds to deliver you class-leading products, spread across the Higher Education and K12 spectrum.

Superior learning experience and improved outcomes are at the heart of everything we do. This product is the result of one such effort.

Your feedback plays a critical role in the evolution of our products and you can contact us - reachus@pearson.com. *We look forward to it.*

सामान्य अध्ययन

पेपर-1

लेखक

● डॉ. शीलवंत सिंह ● सारिका

● डॉ. एस. एस. पाण्डेय ● वी.के. सिंह

● डॉ. ए. पी. सिंह ● रमेश पाण्डेय

Pearson

सीनियर एडिटर —ऐक्विज़िशन्स: **शेरेल साइमन**
एडिटोरियल असिस्टेन्ट —डेवलपमेन्ट: **रक्षा शर्मा**
सीनियर एडिटर—प्रोडक्शन: **विपिन कुमार**

ISBN 978-93-868-7394-1 (पुस्तक)
ISBN 978-93-868-7390-3 (बॉक्स)

प्रथम मुद्रण

प्रकाशक: पियर्सन इंडिया एजुकेशन सर्विसेज प्राइवेट लिमिटेड, सीआईएन: U72200TN2005PTC0571228
पूर्व में ट्यूटर विस्टा ग्लोबल प्राइवेट लिमिटेड, दक्षिण एशिया में पियर्सन एजुकेशन के लाइसेंसी

मुख्य कार्यालय: 15वीं मंजिल, टॉवर-बी, वर्ल्ड ट्रेड टॉवर, प्लॉट नं. 1, ब्लॉक-सी, सेक्टर-16, नोएडा-201 301, उत्तर प्रदेश, भारत
पंजीकृत कार्यालय: चौथी मंजिल, सॉफ्टवेयर ब्लॉक, इल्नेट सॉफ्टवेयर सिटी, टी.एस.-140, ब्लॉक्स 2 एवं 9,
राजीव गांधी सालाय, तारामनी, चेन्नई-600 113, तमिलनाडु, भारत
फैक्स: 080-30461003, फोन: 080-30461060
www.in.pearson.com, E-mail: companysecretary.india@pearson.com

टाइपसेटर: सक्षम प्रिन्टोग्राफिक्स, दिल्ली
मुद्रक: थॉम्सन प्रेस (इंडिया) लिमिटेड

सामान्य विज्ञान तथा प्रौद्योगिकी

विषय-सूची

सामान्य विज्ञान तथा प्रौद्योगिकी

प्रवृत्ति विश्लेषण एवं समग्र रणनीति

सिविल सेवा प्रारंभिक परीक्षा में विज्ञान एवं प्रौद्योगिकी एवं सामान्य विज्ञान (भौतिकी, रसायन, जीव विज्ञान) सामान्य अध्ययन के महत्वपूर्ण खंड में स्थान रखता है। विगत वर्ष के प्रश्न पत्रों को ध्यान देने से पता चलता है कि इस खंड से प्रतिवर्ष औसतन तीस (30) प्रश्न आते हैं। जिसे निम्नलिखित चार भागों में विभाजित कर सकते हैं।

विज्ञान एवं प्रौद्योगिकी तथा सामान्य में कुल चार प्रकार के प्रश्न पूछे जाते हैं जिसमें

- तथ्य पर आधारित 5 प्रतिशत
- अवधारणा पर आधारित 15 प्रतिशत
- अवधारणा के अनुप्रयोग पर आधारित 30 प्रतिशत
- गहन अध्ययन एवं विश्लेषण से प्राप्त तथ्यों पर आधारित 50 प्रतिशत

1. **विज्ञान प्रौद्योगिकी**—विज्ञान एवं प्रौद्योगिकी में पूछे जाने वाले प्रश्न समसामयिक प्रकृति के होते हैं और इस हेतु उत्सुकता के साथ-साथ आस-पास घट रही तमाम घटनाओं को समझने की प्रवृत्ति का विकास होना चाहिए और यह तभी सम्भव है जब विद्यार्थी की अवधारणा स्पष्ट हो। विगत वर्षों के प्रश्न पत्रों के अध्ययन से ज्ञात होता है कि इस खंड से प्रतिवर्ष आठ से लेकर बारह प्रश्न पूछे जाते हैं। जो निम्न क्षेत्र से होते है—

   1. अंतरिक्ष प्रौद्योगिकी (भारत एवं विश्व)।
   2. रक्षा प्रतिरक्षा प्रौद्योगिकी।
   3. सूचना संचार, इलेक्ट्रानिक एवं कम्प्यूटर।
   4. गैरपरंपरागत एवं परमाणु ऊर्जा स्त्रोत।
   5. स्वास्थ्य एवं पोषण प्रतिरक्षण।
   6. पर्यावरण एवं पारिस्थितिकी
   7. जैव प्रौद्योगिकी
   8. आधुनिक प्राद्यौगिकी

2. **भौतिक विज्ञान**—इस खंड के प्रश्न सामान्यतः सामान्य दैनिक जीवन के उपयोग के साथ-साथ अल्पकालिक एवं दीर्घ कालिक अनुप्रयोगों, सिद्धांतों, अवधारणाओं तथा उसकी क्रियाविधि पर आधारित होते हैं। भौतिक विज्ञान के इस खंड के प्रश्न को करने के लिए विद्यार्थी में विज्ञान की एक सामान्य समझ की आवश्यकता होती है। जिसमें व्यवहारिक पक्ष एवं विकासोन्मुख पक्षों के प्रति रूझान जानने का प्रयास किया जाता है। इस खंड से प्रतिवर्ष औसत सात से लेकर दस प्रश्न पूछे जाते हैं, जो निम्नलिखित विषय वस्तु से सम्बन्धित होते हैं। इनका वरीयतानुक्रम निम्न प्रकार का है—

   1. प्रकाशिकी।
   2. ध्वनि।
   3. ऊष्मा एवं ऊष्मागतिकी।
   4. विद्युत।
   5. यांत्रिकी।

3. **जीव विज्ञान**—जीव विज्ञान सामान्य विज्ञान के महत्वपूर्ण खंडों में से एक है। इससे प्रतिवर्ष 12 से 15 प्रश्न पूछे जाते हैं। परन्तु इस खंड में पूछे जाने वाले प्रश्न परंपरागत श्रेणी के होते हैं इसमें वनस्पति विज्ञान से मात्रा तीन-चार प्रश्न पूछे जाते हैं जिसमें से एक प्रश्न कृषि, जैव विविधता तथा पादप जगत से सम्बन्धित होते हैं। प्राणि विज्ञान में अधिकांश प्रश्न मानव शरीर की विभिन्न प्रणालियों, व्याधियों, कोशिकाओं से सम्बन्धित होते हैं। हाल के प्रश्नों में पोषण, स्वास्थ्य, संक्रामक और असंक्रामक रोगों से सम्बन्धित प्रश्नों की संख्या में वृद्धि हुई है, खाद्य पदार्थ के घटक, विटामिन्स व उनके कार्य स्त्रोत इत्यादि से प्रश्न पूछे गये। विगत वर्ष एवं पूर्व के आविष्कारों से पूछे जाने वाले प्रश्नों की मुख्य विशेषता है कि यह आविष्कार संशोधनात्मक अनुसंधानों पर आधारित होते हैं। जीव विज्ञान में प्रश्नों की प्रकृति सामान्यतः सामान्य प्रकृति के साथ ही समसामयिक होती है, जो निम्नलिखित विषयवस्तु से संबद्ध होते हैं।

   1. कोशिका।
   2. आनुवंशिकी।
   3. आनुवंशिकी विकार।
   4. मानव शरीर
      - पोषण एवं पाचन तंत्र।
      - रूधिर वर्ग व परिसंचरण तंत्र।
      - श्वसन तंत्र।
      - ताप समंजय।
      - प्रतिरक्षण।
      - उत्सर्जन तंत्र।
      - संवेदी अंग व तंत्रिका तंत्र।
      - अंतः स्रावी तंत्र।

5. रोग।
6. जैव विविधता।
7. उद्विकास एवं जैव विकास।
8. पारिस्थितिकी तंत्र एवं पर्यावरण।
9. वनस्पति व कृषि।
10. भ्रूण विज्ञान।

4. **रसायन विज्ञान**—रसायन विज्ञान का यह खंड सामान्य विज्ञान के खंडों में सामान्य स्थान रखता है परंतु इसमें पूछे जाने वाले प्रश्न परंपरागत प्रकार के सूचनात्मक एवं अवधारणा पर आधारित होते हैं अर्थात इस खंड के प्रश्नों को चयनात्मक विधि से कुछ महत्वपूर्ण विषय वस्तु पर ध्यान केंद्रित करके अध्ययन करना चाहिए। संपूर्ण विषय वस्तु को पूर्ण करना लाभदायक सिद्ध नहीं होता है। इसमें निम्नलिखित विषयवस्तु से सम्बन्धित प्रश्न होते हैं।

1. भौतिक रसायन
   - पदार्थ की प्रकृति एवं गतिमान अवस्था, (डायनमिकस्टेट) परमाणु संरचना, आवर्त सारणी, रेडियोधर्मिता, रासायनिक विलयन के प्रकार।
2. रासायनिक संबंध
3. अकार्बनिक रसायन
   - धातु व अधातु, विद्युत रसायन, अम्ल एवं क्षार, रासायनिक यौगिक, ऑक्सीकारण एवं अपचयन, औद्योगिक रसायन
4. कार्बनिक रसायन
   - हाइड्रोकार्बन।
5. जैव रसायन
   - पर्यावरण रसायन एवं प्रदूषण।
   - खाद्य रसायन।
   - कृषि रसायन।
   - औषधि रसायन, जीव रसायन।
6. नाभिकीय रसायन।

पूरक अध्ययन

विज्ञान एवं प्रौद्योगिकी

1. भारत के अंतरिक्ष केन्द्र एवं उनका महत्व।
2. भारत की प्रमुख रक्षा-प्रतिरक्षा एवं अनुसंधान इकाइयां।
3. सूचना संचार की अद्यतन शब्दावलियां तथा प्रमुख संस्थान।
4. इलेक्ट्रॉनिक्स एवं कम्प्यूटर से जुड़ी प्रमुख शब्दावलियां व संस्थान।
5. भारत के सभी परमाणु रियेक्टर व उनकी अवस्थिति।
6. भारत में ऊर्जा उत्पादन के प्रमुख संस्थान (ताप, जल, गैस, परमाणु व अपरम्परागत)।
7. जैव प्रौद्योगिकी से सम्बन्धित प्रमुख संस्थान।
8. प्रमुख नवीन बीमारियां, उनके रोकथाम, प्रभाव व कारण।
9. विभिन्न प्रकार के प्रदूषण, कारण, निवारण।
10. जैव रसायन से जुड़े प्रमुख संस्थान।
11. कृषि विज्ञान से जुड़े प्रमुख संस्थान।
12. विभिन्न फसलों में नवीन बीज तथा प्रजातियां।

भौतिक विज्ञान

1. प्रमुख मापन एवं मात्रक।
2. प्रौद्योगिकी एवं उनमें प्रयुक्त भौतिकी के नियम।
3. प्रसिद्ध भौतिकी विज्ञानी एवं उनका योगदान।
4. वैज्ञानिक उपकरण व उनके अनुप्रयोग भौतिकी में।
5. खोज एवं अविष्कार।
6. प्रमुख संस्थान (भौतिकी-रक्षा प्रतिरक्षा, अंतरिक्ष, परमाणु ऊर्जा)।
7. नवीन शब्दावली सूचनाएं, संचार।

जीव विज्ञान

1. जीव विज्ञान के प्रमुख वैज्ञानिक एवं उनका योगदान।
2. मानव शरीर में विभिन्न तत्वों की औसत मात्रा।
3. भारत में कृषि जन्य उत्पादों से सम्बन्धित महत्वपूर्ण क्रांतियां।
4. कोशिकांगों से जुड़े महत्वपूर्ण तथ्य।
5. जीव विज्ञान से सम्बन्धित महत्वपूर्ण खोज/आविष्कार।
6. प्रोटोजोआ, जीवाणु, वायरस, कृमि जनित मानव रोग।
7. पादप रोग।
8. जीव विज्ञान व इससे सम्बन्धित शाखाएं।
9. विटामिनों के कार्य एवं महत्वपूर्ण स्त्रोत।
10. जीव विज्ञान के क्षेत्र में कुछ प्रमुख योगदानों का कालानुक्रम।
11. मानव शरीर की अंत:स्त्रावी ग्रंथियां, उनसे उत्पन्न हार्मोन्स के कार्य एवं जीव विज्ञान की विभिन्न शाखाओं के जनक, प्रोटोजोआ एवं जीवाणु: स्मरणीय तथ्य, पौधों में पाये जाने वाले कुछ मुख्य खनिज तत्व, उनके प्रमुख कार्य व उनकी कमी के लक्षण।
12. आर्थिक दृष्टि से कुछ महत्वपूर्ण भारतीय पादप, **जीव विज्ञान:** सबसे बड़ा व सबसे छोटा, महत्वपूर्ण औषधि पादप तथा उनके उपयोग।

रसायन विज्ञान

1. हमारे व्यवहारिक जीवन में रसायन विज्ञान।
2. सामान्य यौगिकों के सूत्र एवं इनके उपयोग।
3. मानव शरीर में विभिन्न तत्वों का औसत।
4. रसायन विज्ञान से सम्बन्धित प्रमुख खोजें व आविष्कार।
5. रासायनिक अभिक्रियाओं को प्रभावित करने वाले कारक।
6. प्रमुख उत्प्रेरक व उनका अनुप्रयोग।
7. रसायन विज्ञान से जुड़े प्रमुख संस्थान।
8. भारत और विश्व के प्रमुख रसायनशास्त्री और उनका योगदान।
9. प्रमुख गैसे (कार्बनिक व अकार्बनिक) और व्यवहारिक जीवन में उनका उपयोग।

विगत वर्षों के प्रश्नों के आधार पर विश्लेषण व अध्ययन रणनीति

विज्ञान

क्र. सं.	विषयवस्तु	2002	2003	2004	2005	2006	2007	2008	2009	2010	2011	2012	2013	2014	2015	2016	2017	विगत वर्षों के प्रश्नों के आधार पर परीक्षा उपयोगी अध्ययन स्रोत
1.	भौतिक विज्ञान	5	5	1	9	9	9	2	14	4	6	6	1	3	1	–	–	ध्वनि, प्रकाश, ऊर्जा, मापन, विद्युत, चुम्बक, ऊष्मा एवं ताप
2.	रसायन विज्ञान	4	5	2	6	5	5	–	5	5	6	4	2	1	1	–	1	कार्बनिक, अकार्बनिक तथा जैविक रसायन कीट प्रमुख अनुप्रयोग व प्रयोग
3.	वनस्पति विज्ञान	2	1	6	3	3	–	–	2	1	2	2	1	–	1	1	–	प्रमुख वनस्पति और उनकी विशेषताएँ
4.	मानव चिकित्सा विज्ञान (जन्तु विज्ञान)	2	1	3	3	3	6	7	3	9	12	6	6	7	1	1	1	शरीर क्रिया विज्ञान चिकित्सा स्वास्थ्य खनिज विटामिन उसके स्त्रोत और अभिलक्षण विशेषताएं
5.	कृषि, पशुपालन एवं डेयरी	–	–	–	1	4	3	–	1	2	–	1	–	–	–	–	–	कृषि की नई तकनीकियां नया सीट और पशुपालन की नई श्रेणियाँ
6.	विज्ञान प्रौद्योगिकी	2	3	3	–	1	2	7	–	2	1	1	1	1	9	11	5	अंतरिक्ष, रक्षा-प्रतिरक्षा, सूचना, संचार इलेक्ट्रॉनिक एवं कम्प्यूटर जैव प्रौद्योगिकी आधुनिक विज्ञान एवं प्रौद्योगिकी 21वीं सदी के प्रमुख अविष्कार और प्रौद्योगिकीयां
	कुल पूछे गए प्रश्न	13	15	15	22	24	23	16	25	21	27	19	10	12	13	13	7	

- मात्रक, यांत्रिकी के सिद्धांतों, थर्मोस्टेट के अनुप्रयोग, तरंग गति, ध्वनि के व्यवहारिक अनुप्रयोग, विद्युत चुम्बक और विकिरण के प्रभाव, प्रकाश के प्रकीर्णन, परावर्तन, अपवर्तन, दृष्टि दोष, पूर्ण आंतरिक परावर्तन के सिद्धांत और अनुप्रयोग, चुम्बकत्व और गति चालकता के प्रयोग, ऊर्जा उत्पादन को नवीन तकनीक, हाल ही के वर्षों में परमाणु अनुसंधान एवं विकास से सम्बन्धित प्रश्न ही प्राय: पूछे जाते हैं। जिसमें दैनिक जीवन में घटित होने वाली परम्परागत घटनाओं के साथ वर्तमान घटनाक्रम की संभावनाओं पर आधारित प्रश्न होते हैं।
- परमाणु संरचना की क्रमिक खोज, कार्बनिक और अकार्बनिक रसायन के दैनिक जीवन में प्रयोग, मानव निर्मित पदार्थ, धातु और उनके यौगिकों का उपयोग, बहुलक के उपयोग, मिश्र धातुएं और उनके घटक तथा उनका उपयोग, PH मान से सम्बन्धित हाल ही के वर्षों में परमाणु अनुसंधान एवं विकास से सम्बन्धित प्रश्न ही प्राय: पूछे जाते हैं। जिसमें दैनिक जीवन में घटित होने वाली परम्परागत घटनाओं के साथ वर्तमान घटनाक्रम की संभावनाओं पर आधारित प्रश्न होते हैं।
- चिकित्सा, स्वास्थ्य, पोषण और नवीन बीमारियों से सम्बन्धित प्रश्नों के साथ मानव शरीर से सम्बन्धित विभिन्न प्रकार के अनुसंधान एवं विकास, जंतु एवं प्राणी जगत का वर्गीकरण तथा उनकी क्रियाविधि, कार्बोहाइड्रेट, प्रोटीन, वसा तथा आर्थिक दृष्टि से महत्वपूर्ण पादप इत्यादि से सम्बन्धित प्रश्न पूछे जाते हैं। 80 प्रतिशत प्रश्नों की प्रकृति हाल के वर्षों में जीव, जंतु, वनस्पति से सम्बन्धित विभिन्न प्रकार के घटनाक्रम पर आधारित होती है जो कि उसके दैनिक जीवन को प्रतिदिन प्रभावित करती हैं।
- उपग्रह, कक्षा, प्रक्षेपण यान, राष्ट्रीय एवं अंतर्राष्ट्रीय स्तर के वर्तमान अंतरिक्ष कार्यक्रम एवं भविष्य की योजनाओं, प्रक्षेपास्त्र और उनका विकास तथा भविष्य की योजनाओं, सूचना संचार प्रौद्योगिकी के नवीन चमत्कार, अंतरिक्ष, रक्षा, जैव प्रौद्योगिकी, सूचना संचार, परमाणु अनुसंधान, कृषि अनुसंधान के केन्द्र व उनकी अवस्थिति, आधुनिक विज्ञान प्रौद्योगिकी के नवीन आविष्कार एवं अनुसंधान से सम्बन्धित प्रश्न पूछे जाते हैं। विज्ञान एवं प्रौद्योगिकी के पूछे जाने वाले प्रश्न परम्परागत ज्ञान और वर्तमान ज्ञान के साथ भविष्य की योजनाओं पर आधारित ज्ञान की एक श्रृंखलानुमा प्रश्नों का जाल होता है।

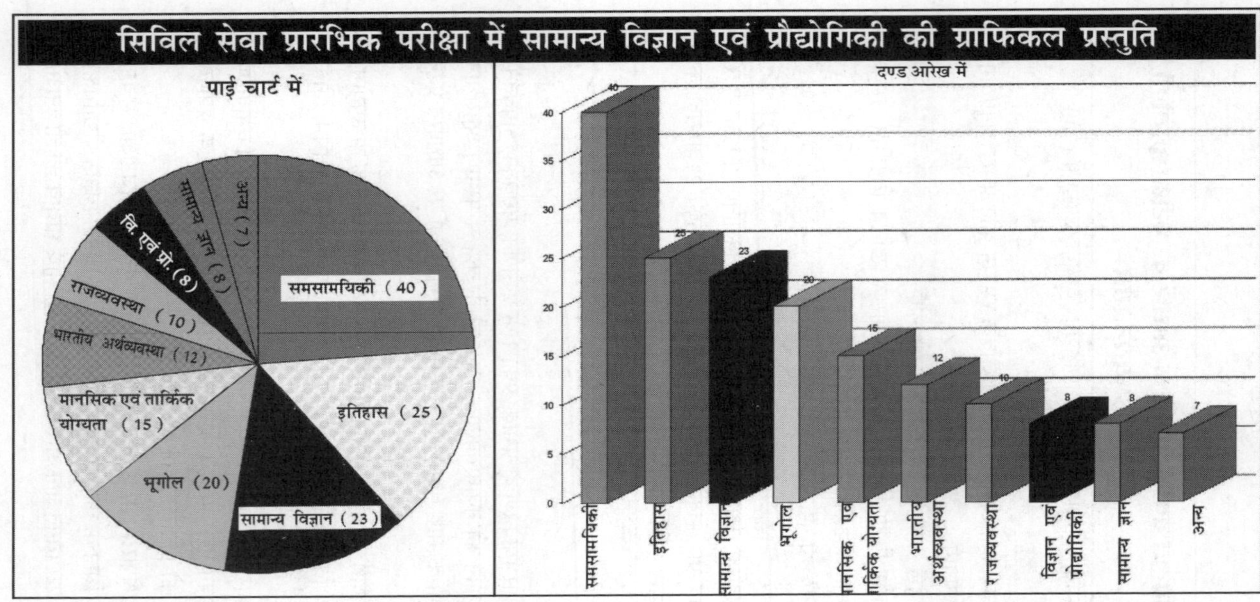

पूछे जाने वाले प्रश्नों का स्वरूप

विज्ञान एवं प्रौद्योगिकी : अंतरिक्ष

■ तथ्य आधारित प्रश्न इस प्रकार होगा—

प्रश्न–1. पृथ्वी के संदर्भ में बाहरी/गहन अंतरिक्ष की शुरूआत सामान्यत: मानी जाती है-

(a) पृथ्वी तल से 800 किमी. की ऊँचाई के बाद
(b) 1000 किमी. ऊँचाई के बाद
(c) 36 हजार किमी. की ऊँचाई के बाद
(d) 100 कि.मी. ऊँचाई के बाद

उत्तर—(b)

व्याख्या अंतरिक्ष की शुरूआत पृथ्वी के बर्हिमंडल के बाद मानी जाती है। जो 1000 किमी. की ऊँचाई के बाद आता है।

■ अवधारणा पर आधारित प्रश्न इस प्रकार से होगा—

प्रश्न–2. अंतरिक्ष किसे कहते है-

(a) यहाँ पर गुरूत्वाकर्षण बल अत्यधिक होने के कारण वस्तुएं एक दूसरे का चक्कर लगाती हैं।
(b) अंतरिक्ष में गैसों की मात्रा शून्य है। जिसके कारण घर्षण बल कार्य नहीं करता और वहां पर गुरूत्वाकर्षण बल भी शून्य है।
(c) अंतरिक्ष एक प्रकार का ब्लैक होल है।
(d) अंतरिक्ष में अनेक प्रकार के चुम्बकीय एवं पराबैगनी, एक्स किरणें होती हैं।

उत्तर— (B)

व्याख्या अन्तरिक्ष वह स्थान होता है जहाँ गैसों की मात्रा शून्य होती है और वहाँ न तो गुरूत्वाकर्षण बल होता है न ही घर्षण बल।

■ अवधारणात्मक के प्रयोग पर आधारित प्रश्न इस प्रकार होगा—

प्रश्न 3. निम्न कथनों पर विचार कीजिए-

1. तुल्यकारी उपग्रह लगभग 10 हजार किमी. ऊँचाई पर स्थापित किया जाता है।
2. संगीत के एफ.एम. संचरण के उत्तम प्रकार का होने का कारण है वायुमंडलीय अथवा कृत्रिम शोर जो सामान्यत: आवृत्ति परिवर्तन के रूप में होता है, इसके लिए अधिक हानिकारक नहीं होगा।

सही विकल्प चुनें-

(a) केवल 1 सही
(b) केवल 2 सही
(c) 1 व 2 दोनों सही
(d) न तो 1 और न तो 2

उत्तर— (C)

व्याख्या तुल्यकालीन उपग्रह 3600 किमी. पर पृथ्वी के भू-स्थिर कक्षा में स्थित होते है, वे संसार के लिए उपयुक्त है।

■ सूचना पर आधारित प्रश्न इस प्रकार होगा—

प्रश्न–4. भारतीय उपग्रहों और उनके प्रक्षेपकों के संदर्भ में, निम्न कथनों पर विचार कीजिए-

1. इनसेट—शृंखला के सभी उपग्रह विदेशों से छोड़े गए।
2. पीएसएलवी का प्रयोग आई आर एस शृंखला के उपग्रहों के प्रक्षेपण के लिए किया गया।

3. भारत ने जीएसएलवी के तीसरे चरण को शक्ति प्रदान करने के लिए पहली बार स्वदेश निर्मित शीतजनित इंजनों का प्रयोग किया।
4. वर्ष 2001 में छोड़े गये जीएसएटी में अंकीय प्रसारणों और इंटरनेट सेवाओं को प्रदर्शित करने के लिए अर्जक भार है।

सही विकल्प चुनें–

(A) 1, 2, 3, 4 सही (B) 2, 3, 4 सही
(C) 1, 2, 4 सही (D) केवल 3 सही है।

उत्तर— (D)

व्याख्या भारत इनसैट उपग्रहों के निर्माण में तो सक्षम है परन्तु प्रक्षेपण में नहीं है। ज्यादातर उपग्रह यूरोपियन अन्तरिक्ष है। संस्था के प्रक्षेपण केन्द्र फ्रेंच गुयाना के कौरू उपग्रह केन्द्र के रॉकेट एरिमन-1, 2 से छोड़े जाते है। परन्तु इनसैट 4C/4CR का प्रक्षेपण भारत ने स्वंय किया है।

भौतिक विज्ञान

विषय वस्तुः प्रकाश तंतु (ऑप्टिकल फाइबर)

■ **तथ्य आधारित प्रश्न इस प्रकार होगा–**

प्रश्न-1. ऑप्टिकल फाइबर बना होता है–

(A) कांच (B) एल्यूमिनियम
(C) सिलिका (D) कॉपर

उत्तर— (C)

व्याख्या ऑप्टिकल फाइबर सिलिका का बना होता है जो कि बालू की रेत से प्राप्त होता है। भारत में यह बंगलौर से प्राप्त होता है जबकि अमेरिका के कैलीफोर्निया शहर में विश्व प्रसिद्ध सिलिका की घाटियां हैं। इसलिए उसे सिलिकान वैली के नाम से जाना जाता है। इस प्रकार के प्रश्नों में तथ्यात्मक ज्ञान की आवश्यकता होती है जिसे बार-बार पुनर्भ्यास कर सशक्त कर सकते हैं।

■ **अवधारणा पर आधारित प्रश्न इस प्रकार होगा–**

प्रश्न-2. ऑप्टिकल फाइबर कार्य करता है–

(A) प्रकाश का अपवर्तन (B) प्रकाश का परावर्तन
(C) प्रकाश का प्रकीर्णन (D) पूर्ण आंतरिक परावर्तन

उत्तर—(D)

व्याख्या ऑप्टिकल फाइबर पूर्ण आंतरिक परावर्तन के सिद्धान्त पर कार्य करता है। अत: इस प्रकार के प्रश्नो को तभी हल किया जा सकता है जब विद्यार्थी में अवधारणा के साथ-साथ उसका सिद्धांत भी स्पष्ट हों।

■ **अवधारणा के अनुप्रयोग पर प्रश्न इस प्रकार होगा–**

प्रश्न-3. ऑप्टिकल फाइबर का प्रयोग होता है

1. सूचना संचार एवं इलेक्ट्रॉनिक्स में
2. चिकित्सा एवं स्वास्थ्य सेवाओं में

सही विकल्प चुनें

(A) केवल 1 सही (B) केवल 2 सही
(C) 1 व 2 दोनों सही (D) न तो 1 और न तो 2

उत्तर—(C)

व्याख्या ऑप्टिकल फाइबर का प्रयोग सूचना, संचार एवं इलेक्ट्रॉनिक्स के साथ-साथ चिकित्सा एवं स्वास्थ्य में व्यापक रूप से हो रहा है। इस प्रकार प्रश्नों को हल करने हेतु उसके नवीन अनुप्रयोगों पर विशेष ध्यान देना होता है।

■ **तथ्य, अवधारणा अनुप्रयोग के गहन विश्लेषण पर आधारित है–**

प्रश्न-3. ऑप्टिकल फाइबर के बारे में सत्य कथनों का कूट बनायें

1. ऑप्टिकल फाइबर के निर्माण में रिलाइंस इंडस्ट्रीज, भारत की सबसे बड़ी कंपनी है।
2. ऑप्टिकल फाइबर का प्रयोग करने वाला मध्य प्रदेश देश का पहला राज्य है।
3. ऑप्टिकल फाइबर की पहली लाइन पूणे के शिवाजी नगर से छावनी के बीच बिछायी गयी।
4. ऑप्टिकल फाइबर 0.005 मिमी. की पतली बेलनाकार नलिकाएं होती हैं।

सही विकल्प चुनें:

(A) 1 व 3 (B) 2, 3 व 4
(C) 1, 2, 4 (D) उपरोक्त में सभी

उत्तर—(D)

व्याख्या रिलाइंस इंडस्ट्रीज देश की अग्रणी कंपनी है व मध्य प्रदेश ऑप्टिकल फाइवर का प्रयोग करने वाला देश का पहला राज्य और इसका कारखाना भोपाल में खोला गया तथा ऑप्टिकल फाइवर की पहली लाइन पुणे में बिछायी गयी व ऑप्टिकल फाइबर 0.005 मिमी. की पतली बेलनाकार नलिकाएं होती हैं। इस प्रकार के प्रश्नों को हल करने हेतु प्रारंभ से लेकर अंत तक सभी प्रकार की सूचनाओं का संकलन होना चाहिए।

जीव विज्ञान

विषय वस्तु मानव शरीर

■ **तथ्य आधारित प्रश्न इस प्रकार होगा–**

प्रश्न-1. निम्नलिखित कथनों पर विचार कीजिए

1. अश्रु ग्रन्थि का क्रियाशील न होना विटामिन-ए की कमी का मुख्य लक्षण है।
2. विटामिन बी-1 की कमी अपाचन तथा हृदय अपवृद्धि का कारण हो सकती है।
3. विटामिन-सी की कमी मांसपेशियों में पीड़ा का कारण हो सकती है।
4. विटामिन-डी की कमी मूत्र में ब्लड के अधिक क्षय का कारण होती है।

कूट चुनें:

(A) 1 व 2 (B) 2, 3 व 4
(C) 1, 3 व 4 (D) 1, 2, 3 व 4

उत्तर—(D)

व्याख्या लैक्रीमल ग्लैण्ड्स को अश्रु ग्रन्थि भी कहा जाता है। इनसे अश्रु का स्राव होता है जो कार्निया के लिए स्राव सा कार्य करता है। विटामिन-ए की कमी से यह स्राव रूक सा जाता है जिससे कार्निया के सूखने और व्रणोत्पत्ति का मार्ग प्रशस्त हो जाता है। इसे ही जीरोप्थैलमिया कहते हैं। रात्रि का अंधापन भी हो सकता है।

■ **अवधारणा पर आधारित प्रश्न इस प्रकार होगा-**

प्रश्न-2. हमारे शरीर में त्वचा तल के नीचे विद्यमान वसा निम्नलिखित के विरूद्ध अवरोधक का काम करती है:

(A) शरीर की ऊष्मा क्षय

(B) आवश्यक शरीर द्रवों का क्षय

(C) शरीर के लवणों का क्षय

(D) वातावरण से हानिकारक सूक्ष्मजीवों का प्रवेश

उत्तर— (A)

व्याख्या यह शरीर के लिए ऊष्मारोधी का सा कार्य करता है। इस प्रकार यह वातावरण से ऊष्मा के विनिमय को रोक देता है।

■ **अवधारणा के अनुप्रयोग पर प्रश्न इस प्रकार होगा-**

प्रश्न-3. हृदयघात में निम्नलिखित का सही क्रम क्या होता है?

1. वाहिनी के आंतरिक द्वार का संकीर्ण हो जाना।
2. तंतु ऊतक से चकत्ते और अधिक कोलेस्ट्रॉल।
3. रक्त और ऑक्सीजन की अपर्याप्त पूर्ति।
4. हृदयधमनियों में रक्त के थक्कों का पहुंचना।

सही विकल्प चुनें-

(A) 1, 2, 3, 4 (B) 2, 4, 1, 3
(C) 2, 3, 1, 4 (D) 4, 2, 1, 3

उत्तर— (D)

व्याख्या कोलेस्ट्रॉल के उच्च स्तर के कारण धमनियों में अवरोध उत्पन्न हो जाता है। कोरोनरी धमनी में जाने वाला रक्त जमने लगता है। इस तरह रक्त शिराओं का आंतरिक मुख संकरा होता चला जाता है। इस तरह अपर्याप्त रक्त व ऑक्सीजन की आपूर्ति के कारण हृदयाघात हो जाता है।

■ **तथ्य अवधारणा एवं अनुप्रयोग के साथ समसामायिकी के गहन विश्लेषण के बाद-**

प्रश्न-4. मानव शरीर में निम्नलिखित कथनों पर विचार कीजिए।

1. किसी व्यक्ति द्वारा व्यायाम करने पर सोमेटोट्रोपिन का उत्पादन बढ़ जाता है।
2. पुरूषों की अण्ड-ग्रंथियाँ प्रोजेस्टेरोन उत्पन्न करती हैं।
3. महिलाओं की अधिवृक्क ग्रंथियां टैस्टोस्टेरॉन स्रावित करती हैं।
4. प्रतिबल के कारण अधिवृक्क ग्रंथियों से सामान्य की तुलना में बहुत ही कम मात्रा में कॉर्टिसोंल मोचित होता है।

सही विकल्प चुनें-

(A) 1, 2, 3, 4 (B) 1, 2, 3
(C) 2, 3, 4 (D) 1 व 4

उत्तर—(B)

व्याख्या (i) सोमेटोट्रॉपिन एक वर्द्धनकारी हार्मोन है। यह पेशियों के अथवा शरीर वर्धन में सहायता करता है। व्यायाम उद्दीपक का कार्य करता है जिसके कारण इसके स्राव में वृद्धि हो जाती है। (ii) पुरूषों की अण्ड ग्रंथियां प्रोजेस्टेरोन उत्पन्न करती है। (iii) महिलाओं की अधिवृक्क ग्रंथियां स्टेरॉयड्स मिनरलोकॉरटिकाएड्स तथा ग्लूकोकारटिकॉएड्स का स्राव करती है। (iv) शारीरिक व भावनात्मक तनाव के दौरान सिम्पेथेटिक तंत्रिकाओं तथा एड्रीनल मेडुला से सामान्य मात्रा में स्रावित होने वाले कॉर्टिसोल के मोचन की दर कम हो जाती है।

रसायन विज्ञान-

■ **तथ्य आधारित प्रश्न इस प्रकार होगा-**

प्रश्न-1. नाभिकीय रिएक्टर के निर्माण में निम्न तत्वों में से कौन-सा एक अनिवार्य है-

(a) कोबाल्ट (b) निकिल
(c) टंगस्टन (d) जर्मेनियम

उत्तर—(D)

■ **अवधारणा पर आधारित प्रश्न इस प्रकार होगा-**

प्रश्न-2. नाभिकीय रिएक्टर और परमाणु बम में क्या अंतर है-

(A) नाभिकीय रिएक्टर में कोई श्रृंखला अभिक्रिया नहीं होती जबकि परमाणु बम में होती है।

(B) नाभिकीय रिएक्टर में श्रृंखला अभिक्रिया नियंत्रित होती है।

(C) नाभिकीय रिऐक्टर में श्रृंखला अभिक्रिया नियंत्रित नहीं होती है।

(D) परमाणु बम में श्रृंखला अभिक्रिया नहीं होती है जबकि नाभिकीय रिऐक्टर में होती है।

उत्तर—(B)

व्याख्या नाभिकीय रिएक्टर और नाभिकीय बम समान सिद्धान्त पर कार्य करते हैं लेकिन नाभिकीय रिएक्टर में होने वाला नाभिकीय विखंडन भारी जल द्वारा नियंत्रित होता है जबकि नाभिकीय बम में यह अभिक्रिया अनियंत्रित होती है। नाभिकीय विखंडन एक श्रृंखला अभिक्रिया है।

■ **तथ्य, अवधारणा, अनुप्रयोग के गहन विश्लेषण पर आधारित-**

प्रश्न 3. निम्न कथनों पर विचार करें

1. इंदिरा गांधी परमाणु अनुसंधान केन्द्र द्रुत रिएक्टर प्रौद्योगिकी प्रयोग में लाता है।
2. परमाणु खनिज अनुसंधान और अन्वेषण निदेशालय भारी पानी उत्पादन में कार्यरत है।
3. भारतीय रेयर अर्थ लिमिटेड भारत के नाभिकीय कार्यक्रम में अन्य दुर्लभ मृदा पदार्थों के अतिरिक्त जिरकॉन के उत्पादन में कार्यरत है।

सही विकल्प चुनें

(A) 1, 2, 3
(B) 1, 2
(C) 1, 3
(D) 2, 3

उत्तर—(D)

■ **सूचना पर आधारित प्रश्न इस प्रकार होगा**

प्रश्न-4. सत्य कथनों का कूट प्रयोग करें:

सूची-1	**सूची-2**
A. थाल	1. आंध्र प्रदेश
B. मानगुरू	2. गुजरात
C. काकरापार	3. महाराष्ट्र
D. कैगा	4. राजस्थान
	5. कर्नाटक

कूट:

	A	**B**	**C**	**D**
(A)	2	1	4	5
(B)	3	5	2	1
(C)	2	5	4	1
(D)	3	1	2	5

उत्तर— (C)

विज्ञान तथा प्रौद्योगिकी के समसामयिक संदर्भ

विषयवस्तु	**समसामयिक संदर्भ (भारत व विश्व परिदृश्य सहित)**
1. अन्तरिक्ष प्रौद्योगिकी *सौजन्य:* नासा फोटो/एल्मे स्टॉक फोटो	• हाल ही में प्रक्षेपित किये गये उपग्रह 1. इनसैट एवं जी सैट श्रृंखला के उपग्रह 2. आई.आर.एस. श्रृंखला के उपग्रह • प्रस्तावित उपग्रह कार्यक्रम मिशन (2017-2018) 1. चन्द्रयान-2 2. आदित्य परियोजना 3. मंगल मिशन-2 तथा नीमो मिशन • भारत के विशेष अंतरिक्ष कार्यक्रम 1. क्षेत्रीय राष्ट्रीय उपग्रह नेविगेशन प्रणाली (नाविक) 2. उपग्रह नेविगेशन प्रणाली (गगन) 3. पीएसएलवी, जीएसलवी के हाल के प्रक्षेपण • वैश्विक घटनाक्रम 1. एक्स 57 विमान 2. दूरदर्शी (खगोलीय, रेडियो, प्रकाशीय) 3. एटीज टेलीस्कोप (भारत) 4. जूनोमिशन 5. न्यू-होराइजंस तथा वॉयेजर-1 6. स्क्रैमजेट को सफल परीक्षण 7. 30 मीटर टेलीस्कोप 8. स्वदेशी भारतीय अंतरिक्ष यान आरएलवी का सफल परीक्षण 9. ऐट्रिक्स-देवास विवाद-11-55 • इसरो द्वारा विकसित नवीन प्रौद्योगिकियां

(Continued)

विषयवस्तु	समसामयिक संदर्भ (भारत व विश्व परिदृश्य सहित)
2. रक्षा प्रतिरक्षा प्रौद्योगिकी  *सौजन्य:* थी इंडियन आर्मी, गॉव ऑफ इंडिया, इंडियनआर्मी.निक.इन, फोटो गैलरी	• रक्षा क्षेत्र में हाल के विभिन्न आयुध के परीक्षण- 1. क्रूज मिसाइलें—ब्रह्मोस, निर्भय, शौर्य 2. बैलिस्टिक मिसाइलें—पृथ्वी श्रृंखला, अग्नि श्रृंखला, आकाश अस्त्र, धनुष, के मिसाइल, सागरिका, के-4, बराक-8, पिनाका मार्क-2 3. टैंक रोधी मिसाइलें—हिलेना, नाग, कोईनेट-ई, अमोघ-1 4. टैंक—लाहट, अर्जुन, कर्ण, टी-19 एस. भीष्म 5. स्वचालित स्वदेशी तोप—धनुष, भीमा 6. ड्रोन—(लक्ष्य, निशान, पक्षी, कार्बोन, नेत्र, रूस्तम-1, रूस्तम-2) 7. लड़ाकू विमान—तेजस, सुखोई, मिराज-2000, मिग-30 • संयुक्त युद्धअभ्यास 2017-18—सूर्य किरण, मालाबार, एक्स एविया इन्द, इन्द्र, रिम्पैक, गरूण, सिम्बेक्स, शक्ति इत्यादि। • रक्षा उपलब्धियां तथा सेना में शामिल 1. बम (वैक्यूम बम, परमाणु बम, हाइड्रोजन बम, न्यूट्रान बम, ग्लाइड बम, लेजर बम, पेट्रोल बम 2. पैलेट गन तथा इन्सास, ग्रेनेड 3. सी. 17 ग्लोबमास्टर 4. V-रैप्टर विमान 5. मिसाइल डिफेंस सिस्टम 6. पी.आई. विमान 7. सोलर पावर ग्रोन अकीला 8. पनडुब्बी कलवारी तथा आईएनएस कदमन्त 9. भारत एमटीसीआर का 35वां सदस्य बना • हाल ही के वर्षों में रक्षा सेना में शामिल सामग्री 1. एडमिरल गोर्शकोव, परमाणु पनडुब्बी नेरपा, सुखोई-30, T - 90 टैंक 2. मिराज 2000, स्कॉर्पियन पनडुब्बी 3. रडार (फॉल्कन) प्रणाली (अवाक्स) बराक मिसाइल प्रणाली 4. IL-76, उज्बेकिस्तान का विमान, रूसी इंजन 5. एडवांस्ड जेड ट्रेनर विमान 6. C-130 J सुपर हरक्यूलिस विमान/C-17 ग्लोब मास्टर विमान 7. होवित्जर तोप • नवीन रक्षा प्रौद्योगिकी में भारत की प्रगति की स्थिति 1. सीएमडीएस 2. डब्ल्यूएलीआर 3. जीपीएस एवं आरजीएस 4. अश्विनी 5. मारिच 6. इंटरसेप्टिक 7. स्टेल्थ तकनीक 8. क्रयोजनिक तकनीक • सेवानिवृत्त 1. आईएनएस विराट 2. आईएनएस गोदावरी

(Continued)

विषयवस्तु	समसामयिक संदर्भ (भारत व विश्व परिदृश्य सहित)
	• डीआरडीओ की उपलब्धियाँ 1. प्रक्षेपास्त्र क्षेत्र 2. लड़ाकू विमान 3. तोप एवं टैंक 4. अन्य आयुध जो सेना में शामिल हुये
3. ऊर्जा एवं परमाणु ऊर्जा	• चर्चित घटनाक्रम 1. न्यूट्रिनो परियोजना 2. सोलर इंपल्स–2 तथा सोलर ड्रोन 3. बिना तार की बिजली 4. कुडनकुलम की दूसरी इकाई प्रारम्भ 5. परमाणु ऊर्जा का नया इतिहास • प्रस्तावित एवं निर्माणाधीन परमाणु रिएक्टर 1. कुडनकुलम 2. हरिपुरा एवं चुटकापुर 3. जैतापुर 4. छायामिर्दी एवं भीमपुर 5. कोवडा 6. गोरखपुर एवं माही बासबाड़ा 7. फतेहाबाद • एनएसजी बनाम भारत, CTBT, MTCR • हाइड्रोजन बम का परीक्षण • परमाणु ऊर्जा अधिनियम 2016 • परमाणु समझौते 2008–2017 • हाइड्रोन विजन–2030 • स्टेराइल इंसेक्ट तकनीकी • ऊर्जा के क्षेत्र में भारत की प्रगति
4. चिकित्सा एवं स्वास्थ्य क्षेत्र *सौजन्य:* कोंस्तांतिन नेचैव/एल्मे स्टॉक फोटो	• मिशन इन्द्रधनुष • रोटा बैक • इबोला • स्वाइन फ्लू • फ्लोरोसिस • क्यासनुरवनरोग • रोटावायरस • जीका वायरस • डेंगू वैक्सिया • पोटेशियम ब्रोमेट • आर्सेनिक प्रदूषण • आयुष मिशन • चिकित्सा क्षेत्र में भारत की प्रगति • चिकित्सा क्षेत्र में भारत की वैश्विक प्रगति

(Continued)

विषयवस्तु	समसामयिक संदर्भ (भारत व विश्व परिदृश्य सहित)
5. जैव प्रौद्योगिकी  *सौजन्य:* एसपीओक्स/एल्मे स्टॉक फोटो	• टेक्सोबैक्टिन • जैविक खाद • GM फसल • जैविक ईंधन तथा 2 जी • इलस्टोग्राफी • टेक्सोवेक्टिन • एचआईवी का नया वायरस • बंध्य कीट तकनीक (फसलों को बरबाद करने वाले कीड़ो हेतु) • क्रिस्पर तकनीक • बायो प्लास्टिक • सीबकथॉर्न पौधा, जैवस्याही • थ्री पेरेन्ट तकनीक • जैव प्रौद्योगिकी क्षेत्र में भारत की प्रगति
6. सूचना संचार	• इडुक्की • लाई-फाई • सोशल नेटवर्किंग साइट • डिजिटल इण्डिया • हाल की सूचना संचार प्रौद्योगिकी • सूचना संचार नीति और कार्यक्रम • सुपर कम्प्यूटर में भारत - विक्रम 100, परम कंचन जंघा, परम युवा-2 • सुपर कम्प्यूटर - सुनवे ताइहुलाइट (Sunway Taihulight) • इंटरनेट में द्वितीय स्थान पर • प्रोजेक्ट लून • डिजिटल लॉकर • सुपर कम्प्यूटर के क्षेत्र में भारत
7. आधुनिक विज्ञान एवं प्रौद्योगिकी	• लेजर-मेसर, रेडार-लिडार, रोबोटिक्स, नैनो, सुपर कम्प्यूटर, फोटोनिक्स • लाइडार, रीमोट सेटिंग, प्रकाश तन्तु, Wifi, Wi Max, Lifi, LED • LED, DTH, IPTO, VSAT ट्रासपोडर, मेगापिक्सल, सुपर कंडक्टर • प्लाज्मा, टेली मिडिसीन, 3G व 4G मौसम भविष्यवाणी
8. विज्ञान एवं प्रौद्योगिकी की विशेष उपलब्धियाँ	• आवर्त सारणी में 4 नये तत्व • ओमिएट पफेंटानाइल • क्वांटम स्पिन लिक्विड • वंटा ब्लैक एस-6 • कृषि और ड्रोन • नैनो ऑप्टिकल ट्रांजिस्टर • सिन्थेटिक नैनोरोबोट • सिलिका एयर जैल

सामान्य विज्ञान

अध्याय 1

जीव विज्ञान

इस अध्याय में आप सीखेंगे किः

- जीव विज्ञान क्या है और इसके अध्ययन की आवश्यकता क्यों पड़ती है तथा जीव धारियों के वर्गीकरण के बारे में जानकारी प्राप्त होगी।
- जीव विज्ञान का अध्ययन हमारे लिए इतना उपयोगी क्यों है।
- कोशिका क्या है। कोशिका कैसे जीवन की मूलभूत इकाई है।
- कोशिका विज्ञान के क्षेत्र में कौन-कौन सी अवधारणायें और सिद्धांत हैं।
- ऊतक का परिचय इसकी संरचना और अंगों के निर्माण से संबंधित आधार भूत अवधारणाएँ कौन-कौन हैं।
- आनुवांशिकता क्या है, इसके अभिलक्षण अनुप्रयोग और जैविक विकास कैसे हुआ।
- आनुवांशिकी विज्ञान के अनुप्रयोग कौन-कौन से हैं।
- मानव शरीर क्या है। इसकी उपयोगिता, इसका महत्व, इसके विभिन्न अंगों के बारे में आधारभूत जानकारी तथा इन अंगों का महत्व।
- मानव शरीर के लिए आवश्यक पोषक तत्व, विटामिन्स और खनिज तत्व क्यों आवश्यक हैं।
- इनके अवधारणात्मक सूचनात्मक ज्ञान के साथ-साथ पर्यावरण प्रदूषण के कारण तथा निवारण के बारे में विस्तारपूर्वक जानकारी प्राप्त होगी।
- पारिस्थितिकी और पर्यावरण तथा प्रदूषण के बीच संतुलन इतना आवश्यक क्यों है।
- चिकित्सा क्या है। भारत सरकार की चिकित्सा स्वास्थ्य संबंधी, कार्यक्रम, नीतियां एवं योजनाएँ कौन-कौन सी हैं।
- रोग, उसके कारण, प्रकार तथा उसके इलाज की कौन-कौन सी विधियाँ हैं।
- जैवमण्डल की संरचना एवं इसके महत्व तथा अभिलक्षण क्या है।
- जैव मण्डल की मानव जीवन के लिए उपयोगिता कैसे निरन्तर बढ़ रही है।
- वनस्पति का मानव के आर्थिक और चिकित्सा के क्षेत्र में कौन-कौन से अनुप्रयोग हैं।

विज्ञान की वह शाखा जिसके अन्तर्गत जीवधारियों का अध्ययन होता है 'जीव विज्ञान' कहलाता है। इस शब्द का सर्वप्रथम प्रयोग लैमार्क (फ्रांस) तथा ट्रेविनेरस (जर्मन) ने किया था। इसको पुनः दो भागों वनस्पति तथा जन्तु विज्ञान में बांटा गया है। थियोफ्रेस्टस ने 500 प्रकार के पौधों का वर्णन अपनी पुस्तक *'हिस्टोरिया प्लान्टरूम'* में किया है इन्हें 'वनस्पति शास्त्र' का जनक कहा जाता है। 'हिप्पोक्रेट्स' ने मानव रोगों पर प्रथम लेख लिखा जिसे 'चिकित्सा शास्त्र का जनक' माना जाता है। अरस्तू ने अपनी पुस्तक *'जन्तु इतिहास'* में 500 जन्तुओं का वर्णन किया है जिसे **विज्ञान का जनक** कहा जाता है।

जीवों के गुण

1. **श्वसन**—श्वसन इनका मुख्य लक्षण है। इसमें जीव वायुमण्डल से ऑक्सीजन ग्रहण करता है तथा कार्बनडाईऑक्साइड़ बाहर निकालता है। श्वसन क्रिया द्वारा वसा, कार्बोहाइड्रेट तथा प्रोटीन के विघटन से ऊर्जा प्राप्त होती है। जिससे समस्त जैविक क्रियाऐं संचालित होती हैं।
2. **पोषण**—जीवन के विकास तथा ऊर्जा उत्पादन हेतु पोषण आवश्यक है। पौधे प्रकाश संश्लेषण द्वारा तथा जन्तु पौधों द्वारा पोषण प्राप्त करते हैं।
3. **प्रजनन**—प्रजनन द्वारा प्रत्येक जीव अपने जैसा ही जीव पैदा कर अपने वंश परम्परा को बनाये रखता है।
4. **अनुकूलन**—जीवन संघर्ष में सफल होने के लिए जीव अपनी संरचना एवं कार्यिकी में परिवर्तन कर अपने अस्तित्व को बचाते हैं।
5. **गति**—जीवधारियों में जन्तु एक स्थान से दूसरे स्थान को गति करते हैं जबकि पौधे स्थिर रहकर अपने अंगों को गतिशील रखते हैं।
6. **संवेदनशीलता**—वातावरण में होने वाले परिवर्तन को जीवधारी अनुभव करते हैं और आवश्यकतानुरूप अपने अन्दर परिवर्तन भी करते है।
7. **उपापचय**—जीवों में उपापचय क्रिया होती है। जिसमें उपचय में रचनात्मक क्रियाएं तथा अपचय में अपघटन की क्रियाएं होती है।
8. **जीवन चक्र**—जीवधारियों में सभी जैविक क्रियाएं निश्चित समय पर होती हैं और एक निश्चित अन्तराल के पश्चात् वह नष्ट हो जाता है।
9. **जीवद्रव्य**—जीवधारियों में उपस्थित वास्तविक जीवित पदार्थ है यह जीवों की भौतिक आधारशिला है।
10. **वृद्धि एवं विकास**—जीवधारियों के आकृति, भार एवं आयतन में वृद्धि होता है।
11. **उत्सर्जन**—जीवधारियों द्वारा शरीर में उपस्थित हानिकारक पदार्थों का उत्सर्जन होता है।

जन्तु विज्ञान की प्रमुखा शाखाएं

1. **आकारिकी**—जन्तुओं की आकृति एवं रचना का अध्ययन होता है।
2. **शरीर क्रिया विज्ञान**—प्राणियों के अंगों के कार्यों एवं क्रियाओं का अध्ययन होता है।
3. **उद्विकास**—पूर्व में पाये जाने वाले जीवों के सरल रचनाओं से जटिल रचनाओं में परिवर्तन का अध्ययन होता है।
4. **आनुवांशिकी**—जीवों के आनुवांशिकी लक्षणों की वंशागति तथा भिन्नताओं का अध्ययन
5. **सुजननिकी**—आनुवांशिकी के आधार पर मानव जाति की आने वाली पीढ़ी के सुधार का अध्ययन
6. **यूथैनिक्स**—मानव की आधुनिक पीढ़ी का अच्छे पालन पोषण द्वारा सुधार का अध्ययन
7. **जीवाश्मिकी**—जीवधारियों के जीवाश्मों को अध्ययन
8. **इम्यूनोलॉजी**—संक्रमण के विरुद्ध जन्तु शरीर के प्रतिरोध का अध्ययन
9. **क्रायोजेनिक्स**—इसके अन्तर्गत निम्न ताप का उपयोग करने वाली प्रक्रियाओं एवं उपायों का अध्ययन किया जाता है।
10. **सूक्ष्म जैविकी**—सूक्ष्म जीवों का अध्ययन
11. **बैक्टीरियोलॉजी**—जीवाणुओं का अध्ययन
12. **वाइरोलॉजी**—विषाणुओं का अध्ययन
13. **मिरमीकोलॉजी**—चीटियों का अध्ययन
14. **ऐरेकनोलॉजी**—मकड़ियों का अध्ययन
15. **हरपैटोलॉजी**—सरीसृपों का अध्ययन
16. **ऑफियोलॉजी**—सर्पों का अध्ययन
17. **आरनिथोलॉजी**—पक्षियों एवं उनके स्वभाव का अध्ययन
18. **एन्थ्रोपोलॉजी**—मानव जाति के उद्विकास का अध्ययन
19. **यूफेनिक्स**—जेनेटिक इंजीनियरिंग द्वारा जेनेटिक रोगों के सुधार का अध्ययन

व्यावहारिक प्राणि विज्ञान (Applied Zoology)

1. **रोग विज्ञान**—रोगों की प्रकृति, कारण, लक्षणों का अध्ययन
2. **विष विज्ञान**—विषैले पदार्थों का जन्तुओं के शरीर पर प्रभाव का अध्ययन
3. **राइनोलॉजी**—जन्तुओं के नाक एवं उससे जुड़ी बीमारियों का अध्ययन
4. **गाइनेकोलॉजी**—मादा के प्रजनन अंगों से संबंधित रोगों एवं निदान का अध्ययन
5. **कैलोलॉजी**—मानवीय सौंदर्य का अध्ययन
6. **एपीकल्चर**—मधुमक्खी पालन
7. **सेरी कल्चर**—रेशम प्राप्त करने व कीट पालने का अध्ययन
8. **पिसीकल्चर**—मछली पालन का अध्ययन
9. **पोल्ट्री**—अण्डे व माँस प्राप्त करने हेतु मुर्गी व बत्तख के पालने का अध्ययन
10. **पिगरी**—सुअरों से चर्बी व माँस प्राप्त करने का अध्ययन

जीवधारियों का वर्गीकरण

1969 ई. आर. एच. व्हिटेकर ने 5 जगत् में विभाजित किया। इसके अन्तर्गत कोशिका संरचना, थैलस संरचना, पोषण की प्रक्रिया, प्रजनन एवं जातिवृत्तीय वर्गीकरण प्रमुख मानदण्ड थे।

1. **मोनरा**—प्रोकेरियोटिक कोशिका एवं अविकसित केन्द्रक पाया जाता है। इसमें जीवाणु एवं नील हरित शैवाल आते हैं।
2. **प्रोटिस्ता**—एक कोशिकीय जीव, विकसित केन्द्रक झिल्लीबद्ध कोशिकांग होते हैं, यूकैरिपोटिक कोशिकाएं पायी जाती है। जैसे—अमीबा, यूग्लीनॉयड।
3. **प्लान्टी**—बहुकोशीय पौधों इनमें प्रकाश संश्लेषण होता है, कोशिकाओं में रिक्तिकाएं भी पायी जाती है। जैसे—शैवाल, ब्रायोफाइटा, टेरिडोफाइटा, जिम्नोस्पर्म, एंजियोस्पर्म
4. **कवक**—यूकैरियोटिक, पर्णहरित से रहित होते हैं प्रकाश संश्लेषण नहीं होता है।
5. **एनिमेलिया**—बहुकोशिकीय एवं यूकैरियोटिक जन्तु होते हैं।

जन्तुओं का वर्गीकरण

जन्तुओं का मुख्य विभेद कशेरुक दण्ड के आधार पर अकशेरुकी तथा कशेरुकी में किया गया है। इन्हें क्रमश: नॉन कार्डेटा तथा कार्डेटा भी कहते हैं। वर्तमान में जन्तु जगत् का सर्वाधिक प्रचलित वर्गीकरण स्टोरर तथा यूसिंजर ने किया हैं जिनमें मुख्य का विवरण निम्न है।

1. **संघ प्रोटोजोआ**—इसका अर्थ है प्रथम जन्तु। ये एक कोशीय सूक्ष्म दर्शीय जन्तु है। ये जल, गीली मिट्टी, सड़ी-गली कार्बनिक वस्तुओं आदि में स्वतंत्र जीवी या अन्य जन्तुओं एवं पौधों के शरीर में परजीवी, सहजीवी का सहभोजी होते हैं। शरीर में जटिल यौगिकों के अणुओं से बनी विशिष्ट रचनाओं को अंग न कहकर अंगक कहते हैं। इसके उदाहरण—यूग्लीना, अमीबा, पैरामीशियम, प्लाज्मोडियम आदि है।
2. **संघ पेरीफेरा**—इसका अर्थ है छिद्र धारक। इनका सम्पूर्ण शरीर छोटे छोटे छिद्रों से बना होता हैं जो इनकी क्रियात्मक सक्रियता की प्राथमिक संरचनाएं है। ये बहुकोशिकीय जन्तु हैं इनमें ऊतकों का अभाव होता है। इस संघ के अधिकांश समुद्री जन्तु पौधों के समान पत्थरों या जलीय वस्तुओं से चिपके रहते है। इन जन्तुओं की प्रत्येक कोशिका अलग-अलग स्वतंत्र रूप से कार्य करती है इनमें परस्पर समन्वय नहीं पाया जाता है। शरीर पर पौधों की भाँति शाखाएं पाई जाती है। देह भित्ति में नाल प्रणाली होती है। उदाहरण—ल्यूकोसोलीनिया, यूस्पंजिया, यूपलक्टेला (वीनस के फूलों की डलिया) आदि है।
3. **सीलेन्ट्रेटा या निडेरिया वत**— इस संघ का नाम 'साइडेरिया', शरीर में उपस्थित देश कोशिकाओं-'नाइडोब्लास्ट' के नाम पर पड़ा है। ये बहुकोशिकीय तथा अरीय सममित जन्तु है। कुछ जातियां स्वच्छ जल में तथा अधिकांश खारे समुद्रीजल में पायी जाती है। शरीर के सम्पूर्ण कार्य ऊतकों द्वारा सम्पन्न होते हैं। शरीर द्विस्तरीय होता है। दोनों के बीच मीसोग्लीया नामक अकोशिकीय जेली होती है। इसमें देह-गुहा का अभाव होता है। एवं सीलेन्ट्रान नामक होती है। जो जठरगुहा तथा देह-गुहा दोनो का कार्य करती है। इनका आकार बेलनाकार पाइप या छाते के समान पाया जाता है। इसके उदाहरण—हाइड्रा, ओबिलिया, काइलेशिया, जेलीफिश आदि है।
4. **संघप्लेटी हेल्मिन्थीज**—अधिकांश जन्तु परजीवी होते हैं। जन्तु प्राय: फीते के आकार के चपटे या पत्ती की आकृति के होते हैं। ये त्रिस्तरीय शरीर वाले—इक्टोडर्म, मीसोडर्म एवं इण्डोडर्म होते हैं। इन जन्तुओं में अंग या तन्त्रों का विकास होता है। पोषक से चिपकने हेतु चूशक या कण्टक होते हैं। श्वसन एवं रुधिर परिसंचरण तंत्र पूर्ण रूप से अनुपस्थित होता है। उदाहरण—फैसिओला हिपैटिका तथा टिनिया सोलियम (फीता कृमि) आदि है।
5. **निमैटोडा या निमैटोहेल्मिन्थीज**—इन्हें गोलकृमि भी कहते हैं। शरीर पतला, नालाकार, अविभाजित तथा दोनो सिरों पर नुकीला होता है। श्वसन तथा परिसंचरण तंत्र का अभाव पाया जाता है। वास्तविक देहगुहा के स्थान पर आभासी देहगुहा होता है। ये जन्तु परजीवी होते हैं। ये जल गीली मिट्टी या अन्य जीवों या पादपों के शरीर में पाये जाते है। इनमें नर-मादा अलग अलग होते हैं। उदाहरण—एस्कैरिस (गोलकृमि), वुचेरिया (फाइलेरिया कृमि)
   - ऐस्कैरिस द्वारा ऐस्कैरिएसिस रोग होता हैं इसमें ऐंठन, भूख न लगना, चिर-निद्रा, घबराहट, अनिद्रा, उल्टी, अतिसार, दर्द एवं ज्वर होता है।
6. **संघ ऐनीलिडा**—इनका शरीर बेलनाकार, कोमल तथा कृतिगत् होता है। इनका शरीर समान खण्डों में आगे से पीछे तक बँटा होता हैं, विखण्डन शरीर के बाहर तथा भीतर स्पष्ट होता है। शरीर में वास्तविक देहगुहा पायी जाती हैं विशिष्ट श्वसनाँग प्राय: नहीं होते लेकिन रुधिर परिसंचरण तंत्र विकसित होता है। उत्सर्जन विशेष प्रकार के नेफ्रीडिया द्वारा होता है। ये उभयलिंगी या एकलिंगी होते हैं जो स्वच्छ जल, पृथ्वी के अन्दर एवं समुद्र में भी पाये जाते है। नेरिस, केंचुआ, जोंक इस संघ के जन्तु है।
   - केंचुओं का किसानों का मित्र कहते हैं। ये मिट्टी को खाकर भूमि की उर्वराशक्ति को बढ़ाते है। केंचुए के शरीर से गठियां, बवासीर, अतिसार, पीलिया तथा नपुंसकता की दवा बनाई जाती है।
7. **आर्थोपोडा**—इसका अर्थ है संयुक्त उपांग, यह संसार का सबसे बड़ा संघ है। कुल ज्ञात संसार के जन्तु जगत् की 80 % से अधिक संख्या इन्हीं की है। शरीर सिर, वक्ष तथा उदर में विभाजित होता है तथा संधियुक्त पाद पाए जाते हैं। उत्सर्जन मैलपिगी नलिकाओं द्वारा होता है। इनका वाहय कंकाल काइटिन का बना होता है, काइटिन समय-समय पर त्याग दिया जाता है इसे मोल्टिंग कहते हैं। इनमें परिसंचारी तंत्र खुले प्रकार का होता है श्वसन क्लोम या फुफ्फुस

से होता हैं। शरीर सिर, वक्ष तथा उदर-गुहा में बंटा होता हैं ये जन्तु जलीय, स्थलीय, वायवीय या भूमि के अन्दर गड़ढा बनाकर रहते हे। कीट इस संघ का सबसे बड़ा वर्ग है। उपयोगी कीट जैसे बाम्बिक्स मोराई (रेशम कीट), एपिस इंडिका (मधुमक्खी), लासीफर (लाख कीट), कोकीनियन बग (लाही) आदि।

- **हानिकारक कीट**—टिड्डी, आलु का कटवी, कपास का झांगा (Red Cotton), गन्ने का पाइरिला, चावल का गंधी, गोभी का चेंपा, वाह्य परजीवियों में जूँ, खटमल, पिस्सू आदि होते हैं।
- **रोग फैलाने वाले कीट**—
  घरेलू मक्खी—हैजा, अतिसार, सुजाक, कोढ़, टाइफाइड़, तपेदिक
  मच्छर—मलेरिया, फाइलेरिया, डेंगू ज्वर (दण्डक ज्वर), पीत ज्वर
  सैण्डफ्लाई—कालाजार, फोडे के रोग
  खटमल—टाइफस, रिलैप्सिंग ज्वर, कोढ़
  जूँ—टाइफस, ट्रेन्च ज्वर, रिलैप्सिंग ज्वर आदि।

8. **मोलस्का**—अकशेरुकियों का दूसरा सबसे बड़ा वर्ग है। इनका शरीर कोमल, श्लेष्म से तर खण्डरहित होता हे। अधिकांश शरीर कैल्शियम कार्बोनेट के कंकाल से ढ़का हुआ होता है। सिर पर नेत्र तथा स्पर्षक होते हैं मुख में भोजन कुचलने के लिए रेडुला होते हैं। पाद प्रचलन के साथ साथ मिट्टी खोदने तथा शिकार पकड़ने के लिए रूपान्तरित होते हैं। परिसंचरण तंत्र खुला तथा बन्द दोनों प्रकार का होता है नर व मादा अलग अलग होते हैं। अधिकांश मोलस्क खारे जल में पाये जाते है। इसके उदाहरण—पाइला (घेंघा) सीपिया, कटलफिश, काईटन, नौटिलस, अण्टपद टेरिडो (जहाज कृमि) माइटिलस लोलीगो आदि है।

- **बहुमूल्य मोती**—पिक्टाडा वेल्गैरिया तथा ऑस्ट्री वेर्जीन्यूलैना नामक सीप से प्राप्त होती है। इन सीपों में जब कोई बाहरी जीव या रेत के कण सीपी के मंटल तथा कवच के बीच प्रवेश कर जाता है तो मेटल से चारों ओर चूने का स्राव जमा होकर मोती का निर्माण करता है।

9. **इकाइनोडर्मेटा**—इसका अर्थ है कंटकीय त्वचा। शरीर अरीय इनकी लगभग 5000 जीवित जातियां है। ये सीलोमयुक्त समुद्री जन्तु है। इनकी त्वचा के नीचे चूनेदार प्लेट कभी-कभी त्वचा के ऊपर काँटे पाये जाते है। तो अंत: कंकाल का निर्माण करते हैं। इनमें नल पाद नामक छोटी-छोटी खोखली रचनाएं होती हैं ये जलवाहक तंत्र से जुड़ी रहती है। इनका काम प्रचलन, भोजन ग्रहण तथा श्वसन मे भाग लेना होता है। आहारनाल प्राय: कुण्डलित होती है। उत्सर्जनतंत्र अनुपस्थित होते हैं। इनमें तंत्रिका तंत्र तथा ज्ञानेन्द्रिय अल्पविकसित होते हैं। नर एवं मादा अलग-अलग होते हैं। इस संघ के प्रमुख जन्तु तारा मछली ब्रिटल स्टार, समुद्री अरचिन, समुद्री खीरा कुकुमेरिया, थायोन, समुद्री लिली।

10. **संघ हेमीकॉर्डेटा**—ये जीव समुद्र के किनारे सुरंगे बनाकर रहते हैं। शरीर तीन भागों-शुंड, कॉलर तथा धड़ में बंटा होता है। इनमें पृष्ठरज्जु केवल अगले भाग में होती है। आहार नाल आकार की होती है इनमें रक्त वाहिनियाँ भी उपस्थिति होती है। उत्सर्जन शुण्ड में स्थित एक कोशिका गुच्छ द्वारा सम्पन्न होता हैं ये एक लिंगी होते हैं। इनके उदाहरण—जीभ कृमि बैलेनोग्लॉसस तथा सेफैलोडिस्कस आदि है।

11. **संघ कॉर्डेटा**—इसके दो अधिवर्ग मुख्य है— मत्स्य तथा टेट्रापोडा

मत्स्य वर्ग—ये शीत रुधिर जलीय जन्तु हैं जल में तैरने हेतु पंख पाये जाते हैं गिल्स के द्वारा श्वसन क्रिया होती हैं अंत: कंकाल अस्थियों तथा कुछ में उपस्थियों का बना होता है। ये समुद्री तथा मीठे जल दोनों में पाये जाते है। इनमें विद्युत मछली शार्क, कुत्तामीन, हाथीमीन रोहू, कैटफिश, हिप्पोकैम्पस, उडन मछली

- विद्युत मछली शत्रुओं से रक्षा हेतु 20-25 वोल्ट तक विद्युत पैदा करती है।

अधिवर्ग टेट्रापोडा—इन्हें चतुष्पादी प्राणी भी कहते हैं ये नियततापी तथा अनियतापी दोनों प्रकार के होते हैं। कंकाल अस्थियों का बना होता है हृदय अलिन्द एवं निलय में विभक्त होता है। इस को चार अधिवर्गों में बांटा गया है—

वर्ग एम्फीबिया—जल एवं थल दोनों पर पाये जाने के कारण इन्हें उभयचर कहा जाता हैं टेडपोल अवस्था में पूँछ पायी जाती है और गिल द्वारा श्वसन करते हैं विकसित होकर स्थलीय जीवन व्यतीत करने लगते हैं और श्वसन फेफड़े एवं त्वचा से होने लगता है। प्रचलन पैरों के माध्यम से होता है। ये शीत रुधिर वाले होते हैं त्वचीय श्वसन के कारण त्वचा सदैव नम रहती है। हृदय में दो आलिन्द एवं एक निलेय होता है। लाल रुधिरकण में केन्द्रक उपस्थित होता है। ये अण्डे देते है यूरिया मुख्य उत्सर्जी पदार्थ है। इस वर्ग के प्रमुख जन्तु टोड, हाइला, मेढ़क, सैलामेण्डर आदि है।

सरीसृप वर्ग—ये रेंग कर चलने वाले जन्तु है। शीत रुधिर वाले इन जन्तुओं की त्वचा सूखी होती है। श्वसन फेफड़ों द्वारा होता है हृदय दो आलिन्द तथा एक निलय में बंटा होता है मात्र मगरमच्छ में दो अलिन्द व दो निलय पाये जाते है। लाल रुधिर कणिकाये केन्द्रक युक्त होती हैं मादा अण्डे देती हैं। सभी जन्तु माँसाहारी होते हैं ये प्राय: जीवित जन्तुओं का शिकार करते है। इनके उदाहरण—छिपकली, साँप, कच्छप, डाइनासोर (विलुप्त) आदि है। साँप में कान नहीं होते हैं। इनके अण्डे कैल्शियम युक्त कवच से घिरे होते हैं। जैसे—वृक्ष छिपकली (कैमलिऑन), वाइपर, कोबरा।

पक्षीवर्ग—पक्षियों का शरीर वायवीय जीवन के अनुकूल होता है। ये ठण्डे एवं गर्म सभी वातावरण में पाये जाते है। इनकी त्वचा पर पंखों का वाह्य कंकाल पाया जाता है। पंख अग्रपाद के रूपान्तरित रूप है। ये समतापी (गर्म रुधिर) वाले होते हैं।

इनके जबड़ों में दाँत नहीं होते, कठोर चोंच भोजन के पकड़ने में सहायक होती है। पक्षियों में कंकाल सरन्ध्र तथा हल्की होती है। ये अण्डज है, अण्डों में सफेद एल्बूमेन तथा पीला योक पाया जाता है। आर्कियोप्टेरिक्स (विलुप्त पक्षी) तथा इक्थायोर्निस के जबड़ों में दाँत पाये जाते थे कीवी, शुतुरमुर्ग तथा ईमू उड़तें नहीं अपितु दौड़ते है। सबसे छोटा पक्षी हर्मिंग बर्ड है, सबसे बड़ा पक्षी एल्बाट्रासेस है।

स्तनधारी वर्ग—यह शब्द स्तन ग्रंथियाँ रखने वाले जन्तु जिनसे उत्पन्न दुग्ध द्वारा इनके शिशु का पोषण है से बना है। ये मुख्यतः स्थलीय होते हैं कुछ जलीय या वायवीय भी होते हैं। ये गर्म खून वाले होते हैं। ह्वेल एवं समुद्री गाय को छोड़कर सभी चौपायें होते हैं। इनके शरीर पर बाल होते हैं वाह्य कंकाल सींग, पंजे या खुर के रूप में होता है। त्वचा मोटी जलरोधी होती है जिन पर स्वेत ग्रंथियां होती है। इनमें वाह्य कर्ण होता है। दाँत जबड़ों की अस्थियों के गड्डों में होते हैं जो चार प्रकार के होते हैं। हृदय में चार प्रकोष्ठ होते हैं। लाल रक्त कण गोलाकार एवं केन्द्रहीन होते हैं। इनका मस्तिक अपेक्षाकृत बड़ा होता है सेरीबम तथा सेरीबेलम अधिक विकसित होता है। प्राचीन स्तन धारियों में वृषण उदर में स्थित होते हैं। वर्तमान में अधिकांश स्तनधारियों में वृषण शरीर गुहा के बाहर पाये जाते है। अधिकांशतः जन्तु बच्चे पैदा करने वाले होते हैं कुछ (एकीडना, डक, बिल) अण्डे देने वाले भी होते हैं। निशेचन के पश्चात् भ्रूण का विकास गर्भाशय में होता है। स्तनधारी वर्ग को तीन उपवर्गों में बांटा गया है—

1. **प्रोटोथीरिया**—इनमें सरीसृपों जैसे लक्षण होते हैं ये अण्डे देते हैं इनमें स्तनाग्रों तथा कर्ण पल्लवों का अभाव होता है। उदाहरण—एकिडना, आर्निथोरिकस, प्लेटीपस (डक बिल) आदि हैं। एकिडना और प्लेटीपस अण्डे देने वाले स्तनधारी हैं।
2. **मैटाथीरिया**—ये अल्पविकसित बच्चा पैदा करते हैं उदरगुह में स्थित शिशुधानी में (मॉर्सुपियम) बच्चे का पूर्ण विकास होता है। इसका उदाहरण कॅगारु (मैक्रापस) तथा ओपयसम (डायडाल्पस) है।
3. **यूथीरिया या प्लैसेन्टिया**—ये उच्च स्तनी हैं इनमें वाह्य कर्ण पाया जाता है भ्रूण का विकास गर्भाशय में होता है। इनमें प्लैसेंटा पूर्ण विकसित होता है। स्तन ग्रंथियों के बाहर चूचक (Teats) पाये जाते है। इन्हें कई गणों में बांटा गया है—

   i. **गण इन्सेक्टीवोरा**—रात्रिचर, नुकीले दाँत वाले जमीन में बिल बनाकर रहते है—छछूँदर, स्नूज, झाऊ चूहा आदि।

   ii. **गण काइरोप्टेरा**—प्रमुख जन्तु चमगादड़ है। ये रात्रिचर होते हैं, अगला पैर डैनों में रूपान्तरित होने के कारण ये उड़ सकता है।

   iii. **गण लैगोमोर्फ**—प्रमुख जन्तु खरगोश है, ऊपरी जबड़े में दाँत तेज व नुकीले होते हैं कैनाइन का अभाव होता है।

   iv. **गण रोडेंशिया**—प्रमुख जन्तु गिलहरी, घरेलू चूहा (रैट्स), चुहिया (माऊस) आदि है।

   vi. **गण सिटिसिया**—डाल्फिन, नीली व्हले हैं, पिछला पैर, वाह्यकर्ण अनुपस्थित

   vii **गण कार्नीवोरा**—प्रमुख मांसाहारी होते हैं। कैनाइन दाँत लम्बे व नुकीले होते हैं जिनसे मांस को छीलने व फाड़ने का कार्य करते है। इनमें प्रमुख—कुत्ता, भेडिया, शेर, तेन्दुआ, बिल्ली, भालू, लोमड़ी, सील, नेवला आदि है।

   viii **गण प्राइमेट्स**—सर्वाधिक विकसित स्तनी मुख्यतः वृक्षश्रयी तथा स्थलवासी होते हे। हाथ पैर लम्बें अंगुलियां 5-5, नाखुन युक्त, सीधे खड़े होकर चलने की क्षमता, बोलने व औजार बनाने की भी क्षमता होती है। इनमें प्रमुख मानव, बन्दर, गोरिल्ला, लीमर आदि जन्तु है।

कोशिका (Cell)

सभी जीव छोटी-छोटी कोशिकाओं से मिलकर बने हैं। यह जीवधारियों की रचनात्मक एवं कार्यात्मक इकाई है। अर्ध पारगम्य झिल्ली से ढ़की कोशिका में स्वतः जनन की क्षमता होती है। इसकी खोज राबर्ट हुक ने की थी। श्लाइडेन एवं श्वान ने कोशिका का सिद्धान्त प्रस्तुत किया।

रचना के आधार पर दो प्रकार की होती हैं—प्रोकैरियोट एवं यूकैरियोट।

दोनो में अन्तर

प्रोकैरियोट	यूकैरियोट
1. अर्द्धविकसित होती हैं	अधिक विकसित होती है
2. वास्तविक केन्द्रक नहीं होता हैं	वास्तविक केन्द्रक होता हैं
3. माइटोकांड्रिया, लवक, न्यूक्लियोंस विकसित नहीं होते हैं	इनमें विकसित होते हैं
4. प्रायः जीवाणुओं व नील हरित शैवालों में पाये जाते हैं	सभी जन्तुओं व पौधों में पाये जाते हैं

- सबसे छोटी कोशिका 'माइक्रोप्लाज्म गैलिसेप्टिकम' की तथा सबसे बड़ी शुतुरमुर्ग के अंडे की होती है—

कोशिकाओं की आकृति लम्बी, गोलाकार, चपटी, आयताकार, बहुभुजी सभी प्रकार की होती है। कोशिका के मुख्य भाग निम्न हैं।

कोशिका भित्ति—जीवद्रव्यकला तथा कोशिकांग की सुरक्षा करती है जन्तु कोशिका में अनुपस्थित होती हैं एवं वनस्पति कोशिका में सेलुलोज की बनी होती है।

माइट्रोकान्ड्रिया—यह अण्डाकार संरचना होती है। इसमें बहुत से श्वसनीय एन्जाइम होते हैं जिनसे इलेक्ट्रान स्थानान्तरित होते हैं और ऊर्जा का निर्माण होता है। इसे कोशिका का 'शक्ति केन्द्र' कहते हैं।

जीवद्रव्यकला—यह अर्थपारगम्य झिल्ली होती है जो जल के परासरण व विसरण पर नियंत्रण रखती है।

लवक—कोशिका द्रव्य में छोटी-छोटी गोल रचनाओं के रूप में पाये जाते हैं ये दो प्रकार के होते हैं।

a. **अवर्णी लवक**—ये भोज्य पदार्थों का संग्रह करने वाले होते हैं पौधों के उन भागों में जहां प्रकाश नहीं पहुँचता भूमिगत जड़ों, तना, वायवीय भागों की गहराई में पाये जाते हैं। ये मण्ड संग्रह करने वाले (मूल, जड़, तना, बीज पत्र) वसा व तेल संग्रह तथा प्रोटीन संग्रह करने वाले होते हैं। इमाइलोप्लास्ट, इलाइलोप्लास्ट, प्रोटीनोप्लास्ट।

b. **वर्णी लवक**—यह पत्तियों में हरे रंग, फूलों फलों के रंग को प्रदान करने वाला होता है। पत्तियों में पाये जाने वाले पर्णहरित में मैग्नीशियम होता है जो प्रकाश संश्लेषण में सहायक होता है। टमाटर का लालरंग लाइकोपिन, गाजर में कैरोटिन, चुकन्दर में विटामिन पाया जाता है—बीटालेन।

लाइसोसोम—यह गोल एक परतीय झिल्ली से घिरी संरचना होती है। मुख्य कार्य अंत:कोशिकीय पाचन कोशिकीय विभाजन है। इसे आत्महत्या की थैली के नाम से जाना जाता है। लाइसोसोम कार्सेनोजेनेसिस में सहयोग कर सामान्य कोशिका को कैंसर कोशिका में भी परिवर्तित कर देता है।

केन्द्रक—कोशिका का मुख्य भाग हैं इसमें डी.एन.ए. तथा आर.एन.ए. पाये जाने के कारण आनुवांशिकी में इसका महत्वपूर्ण स्थान है।

गुणसूत्र—ये अनुवांशिक गुणों के वाहक होते हैं।

राइबोसोम—यह आर.एन.ए. के लगभग 80 प्रतिशत भाग होते हैं इनका मुख्य कार्य प्रोटीन संश्लेषण होता है।

डी.एन.ए. तथा आर.एन.ए. में अन्तर (Deoxyribo Nucleic Acid And Ribo Nucleic Acid)

डी.एन.ए.	आर.एन.ए.
1. डी आक्सीराइबोज शर्करा होती है,	इसमें राइबों शर्करा होती है,
2. इसमें एडिनीन, ग्वानिन, थायमिन तथा सायटोसिन क्षार होता है।	इसमें एडिनीन, ग्वानिन, सायटोसिन तथा यूरेसिल क्षार होता है।
3. इसमें केन्द्रक पाया जाता हैं	इसमें साइटोप्लाज़्मा पाया जाता है

जन्तु ऊतक (Animal Tissues)

कोशिकाओं के समूह को ऊतक कहते हैं। इसके अध्ययन को ऊतिकी कहते हैं। इनको चार प्रमुख श्रेणियों में बाँटा गया है।

1. **उपकलाऊतक**—शरीर सुरक्षा के साथ साथ गैसीय विनिमय, अवशोषण एवं उत्र्सजन का काम भी करते है। पुनरुत्पादन की क्षमता के कारण ये घावों को भी भरते है। त्वचा, आमाशय, आँत, पित्ताशय, हृदय, जीभ आदि का बाहरी आवरण इन्हीं का बना होता है।
2. **पेशीय ऊतक**—ये तीन प्रकार के होते हैं—
   - रेखित पेशीय ऊतक कंकाल पेशियों में बेलनाकार जटिल रूप में होती है जो गमन एवं अंगों का ऐच्छिक गति प्रदान करती है।
   - अरेखित पेशीय ऊतक आँतों की दीवारों में सरल एवं तर्कुरूप (Spindle Shape) में उपस्थित रहती हैं जो अंतरांगो की अनैच्छिक गति को क्रियाशील रखती है।
   - हृदय की दीवारों में बेलनाकार के रूप में स्थित हृद पेशियाँ हृदय स्पन्दन का कार्य करती है।
3. **संयोजी ऊतक**—ये अवलम्बन का कार्य करती हैं आंतों में आवश्यक चिकनाहट एवं लोच प्रदान करती हैं। ये तीन प्रकार की होती है।
   - **वास्तविक संयोजी ऊतक**—त्वचा के नीचे, अस्थियों, उपस्थियों, नेत्रों आदि की खोल, वसा पिण्ड, अस्थिमज्जा, प्लीहा, यकृत, वृक्क आदि में स्थित होती हैं। ये जेली, कोलेजन या इलास्टिन से बनी होती हैं। शरीर की सुरक्षा, ताप नियंत्रण, पेशी संकुचन का कार्य करती है।
   - **कंकालीय ऊतक**—पैरों की हड्डियों के सारी लम्बी हड्डियों में तन्तुमय झिल्ली के रूप में स्थित होती है।
   - **संवहनीय ऊतक**—रुधिर एवं लसिका में तरल प्लाज़्मा के रूप में पायी जाती हैं ये शरीर में परिसंचरण रोग से बचाव तथा रक्तस्राव को रोकने का कार्य करती हैं।
4. **तंत्रिकीय ऊतक**—सम्पूर्ण तंत्रिका तंत्र में लम्बी, जटिल एवं शाखान्वित रूप में पायी जाती हैं ये विद्युत रासायनिक स्पन्दों का संवहन करती है।
5. **जनन ऊतक**—जनन अंगों की जनित कोशाएं जनन ऊतक हैं इनका कार्य युग्मक कोशाओं को निर्माण करना है।

रुधिर (Blood)

रक्त की उत्पत्ति भ्रूण के मीसोडर्म से होती है। एक स्वस्थ मनुष्य में रक्त की मात्रा मानव शरीर भार का 7 प्रतिशत होता है। यह तरल संयोजी ऊतक है जिसमें तरल प्लाज़्मा व ठोस कणिकायें होती है। इसकी प्रकृति क्षारीय (pH 7.4) होती है। इसमें दो पदार्थ पाये जाते है। प्लाज़्मा एवं रुधिराणु।

1. **प्लाज़्मा**—सम्पूर्ण रुधिर का लगभग 60 प्रतिशत होता है जिसमें 90 प्रतिशत जल तथा शेष भाग विभिन्न कार्बनिक, अकार्बनिक पदार्थ होते हैं। प्रतिरक्षी पदार्थ प्लाज़्मा में ही पाये जाते है।

2. **रुधिराणु**—रक्त का 40 प्रतिशत भाग होता है इसे तीन भागों में बांटा जाता है।

   i. **लाल रक्त कणिकाएं**—यह सम्पूर्ण रुधिराणु का 99 प्रतिशत होता है। यह मात्र कशेरुकी प्राणियों में ही पाया जाता है इसमें हीमोग्लोबिन नामक प्रोटीन पाया जाता है। आयरन युक्त हीमोग्लोबिन की प्रमुख विशेषता ऑक्सीजन को अवशोषित कर गहरे लाल रंग के 'आक्सीहीमोग्लोबिन' नामक अस्थायी यौगिक बनाना है। जो विखण्डित होकर ऑक्सीजन को शरीर के विभिन्न भागों में छोड़ देता है और कार्बनडाई ऑक्साइड को वापस लाता है। स्तनधारियों के लाल रक्त कणिकाओं के जीवद्रव्य में केन्द्रक नहीं पाया जाता, मात्र ऊँट के लाल रक्त कणिका में केन्द्रक पाया जाता है।

   ii. **श्वेत रक्त कणिकाएं**— इन्हें ल्यूकोसाइट भी कहते हैं ये शरीर की रोगों से रक्षा करते हैं इनमें इओसिनोफिल (1-4 प्रतिशत) बेसोफिल्स, हेटरोफिल्स, लिम्फोसाइट, मोनाजाइट आदि होते हैं। श्वेत कणिकाओं की संख्या 5 से 9 हजार/घन मि.मी. होती है इनमें 20-40 प्रतिशत तक लिम्फोसाइट होते हैं। मोनाजाइट्स, मानव शरीर में प्रवेश करने वाले कीटाणुओं या रोगाणुओं को एकत्रित होकर कूटपादों से पकड़ कर उसे नष्ट कर देते हैं, श्वेत रक्त कणिकाएं कुछ विशेष प्रोटीन को एण्टीवाडीज में परिवर्तित कर देती है।

   iii. **रुधिर प्लेटलेट्स**—ये मात्र स्तनधारियों के रक्त में पाये जाते हैं इनकी संख्या 2 से 5 लाख रुधिर प्रति घन मिमी. होती है। इनका कार्य शरीर के किसी भाग के कट जाने पर रक्त को बहने से रोकना है। ये स्वयं टूटकर रक्त का थक्का बनाने में मदद करते है।

रुधिर वर्ग—रुधिर वर्ग के विषय में सर्वप्रथम जानकारी लैण्ड स्टीनर ने दी। इन्होनें एण्टीजन एन्टीबॉडी प्रतिक्रिया के आधार पर चार समूहों A, B, AB तथा O में बाँटा।

रुधिर वर्ग तथा उसमें उपस्थित एन्टीजन एवं एण्टीवॉडी

क्रम संख्या	रुधिर वर्ग	रुधिरवॉडी	एण्टीजन	भारतीयों में पाया जाने वाला प्रतिशत
1.	A	B	A	23.50%
2.	B	A	B	24.50%
3.	AB	अनुपस्थित	AB	7.5%
4.	O	AB	अनुपस्थित	34.50%

रुधिर आधान—शरीर में रक्त की कमी या आकस्मिक दुर्घटनावश शरीर से रक्त के बह जाने पर अन्य व्यक्ति के शरीर से रक्त लेकर आवश्यक व्यक्ति के शरीर में डालना रक्त आधान कहलाता है। रुधिर आधान समान वर्ग के व्यक्तियों में सर्वश्रेष्ठ होता है। रुधिर वर्ग AB के व्यक्ति में दोनों एण्टीजन AB पाये जाने के कारण यह सार्वत्रिक ग्राही होता है। रुधिर वर्ग O में कोई एण्टीजन नहीं होता अत: यह सर्वदाता होता है।

विभिन्न वर्गों में रुधिर आधान

क्रम संख्या	रुधिर वर्ग	रुधिर ले सकता है	रुधिर दे सकता है	
1.	A	A, O से	A, AB को	
2.	B	B, O	B, AB को	
3.	AB	A, B, AB, O से	केवल AB को	सर्वग्राही वर्ग है।
4.	O	केवल O से	A, B, AB व O को	सर्वदाता वर्ग है।

- O नेगेटिव सर्वदाता होता है।

रक्त के कार्य—कार्बन-डाई-ऑक्साइड, ऑक्सीजन एवं भोजन का परिवहन करने के साथ-साथ हार्मोन व उत्सर्जी पदार्थों का भी परिवहन करते है। रोगों से रक्षा एवं तापमान को नियंत्रित करती है।

- रक्त में प्रोटीन की मात्रा लसिका की अपेक्षा अधिक होती है।
- रक्त में पाये जाने वाले दो प्रोटीन फाइब्रिनोजेन तथा प्रोथ्राम्बिन रक्त को जमने में सहायता करते है। इनका निर्माण यकृत में होता है।
- 'हिपैरिन' प्रोथ्रोम्बिन को निष्क्रिय बनाये रखता है जिससे रक्त, वाहिनी नलिकाओं में नहीं जमता है।

मानव शरीर और शरीर क्रिया विज्ञान

मानव शरीर अनेक जीवित अंगों द्वारा बनी हुई एक जीवित मशीन है। शरीर के प्रत्येक अंग एक निश्चित कार्य नियमित रूप से कार्य करते है। शरीर के कुछ अंग बाहर से प्रत्यक्ष दिखाई पड़ते हैं तो कुछ अंग शरीर के अन्दर होने के कारण दिखाई नहीं पड़ते हैं। शरीर की सबसे छोटी इकाई कोशिका होती हैं कई कोशिकाएं मिलकर ऊतक तथा कई ऊतक मिलकर अंग एवं कई अंग मिलकर सम्पूर्ण शरीर का निर्माण

करते हैं। शरीर को बाहरी बनावट के आधार पर पांच भागों में बांटा गया है—

1. सिर
2. ग्रीवा
3. धाड़
4. उर्ध्व शाखाएं
5. अधो शाखाएं

मानव प्रजातियों के विशिष्ट अध्ययन को मानव विज्ञान कहते हैं। मानव एक कशेरुकी स्तनी तथा प्राइमेटगण का प्राणी है इसका वैज्ञानिक नाम होमोसैपियन्स है।

शरीर के तंत्र (Systems of The Body)

शरीर क्रिया विज्ञान का विकास मूलत: व्यावहारिक चिकित्सा विज्ञान की आवश्यकताओं की पूर्ति के कारण हुआ। विभिन्न रोगों के उपचार के लिए जीव की संरचना तथा प्रकार्य का ज्ञान आवश्यक है। शरीर के अन्दर जितनी भी जैविक क्रियायें होती है और उनके द्वारा सम्पन्न कार्यों को शरीर क्रिया विज्ञान के अन्तर्गत रखते हैं। प्रत्येक कार्य के लिए कई अंग मिलकर एक तंत्र बनाते हैं। जो निम्न हैं—

1. पाचन तंत्र
2. श्वसन तंत्र
3. परिसंचरण तंत्र
4. अंत: स्त्रावी तंत्र
5. उत्सर्जन तंत्र
6. प्रजनन तंत्र
7. कंकाल तंत्र
8. विशिष्ट ज्ञानेन्द्रिय तंत्र
9. लसीका तंत्र
10. त्वचीय तंत्र
11. पेशी तंत्र
12. तंत्रिका तंत्र

पाचन तंत्र (Digestive System)

मानव शरीर को जीवित रखने के लिए भोजन नितांत आवश्यक है। भोजन द्वारा प्राप्त पोषक तत्त्वों द्वारा विभिन्न प्रकार के ऊतकों का निर्माण, टूटी-फूटी कोशिकाओं की मरम्मत और शरीर के भीतर चलने वाली विभिन्न क्रियाओं के लिए आवश्यक ऊर्जा मिलती है। मुख गुहा द्वारा ग्रहण किये गये भोजन को आहार नाल में शरीर में अवशोषण योग्य दशा में बदलने की प्रक्रिया को पाचन क्रिया कहते हैं। भोजन के पाचन की सम्पूर्ण प्रक्रिया पाँच चरणों में सम्पन्न होती हैं—अन्तर्ग्रहण, पाचन, अवशोषण, स्वांगीकरण तथा मल त्याग।

अन्तर्ग्रहण—भोजन को मुख गुहा में ले जाना अन्तर्ग्रहण कहलाता है। यह प्रक्रिया मानव को भूख लगने के कारण होती है। पर्याप्त मात्र में भोजन ग्रहण करने पर भूख शान्त हो जाती है।

पाचन—भोजन की पाचन क्रिया मुख से ही आरम्भ हो जाती है भोजन मुख में लार से मिलकर लुग्दी का रूप ले लेता है मनुष्य में लगभग 1.5 लीटर लार प्रतिदिन निकलता है इसकी प्रकृति अम्लीय (6.8) होती है इसमें टायलिन एवं माल्टोज एंजाइम पाये जाते है, लार भोजन के कुछ अंश को सरल शर्करा में परिवर्तित कर पचने लायक बना देता है। इसके बाद भोजन आहार नाल के माध्यम से अमाशय में चला जाता है। आमाशय में अनेक छोटी-छोटी ग्रंथियां हैं जिनसे अनेक प्रकार के अम्ल स्रवित होते हैं। भोजन के आमाशय में पहुँचने पर पाइलोरिक ग्रंथि से जठर रस निकलता है। यह हल्के पीले रंग का अम्ल (pH 1.5-3.5) होता है। आक्सिन्टिक कोशिकाओं से हाइड्रोक्लोरिक अम्ल निकलता है जो भोजन के साथ आये जीवाणुओं को नष्ट कर देता है। आमाशय में भोजन लगभग चार घंटे रहता है। इस बीच आमाशय में मंथन एवं क्रमाकुंचन गतियां आरम्भ हो जाती है तत्पश्चात् भोजन पक्वाशय में पहुँच जाता है। पक्वाशय से भोजन छोटी आँत में आता है जहाँ पचे भोजन का शोषण तथा अनपचे भाग का पाचन होता हैं। इसकी दीवारों से आंत्रिक रस निकलता है आंत्रिक रस क्षारीय (pH- 8) होता है। स्वस्थ मनुष्य में लगभग 2 लीटर निकलता है।

अवशोषण—भोजन का अवशोषण छोटी आँत में होता है। भोजन का आहार नाल की दीवारों में अवशोषित होकर रुधिर परिसंचरण द्वारा शरीर के विभिन्न भागों में पहुँचना अवशोषण है।

स्वांगीकरण—अवशोषित भोजन का शरीर में उपयोग लाया जाना स्वांगीकरण कहा जाता है। यकृत में पहुँचकर आवश्यकता से अधिक अमीनो अम्ल अमोनिया में विखण्डित होते हैं जिनसे यूरिया बनता है जो मूत्र के साथ उत्सर्जित हो जाता है।

मल त्याग—अपच भोजन बड़ी आँत में पहुँचता है जहां जीवाणु इसे मल में बदल देते हैं बड़ी आँत से मल कोलन द्वारा बाहर निकाल दिया जाता है। 'इन्डोल' तथा 'स्कैटोल' नामक अमीनों अम्ल के कारण मल से दुर्गंध आती है।

पाचक नाल

पाचक नाल का विस्तार मुख से मलद्वार तक होता है जो लगभग 33 फीट टेढ़ी मेढ़ी नली के रूप में होती है। पाचक तंत्र संबंधित ग्रथियाँ—

1. यकृत
2. पित्ताशय
3. अग्नाशय

यकृत—यकृत मानव शरीर की सबसे बड़ी ग्रंथि है जो उदर गुहा के ऊपरी भाग में दहिनी ओर स्थित होता है इसका वजन लगभग 1.5 से 2 किलोग्राम होता है। यकृत के नीचे नाशपाती के आकार की एक छोटी थैली होती है इसे पित्ताशय कहते हैं यकृत से स्त्रावित होने वाला पित्त इसमें संचित होता है।

यकृत के कार्य—

- यकृत प्रोटीन उपापचय में सक्रिय रूप में भाग लेता है। प्रोटीन विघटन से अन्य पदार्थों के साथ अमोनिया जैसा विषैला पदार्थ भी बनता है जिसे यकृत यूरिया में बदल देता है। साथ ही साथ प्रोटीन की अधिकतम मात्र को कार्बोहाइड्रेट में भी बदलता है।

- कार्बोहाइड्रेट उपापचय के अन्तर्गत यकृत ग्लाइकोजन का निर्माण एवं संचय दोनो कार्य करता है। रक्त पोषण तत्त्वों का अवशोषण छोटी आँत में करता है और निर्वाहिका शिरा के माध्यम से यकृत में ले जाता है। यकृत रक्त के ग्लूकोज को ग्लाइकोजन में परिवर्तित कर देता है। यकृत रक्त में ग्लूकोज की मात्रा को नियमित बनाये रखता हैं।
- भोजन में वसा की कमी होने पर यकृत कार्बोहाइड्रेट का कुछ भाग वसा में परिवर्तित कर देता है।
- छोटी आँत में उत्पन्न कुछ विषैला पदार्थों को प्रभावहीन कर मूत्र के माध्यम से शरीर से बाहर कर देता है।

पित्त—यकृत ये स्रावित होने वाला पीले हरे रंग का क्षारीय द्रव है इसका pH मान 7.7 होता है। मनुष्य में लगभग 700-1000 mL पित्त प्रतिदिन बनता है।

पित्त मे कोई एन्जाइम नहीं होता। पित्त आमाशय से आये हुए भोजन का माध्यम क्षारीय कर देता है जिससे अग्नाशय रस क्रिया कर सके। यह भोजन के साथ आये जीवाणु (हानिकारक) को नष्ट कर देता है। यह विटामिन K तथा वसाओं में घुले विटामिनों के अवशोषण में सहायक होता है।

जब यकृत कोशिकाएं रुधिर से 'बिलीरूबिन' लेना बन्द कर देती हैं तो रुधिर द्वारा बिलीरूबिन सम्पूर्ण शरीर में फैल जाता है इसे ही पीलिया कहते हैं। ऐसा पित्त वाहिनी में अवरोध आ जाने से होता है। इस रोग से त्वचा, नेत्र तथा मूत्र पीला हो जाता है।

हार्मोन—पाचन क्रिया के दौरान ग्रहणी तथा क्षुद्र आँत से बहुत से हार्मोन स्रावित होते हैं।

अग्नाशय—अग्नाशय शरीर की यकृत के बाद सबसे बड़ी ग्रंथि है। यह अंत स्रावी (नलिका रहित) और बहि:स्रावी (नलिका सहित) दोनों प्रकार की ग्रंथि है। इससे अग्नाशयिक रस का स्राव होता है। लैंगर हैंस द्वीपिका इसी का एक भाग है।

अग्नाशयी रस—इसमें 98 प्रतिशत जल शेष भाग लवण तथा एन्जाइम होता है। यह क्षारीय प्रकृति का होता है। इसमें तीनों तरह के खाद्य पदार्थों को पचाने वाले एन्जाइम होते हैं जिसके कारण इसे 'पूर्ण पाचक रस' कहते हैं।

लैंगर हैंस की द्विपिका—इसकी खोज लैंगर हैंस नामक वैज्ञानिक ने की थी, इसीलिए यह नाम दिया गया। यह आमाशय में स्थित ऊतक समूह है जिससे इन्सुलिन तथा ग्लूकोगॉन नामक हार्मोन का स्राव होता है

इन्सुलिन—यह लैंगर हैंस की द्विपिका से स्रावित होता है यह खून में ग्लुकोज (शर्करा) की मात्र को नियन्त्रित करती है। इन्सुलिन ग्लुकोज के उपापचय को नियमित करता हैं यकृत में ग्लूकोज से ग्लाइकोजन के संश्लेषण की क्रिया को प्रेरित करता है। यदि रुधिर में स्थित ग्लुकोज शरीर की कोशिकाओं के उपयोग में नहीं आ पाता है तब ग्लुकोज की मात्रा रक्त में बढ़ने लगती है इस स्थिति को मधुमेह या डाइबिटीज कहते हैं यह इन्सुलिन के अल्प स्रावण से होता है। अगर इन्सुलिन का स्राव अधिक होने लगता है तो रुधिर में ग्लुकोज की मात्रा कम होने लगती है यह स्थिति 'हाइपोग्लाइसीमिया' नामक रोग की होती है।

पोषण—मनुष्य के शारीरिक निर्माण व वृद्धि, कार्य क्षमता तथा मानसिक व भावात्मक विकास तथा सन्तुलन को सुव्यवस्थित व सुचारु रूप से सम्पन्न करना पोषण कहलाता है।

कुपोषण—शारीरिक क्रियाओं को सुचारु एवं सुव्यवस्थित ढंग से संचालित करने हेतु जिन भोज्य पदार्थों एवं तत्त्वों की प्राप्ति शरीर के लिए अनिवार्य होती है। उनका भोजन में उचित मात्रा में समावेश न होना कुपोषण है। कुपोषण की स्थिति अधिकांशतया प्रोटीन की कमी से होती है। भारत में 1-5 आयु वर्ग के लगभग 75 प्रतिशत बच्चे कुपोषित है।

अत्यधिक पोषण—यदि भोजन से शारीरिक आवश्यकताओं से अधिक मात्रा में विभिन्न तत्त्व प्राप्त होते हैं तब उस स्थिति को अत्यधिक पोषण कहते हैं।

पोषक तत्व (Nutrients)

भोज्य पदार्थों में संनिहित उपयोगी रासायनिक घटक जिनकी उपयुक्त मात्र शरीर को स्वस्थ रखने के लिए परम आवश्यक होती हैं पोषक तत्त्व कहलाते हैं। ये दो प्रकार के होते हैं। कार्बनिक व अकार्बनिक।

कार्बनिक पोषक तत्व (Organic Nutrients)

कार्बनिक पोषक तत्त्व चार प्रकार के होते हैं—कार्बोहाइड्रेट, प्रोटीन, वसा, विटामिन।

कार्बोहाइड्रेट—शरीर के लिए अत्यंत आवश्यक तत्त्व है। आहार में 65 प्रतिशत ऊर्जा इसी से प्राप्त होती है। ये शरीर को ऊर्जा प्रदान करते है। एक ग्राम कार्बोहाइड्रेट से लगभग 4 कैलोरी ऊर्जा उत्पन्न होती है। सभी प्रकार के अनाज एवं मीठे फलों में पाया जाता है। अधिकता से मोटापा के साथ शरीर का वजन बढ़ जाता है। कमी से वजन घटता है तथा कार्य शक्ति कम हो जाती है।

प्रोटीन—ये जटिल तथा नाइट्रोजन युक्त पदार्थ है। शरीर पोषण हेतु नितांत आवश्यक होते हैं। कोशिकाओं की वृद्धि एवं मरम्मत के साथ-साथ हार्मोन के संश्लेषण में भाग लेते है। हीमोग्लोबिन के रूप में गैसीय संवहन तथा एटीवाडीज के रूप में शरीर की सुरक्षा करते है।

दूध, बादाम, दाल, सोयाबीन, पनीर, खोवा, मांस, मछली, अण्डा आदि प्रोटीन के प्रमुख स्रोत है। इसकी कमी से मांसपेशियाँ कमजोर हो जाती हैं, भौतिक शारीरिक तथा मानसिक विकास रुकने के साथ-साथ रोग प्रति रोधी शक्ति कम हो जाती है।

वसा—वसा शरीर को ऊर्जा प्रदान करने वाला प्रमुख तत्त्व है। एक ग्राम वसा से 9 कैलोरी ऊर्जा प्राप्त होती है। वसा खाद्य पदार्थों में स्वाद उत्पन्न करते है, त्वचा के नीचे जमकर शरीर की ऊष्मा को रोकते है, अंगों को चोट से बचाते हैं तथा प्रोटीन के साथ जलकर शरीर को ऊर्जा देते है।

दूध, मांस, मछली, मूँगफली, तेल, घी आदि प्रमुख स्रोत है। वसा की कमी से त्वचा रुखी हो जाती है वजन कम हो जाता है शरीर का विकास रुक जाता है। अधिकता से मोटापा, हृदय एवं रक्तचाप की बीमारी हो जाती है।

विटामिन—ये शरीर की सामान्य वृद्धि तथा रोगों से रक्षा के लिए अत्यन्त आवश्यक होते हैं। इनकी कमी से शरीर रोगग्रस्त हो जाता है। विटामिनों को रक्षात्मक खाद्य कहा जाता है। इसकी खोज 'लूनिन' ने की थी।

अकार्बनिक पोषक तत्व

ये रचनात्मक तत्त्व कहे जाते हैं क्योंकि ये हमारे शरीर को रोगों से बचाते हैं तथा शरीर के विकास में सहयोग देते है। प्रमुख अकार्बनिक तत्त्व—कैल्शियम, फास्फोरस, पोटैशियम, मैग्नीशियम तथा सोडियम है।

पानी—यह शरीर की सभी कोशिकाओं का महत्वपूर्ण घटक है जो शरीर के भार का लगभग 70 प्रतिशत होता हैं शरीर की सम्पूर्ण रासायनिक अभिक्रियाएं पानी के माध्यम से ही होती हैं। सामान्यत: स्वस्थ व्यक्ति को प्रतिदिन औसतन 4 से 5 लीटर पानी पीना चाहिए।

कैल्शियम—अस्थि एवं दाँतों का निर्माण करता है, हृदय की धड़कन को संचालित करता है, रक्त के जमने की क्रिया में सहायता करता है नाड़ियों को स्वस्थ रखने के साथ-साथ एन्जाइमों के स्रावित होने में सहायता करता है। दूध, दूध से बनी वस्तुओं, हरी पत्तेदार सब्जी तथा कुछ अनाजों में भी पाया जाता है। इसकी कमी से अस्थियों का ठीक से निर्माण नहीं होता, दाँत विलम्ब से निकलते हैं एवं जल्दी टूट जाते है। गर्भस्थ शिशु की हड्डियों के बनने की प्रक्रिया बांधित हो जाती है।

फास्फोरस—कैल्शियम के साथ अस्थि एवं दाँतों का निर्माण करता है, वसा एवं कार्बोहाइड्रेट के पाचन में सहायता करता है तथा रक्त में अम्ल एवं क्षार का संतुलन बनाये रखता है। दूध, पनीर, अण्डा, मांस, मछली, दाल, मेवे एवं अनाज इसके स्रोत हैं।

आयरन—आयरन से हीमोग्लोबिन का निर्माण होता है जो शरीर में ऑक्सीजन का संवहन करता है। इसकी कमी से अल्परक्तता हो जाता है। इससे शरीर में क्षीणता आती है अत्यधिक थकान महसूस होती है आँखों के आगे अंधेरा आना, चक्कर आना भूख न लगना आदि हो जाता है। यकृत इसका सर्वोत्तम स्रोत है। इसके अतिरिक्त मेथी, पुदीना, पालक, तिल, हरी-धनिया, चना आदि में भी पर्याप्त मात्र में आयरन पाया जाता है।

आयोडीन—थायराइड़ ग्रंथि से उत्पन्न होने वाला हार्मोन थायराइन कहलाता है जिसमें पर्याप्त आयोडीन होता है। आयोडीन की कमी से थायराइड़ ग्रंथि बड़ी हो जाती है इस बीमारी को 'ग्वाइटर' कहते हैं। ग्वाइटर के बाद क्रेटनिज्म की अवस्था आती है जिससे प्रभावित व्यक्ति में शारीरिक मानसिक परिवर्तन होने लगता है उसका तन्त्रिका तंत्र भी प्रभावित होता है। समुद्री मछली, वनस्पति आयोडीनयुक्त नमक इसके प्रमुख स्रोत है।

सोडियम—यह रक्त दाब को नियंत्रित करने के साथ-साथ जल का सन्तुलन भी बनाये रखता है। लवण (नमक), मांस, मछली, अण्डा, दूध प्रमुख स्रोत है।

पोटैशियम—यह हृदय की धड़कन एवं नाड़ी संस्थान के कार्यों को संचालित करता है। मांस, मछली, अनाज, फल, सब्जी आदि अच्छे स्रोत है।

आहार—भूख के शमन हेतु प्राणियों द्वारा जो कुछ ग्रहण किया जाता है आहार कहलाता है।

सन्तुलित आहार—सन्तुलित आहार वह आहार है जिसमें शरीर की वृद्धि, विकास कार्य तथा स्वास्थ्य संरक्षण के लिए आवश्यक पोषक तत्त्व उचित मात्र व गुण में, सन्तुलित रूप से सम्मिलित हों।

सन्तुलित आहार के लिए ध्यान देने योग्य बातें—

- उचित खाद्य पदार्थों का समावेश हो,
- सभी पोषक तत्त्व उचित मात्रा व अनुपात में हो,
- ऊर्जा की उचित इकाइयां प्रदान करता हो,
- आसानी से पाचन योग्य, रुचिकर, आकर्षक, सुगन्धित एवं स्वादिष्ट हो,
- सामाजिक रीति-रिवाजों एवं धार्मिक मान्यताओं के अनुरूप हो,
- मौसम एवं उपलब्धता को ध्यान में रखकर चयन किया गया हो,

सन्तुलित आहार को प्रभावित करने वाले कारक प्रत्येक व्यक्ति के लिए सन्तुलित आहार की अलग-अलग मात्रा एवं अनुपात होता है, यह निम्न कारकों पर निर्भर करता है—

1. आयु
2. लिंग
3. व्यवसाय
4. जलवायु एवं मौसम
5. विशिष्ट

आयु तथा लिंग के अनुसार कैलोरी ऊर्जा की आवश्यकता

आयु तथा लिंग	कैलोरी की आवश्यकता
औसत आदमी	2800
औसत महिला	2200
गर्भवती महिला (अंतिम 6 माह)	2500
दूध पिलाने वाली महिला (प्रथम 6 माह)	2750
दूध पिलाने वाली महिला (6 माह पश्चात्)	2600
किशोर (13 – 15 वर्ष)	2660
किशोरी (13 – 15 वर्ष)	2360
बच्चा (5 वर्ष)	1720
शिशु (1 वर्ष तक)	1200

विटामिनों की तालिका

विटामिन	नाम	रोग	कार्य	स्रोत
A	रेटिनाल	कुंठित वृद्धि, रतौंधी जीरोफ्थैल्मिया (कार्निया का शल्की भवन)	आँखों का स्वस्थ विकास त्वचा व श्लेष्मा कला का स्वस्थ	दूध, घी, मक्खन, टमाटर, गाजर, ताजे फल सब्जी व मछली का तेल
B_1	थायमीन	बेरी-बेरी	कार्बोहाइड्रेट का उपापचय (मेटाबोलिज्म) विकास, पेशियाँ, तंत्रिकाएं तथा हृदय का सुचारु कार्य	मूंगफली, तिल, सूखी मिर्च, दाल गेहूँ, चावल, खमीर
B_2	राइबोफ्लेविन	कीलोसिस	उपापचय में महत्वपूर्ण सहएन्जाइम	पनीर, अण्ड़ा, यीस्ट, हरी पत्तेदार सब्जी, दूध, जिगर
B_3	निकोटेनिक एसिड या निवासिन	चर्मरोग, वृद्धिकम, बाल सफेद	कैटैबोलिज्म के कोएन्जाइम ए का घटक	अण्डा, जिगर, मांस, दूध, टमाटर मूगफली, गन्ना
B_5	पेन्टाथोनिक एसिड	पेलाग्रा	उपापचय में महत्वपूर्ण सहएन्जाइम	यीस्ट, मांस, जिगर, मछली, अण्डा, दूध, मटर, मेवा
B_6	पायराडॉक्सिन	रक्तक्षीणता पेशीय, ऐंठन चर्म रोग	अमीनोअम्ल उपापचय में सहएन्जाइम	दूध, ईस्ट, अनाज, मांस
B_7	Water Soluble	बायोटिन	भोजन के उपापचय में मदद करता है और स्वस्थ त्वचा को बढ़ावा देता है।	ब्राउन चावल, अण्डे की जर्दी, मांस, दही, समुद्री खाद्य पदार्थ
B_9	फोलिक अम्ल	रक्तक्षीणता, कुंठित बुद्धि	वृद्धि रुधिराणुओं का निर्माण	हरी पत्तियां, जिगर, सोयाबीन, यीस्ट
B_{12}	सायनोकोबाला मिन	रक्तक्षीणता, तंत्रिका तंत्र की गड़बड़ी	वृद्धि रुधिराणु का निर्माण न्यूक्लिक अम्लों का संश्लेषण	मांस, मछली, अण्डा, जिगर, दूध
C	एस्कार्बिक अम्ल	स्कर्वी	कोलैजन तन्तु व हडिड्यों के मैट्रिक्स को निर्माण	नीबू, वंशी फल, टमाटर, आलू
D	कैल्सी-फेराल	सूखारोग, ऑस्टियोमैलेसिया	कैल्शियम व फास्फोरस का उपापचय, अस्थिव दाँत निर्माण	मक्खन, जिगर, अण्डा, त्वचा, यीस्ट, सूर्य के प्रकाश में त्वचा द्वरा निर्माण
E	टोकोफेराल	जनन क्षमता में कमी, जननांग तथा पेशियां कमजोर	कोशाकला की सुरक्षा, एपीथिलियम की वृद्धि पेशियों की क्रिया शीलता	तेल, गेहूँ, सोयाबीन, अंडें, की जर्दी
K	नैफ्थो-क्विनोन	रक्त का थक्का न जमना	जिगर में प्रोथ्रम्बिन का संश्लेषण	हरीपत्ती, अण्डा, जिगर, टमाटर, गोभी, सोयाबीन

भोजन में पायें जाने विभिन्न पोषक तत्व प्रतिशत

पदार्थ	प्रोटीन	वसा	कार्बोहाइड्रेट	लवण	जल
अण्डा	13.2	10.3	–	0.9	75.6
मांस	15.1	14.7	–	0.8	69.4
मछली	16.0	5.0	–	1.0	78.0
दूध	3.5	3.7	4.9	0.7	87.0
चावल	6.7	2.5	76.0	1.1	15.5
गेहूँ	11.4	2.0	71.0	2.0	12.0
मक्का	8.4	4.7	79.0	1.3	13.9
आलू	2.0	0.1	21.0	1.0	75.9

सन्तुलित आहार तालिका

खाद्य	औसत कार्य करने वाला पुरुष		भारी कार्य करने वाला पुरुष		वृद्ध पुरुष		वृद्ध महिला		सामान्य कार्य करने वाली महिला	
	शाकाहारी ग्राम	मांसाहारी ग्राम	शाकाहारी ग्राम	मांसाहारी ग्राम	शाकाहारी ग्राम	मांसाहारी ग्राम	शाकाहारी ग्राम	मांसाहारी ग्राम	शाकाहारी ग्राम	मांसाहारी ग्राम
अनाज	475	475	650	650	320	320	220	220	350	350
दालें	80	65	80	65	70	55	60	45	70	55
हरी पत्तेदार सब्जी	125	125	125	125	100	100	125	125	125	125
अन्य सब्जी	75	75	100	100	75	75	75	75	75	80
जड़ व कन्द	100	100	100	100	75	75	50	50	75	75
फल	30	30	30	30	75	75	75	75	30	30
दूध	200	100	200	100	600	400	600	400	200	100
घी/तेल	40	40	50	50	30	30	30	30	35	40
शक्कर	40	40	55	55	30	30	30	30	30	30
मांस मछली		30		30		60		60		30
अण्डा		30		30		30		30		30
मल्टीविटामिन गोली					एक	एक	एक	एक		

रोग

मानव शरीर के किसी अंग या तन्त्र में जब सामान्य कार्य या कार्यिकी न हो रहा हो तो उसे रोग कहा जाता है। रोग उत्पन्न करने वाले जीवों को रोगाणु कहते हैं। रोगों के अध्ययन को रोग विज्ञान कहा जाता है।

जीवाणु जन्य रोग

रोग	जीवाणु	संक्रमण विधि	लक्षण
तपेदिक T.B	माइकोवैक्टीरियम टयूबर कुलोसिस	सीधे सम्पर्क एवं वायु द्वारा	ज्वर, खांसी, बलगम, कमजोरी, फेफड़े प्रभावित
डिप्थीरिया	कोरिनिवैक्टीरियम डिप्थीरिवाई	सीधे सम्पर्क एवं वायु द्वारा	श्वास अवरोध, गला प्रभावित
न्यूमोनिया	स्ट्रेप्टोकोकस न्यूमोनी	वायु द्वारा	तीव्र ज्वर, श्वसन तंत्र प्रभावित
काली खांसी	बेसिलस ट्यूसिस	सीधे सम्पर्क व वायु द्वारा	तेज खांसी हूपिंग की आवाज
टिटनेस	क्लोस्ट्रीडियम टिटनाई	कील, कांटे, चोट लगने से	जबड़ें अकड़ना, ऐच्छिक पेशी संकुचन
हैजा	विब्रो कोलरी	दूषित जल व भोजन से	उल्टी, दस्त, निर्जलीकरण पेशियों में दर्द
कुष्ठ रोग	माइकोबैक्टीरियम लेप्री	सक्रंमित व्यक्ति से	त्वचा, तंत्रिकाए, अंगुलियां व पंजे प्रभावित
पीलिया	लेप्टोहाइरा इचीटीहैरेग्री	दूषित जल से	यकृत अक्रिय, रक्त व ऊतकों में पित्त वर्णको में वृद्धि
टायफॉयड	साल्मोनेला टायफी	दूषित जल व भोजन से	निरन्तर ज्वर, आंत व पाचन किया प्रभावित
मस्तिष्क ज्वर	नीसेरिया मेनिनजाइटिस	–	मस्तिष्कावरण में सूजन

(Continued)

रोग	जीवाणु	संक्रमण विधि	लक्षण
सुजाक (गोनेरिया)	नीसेरिया गोनेरी	लैंगिक संसर्ग से	मूत्रमार्ग व मादा गर्भाशयग्रीवा
प्लेग	पास्ट्यूरेला पेस्टिस या यर्सिनिया पेस्टिस	चूहों के पिस्सू से	तीव्र ज्वर, गिल्टी, सूजन अतिसार
सिफिलिस	ट्रीपोनीमा पैलिडियम	लैंगिक संसर्ग से	जननांगो में घाव व ज्वर
अतिसार	साल्मोनेला ईकोलाई	दूषित जल व भोजन	दस्त, मल के साथ रक्त

विषाणु जनित रोग

रोग	वायरस	संक्रमण का तरीका	लक्षण
मम्स (गलसुआ)	पैरामिक्सो वायरस	सीधे सम्पर्क व वायु से	पैरोटिड लार ग्रंथि का फूलना ज्वर व गर्दन दर्द, वृषण या अण्डाशय में सूजन
खसरा	पैरामिक्सो वायरस	सीधे सम्पर्क व वायु से	शरीर पर दाने, ज्वर, नाक बहना, भूख न लगना
छोटी चेचक	वेरीसेला हर्पीज	वायु में छींक व थूक से	शरीर पर दाने व ज्वर
चिकन पाक्स	हर्पीज वायरस	वायु में छींक व थूक से	त्वचा पर बड़े दाने
जर्मन खसरा	टोगा वायरस	वायु से, त्वचा की पपड़ी से	त्वचा पर दाने, गर्भावस्था में मस्तिष्क विकास अवरुद्ध
पेलियों माइलिटिस	एन्ट्रोवायरस	पानी व भोजन से	केन्द्रीय तंत्रिका तंत्र, पेशियों में पक्षाघात
रेबीज (हाइड्रोफोबिया)	रेहब्डो वायरस	पगल कुत्ते के काटने से	तेज ज्वर, गर्दन, सीने में ऐंठन अंत में मृत्यु
एड्स	रिट्रो वायरस	लैगिंक संसर्ग, रुधिर सूई, संक्रमित माता से	प्रतिरक्षा तंत्र खराब, सूजन, ज्वर, भार में कमी
इनफ्लूएंजा	आर्थोमिक्सोवायरस	वायु में छींक व खांसी से	श्वसन मार्ग व फेफड़े प्रभावित
पैराइनफ्लूएंजा	पैरामिक्सोवायरस	वायु में छींक व खांसी से	श्वसन मार्ग
हिपेटाइटिस	हिपेटाइटिस वायरस	भोजन व जल से	यकृत, प्लीहा व लसिका ग्रंथि प्रभावित
निद्रारोग	A.B. आर्बो वायरस टोगा वायरस		तंत्रिका तंत्र

प्रोटोजोआ जनित रोग

रोग	कारक (जनक)	वाहक	प्रभाव
अमीबाएसिस	एन्टअमीबा हिस्टोलिटिका	पानी, भोजन, स्वयं रोगी	पेट दर्द, दस्त, मल के साथ रक्त स्राव भी
काला जार	लिशमैनिया डोनोवानी	सैण्ड फ्लाई	तीव्र जवर, प्लीहा वयकृत में वृद्धि
ल्यूकोरिया	ट्राइकोमोनास वैजीनेलिस	लैंगिक संसर्ग से	योनि से बदबूदार गाढ़े, द्रव का स्राव कमर में दर्द
ओरियन्टल सोर	लिशमैनिया ट्रोपिका	ऐण्ड फ्लाई	त्वचा पर दाने व लाल निशान
पायरिया	ट्राइकोमोनास बुकेलिस	चुम्बन द्वारा, 'बिटामिन-C की अधिक्ता से'	मसूड़ों से रक्त स्राव
अफ्रीकन निद्रारोग	ट्रिपेनोसोमा गैबीएन्स	सी.सी. मक्खी ग्लोसिना पाल्पेलिस	तंत्रिका तंत्र प्रभावित, रोगी को नींद आती है।

(Continued)

रोग	कारक (जनक)	वाहक	प्रभाव
चागा रोग	ट्रिपेनोसोमा क्रूजी	सी.सी. मक्खी	रक्त परिवहन को प्रभावित करता है।
डायरिया	जिआर्डिया इन्टेस्टाइनेलिस	संदूषित जल व खाद्य पदार्थों द्वारा	पेट दर्द
बेलेन्टीरियान पेचिस	बेलेन्टीडियम कोलाई	दूषित जल व खाद्य	पेचिस व दस्त पेट दर्द
रोहडोसियन निद्रारोग	ट्रिपेनोसोमा रोहडेसिनयेन्स	सी.सी. मक्खी	निद्रा रोग
मलेरिया	प्लाज्मोडिम-(वाइवैक्स, ओवल, मलैरी, फैल्सीफेरम)	मादा ऐनाफिलीज	48 घंटे में तीव्र ज्वर फैल्सीफेरम से मृत्यु दर सर्वाधिक

कृमि से होने वाला

रोग	कारक (जनक)	वाहक	प्रभाव
एस्कैरिएसिस (गोल कृमि)	ऐस्केरिस लुम्ब्रीकाइड्स	दूषित जल व भोजन	पेट दर्द, रक्ताल्पता, न्यूमोनिया
हाथीपांव (फाइलेरियल कृमि)	बुचेरिया बैन्क्राफटाई	क्यूलेक्स मच्छर	पांव का फूलना, वृषण का फूलना
क्लोनोर्किएसिस (यकृत कृमि)	क्लोनोर्किस सिनेन्सिस	घोंघा व मछली द्वारा	डायरिया, यकृत का बड़ा होना पीलिया, उदर दर्द
ओरियन्टल सोर	टिनिया सोलियम	सूअर के मांस से	प्रोटीन की कमी व कमजोरी

विटामिन की कमी से होने वाले रोग

रोग	विटामिन की कमी		प्रभाव
जीरोष्थैलमियां	विटामिन	A	शुष्क कार्निया, इसके कारण अंधापन भी हो जाता है।
निक्टेलोपिया (रतौंधी)	विटामिन	A	रात्रि में दिखाई न देना
किरेटोमैलेकिया	विटामिन	A	त्वचा में शल्की भवन व बालों का झड़ना
डर्मेटाइटिस	विटामिन	A	शुष्क त्वचा
रिकेट्स	विटामिन	D	बच्चों का सूखा रोग अस्थियों में असामान्यता
आस्टियोमेलिसिया	विटामिन	D	अस्थियां नरम हो जाती है, महिलाओं में अधिक होता हैं
टिटेनी	विटामिन	D	अस्तियोमेलिसिया के कारण पेशियों में ऐंठन का टिटेनी रोग कहते हैं।
बन्धयता	विटामिन	E	जनन उपकला के क्षतिग्रस्त होने के बन्धयता
पक्षघात	विटामिन	E	तंत्रिका पेशीय डिस्ट्रोफी द्वारा पक्षघात होता हैं
हाइपोप्रोथ्रोम्बिनी मिया	विटामिन	K	रक्त का स्कन्दन नहीं होता
बेरी - बेरी	विटामिन	B	भूख में कमी, पेशीय निष्क्रियता, सिर दर्द
केलोसिस (Chelosis)	विटामिन	B_3 (निया सिन)	जीभ व त्वचा पर पपड़िया डायरिया आदि
एनीमिया	विटामिन	B_6	रक्ताल्पता
मेगेलोब्लास्टिक एनीमिया	फोलिक अम्ल		रक्ताल्पता
परनीसियस एनीमिया	विटामिन	B_{12}	RBC का आकार बड़ा होना, व संख्या घटना
डर्मेटाइटिस	विटामिन	B_7 (H)	शुष्क त्वचा
स्कर्वी	विटामिन	C	मसूडों से रक्त आना, त्वचा पर लाल धब्बे

- विटामिन डी—इसे सनसाइन विटामिन कहते हैं।

एंथ्रैक्स

एंथ्रैक्स सामान्यत: शाकाहारी पशुओं से होने वाली संक्रामक बीमारी है जो 'बैसीलस एन्थरैसस' नामक जीवाणु से होती हैं मनुष्य में संक्रमण पशुओं के संपर्क में आने से हो जाता है। इसके लक्षण 7 से 10 दिनों में प्रकट होने लगते है। रोगी को बुखार, थकान, सूखी खाँसी और बेचैनी होती है। एंथैक्स की पहचान एंटीवाँडी परीक्षण एलीसा परीक्षण, रक्त परीक्षण तथा बैक्टीरियल कल्चर द्वारा किया जाता है। संक्रमण से पूर्व टीका भी बचाव का उपाय है। संक्रमण के पश्चात् एंटी बायोटिक दवाओं का प्रयोग करना चाहिए। एंथ्रैक्स के जीवाणु जैविक हथियार के रूप में भी प्रयुक्त किये जा रहे है।

बर्डफ्लू

इसे एवियन इंफ्लूएंजा या एवियन फ्लू भी कहते हैं। आर्थैमिक्सोविरिडल कुल के वायरस इंफ्लूएंजा द्वारा होता है। यह वायरस पक्षियों पर रहता है, इनसे यह अन्य जन्तुओं सूअर, घोड़ा, मछली, मनुष्य आदि में फैलता है। चूंकि पक्षी इसके वाहक है। अत: इसको किसी निश्चित सीमा में रोक पाना मुश्किल हो जाता है। गत दिनों जिसका प्रकोप फैला था वह H5 N1 प्रकार का फ्लू था। इसके द्वारा फेफड़ों की कोशिकाएं संक्रमित होती है। बर्ड फ्लू की कारगर दवा टामिफ्लू।

जापानी इन्सेफेलाइटिस

उत्तर प्रदेश के गोरखपुर जिले से प्रारम्भ हुई वायरस जनित यह बीमारी मनुष्यों में मच्छरों के काटने से पहुँचती है। इसके वायरस फ्लेवीवायरस क्यूलेक्स मच्छरों में पायें जाते हैं जो धान के खेत में प्रजनन करने की अद्‌भुत क्षमता रखते है। रक्त से होते हुए वायरस ग्रंथियों में पहुँचकर बहुगुणन कर संख्या में वृद्धि करते हैं पुन: रक्त द्वारा दिमाग पर आक्रमण करते हुए ऊतकों को नष्ट करते है। इससे दिमाग ही नहीं स्पाइनलकार्ड भी प्रभावित हो जाता है। वाहय श्वसन तंत्र मूलत: नाक के आन्तरिक भाग सूखकर इतने कठोर हो जाते हैं कि सांस लेने में भी कठिनाई होती है। बुखार, भयानक दर्द, चक्कर आना, जी-मिचलना आदि प्राथमिक लक्षण हैं। द्वितीय लक्षणों में शारीरिक असमर्थता, लकवा जैसी स्थिति, कपकपी दौरा पड़ना, बेहोश चेहरे पर पपड़ी दिमागी असन्तुलन आदि है। अत्यधिक डिहाइड्रेशन की वजह से शारीरिक वजन घटता जाता है और 7 से 14 दिन में मृत्यु हो जाती है।

ग्रामीण क्षेत्रें में मच्छरों के प्रजनन स्थानों की अधिकता तथा द्वितीयक पोषक (पालतु सुअर आदि) की उपलब्धता के कारण यह रोग शहरों की अपेक्षा ग्रामीण क्षेत्रों में अधिक फैलता है अत: कभी-कभी इसे ग्रामीण क्षेत्र का रोग भी कहा जाता है। इससे बचाव ही उपचार है अत: मच्छरों से बचना ही रोग से बचना है। वैसे इसका टीका (जे. ई. वैक्सीन) भी उपलब्ध है।

कैंसर

मनुष्य के शरीर के किसी भी अंग में, त्वचा से लेकर अस्थि तक, यदि कोशिका वृद्धि अनियंत्रित हो तो इसके परिणाम स्वरुप कोशिकाओं में अनियमित गुच्छा बन जाता है, इन अनियमित कोशिकाओं के गुच्छे को कैंसर कहते हैं। इस प्रकार कैंसर एक तरह की असंगठित ऊतक वृद्धि की बीमारी है जो कोशिकाओं में अनियंत्रित विभाजन तथा विकास के कारण होती है। कैंसर उन सभी कोशिकाओं में हो सकता है जो विभाजन की क्षमता रखती हैं। कैंसर सामान्यता यकृत एवं मस्तिष्क में नहीं होता है। कैंसर प्राय: 35 से 40 वर्ष की अवस्था तक के मनुष्यों में अधिक होता है इसके पूर्व अवस्था में यह कम होता है।

कैंसर के कारण

1. तम्बाकू का सेवन
2. एक्स किरणें
3. नाभिकीय विकिरण
4. एस्वेस्ट्स
5. सूर्य की पराबैगनी किरणें
6. औद्योगिक प्रतिष्ठानों से निकलने वाला धुआँ
7. कैंसर कारक रसायन (कार्सीनोजेन) जैसे—निकोटिन, कैफीन, पॉलीसाइक्लिक, हाइड्रोकार्बन्स आदि।
8. आंकोजीन्स की सक्रियता

उपचार—कैंसर का स्थायी उपचार संभव नहीं हो सका है फिर भी प्रारम्भ में ज्ञान हो जाए तो उपचार संभव है।

शल्यचिकित्सा—शरीर में जहाँ भी गांठ महसूस हो उसे निकलवा कर बायोप्सी करानी चाहिए।

रेडियोथिरैपपी—विशिष्ट अंगों की कोशिकाओं को रेडियोधर्मी (कोबाल्ट-60) किरणों से नष्ट किया जाता है।

कीमोथिरैपी—रासायनिक यौगिकों द्वारा उत्पन्न की हुई औषधियों से उपचार किया जाता है।

कैंसर उपचार हेतु सिसप्लाटिन तथा टैक्सोल दवा का प्रयोग हो रहा है।

मधुमेह (DIABETES)

ऐसी अवस्था जिसमें अग्नाशय की कोशिकाएं इन्सुलिन हार्मोन बनाना बन्द कर देती है जिससे शर्करा का उपापचय नहीं हो पाता मधुमेह कहलाता है। इससे पेशाब एवं रक्त में शर्करा की मात्र बढ़ जाती है रोगी को पर्याप्त मात्रा में ऊर्जा नहीं मिल पाती है जिससे वह कमजोर हो जाता है। रोगी को प्यास बहुत लगती है और बार-बार पेशाब आता है। रोगी को शक्कर और शक्कर से बनी वस्तुएं नहीं लेनी चाहिए। यह दो प्रकार का होता है—

टाइप-1—यह बच्चो में अधिक पाया जाता है पैंक्रियाज इन्सुलिन बिल्कुल नहीं बना पाते रोगी को जीवित रहने हेतु इन्सुलिन के टीके लेने पड़ते हैं।

टाइप-2—यह अधिकतर 40 वर्ष की उम्र के बाद होता है। यह मोटे लोगों या जिनके मां-बाप डायबिटिक होते हैं उनको होता है। इस रोग में पैंक्रियाज कम मात्र में इन्सुलिन बनाते हैं या ठीक समय पर नहीं बनाते हैं भारत में करीब 90-95 प्रतिशत रोगी टाइप-2 प्रकार के ही हैं।

हाइपरग्लाइसीमिया—इन्सुलिन की खुराक निश्चित मात्रा से अधिक होने की स्थिति जिसमें रोगी मूर्छित हो जाता है।

हाइपोग्लाइसीमिया—कम सुगर होने की स्थिति, इसमें रोगी को बेचैनी सिर दर्द, तेज धड़कन, मतली, उल्टी या पेट दर्द की परेशानी होती है। यदि रक्त मे शर्करा 130 मिलिग्राम/डेकालीटर तथा खाना खाने के बाद 200 मिलिग्राम/डेकालीटर से अधिक हो तो व्यक्ति मधुमेह से पीडित होता है।

एलर्जी

व्यक्ति का किसी पदार्थ के प्रति अत्यधिक संवेदनशील हो जाना एलर्जी कहलाता है। जब कोई पदार्थ जिसके प्रति शरीर संवेदनशील होता है शरीर में प्रवेश करता है तो प्रतिरक्षी उस पर आक्रमण करते हैं फलस्वरूप हिस्टामीन नामक पदार्थ कुछ कोशिकाओं से निकलता है और यही हिस्टामीन रक्त द्वारा, श्लेष्माकला या त्वचा तक पहुँचकर कर एलर्जी के लक्षण जैसे छींक आना, सांस फूलना, पित्ती, खुजली आना तथा आँखों में पानी आना आदि लक्षण पैदा करता है। उपचार हेतु एन्टी एलर्जिक दवा लेनी चाहिए।

आर्थराइटिस

इसे गठिया या बात रोग के नाम से भी जाना जाता है इस रोग मे शरीर के जोड़ों में दर्द रहता है। यह कई प्रकार का होता है।

1. **गाउट**—इसमें शरीर की अस्थियों के जोडों में साइट्रिक अम्ल जमा होने से दर्द होता है।
2. **आस्टियोआर्थराइटिस**—अस्थियों के जोडों के कार्टिलेज घिस जाते हैं इससे जोडों का लचीलापन समाप्त हो जाता है तथा वे कड़े हो जाते हैं।
3. **रुमेटाइड अर्थराइटिस**—साइनोसिल झिल्ली में सूजन आने तथा कार्टिलेज के ऊपर सख्त ऊतक उत्पन्न होने से होता है।

प्रदूषण जनित बीमारियाँ

मिनिमाटा रोग—यह शरीर में पारा (Hg) की अधिकता के कारण होती है। प्रारम्भ में यह जापान की मिनीमाता की खाड़ी में पारा संक्रमित मछलियाँ को खाने से हुई थी। उसमें शरीर के अंग होंठ, तथा जीभ काम करना बंद कर देते हैं साथ ही बहरापन आंखों का धुंधलापन तथा मानसिक असंतुलन भी पैदा हो जाता है।

इटाई-इटाई रोग—यह कैडमियम के प्रदूषण से होती है जब कैडमियम शरीर के सुरक्षा स्तर से अधिक मात्रा में पहुचता है तब यह रोग होता है। इसमें अस्थियों एवं जोडों के दर्द के अलावा लीवर व फेफड़ों का कैंसर भी हो जाता है।

ब्लू बेबी सिण्ड्रोम—नाइट्रेट की अधिकता से होता है। नाइट्रेट की अधिकता होने पर हीमोग्लोबिन से प्रतिक्रिया करके अक्रिय मिथेमोग्लोबीन बनाता है जो शरीर में ऑक्सीजन संचरण को अवरुद्ध करता है फलत: नवजात शिशु नीला पड़ जाता है।

ब्लैक फुट—आर्सेनिक के लगातर सम्पर्क से यह बीमारी होती है इससे त्वचा तथा फेफड़े का कैंसर भी हो जाता है।

मानसिक रोग

हिस्टीरिया—इच्छा अथवा आशा के विघात होने पर आवेशपूर्ण अथवा असाधारण रूप में नाटकीय व्यवहार को हिस्टीरिया कहते हैं। रोगी के हाथ-पैर में अकड़न, शरीर मे कंपकपी अथवा रोगी जोर से हँसने या रोने लगता है। यह रोग युवा लड़कियों और वयस्क स्त्रियों में अधिक होता है। कारणों में अपूर्ण मैथुन, गर्भाशय रोग, कमजोर स्वास्थ्य आदि है।

सीजोफ्रेनिया—इसमें रोगी के अन्दर व्यक्तित्व विघटन के लक्षण मिलते हैं। बुद्धि की तमाम शक्तियां युवावस्था में ही दुर्बल हो जाती है। विचारहीनता, भावहीनता, इच्छाहीनता, भ्रान्तचित्रता एवं मिथ्या प्रतीत इसके प्रधान लक्षण हैं। यह वंशानुगत रोग है।

पीडोफिलिया—यह एक यौन विकृति है जिसमें परिपक्व अवस्था का व्यक्ति चाहे वह स्त्री हो या पुरुष, किसी बालक के साथ किशोरावस्था से पूर्व ही कामजनित व्यवहार प्रदर्शित करता है। यह विकृति विपरीत लिंगी अथवा समलिंगीय हो सकती है।

लिंग सहलग्न रोग

वर्णान्धता—यह लिंग-सहलग्न रोग है। इसमें रोगी को लाल एवं हरा रंग पहचाननें की क्षमता नहीं होती है। इसीलिए इसे लाल-हरा अंधापन भी कहते हैं। इसमें मुख्य रूप से पुरुष प्रभावित होता है। स्त्रियां मात्र वाहक होती है। स्त्रियों में यह रोग तभी होता है जब उसके दोनों गुणसूत्र (XX) प्रभावित हों यदि केवल एक गुणसूत्र (X) पर वर्णान्धता के जीन हैं, तो स्त्रियाँ वाहक का कार्य करेंगी। इसके विपरीत पुरुषों के एक जीन (X) पर वर्णान्धता के जीव उपस्थित होने पर ही पुरुष वर्णान्ध होगें।

हीमोफीलिया—इस रोग से ग्रसित व्यक्ति में रक्त का थक्का नहीं बनता है और कटने या फटने पर रक्त बहता रहता है हिमोफीलिया की वंशगति वर्णान्धता के समान होती है अर्थात् यह भी एक लिंग-सहलग्न रोग है। इसमें भी स्त्रियां वाहक होती हैं। हेल्डेन का मानना है कि यह रोग ब्रिटेन की महारानी विक्टोरिया से प्रारम्भ हुआ।

श्वसन (Respiration)

श्वसन सभी भौतिक एवं रासायनिक क्रियाओं को कहते हैं जिसमें वायुमण्डलीय ऑक्सीजन शरीर की कोशिकाओं में पहुँचकर भोजन का ऑक्सीकरण करता है। और ऊर्जा मुक्त होती है साथ ही साथ कार्बनडाई ऑक्साइड शरीर से बाहर निकलती है। प्रत्येक जीवित कोशिका में उपापचय की क्रिया होती हैं जिसके अन्तर्गत संश्लेषणात्मक प्रक्रिया द्वारा जो पदार्थों का संश्लेषण उपचय तथा विखण्डनात्मक प्रक्रिया द्वारा बड़े-बड़े जटिल अणुओं का टूटकर ऊर्जा उत्पन्न करना अपचय कहलाता है। ग्लूकोज को कोशिकीय ईधन कहते हैं क्योंकि अत्यधिक ऊर्जा की प्राप्ति हेतु ग्लूकोज का जारण होता है। श्वसन एक अपचयी प्रक्रिया है जिसके द्वारा शारीरिक भार मे कमी होती है। यह दो प्रकार का होता है।

1. **अवायवीय श्वसन**—ऑक्सीजन की अनुपस्थिति में होने वाले श्वसन को कहते हैं। इसमें ग्लूकोज अगर मांसपेशियों में है तो लैक्टिक अम्ल के रूप में और यदि बैक्टीरिया या यीस्ट में हैं तो इथाइल एल्कोहल में विघटित होता है। इसे शर्करा का किण्वन भी कहते हैं। अवायवीय श्वसन में कम ऊर्जा उत्पन्न होती है।
2. **वायवीय श्वसन**—यह ऑक्सीजन की उपस्थिति में होता है। इसमें ग्लूकोज का ऑक्सीजन होता है फलस्वरूप ग्लूकोज विघटित होकर कार्बन डाई-ऑक्साइड और जल बनाता है। इस प्रक्रिया में अधिक ऊर्जा उत्पन्न होती है।

श्वसन तंत्र (Respiratory System)

कोशिकाओं में समस्त उपापचय की क्रिया ऑक्सीजन की उपस्थिति में होती है। ऑक्सीजन की प्राप्ति वातावरण से होती है। इसके अन्तग्रहण का काम श्वसन तंत्र करता है जो शरीर की प्रत्येक कोशिका को ऑक्सीजन की आपूर्ति करता है। यह सम्पूर्ण प्रक्रिया चार भागों में बटी होती है।

1. **वाह्य श्वसन**—यह फुष्फुसों में होने के कारण फुष्फुसीय श्वसन कहलाता है। इसमें ऑक्सीजन का रुधिर में मिलना तथा कार्बन डाई ऑक्साइड का बाहर निकलना शामिल है।
2. **गैसों का परिवहन**—रुधिर द्वारा श्वसन अंगो से प्राप्त ऑक्सीजन को ऊतकों तक पहुँचाना तथा कार्बनडाईऑक्साइड को श्वसन अंगों तक वापस लाना गैसों का परिवहन कहलाता है।
3. **अन्त: श्वसन**—ऊतक द्रव्य एवं रुधिर के बीच गैसीय विनिमय को कहते हैं। इसमें रक्त का हीमोग्लोबिन ऑक्सीजन से संयुक्त होकर आक्सी-हीमोग्लोबिन के रूप में समस्त शरीर में संचरित होता हुआ कोशिकाओं तक पहुँचता है।
4. **कोशिकीय श्वसन**—इस श्वसन में रासायनिक क्रियाओं के फलस्वरूप कोशिकाओं में भोजन का ऑक्सीकरण होता है और ऊर्जा मुक्त होती है।
5. **वाहय श्वसन**—स्तनधारियों में यह दो चरणों में सम्पन्न होती है—श्वासोच्छ्वास तथा गैसों का विनिमय।
6. **श्वासोच्छवास**—स्तनियों में दो लचीले, स्पन्जी फेफड़े होते हैं जो वक्ष गुहा में फुष्फुसावरणी गुहाओं के भीतर सुरक्षित रहते हैं। फेफड़े में निश्चित दर से वायु भरी तथा निकाली जाती है जिसे श्वासोच्छवास कहते हैं। यह क्रिया दो खण्डों में सम्पन्न होती है।
7. **निश्वसन**—इसमें वायु बाहरी वातावरण से वायुपथ से फेफड़ों में प्रवेश करती है। सबसे पहले बाह्य इण्टरकॉस्टल पेशियों के सिकुड़ने से पसलियाँ आगे की ओर तन कर बगल में फूलती है। इससे वक्ष गुहा का आयतन बढ़ जाता है एवं फेफड़ों में निम्न वायु दाब बन जाता है और बाहर से वायु फेफड़ों में प्रवेश करने लगती है और तब तक भरती रहती है जब तक वायु का दाब बाहर एवं भीतर बराबर न हो जाए।
8. **नि:श्वसन**—आन्तरिक इण्टरकॉस्टल पेशियों के सिकुड़ने से पसलियाँ फिर अपने स्थान पर वापस आ जाती हैं परिणाम स्वरूप प्ल्यूरल गुहा का आयतन घट जाता है एवं फेफड़े पर दबाव पड़ने के कारण वह सिकुड़ता रहता है तथा फेफड़ों की हवा उसी मार्ग से जिससे प्रवेश की थी बाहर निकल जाती है।

श्वासोच्छवास में वायु संगठन

गैस का नाम	निश्वसनी वायु में आयतन प्रतिशत में	निःश्वसनी वायु में आयतन प्रतिशत में
ऑक्सीजन	20.96 प्रतिशत	16.3 प्रतिशत
नाइट्रोजन	78.0 प्रतिशत	78.7 प्रतिशत
कार्बन डाई ऑक्साइड	.04 प्रतिशत	4.0 प्रतिशत
जलवाष्प	1.0 प्रतिशत	6.2 प्रतिशत

गैसो का विनिमय—यह कार्य फेफड़ों के अन्दर होता है। फेफड़ों के अन्दर वायुकोष्ठकों के चारों और रक्तकोशिकाओं का अत्यधिक घना जाल है। इसमें वायु के आने पर ऑक्सीजन पतली शिरा कोशिकाओं की दीवार से होकर रुधिर में पहुँच जाती है और रुधिर से कार्बन डाई ऑक्साइड कोशिकाओं की दीवार से बाहर निकलकर बाहर जाने वाली वायु में मिल जाती है। यह गैसीय विनिमय साधारण विसरण के आधार पर होता है।

फेफड़ों में ऑक्सीजन तथा कार्बन-डाई-ऑक्साइड गैसों का विनिमय उनके दाबों के अन्तर के कारण होता है। वायुकोष्ठक की वायु में ऑक्सीजन का दाब 100MM Hg होता है। जबकि शिरा कोशिका के रुधिर में ऑक्सीजन का दाब 37MM Hg होता है। इस अन्तर के कारण ही ऑक्सीजन शिरा कोशिका की ओर विसरित हो जाता है। इसी तरह कार्बन डाइ ऑक्साइड का दाब कोष्ठक में 40MM Hg तथा शिराओं में 46MM Hg होता है। फलस्वरूप कार्बन-डाइ-ऑक्साइड शिरा कोशिकाओं से वायु कोष्ठक की और विसरित हो जाता है। शरीर में गैसों का अदान-प्रदान सामान्य विसरण सिद्धान्त पर होता है।

गैसों का परिवहन—कार्बन-डाइ -ऑक्साइड तथा ऑक्सीजन का फेफड़े से शरीर की कोशिकाओं तक पहुँचना तथा पुन: फेफड़े तक वापस आने की क्रिया गैंसो का परिवहन कहलाता हैं।

ऑक्सीजन का परिवहन—इसका परिवहन रुधिर में उपस्थित लालवर्णक हीमोग्लोबिन द्वारा होता है। यह हीमेटीन या हीम (आयरन पार फाइरिन) तथा ग्लोबिन (रंगहीन प्रोटीन) से बना होता हैं इसे श्वसन वर्णक भी कहते हैं हीमोग्लोबिन, ऑक्सीजन से संयुक्त होकर अस्थायी यौगिक आक्सी हीमोग्लोबिन बनाता है। हीमोग्लोबिन बैगनी रंग का जबकि आक्सी-हीमोग्लोबिन चमकदार लाल रंग का होता है। यह जितनी आसानी से संयुक्त होता हैं उतनी आसानी से टूट भी जाता है। आक्सीहीमोग्लोबिन संचरण द्वारा शरीर की कोशिकाओं में पहुँच जाता है। जहाँ ऑक्सीजन का आंशिक दाब कम होने के कारण आक्सी हीमोग्लोबिन का विखण्डल हो जाता है और ऑक्सीजन मुक्त होकर ऊतकों हीमोग्लोबिन का विखण्डन हो जाता है। और आक्सीजन मुक्त होकर ऊतकों में प्रवेश कर जाती है।

कार्बन-डाई-ऑक्साइड का परिवहन—इसका परिवहन हीमोग्लोबिन द्वारा कोशिकाओं से फेफड़ों तक अधिकतम 20 प्रतिशत तक ही हो पाता है शेष कार्बन डाई ऑक्साइड का परिवहन अन्य प्रकार से होता है—

1. **प्लाज़्मा में घुलकर**—कार्बन डाई ऑक्साइड प्लाज़्मा में घुलकर कार्बोनिक अम्ल बनाता है लगभग 7 प्रतिशत परिवहन इस रूप में होता है।
2. **बाइकार्बोनेट्स के रूप में**—कार्बन डाई ऑक्साइड रुधिर के पोटैशियम तथा सोडियम के साथ मिलकर पोटैशियम बाई कार्बोनेट तथा सोडियम बाई कार्बोनेट बनाता है, और लगभग 70 प्रतिशत भाग का परिवहन होता है।
3. कार्बन डाइ ऑक्साइड हीमोग्लोबिन के अमीनों समूह से संयोग करके कार्बोआक्सी-हीमोग्लोबिन तथा प्लाज़्मा-प्रोटीन से संयोग कर कार्बोमिन हीमोग्लोबिन बनाता है और इसका परिवहन हो जाता है।

ग्लाइकोलिसिस—कार्बन डाइ ऑक्साइड रुधिर के पोटैशियम तथा सोडियम के साथ मिलकर पोटैशियम बाई कार्बोनेट तथा सोडियम बाई कार्बोनेट बनाता है, और लगभग 70 प्रतिशत भाग का परिवहन होता है।

किण्वन—अवायवीय श्वसन के अन्तर्गत आता है। इसमें हाइड्रोजन पाइरुविक अम्ल के साथ क्रिया करके कार्बन डाइ ऑक्साइड तथा इथाइल एल्कोहल बनाता है।

लैक्टिक अम्ल का निर्माण—हाइड्रोजन जन्तुओं की मांसपेशियों, दूध के जीवाणुओं आदि में पाइरुविक अम्ल से क्रिया करके लैक्टिक अम्ल बनाता है। लैक्टिक अम्ल के बनाने से दूध फट जाता है तथा मांसपेशियों में जमा होने के कारण थकान महसूस होती है।

श्वसन भागफल—श्वसन भागफल श्वसन क्रिया के समय उपयोग में लाई गई सम्पूर्ण ऑक्सीजन एवं इस क्रिया के समय उत्पन्न सम्पूर्ण कार्बन डाइ ऑक्साइड के गैसीय विनिमय का अनुपात है।

$$\text{इसको R.Q.} = \frac{\text{कुल } CO_2 \text{ उत्पादन}}{\text{कुल का } O_2 \text{ उपभोग}} \text{ से निकालते है।}$$

उत्सर्जन (Excertion)

शरीर की कोशिकाओं से विषाक्त पदार्थों को बाहर निकालने की क्रिया को उत्सर्जन कहते हैं और अंग इस क्रिया में भाग लेते हैं उन्हें उत्सर्जी अंग कहते हैं। उत्सर्जन द्वारा कोशिका के लिए स्थायी आन्तरिक वातावरण बनायें रखा जाता है जिससे पदार्थों की हानिकारक मात्रा शरीर से बाहर निकल जाए तथा न्यूनतम आवश्यक मात्रा शरीर में जैविक कार्यों हेतु बनी रहें।

शरीर मे भोज्य पदार्थों के पाचन से कार्बोहाइड्रेट तथा वसा के अपचय द्वारा जल तथा कार्बन डाइ ऑक्साइड के रूप में अपशिष्ट बनता है। इनका निष्कासन-मल-मूत्र, पसीना तथा उच्छ्वास द्वारा हो जाता हैं लेकिन प्रोटीन के अपचय से जटिल नाइट्रोजनी अपशिष्ट बनता है जो शरीर से आसानी से नहीं निकलता है इनका निष्कासन जटिल रासायनिक प्रक्रियाओं के द्वारा विशेष उत्सर्जी अंगों द्वारा ही होता है।

उत्सर्जन एवं मलत्याग—पाचन के पश्चात् बचे अपच भोजन को विष्ठा के रूप में आहारनाल के अन्तिम भाग गुदा द्वारा बाहर निकाल दिया जाता है। अपचित भोजन कभी भी शरीर की किसी कोशिका में प्रवेश नहीं करता और न ही वह किसी उपापचय प्रक्रिया में भाग लेता है। अतः वह उपापचयी अपशिष्ट पदार्थ नहीं होता है।

उत्सर्जन में अपशिष्ट पदार्थों का जो शरीर के लिए अनुपयुक्त होते हैं, रक्त परिसंचरण एवं कोशिकाओं में से निष्कासन होता है। वृक्क द्वारा अपशिष्ट पदार्थों के निष्कासन में वृक्क कोशिकाओं द्वारा ऊर्जा उन्मुक्त होती है जब मलत्याग में ऐसा कुछ भी नहीं होता। अतः मलत्याग तथा उत्सर्जन दोनों अलग-अलग प्रक्रियाएं है।

उत्सर्जी पदार्थ

अमोनिया—अमीनो अम्ल के विघटन से बनने वाला अत्यंत विषैला पदार्थ है जो जल में घुलनशील है यह मूत्र में अमोनिया लवण के रूप में रहता है इसका उत्सर्जन अमोनोटेलिक उत्सर्जन कहलाता है। अधिकांश जलीय जन्तुओं में उत्सर्जन होता है। जैसे—कुछ मछलियाँ, सभी प्रोटोजोआ, पोरीफेरा।

यूरिया—अमोनिया के संश्लेषण से उत्पन्न होने वाला यूरिया नाइड्रोजनी उत्सर्जी में सर्वाधिक मात्रा में पाया जाता है। रंगहीन, गंधहीन, स्वाद में कड़वा अपेक्षाकृत कम विषैला, यूरिया के उत्सर्जन को यूरियोटोलिक उत्सर्जन कहते हैं। जैसे—मानव, स्तनी, केंचुआ, घड़ियाल।

अमीनो अम्ल—प्रोटीन के पाचन के फलस्वरूप अमीनो अम्ल बनता है यह आँत की दीवारों से अवशोषित होकर रुधिर से होते हुए यकृत में पहुँचता हैं इसका उत्सर्जन अमीनोटेलिक उत्सर्जन कहलाता है।

यूरिक अम्ल—शुष्क वातावरण में पायें जाने वाले जन्तुओं में अमोनिया से बनता है जल में अघुलनशील, कम विषैला, ठोस रूप में उत्सर्जन होता है। सरीसृपों तथा पक्षियों में इसका उत्सर्जन होता है। पानी की कम मात्रा का उपयोग करने वाले जीवों में यूरिक अम्ल का उत्सर्जन होता है। जैसे—पक्षी, कीट तथा सरीसृप।

प्रमुख उत्सर्जी अंग—विभिन्न वर्ग के जन्तुओं में भिन्न-भिन्न उत्सर्जी अंग होते हैं। प्रोटोजोआ में परासरण द्वारा, एनीलिडा में नेफ्रीडिया द्वारा, प्लेटीहेल्मिन्थीज में ज्वाला कोशिकाओं द्वारा तथा आर्थोपोडा में मेल्पीगी नलिकाओं तथा ग्रीन ग्रंथियों से उत्सर्जन होता है। पक्षियों व सरीसृपों में आहारनाल द्वारा उत्सर्जन होता है उच्च वर्गीय कशेरुकियों के प्रमुख उत्सर्जी अंग निम्न हैं।

त्वचा—इसमें श्वेत ग्रंथियाँ होती हैं जो जल में घुलित पदार्थों को पसीने के साथ उत्सर्जित करती हैं।

यकृत—इसके अन्दर ही अमीनों अम्ल से यूरिया बनता है जिसका उत्सर्जन होता है।

फेफड़ों—फैट (वसा) और कार्बोहाइड्रेट के विघटन से कार्बन डाइ ऑक्साइड और जल बनाता है। जिसका उत्सर्जन श्वासोच्छवास के द्वारा होता है।

वृक्क—एक जोडी सेम के बीच के आकार की लगभग 5 इंच लम्बा होता हैं वाह्यकार्टेक्स एवं भीतरी मेडुला इसके दो भाग होते हैं। इसकी कार्यात्मक इकाई नेफ्रान (वृक्क नलिकाएं) हैं जिनकी संख्या लगभग 11200000 होती हैं नेफ्रान द्विभित्तिक, प्याले के आकार के वोमन सम्पुट का बना होता है जिसमें पतली रुधिर कोशिकाओं का गुच्छा पाया जाता है। यह दो प्रकार की धमनियों अभिवाही (चौड़ी) अपवाही (पतली) बना होता है। अभिवाही धमनियाँ रुधिर को ग्लोमेरुलस से छानकर वोमन सम्पुट की गुहा में पहुँचा देते हैं वोमन सम्पुट की गुहा में पहुँचे रुधिर प्लाज़्मा का लगभग 20 प्रतिशत भाग छानकर पहुँच जाता है।

ग्लोमेरुलस से छने मूत्र को बाहर निकालने से बहुत आवश्यक पदार्थ भी बाहर निकल जाते अतः इसके बाहर जाने से पहले इसका वर्णात्मक पुनरावशोषण होता है। समीपस्थ कुण्डलित नलिका में पतली माइक्रोविलाई पायी जाती है जिसमें अवशोषण 20 गुना बढ़ जाता है। दूरस्थ कुण्डलित नलिका में पहुँचे निस्यंद में जल एवं यूरिया, इसकी दीवारों के लिए पारगम्य होती है। यहां से अल्प परासारी निष्यंद संग्रह नलिका में पहुँचता है जहां से यह पेल्विस में पहुँच जाता है और मूत्र कहलाता है।

मूत्र—यह हल्का अम्लीय (pH–6–0) पीले रंग का होता हैं हीमोग्लोबिन के विखण्डन से बनने वाला वर्णक यूरोक्रोम के कारण इसका रंग पीला होता है मूत्र का रासायनिक संगठन निम्न है—

रसायन	प्राथमिक मूत्र (प्रतिशत में)	अंतिम मूत्र प्रतिशत
पानी	92	96.44
ग्लूकोज़	.1	अनुपस्थित
यूरिया	.03	2.0
सोडियम आयन	.3	.4
क्लोराइड आयन	.37	.7
पोटैशियम आयन	.02	.15
यूरिक अम्ल	.004	.05

डाययूरेसिस—मूत्रस्राव का सीधा सम्बंध रक्त में यूरिया की मात्रा बढ़ने से है। मूत्र स्राव की मात्रा बढ़ जाने को डाययूरेसिस कहते हैं वे पदार्थ जो मूत्रस्राव की मात्रा को बढ़ाते हैं डाययूरेसिस कहलाते हैं जैसे:—यूरिया, ग्लूकोज, कैफीन, सुक्रोज, मैनिटॉल आदि।

वृक्क के कार्य—उपापचय के फलस्वरूप विभिन्न अपशिष्ट पदार्थों को मूत्र के रूप में शरीर से बाहर निकालता है।

- रक्त के pH मान को नियंत्रित करता है।
- रक्त के परासरणी दाब तथा उसकी मात्रा को नियंत्रित करता है।
- रुधिर तथा ऊतक द्रव्य में जल एवं लवणों की मात्रा को निश्चित कर रुधिर दाब को बनाए रखता है।
- शरीर में ऑक्सीजन की कमी (हाइपॉक्सिया) की स्थिति में शेष के स्रावण से एरिथ्रोपोईटिन नामक हार्मोन द्वारा लाल रुधिराणुओं के निर्माण में सहायता करता है।
- बाह्य पदार्थों जैसे दवा, विष आदि जिनका शरीर के लिए कोई उपयोग नहीं है उन्हें बाहर निकाल देता है।

हॉर्मोन्स (Hormones)

ये विशिष्ट यौगिक हैं जो अन्तस्त्रावी ग्रंथियों से स्रावित होते हैं और रुधिर के साथ शरीर के विभिन्न भागों में पहुँचकर अंगों के कार्यो को प्रभावित करते हैं। हॉर्मोन मुख्यतः प्रोटीन, अमीनों अम्ल, स्टीरॉइड्स एवं कैटेकोलेमीन्स होते है। ग्रंथियां दो प्रकार की होती है।

1. **बहिःस्त्रावी**—इनसे स्रावित स्राव एक नलिका या वाहिनी द्वारा शरीर के किसी निश्चित भाग में एक नलिका या वाहिनी द्वारा पहुँचाया जाता है इन्हें नलिकायुक्त ग्रंथियां भी कहते हैं। जैसे—दुग्ध, ग्राथिया, स्वेद, अश्रुग्रंथिया आदि।
2. **अंतःस्त्रावी ग्रंथिया**—ये नलिका विहीन होती है इनसे निकलने वाला स्राव सीधे रक्त परिसंचरण के द्वारा सम्पूर्ण शरीर में पहुँचता है इनके स्राव को हार्मोन कहते हैं।

अंतःस्रावी ग्रंथियाँ

1. **पीयूष**—यह मस्तिष्क में स्थित होती है।
2. **थायरॉइड**—यह गले में स्थित होती है।
3. **पैराथायरॉइड**—यह गले में थायरॉइड के अन्दर धंसी रहती है।
4. **पीनियलबॉडी**—मस्तिष्क में स्थित होती है।
5. **थायमस ग्रंथि**—यह वक्ष में हृदय के पास स्थित होती है।
6. **एड्रीनल ग्रंथि**—उदर में वृक्क के ऊपर स्थित होती है।

अग्नाशय (Pancreas): यह उदर में स्थित मिश्रित ग्रंथि का प्रकार है। इनके अतिरिक्त वृक्क, आहारनाल, त्वचा, वृशण, अण्डाशय तथा प्लैसेन्टा से भी हार्मोन्स का स्राव होता है।

अंतः स्रावी ग्रंथि का नाम	शरीर में स्थिति	स्रावित हार्मोन	अल्पस्रावण का प्रभाव	अतिस्रावण का प्रभाव
1. पिट्यूटरी ग्रंथि या मास्टर ग्लैण्ड	खोपड़ी की स्फिनायड अस्थि के सेलाटार्सिका गड्ढ़े में	1. सोमैट्रोट्रापिक हार्मोन (STH) वृद्धि हार्मोन	शारीरिक बौनापन	शारीरिक विशालता, हाथ-पांव लम्बे एवं जबडे बडे, इसे 'एक्रोमेगाली' कहते हैं।
		2. गोनैडोट्रॉपिक हार्मोन (GTH)	मादा में अण्डाशय का आकार क्षीण होने लगता है गर्भाशय तथा योनि विलुप्त	लैंगिक परिपक्वता जल्दी आता है।
		3. थाइराइड स्टीमुलेटिंग हार्मोन (थायरोट्रोपिक) (TSH)	थायराक्सिन की कमी	थायराक्सिन की अधिकता
		4. लैक्टोजे निक हार्मोन	माता में दुग्ध का निर्माण नहीं होता	स्तन बड़े हो जाते हैं तथा असमय दूध आने लगता है।
		5. मिलैनोसाइट स्टीमुलेटिंग हार्मोन (MSH) त्वचा में मिलैनिन वर्णक के निर्माण को प्रेरित करता है तथा त्वचा में तिल व चकत्ता के निर्माण को प्रेरित करता है।	उसे संकुचित करना, दुग्ध स्राव पर नियंत्रण करता है।	
		6. ऑक्सीटोसिन (OT)-प्रसव के समय गर्भाशय को फैलना तथा प्रसव के बाद उसे संकुचित करना, दुग्ध स्राव पर नियंत्रण करता है।		
2. थायरायड	गर्दन में	थायराक्सिन	बच्चों में जड़मानवता बौनापन, पेट बड़ा, त्वचा सूखी, वयस्कों में मिक्सोडेमा, शरीर भारी एवं कमजोर, वृद्धावस्था के लक्षण, घेंघा एवं हाशीमोटो रोग	उपापचय क्रिया की दर तेज शरीर के तापक्रम में वृद्धि, अधिक भूख लगना, हृदय गति तेज, स्वभाव में चिड़चिड़ापन एक्सोथाल्मिक ग्वायटर (Exopthalmic Goitre)
3. पैरा थायरायड	थायरायड ग्रंथि के पृष्ठ सतह पर	पैराथार्मोन इसे Collip's Hormone भी कहते हैं।	तंत्रिकाओं एवं पेशियों में अनावश्यक उत्तेजना, टिटनेस रोग, दांत, हड्डियां व मस्तिष्क कम विकसित	आस्टियोपोरोसिस, हाइपरकैल्शीमिया, गुर्दे एवं पित्ताशय की पथरी
4. पीनियल वॉडी	मस्तिष्क के डायसेफैलॉन की पृष्ठीय सतह पर	मिलैटोनिन	इससे त्वचा के रंग पर प्रभाव पड़ता है।	
5. थायमस	वक्षीय गुहा में हृदय के ट्रैकिया के दोनों ओर	थायमोसीन थायमीन प्रथम थायमीन द्वितीय	कंकाल निर्माण में रुकावट, वसा का जमाव	उपापचयी क्रियायें अत्यंत तीव्र, मृत्यु भी हो जाती है।

(Continued)

अंतः स्रावी ग्रंथि का नाम	शरीर में स्थिति	स्रावित हार्मोन	अल्पस्रावण का प्रभाव	अतिस्रावण का प्रभाव
6. अग्नाशय	उदर गुहा में अमाशय के पीछे	1. इंसुलिन	मधुमेह, मूत्र में जल की मात्र बढ़ जाना, पौलीडिप्सिया, कीटोसिस	ग्लुकोज की कमी से मस्तिष्क में उत्तेजना, थकावट, बेहोशी शरीर में ऐंठन, मृत्यु
		2. ग्लुकैगॉन	शरीर में अम्लीयता में वृद्धि	
		3. सोमेटोस्टेनिन	रुधिर में ग्लुकोज की घटी हुई मात्रा को सामान्य करने के लिए वसा व ग्लाइकोजन के विखंडन को प्रेरित पचे भोजन के स्वांगीकरण की अवधि को बढ़ावा	
7. हाइपोथैलमस	मस्तिष्क में	1. थायरोट्रापिन 2. कार्टिकोट्रोपिन 3. गोनैडोट्राइपिन	पीयूष ग्रंथि को हार्मोन स्त्रावित करने की प्रेरित करते है।	
8. जनद	नर में वृषण एवं मादा में अण्डाशय	1. एण्ड्रोजंस (नर हार्मोन) टेस्टोस्टीरॉन	नर सहायक जननांगों तथा अतिरिक्त लैंगिक लक्षणों के विकास में प्रेरक अल्पस्त्राव से नंपुसकता व अधिकता से शीघ्र लैंगिक परिपक्वता।	
		2. एस्ट्रोजन्स	मादा सहायक जननांगो तथा लैंगिक लक्षणों का प्रेरक	
		3. प्रोजेस्ट्रान	गर्भधारण के लिए आवश्यक दशाओं का विकास	
		4. रिलेक्सिन	प्रसव के समय प्यूविक सिम्फाइसिस को फैलाकर शिशु जन्म को आसान बनाना।	
9. वृक्क	उदर गुहा में	1. रेनिन 2. एरिथ्रोजेनिन	हृदय स्पंदन एवं वृक्क के अल्ट्राफिल्ट्रेशन को तेजकर वृक्क नलिकाओं में सोडियम एवं जल के पुनरावशोशण का बढ़ाना अस्थि मज्जा में लाल रक्त कणिकाओं के निर्माण को प्रेरित	
10. त्वचा	त्वचा	1. अरगोकैल्सीफरॉल 2. कोलीकैल्सिफेरॉल	अस्थि-निर्माण हेतु प्रेरित करता है कमी से सूखारोग (रिकेट्स) होता है इसमें हड्डियां कमजोर पतली व टेढ़ी हो जाती है।	

तंत्रिका तंत्र (Nervous System)

यह शरीर की दूर संचार व्यवस्था है जो सम्पूर्ण शरीर में महीन धागे के रूप में फैली होती है। यह वातावरणीय परिवर्तनों की सूचना संवेदी अंगो से प्राप्त कर विद्युत आवेगों के रूप में प्रसारित करती है। कार्य तथा गुणों के आधार पर तंत्रिका तंत्र के दो मुख्य भाग है—

1. **ऐच्छिक तंत्रिका तंत्र**—ये प्रतिक्रियाएं प्राणी की इच्छानुसार सुनियोजित एवं उद्देश्य पूर्ण होती है। इन तंतुओं से कई तरह की संवेदनाए मस्तिष्क को पहुँचती है इन पर प्रमस्तिष्क का नियंत्रण होता हैं
2. **अनैच्छिक तंत्रिका तंत्र**—प्राणी की चेतना या इच्छा पर प्रतिक्रियाएं नहीं होती। अनैच्छिक तंत्रिका पेशियां मूत्राशय, गर्भाशय, फेफड़ा, आमाशय, आँत आदि में पायी जाती है।
3. **न्यूरान**—तंत्रिका ऊतक की इकाई को न्यूरान कहते हैं। यह दो भागों से मिलकर बना होता है। पहला साइटान, यह गोल, अण्डाकार तथा केन्द्रक युक्त होता है। दूसरा एक्सांन, यह काफी बड़ा व लम्बा होता है इसमें एक्सोप्लाज्म भरा होता है।

कार्य के आधार पर न्यूरॉन निम्नलिखित प्रकार के होते है—

- **रिले न्यूरॉन**—यह उद्दीपन को दूसरे न्यूरॉन की तरफ पहुँचाती है।
- **संवेदी न्यूरॉन**—ये उद्दीपनों को विभिन्न अंगों से केन्द्रीय तंत्रिका तंत्र (CNS) की तरफ ले जाते है।
- **साइनेप्स**—वह सरंचना जो रासायनिक सिग्नल को एक तंत्रिका कोशिका से दूसरी तंत्रिका को कोशिका तक पहुँचाती है।

प्राणियों के तंत्रिका आवेगों की गति

स्तनधारियों में	100 से 130 मी./से.
उभयचरों में	20 से 40 मी./से.
सरीसृपों में	15 से 35 मी./से.
मछलियों में	2 से 35 मी./से.

केन्द्रीय तंत्रिका तंत्र—इसके दो भाग है—मस्तिष्क एवं मेरुरज्जु

1. **मस्तिष्क**—तंत्रिका ऊतकों से बना अत्यंत संवेदनशील, कोमल सफेद अंग होता है मनुष्य के मस्तिष्क का वजन लगभग 1400 ग्राम होता है। क्रेनियम नामक बाहरी खोल इसे बाहरी आघातों से बचाता है। मस्तिष्क तीन झिल्लियों, जिसे मस्तिष्कावरण (मेनिनजीज) कहते हैं, से ढ़का रहता है। जिसे ड्यूरामेटर (बाह्य) अरेकनॉइड (मध्य) तथा पायोमेटर (आन्तरिक) कहते हैं। प्रथम दो नान-इलास्टिक तथा कठोर होती है। जबकि आन्तरिक झिल्ली-पतली, मुलायम तथा पारदर्शी होती है। इन पर्तो के सेरीब्रोस्पाइनल द्रव भरा रहता है जो मस्तिष्क को बाहरी आयातों से बचाता है।

मस्तिष्क के मुख्य भाग तीन है अग्र, मध्य एवं पश्च मस्तिक।

1. **अग्रमस्तिष्क (प्रोसेन सिफेलॉन)**—इसके दो भाग है सेरीब्रम तथा डाइएनसिफेलॉन।

   सेरीब्रम अण्डाकार संरचना है इसके बीच में एक धारी (ग्रूव) होती है जो इसकों दो भागों में दाँए एवं बाँए गोला) में बाटती है। सेरीब्रम बुद्धिमत्ता, याददाश्त, सचेतन संवेदनाओं, इच्छाशक्ति, ऐच्छिक गतियों, स्मृति ज्ञान, वाणी, चिन्तन के केन्द्र है। ज्ञानेन्द्रियों से प्राप्त प्रेरणाओं का इसमें विश्लेषण एवं समन्वय होता है।

   डाइएनसिफेलॉन, सेरीब्रम के पीछे तथा कुछ नीचे स्थित होता है यह अत्यंत संवेदी होता है इसके दो भाग थैलमस तथा हाइपोथेलेमस है।

   थैलेमस गोलाकार संरचना है जो दर्द, ठण्डा, गर्म आदि पहचाननें का कार्य करती है।

   हाइपोथेलेमस अन्तस्रावी ग्रंथियों के स्राव का नियंत्रण करता है। यह भूख, प्यास, ताप नियंत्रण, प्यार, घृणा, प्रसन्नता, क्रोध, पसीना, रक्त दाब पर नियंत्रण के साथ-साथ कार्बोहाइड्रेट, वसा तथा जल के उपापचय पर भी नियंत्रण रखता है।

2. **मध्य मस्तिष्क (मीसेनसिफेलॉन)**—इसके दो भागों में कार्पोराक्वाड्री जेमाइना, दृष्टि एवं श्रवण शक्ति का नियंत्रण केन्द्र होता है जबकि सेरीबल पेडन्कल, मस्तिष्क के अन्य भागों एवं मेरुरज्जू से सम्बंध स्थापित करता है।

3. **पश्च मस्तिष्क (रहोम्बेन सिफेलॉन)**—इसके तीन भाग है—सेरीबेलम, मेडुला, ऑब्लॉगेटा तथा पोन्स वेरोली।

   सेरीबेलम बड़ा, ठोस तथा जटिल रचना है जो सेरीबम के बिल्कुल नीचे पश्च भाग में स्थित होता है। इसकी पृष्ठीय सतह वलयित होती है। इसका मुख्य कार्य शरीर का सन्तुलन बनाये रखने के साथ-साथ पेशियों के टोन का नियमन ऐच्छिक पेशियों के संकुचन पर नियंत्रण तथा आन्तरिक कान से संवेदनाएं प्राप्त करना है।

   मेडूला ऑब्लॉगेटा मस्तिष्क का सबसे पीछे का भाग है जो त्रिभुजाकार, आगे से चौड़ा तथा पीछे से संकरा होता है। यह उपापचय, रक्तदाब, आहारनाल के क्रमाकुंचन, ग्रंथिस्राव तथा हृदय धड़कनों पर भी नियंत्रण रखता है।

   पोन्स वेरोली की अग्र सतह पर स्थित होता है यह सेरीबेलम के दोनों पश्च भागों को जोड़ता है यह गति पर नियंत्रण रखता है।

4. **मेरु रज्जु**—मेडुला आब्लॉगेटा का पिछला भाग मेरु रज्जु का निर्माण करता है यह बेलनाकार छड़ जैसी रचना है जो कशेरुक दण्ड की न्यूरल कनेल में रहती है। मस्तिष्क की तरह यह भी झिल्लियों से ढ़की रहती है जिसे क्रमश: ड्यूरामेटर (बाहरी) अरेकनाइड (मध्य) तथा पायोमेटर (आन्तरिक) कहते हैं। इन झिल्लियों के बीच केविटी में सेरीब्रोस्पाइनल द्रव्य भरा रहता है। जो स्पाइनल कार्ड को बाहरी आघातों से बचाता है। मेरुरज्जु संवेदी आवेगों को मस्तिष्क से लाता व मस्तिष्क को जाता है तथा प्रतिवर्ती क्रिया के केन्द्र का कार्य करता हैं।

5. **परिधीय तन्त्रिका तन्त्र**—मस्तिष्क तथा मेरुरज्जु से निकलने वाली सभी तंत्रिकाएं इसके अन्तर्गत आती है। मस्तिष्क से निकलने वाली कपालीय तंत्रिकाएं तथा मेरुरज्जु से निकलने वाली स्पाइनल तंत्रिकाएं कहलाती है।
6. **संवेदांग** —वे अंग जो उद्दीपनों को ग्रहण करती हैं।
7. **अपवाहक अंग** —वे अंग जो केन्द्रीय तंत्रिका तंत्र के आदेशानुसार उद्दीपनों के अनुरूप प्रतिक्रिया करते है।

संवेदी तंत्रिकाएं—ये तंत्रिकाएं उद्दीपनों की सूचनाओं को संवेदांगों से केन्द्रीय तन्त्रिका तन्त्र पहुँचाती है।

चालक तंत्रिकाएं—ये तंत्रिकाएं संवेदनाओं को केन्द्रीय तंत्रिका तंत्र से अपवाहक अंगों तक पहुँचाती है।

मिश्रित तंत्रिकाए—ये तंत्रिकाएं, संवेदी तंत्रिकाओं तथा चालक तंत्रिकाओं दोनों का ही कार्य करती है।

कपालीय तंत्रिकाएं—मस्तिष्क के विभिन्न भागों से निकल कर शरीर के विभिन्न अंगों को जाती है। स्तनधारियों में ये 12 जोड़ी और मेढ़क में ये कुल 10 जोड़ी होती है।

स्पाइनल तंत्रिकाएं—मेरुरज्जु से निकल कर शरीर के विभिन्न अंगो में जाती है। ये मिश्रित प्रकार की होती हैं इनकी संख्या 31 जोड़ी होती है। स्पाइनल तंत्रिकाएं मेरुरज्जु की दो जड़ों पृष्ठीय जड़ तथा अधरीय जड़ से निकलती है। ये दोनों कशेरुक दण्ड के भीतर परस्पर जुडी रहती है।

स्पाइनल तंत्रिका तीन शाखाओं में विभक्त होती है—रैमस डार्सेलिस, रैमस वेन्ट्रेलिस तथा रैमस कम्यूनिकैन्स।

रैमस डॉर्सेलिस पतली तथा छोटी शाखा है। इसमें सोमैटिक संवेदी तन्तु, संवेदनों को त्वचा, मांसपेशियों, सन्धियो से लाते हैं सोमैटिक चालक तन्तु त्वचीय तथा पृष्ठीय मांसपेशियों को जाते है। विसरल चालक तन्तु ग्रंथियों तथा रुधिर वाहिनियों की मांसपेशियों में जाते है।

रैमस वेन्ट्रेलिस सबसे लम्बी होती हैं यह स्थानल तंत्रिका का प्रमुख भाग बनाती है। ये शरीर के पार्श्व में स्थित संवेदागों तथा प्रभावी अंगो को जाती है।

सबसे छोटी तथा पतली शाखा होती है तथा स्वायत्र तन्त्रिका तंत्र से जुड़ी रहती है।

कंकाल तंत्र (Skeleton System)

शरीर का आधार ढांचा बनाने वाले अंग को कंकाल तथा इसके द्वारा बने तंत्र को कंकाल तंत्र कहते हैं। हड्डियों के ऊपर मांस पेशियों होती हैं जिनकी सहायता से इन्हें हिलाया-डुलाया जा सकता है। हड्डियां एवं मांस पेशियां शरीर के आन्तरिक भाग की सुरक्षा करती हैं भ्रूण मे कंकाल का निर्माण तीसरे माह हो जाता है। मनुष्य के शरीर में कुल 206 हड्डियां होती हैं जन्म के समय बच्चों में 213 हड्डियां पायी जाती है। अस्थि में 50 प्रतिशत जल तथा 50 प्रतिशत ठोस पदार्थ होते हैं। ठोस पदार्थों में 33 प्रतिशत अकार्बनिक तथा 67 प्रतिशत कार्बनिक पदार्थ पाये जाते है।

अस्थिमज्जा—अस्थि की मध्यवर्ती खाली नलिका में अस्थिमज्जा भरी होती है यह दो प्रकार की होती है।

लाल अस्थिमज्जा—इसमें लाल रक्त कणिकाओं का निर्माण होता है।

पीत अस्थिमज्जा—इसमें वसा तथा रक्त वाहिकाओं के साथ-साथ जालीय ऊतक होता है।

स्नायु—स्नायु दृढ़ संयोजी ऊतकों से बनी पट्टी के समान रचनाएं है। ये संधि के भीतर अस्थियों को बाँटते है तथा अस्थियों के जोड़ों को कसते है।

कंकाल के प्रकार—शरीर में उपस्थिति के आधार पर दो प्रकार के होते हैं—बाह्य एवं अत: कंकाल।

बाह्य कंकाल—शरीर के बाह्य सतह पर पाये जाते हैं स्तनधारियों में बाल, नाखून, खुर, सींग, दांत आदि तथा निम्न श्रेणी कशेरुकियों में पंख, शल्क, नखर आदि बाह्य कंकाल हैं बाह्य कंकाल शरीर के आंतरिक अंगो की रक्षा करता है यह मृत होता है।

अंत:कंकाल—शरीर के अन्दर सभी कशेरुकियों में पाया जाता है यह मांस पेशियों से ढ़का रहता है यह शरीर का मुख्य ढाँचा होता है यह एक प्रकार का संयोजी ऊतक है इसकी उत्पत्ति भ्रूण के मीसोडर्म से होती है जबकि बाह्य कंकाल की उत्पत्ति भ्रूण के एक्टोडर्म से होती है।

मनुष्य का कंकाल तंत्र—यह दो भागों का बना होता है—अक्षीय कंकाल तथा उपांगीय कंकाल।

अक्षीय कंकाल—शरीर का मुख्य अक्ष बनाते हैं इसके निम्न भाग है—

1. **खोपड़ी**—सिर प्रदेश के कंकाल को कहते हैं इसमें कुल 29 हड्डियां होती है। खोपड़ी की सभी हड्डियां आपस में सीवन से जुड़ी होती है।
2. **कशेरुक दण्ड**—मनुष्य के पृष्ठ सतह पर मध्य में सिर से कमर तक लम्बी-मोटी छड़ के समान अस्थि को कहते हैं। कशेरुक दण्ड छोटी-छोटी 26 हड्डियों से बना होता है प्रारम्भिक अवस्था में (नवजात) इनकी संख्या 33 होती है। कशेरुक का विकास नोटोकार्ड हो जाता है।
3. **स्टर्नम**—पसलियों को आपस में जोड़ने वाली अस्थि है जो वक्ष के बीचो-बीच पायी जाती है।
4. **पसली**—वक्ष के पार्श्व भाग में एक पिंजरानुमा संरचना बनाती हैं जो कई पतली व मुड़ी हुई अस्थियों का होता है, मनुष्य में ये कुल 12 जोडी (24) होती हैं।

उपांगीय कंकाल (Appendicular Skeleton)

1. **पाद अस्थियां**—मनुष्य में चार पाद—दो अग्रपाद (हाथ) तथा दो पश्च-पाद (पैर) होते हैं। अग्रपाद (हाथ) में, प्रत्येक में ऊपरी बाहु, पूर्वबाहू, कलाई, हथेली एवं अंगुलियां पांच भाग होते हैं। पश्च-पाद भी पांच भागों में बटा होता है। पश्च पाद मे पटेला (टखनें का कैप) नामक हड्डी घुटने में होती है।

2. **मेखलाएं**—मनुष्य में अग्रपाद तथा पश्चपाद को साधने हेतु दो चाप पाये जाते हैं इन्हें मेखलाएं कहते हैं। अग्रपाद की मेखला को अंश मेखला तथा पश्चपाद की मेखला को श्रेणि मेखला कहते हैं।

वनस्पति विज्ञान (Botany)

वनस्पति विज्ञान शब्द की उत्पत्ति ग्रीक भाषा के Boskein शब्द से हुई हैं जिसका अर्थ है चरना। इसी प्रकार Boskein शब्द की उत्पत्ति ग्रीक भाषा के एक अन्य शब्द Bous से हुई जिसका अर्थ है पशु। इस प्रकार वनस्पति विज्ञान वह विज्ञान है जिसके द्वारा पशुओं के चरने से सम्बन्धित जीवधारियों का अध्ययन किया जाता है। थियोफ्रेस्ट्स ने (370–287 BC) 500 पौधों की एक सूची सर्वप्रथम बनाई थी इन्हें वनस्पति विज्ञान का जनक कहा जाता है।

वनस्पति विज्ञान में पौधों के आकार, वाह्य एवं आन्तरिक रचना, शारीरिक क्रिया, प्रकाश संश्लेषण, आनुवांशिकता, प्रजनन आदि का अध्ययन किया जाता है।

कोशिका

समस्त जीवधारियों (पादप व जन्तु) का निर्माण अति सूक्ष्म कोशिकाओं से हुआ। किसी भी जीव में होने वाली सभी क्रियाएं उसकी घटक कोशिकाओं में होने वाली विभिन्न जैव क्रियाओं के कारण होती। कोशिकाएं आनुवांशिक इकाई भी है तथा इनमें आनुवांशिकता के गुण उपस्थित होते हैं। जीव विज्ञान में कोशिका का संक्षिप्त परिचय दिया जा चुका है। अत: यहां जन्तु व पादप कोशिकाओं में समानता व असमानता ही मात्र दिया जायेगा।

पादप तथा जन्तु कोशिकाओं का तुलनात्मक अध्ययन (Comparative Study of Plant and Animal Cells)

पादप व जन्तु कोशिकाओं में समानताएं—

1. जन्तु कोशिका तथा पादप कोशिका दोनों में पतली), पारगम्य तथा जीवित प्लाज़्मा झिल्ली पाई जाती है।
2. जन्तु या पादप दोनों कोशिकाओं में माइटोकॉन्ड्रिया उपस्थित होते हैं, जो श्वसन के केन्द्र होते हैं।
3. दोनों कोशिकाओं में प्रोटीन, वसा, कार्बोहाइड्रेड तथा विटामिन आदि कार्बनिक पदार्थ तथा खनिज लवण, जल आदि के रूप में अकार्बनिक पदार्थ उपस्थित रहते है।
4. जन्तु तथा पादप दोनों कोशिकाओं में केन्द्रक पाया जाता है, जो सभी जैविक कार्यों को नियंत्रित करता है।
5. दोनों प्रकार की कोशिकाओं में कोशिकाद्रव्य पाया जाता है।

पादप तथा जन्तु कोशिका में अंतर

जन्तु कोशिका	पादप कोशिका
1. जन्तु कोशिका में कोशिका-भित्ति नहीं होती। इसके चारों ओर जीवद्रव्य कला के रूप में एक जीवित झिल्ली होती है।	1. पादप कोशिका के चारों ओर कोशिका-भित्ति होती है, जो अजीवित पदार्थ कैल्शियम पैक्टेट तथा सैल्यूलोज से बनती है।
2. जन्तु कोशिकाओं में तारककाय उपस्थित होती है जो कोशिका विभाजन में सहायता प्रदान करता है।	2. पादप कोशिकाओं में तारककाय उपस्थित नहीं होता है।
3. यदि जन्तु कोशिकाओं में धानी उपस्थित होती है तो वह अत्यधिक छोटी होती है।	3. पादप कोशिकाओं में व्यापक रिक्तिकाएं होती है, जो कोशिका रस से भरी होती है।
4. जन्तु कोशिकाओं में ग्लाइकोजन के रूप में संरक्षित भोजन होता है।	4. पादप कोशिकाओं में लवक पाया जाता है, जो पादपों को विभिन्न रंग प्रदान करता है।
5. जन्तु कोशिकाओं में प्रकाश संश्लेषण की क्रिया नहीं होती है।	5. हरित कोशिकाओं में प्रकाश संश्लेषण की क्रिया होती है।

कोशिकीय प्रजनन या कोशिका विभाजन (Cellular Reproduction or Cell Devision)

किसी एक कोशिका से दो कोशिकाओं का बनना ही कोशिका विभाजन कहलाता हैं कोशिका सिद्धांत के अनुसार, पुरानी कोशिकाओं के विभाजन से नयी कोशिकायें बनती है। कोशिका विभाजन ही कोशिकीय प्रजनन है। कोशिकीय प्रजनन एक आवश्यक प्रक्रिया है, जो जीवों की वृद्धि एवं विकास तथा प्रजनन एवं उसकी निरंतरता को बनाये रखने के लिये आवश्यक है। सभी नयी कोशिकाएं पुरानी या पैतृक कोशिकाओं के विभाजन से बनती है, इस तथ्य का सबसे पहले प्रतिपादन नगेली नामक वैज्ञानिक ने किया था।

मनुष्य के कंकाल की अस्थियां

शरीर के भाग (1)	अंतः कंकाल के भाग (2)	प्रदेश (3)	अस्थियों के नाम (4)	प्रदेश की कुल अस्थियां (5)	भाग की कुल अस्थियां (6)
1. सिर	(अ) खोपड़ी	**(A)** अक्षीय कंकाल (1) कपाल	आक्सीपिटल 1 पैराइटल 2 टेम्पोरल 2 फ्रंटल 2 एथमाइड 1 स्फीनॉएड 1	8	29
		(2) फेसियल	नेजल 2 टरबाइनल 2 लैक्राइमल 2 वोमर 1 जाइगोमैटिक 2 मैक्जिला 2 पैलेटाइन 2 मैण्डिबल 1	14	
		(3) कर्ण-स्थियां	मैलियस 2 इन्कस 2 स्टेप्स 2	6	
		(4)	हॉयड 1	1	
2. पीठ की अस्थि	(ब) कशेरुक दण्ड (Vertebral Coloumn)	1 गर्दन 2 वक्ष 3 कटि 4 सैक्रम 5 पुंच्छ	सरवाइकल 7 कशेरुका थोरैसिक 12 कशेरुका लम्बर 5 कशेरुका सैक्रल कशेरुका 1 काडल 1	26	26
3. वक्ष	(स) स्टर्नम	–	स्टर्नम 1	1	1
	(द) पसलियां	–	पसलियां 24	24	24
4. वक्ष	(अ) अंश मेखला	उपांगीय कंकाल	स्कैपुला 2 क्लैविकल 2	4	4
5. कूल्हा	(ब) श्रोणि मेखला		आस-इन्नामिने 2-ट्स	2	2
6. अग्रपाद	–	1. ऊपरीबाहु 2. अग्रबाहु 3. कलाई 4. हथेली 5. अंगुलियां	ह्यूमरस 2 रेडियोअल्ना 4 कार्पल्स 16 मेटाकार्पल्स 10 फैलेन्जेज 28	60	60

(Continued)

शरीर के भाग (1)	अंतः कंकाल के भाग (2)	प्रदेश (3)	अस्थियों के नाम (4)	प्रदेश की कुल अस्थियां (5)	भाग की कुल अस्थियां (6)
7. पश्च पाद	–	1 जांघ 2 पिंडली 3 घुटना 4 टखना 5 तलवा 6 अंगुलियां	फीमर 2 टिबियोफिबुला 4 पटेला 2 टार्सल 14 मेटाटार्सल्स 10 फैलेन्जेज 28	58	58
			कुल योग 206		206

कोशिका विभाजन के प्रकार

कोशिकीय प्रजनन या कोशिका विभाजन निम्न तीन प्रकार का होता है—

1. समसूत्री कोशिका विभाजन
2. अर्द्धसूत्री कोशिका विभाजन
3. असूत्री कोशिका विभाजन

समसूत्री कोशिका विभाजन (Mitosis)

इसे कायिक कोशिका विभाजन भी कहते हैं। इस विभाजन की खोज डब्ल्यू फ्लेमिंग ने 1882 में की थी। इस विभाजन में मातृ कोशिका या मूल कोशिका दो समान कोशिकाओं में विभाजित हो जाती है, जिसमें गुणसूत्रों की संख्या मातृ-कोशिका के समान ही होती है, इसीलिये इसे समसूत्री कोशिका विभाजन कहते हैं। यह कोशिका विभाजन कायिक या दैहिक कोशिकाओं में होता हैं कुछ निम्न श्रेणी के जीव, जिनमें निशेचन नहीं होता इसी विधि के द्वारा अलैंगिक प्रजनन करते हैं उदाहरण—कवक, शैवाल, प्रोटोजोआ इत्यादि।

समसूत्री विभाजन का महत्व

1. समसूत्री विभाजन के कारण ही जीवों में वृद्धि एवं विकास होता है।
2. इस विभाजन के द्वारा मातृ कोशिकाओं के समान ही दो संतति कोशिकायें बनती है।
3. कुछ सूक्ष्म जीव इस विभाजन के द्वारा ही अलैंगिक प्रजनन करते है।
4. इस विभाजन के द्वारा शरीर की मरम्मत होती है तथा शरीर के घाव भरते है।

अर्द्धसूत्री कोशिका विभाजन (Meiosis)

इसे न्यूनकारी कोशिका विभाजन भी कहते हैं। इस विभाजन में एक मातृ कोशिका विभाजित होकर चार संतति कोशिकायें बनाती है, जिनमें गुणसूत्रों की संख्या मातृ कोशिका की आधी रह जाती है इसलिये इसे अर्द्धसूत्री या न्यूनकारी कोशिका विभाजन कहते हैं।

समसूत्री तथा अर्द्धसूत्री विभाजन में अंतर

समसूत्री विभाजन	अर्द्धसूत्री विभाजन
1. यह विभाजन कायिक कोशिकाओं में होता है।	1. यह विभाजन जनन कोशिकाओं में होता है।
2. इस विभाजन में कम समय लगता है।	2. इस विभाजन में अधिक समय लगता है।
3. इस विभाजन द्वारा एक कोशिका से दो कोशिकायें बनती है।	3. इस विभाजन द्वारा एक कोशिका से चार कोशिकायें बनती है।
4. इस विभाजन से जीवों में वृद्धि एवं विकास होता है।	4. इस विभाजन से पौधों में नर एवं मादा युग्मक तथा जंतुओं में शुक्राणु एवं अण्डाणु बनते है।
5. प्रोफेज में क्रांसिंग ओवर नहीं होती।	5. प्रोफेज में क्रांसिंग ओवर नामक प्रक्रिया पायी जाती है।
6. सेन्ट्रोमियर का विभाजन होता है।	6. सेन्ट्रोमियर विभाजित नहीं होता है।
7. सन्तति कोशिकाओं के गुणसूत्र जनक कोशिकाओं के समान होते हैं।	7. सन्तति कोशिकाओं में गुणसूत्रों की संख्या जनक कोशिकाओं की तुलना में आधी होती है।

अर्द्धसूत्री विभाजन का महत्व—

1. इस विभाजन के कारण ही पीढ़ी दर पीढ़ी जीवों की कोशिकाओं में गुणसूत्रों की संख्या समान बनी रहती है।
2. इस विभाजन के द्वारा जीवों में नये गुण पैदा होने की संभावना होती है।
3. यह विभाजन जैव विकास में सहायता करता है।

असूत्री विभाजन (Amitosis)

यह विभाजन कम विकसित एक-कोशिकीय जीवों में पाया जाता है। जैसे—कवक, शैवाल, इत्यादि। इस विभाजन में पहले केन्द्रक विभाजित होता है, फिर कोशिका द्रव्य। अंत में दो कोशिकायें बन जाती है।

विषाणु (Virus)

वाइरस शब्द की उत्पत्ति Virum शब्द से हुई है। 1898 में लोईलर एवं फ्रोस्च ने जानवरों में विषाणु जनित रोगों के संबंध में महत्त्वपूर्ण सफलता प्राप्त की। तब इन्हें विषाणु कहा गया। विषाणु जीवित कोशिकाओं में परजीवी के रूप में पाये जाते हैं तथा अनेक प्रकार की बीमारियां फैलाते है।

विषाणुओं के लक्षण

1. ये केवल जीवित कोशिका में ही वृद्धि एवं जनन कर सकते है।
2. ये अपने चारों ओर के वातावरण के प्रति संवेदनशील होते हैं।
3. पोषक कोशिका के बाहर इनमें प्रजनन की क्षमता नहीं पायी जाती है।
4. पौधों में इनका विस्तार फ्लोएम के माध्यम से एवं जंतुओं के शरीर में रक्त के माध्यम से होता है।
5. एक विषाणु केवल एक निश्चित जाति को ही संक्रमित करता है।

विषाणु सजीव एवं निर्जीव के बीच की कड़ी

a. सजीवों के गुण

1. संरचनात्मक विविधता।
2. आर.एन.ए. एवं डी.एन.ए. की उपस्थिति।
3. जीवों में बीमारी फैलाना।
4. आनुवंशिकता एवं परजीविता।
5. संवेदनशीलता एवं उत्परिवर्तन।

b. निर्जीवो के गुण

1. क्रिस्टलीकरण।
2. कोशिका का अभाव।
3. जीवद्रव्य का अनुपस्थित होना।
4. पोषक के बाहर प्रजनन एवं वृद्धि नहीं।
5. पोषक व उपापचयी क्रियाओं का अभाव।

इसीलिये विषाणुओं को सजीवों एवं निर्जीवो के बीजो की कड़ी भी कहा जाता है।

विषाणु की संरचना

विषाणु मुख्यतया गोलाकार या छड़ के समान होते हैं। इसकी रचना में मुख्य तीन भाग होते हैं—

1. प्रोटीन कैप्सिड
2. न्यूक्लिक अम्ल
3. आवरण

विषाणुओं के प्रकार

विषाणु या वायरस चार प्रकार के होते हैं—

1. पादप वायरस	पौधों में पाये जाते हैं।
2. जन्तु वायरस	जन्तुओं में पाये जाते हैं।
3. नीले-हरे शैवाल वायरस	नील-हरित शैवाल की कोशिकाओं में पाये जाते हैं।
4. जीवाणुभोजी	ये जीवाणु कोशिकाओं में पाये जाते हैं।

विषाणुओं से लाभदायक क्रियायें

1. इनमें सजीव एवं निर्जीव दोनों के गुण पाये जाने के कारण इनका उपयोग जैव विकास के अध्ययन में किया जाता है।
2. ये नीले-हरे शैवालों की सफाई करने में सहायक होते हैं।
3. इनकी सहायता से पानी को खराब होने से बचाया जाता है। जीवाणुभोजी पानी को सड़ने से रोकता है।

विषाणुओं से हानि

विषाणु पौधों, जानवरों एवं मनुष्यों में अनेक प्रकार के रोग उत्पन्न करते है—

पौधों के रोग

फसल का नाम	रोग का नाम
1. चुकन्दर	ऐंठा हुआ सिशिरोभाग
2. भिण्डी	पीली नाड़ी मोजेक
3. गन्ना	तृण समान वरोह
4. पपीता	मोजेक
5. केला	मोजेक
6. तिल	फिल्लोडी
7. सरसों	मोजेक
8. बादाम	रेखा पैटर्न
9. नींबू	नाड़ी का ऊतक क्षयन
10. टमाटर	पत्तियों की ऐंठन

पशुओं के रोग

पशु का नाम	वायरस का नाम	रोग का नाम
1. गाय	वैरियोला वैक्सीनिया	चेचक
2. भैंस	पॉक्सविरिडी आर्थोपॉक्स	चेचक
3. चौपायें	रैब्डोविरिडी वैसोक्यूलो वायरस	ज्वर
4. गाय	ब्लू टंग वायरस	ब्लू टंग
5. गाय	हर्पीज वायरस	हर्पीज
6. गाय एवं भैंस	पैरामिक्सोविरीडी मोरविली वायरस	रिण्डपेस्ट डिजीज
7. गाय एवं भैंस	पिकोरनाविरीडी एईथो वायरस	मुंहपका एवं खुरपका
8. चौपाये (विशेषतया: कुत्ता)	स्ट्रीट वायरस	रैबीज

जीवाणु (Bacteria)

जीवाणु क्लोरोफिल विहीन, प्रोकैरियोटिक कोशिका वाले सरल कोशिकीय सूक्ष्म जीव है। जीवधारियों के वर्गीकरण में इन्हें जगत-मोनेरा के अंतर्गत रखा जाता है।

जीवाणुओं की खोज सर्वप्रथम 1683 में हालैण्ड के वैज्ञानिक एण्टोनीवान ल्यूवेनहॉक ने की थी। इन्होनें अपने द्वारा आविष्कार की गयी सूक्ष्मदर्शी में सर्वप्रथम जीवाणुओं को देखा तथा उन्हें एनीमैलीक्यूल कहा। एरेनबर्ग (1829) ने इन सूक्ष्मजीवियों को सर्वप्रथम बैक्टीरिया नाम दिया। जीवाणुओं के अध्ययन के क्षेत्र में एण्टोनीवान ल्यूवेनहॉक के योगदान के कारण इन्हें जीवाणु विज्ञान का पिता कहते हैं।

आवास एवं विशेषतायें

आवास (Habitat)

जीवाणु सभी स्थानों पर पाये जाते हैं। जहां कहीं भी जीवन संभव है, वहां जीवाणु पाये जाते हैं ये जमीन, जल, जड़, पौधो, शरीर, समुद्र, बर्फ, चट्टान इत्यादि सभी जगह पाये जाते हैं।

आकार (Shape)

जीवाणु निम्न चार रूपों में पायें जाते है—

1. छड़ाकार	छड़ के आकार के।
2. गोलाकार	गोल आकार के।
3. कोमाकार	अल्प विराम के चिन्ह (,) के आकार के।
4. सर्पिलाकार	स्प्रिंग या स्क्रू के आकार के।

जीवाणुओं में पोषण (Nutrition)

जीवाणुओं में दो प्रकार का पोषण पाया जाता है।

a. **स्वपोषी जीवाणु**—ये अपना भोजन स्वयं बनाते है। इसके अंतर्गत दो तरह के जीवाणु आते हैं—
   1. प्रकाश संश्लेशी जीवाणु
   2. रसायन संश्लेशी जीवाणु

b. **विशमपोषी जीवाणु**—ये अपना भोजन दूसरे जीवों से प्राप्त करते है। ये तीन प्रकार के होते हैं—
   1. परजीवी
   2. मृतोपजीवी
   3. सहजीवी

जीवाणुओं में प्रजनन

जीवाणुओं में प्रजनन निम्न तीन विधियों द्वारा होता है—

1. लैगिक प्रजनन
2. अलैंगिक प्रजनन
3. वर्धी प्रजनन

जीवाणुओं से उत्पन्न होने वाली बीमारियां

जीवाणुओं के कारण पौधों, मनुष्यों एवं जंतुओं में अनेक प्रकार की बीमारियां उत्पन्न होती है। इनका वर्णन निम्नानुसार है

1. **पौधों की बीमारियां**—जीवाणु पौधों में अनेक प्रकार की बीमारियां फैलाते है।

बीमारी का नाम	कारक जीवाणु
1. आलू का भौथिल रोग	स्यूडोमोनास सोलेनेसीरम
2. धान का ब्लाइट	जैन्थोमोनास ओराइज़ी
3. नीबू का कैंकर रोग	जैन्थोमोनास सिट्री
4. बीन ब्लाइट	जैन्थोमानास फेजियोली
5. पोटैटो स्कैब	स्ट्रैप्टोमाइसिस स्कैबीज़
6. कपास का ब्लैक आर्म रोग	जैन्थोमोनास माल्वेसीरम

जीवाणुओं का आर्थिक महत्व (Economic Importance)

जीवाणु हानिकारक तथा लाभदायक दोनों होते हैं। इनका वर्णन निम्नानुसार है—

a. **जीवाणुओं की हानिकारक क्रियायें**
   1. **बीमारियां**—जीवाणु पौधों, जंतुओं एवं मनुष्यों में अनेक प्रकार की बीमारियां उत्पन्न करते है। इनका वर्णन पहले ही किया जा चुका है।

2. **भोजन को विषैला बनाना**—कुछ जीवाणु खाद्य पदार्थों को विषैला बना दे है। इससे खाने वाले की मृत्यु तक हो जाती है।
3. **विनाइट्रीकरण**—कुछ जीवाणु भूमि की उपयोगी नाइट्रोजन को अमोनिया एवं N_2 में परिवर्तित कर देते है। इससे भूमि की उर्वरा शक्ति कम हो जाती है।
4. **भूमिगत पाइपों में सड़न पैदा करना**—कुछ जीवाणु भूमि में पाये जाने वाले सल्फेट्स को अपचयित कर देते है, इससे बदबू पैदा होती है। यह प्रक्रिया जब भूमिगत पादपों में होती है तो उनसे दुर्गंध आने लगती है।

b. **जीवाणुओं की लाभदायक क्रियायें**

1. **चमड़ा उद्योग**—जीवाणुओं का उपयोग इस उद्योग में किया जाता है। जीवाणु चमड़े की वसा का विघटन कर देते है।
2. **औषधि उद्योग**—औषधियां बनाने के लिये प्रतिजैविक एवं कुछ एन्जाइम्स उपयोग में लाये जाते है, जिन्हें जीवाणुओं से प्राप्त किया जाता है। प्रतिजैविक वे पदार्थ है, जो सूक्ष्मजीवों द्वारा उत्पन्न किये जाते हैं तथा सूक्ष्मजीवों को विनष्ट करते है। जीवाणुओं द्वारा उत्पादित कुछ प्रमुख प्रतिजैविक निम्नानुसार है—

प्रतिजैविक	जीवाणु
1. टेरामाइसिन	स्ट्रेप्टोमाइसिस रिमोसम
2. स्ट्रेप्टोमाइसिन	स्ट्रेप्टोमाइसिस ग्रिसियस
3. क्लोरोमाइसिटिन	स्ट्रेप्टोमाइसिस वेनेजुएली
4. निओमाइसिन	स्ट्रेप्टोमाइसिस फ्राडी

3. **सिरका उद्योग**—इस उद्योग में एसीटोबैक्टर एसिटी नामक जीवाणु द्वारा सिरका बनाया जाता है। सिरका, खाद्य प्रसंस्करण उद्योग का महत्वपूर्ण रसायन है।
4. **रेशे निकालना**—रेशे प्रदान करने वाले विभिन्न पौधों जैसे—सन, पटसन, जूट इत्यादि से क्लास्ट्रीडियम ब्यूटीरियम नामक जीवाणु की सहायता से रेशे निकाले जाते है। यह क्रिया रेटिंग कहलाती है।
5. **डेयरी उद्योग**—दूध में उपस्थित लैक्टिक एसिड जीवाणु दूध की लैक्टोज शर्करा को दही या लैक्टिक एसिड में बदलते है। जिससे मक्खन प्राप्त किया जाता है।

दूध से बनने वाले उत्पाद एवं उसमें भाग लेने वाले जीवाणु

दुग्ध उत्पाद	जीवाणु
1. मक्खन	स्ट्रेप्टोकॉक्स लैक्टिस
2. छाछ या मट्ठा	स्ट्रेप्टोकॉक्स लैक्टिस
3. दही	लैक्टोबैसिलस एवं स्ट्रे. लैक्टिस
4. पनीर	लैक्टोबैसिलस लैक्टिस
5. योगहर्ट	स्ट्रै. थर्मोफिलस एवं लैक्टो. बल्गेरिकस

4. **कृषि के क्षेत्र में**—जीवाणु, कृषि की उपजाऊ शक्ति को निम्न दो प्रकार से बढ़ाते है।
   a. **नाइट्रीकारक जीवाणु**—ये जीवाणु अमोनिया को नाइट्राइट एवं नाइट्राइट को नाइट्रेट में परिवर्तित कर देते है। इसमें भूमि की उर्वरा शक्ति में वृद्धि होती है।
   b. **नाइट्रोजन स्थरीकरण**—कुछ जीवाणु जैसे एजोटोबैक्टर या क्लॉस्ट्रीडियम भूमि में नाइट्रोजन स्थरीकरण करते है। इससे भी भूमि की उर्वरा शक्ति बढ़ती है।

कवक (Fungi)

- जीवों के आधुनिक वर्गीकरण के अनुसार, जीवमण्डल के सभी बहुकोशिकीय, क्लोरोईलरहित, कोशिकाभित्त युक्त तथा सूकाय शरीर वाले जीवों को कवक जगत के अंतर्गत सम्मिलित किया गया है।

प्रमुख लक्षण

1. ये बहुकोशिकीय यूकैरियोटिक जीव हैं।
2. परजीवी या मृतोपजीवी होते हैं।
3. बीजाणुओं के द्वारा जनन करते हैं।
4. ये सर्वव्यापी होते हैं तथा इनकी कोशिका भित्ति काइटिन की बनी होती हैं।
5. इनका शरीर अनेक पतले तंतुओं का बना होता है, जिन्हें कवक तंतु कहते हैं। ये आपस मे मिलकर कवक जाल बनाते हैं।
6. ये अपना भोजन अवशोषित करते हैं।
7. अलैंगिक तथा लैंगिक दोनों विधियों द्वारा जनन करते हैं।
8. इनमें पूर्ण विकसित कोशिकांग पाये जाते हैं।

आवास (Habitat)

कवक जल, थल एवं वायु हर जगह पाये जाते है। ये सहजीवी, परजीवी एवं मृतोपजीवी के रूप में पाये जाते है। ये सामान्यतया: नम एवं कम प्रकाश वाले स्थान में पाये जाते है।

संरचना—कवकों की कोश्किाओं में सभी विकसित कोशिकांग पाये जाते है। जैसे-माइटोकॉन्ड्रिया, राइबोसोम, गाल्गीकाय इत्यादि। कवकों में क्लोरोफिल का पूर्णतया अभाव पाया जाता है, इसलिए ये अपना भोजन नहीं बना पाते है। कवक कोशिका के चारों ओर कोशिका भित्ति पायी जाती है, जा काइटिन की बनी होती है।

पोषण—क्लोरोफिल की अनुपस्थिति के कारण कवक अपना भोजन नहीं बना पाते। अत: ये विशमपोशी होते हैं। ये अपना भोजन चूसकर प्राप्त करते है। वे कवक जो दूसरे जीवों से अपना भोजन प्राप्त करते है उन्हें परजीवों कहते हैं। कुछ कवक ऐसे होते हैं, जो दूसरे जीवों से भोजन तो प्राप्त करते है परंतु उन्हें किसी प्रकार से हानि नहीं पहंचाते, ऐसे कवकों को सहजीवी

कहते हैं। कुछ कवक ऐसे होते हैं, जो सड़े-गले एवं मृत कार्बनिक पदार्थों से अपना भोजन प्राप्त करते है, मृतोपजीवी कहते हैं।

कवकों का आर्थिक महत्व

लाभदायक कवक—कवक निम्न रूपों में लाभदायक होते हैं—

- कवकों से अनेक प्रकार के एण्टीबायोटिक्स प्राप्त किये जाते है, जो कई प्रसिद्ध औषधियाँ है।

कवक का नाम	प्राप्त होने वाला एण्टीबायोटिक
1. पेनीसीलियम नॉटैटम	पेनिसीलिन
2. पेनीसीलियम क्लेवीर्डोर्मी	क्लैविसिन
3. पे. सिट्रिनम	साइट्रिनिन
4. पे. ग्रीसियोफ्यूल्वम	ग्रीसियोफ्यूल्विन
5. पे. प्यूबेरुलम	प्यूबेरिक एसिड
6. ट्राइकोडर्मा	ग्लिओटॉक्सिन

- कवक भूमि में पड़े हुये सड़े-गले पदार्थों को अपघटित करके अन्य पदार्थों में परिवर्तित कर देते है। ये पदार्थ उर्वरक के समान कार्य करते हैं तथा भूमि की उर्वरता बढ़ाते है।
- कुछ कवक खाने में प्रयुक्त किये जाते है। रोमेरिया, क्लेवेसिया, एगैरिकस लाइकोपरगन को मशरुम के रूप में खाया जाता है। मशरुम में बहुत अधिक प्रोटीन होता है। मारचेला, जिसे गुच्छी कहते हैं, भी खाने में प्रयोग किया जाता है।
- कई कवक जैसे—रोडोटुरुला नाइट्रोजन स्थरीकरण करते है तथा भूमि का उपजाऊपन बढ़ाते है।
- यीस्ट तथा कुछ अन्य कवकों का प्रयोग किण्वन द्वारा शराब बनाने में किया जाता है। ये कवक एन्जाइम्स की सहायता से कार्बोहाइड्रेट युक्त पदार्थों का किण्वन करके उसे शराब में परिवर्तित कर देते है।
- यीस्ट तथा कुछ कवकों का उपयोग बेकरी उद्योग में किया जाता है। आटे को गूंथकर उनमें इन कवकों को मिला देने से डबलरोटी फूलकर स्पंजी हो जाती है।
- पैनीसीलियम रोक्यूफर्टाई इत्यादि कवकों का प्रयोग दूध से पनीर बनाने में किया जाता है।
- कवकों के द्वारा कई प्रकार के अम्लों एवं रासायनिक पदार्थों का निर्माण किया जाता है। जैसे—म्यूकर तथा राइजोपस की सहायता से फ्यूमेरिक अम्ल, एस्परजिलस नाइगर से साइट्रिक अम्ल तथा पेनीसीलियम परप्यूरोजेनम से ग्लूकोनिक अम्ल बनाया जाता है।
- कुछ कवकों द्वारा बनाये गये पदार्थ कीटों को नष्ट कर देते है। वह प्रक्रिया, जिसमें एक जीव के पदार्थ से दूसरे जीव को नष्ट कर दिया जाता है जैविक नियंत्रण कहलाती है।

पौधो के रोग

रोग का नाम	उत्पन्न करने वाला कवक
1. धान का पादप विगलन	फ्यूसेरियम मोनिलीफॉरमे
2. मूंगफली का टिक्का रोग	सरकोस्पोरा परसोनेटा एवं सरकोस्पोरा एराचीडीकोला
3. आलू का विलंबित अंगमारी	फाइटोप्थेरा इन्फेस्टेन्स
4. मूली, शलगम, गोभी और सरसों मृदुरोमिल आसिता	पेरोनोस्पोरा पैरासाइटिका
5. आलू का पूर्व अंगमारी	आल्टरनेरिया सोलेनाई
6. गेहूँ का चूर्ण आसिता	इरीसाइफी ग्रेमिनिस
7. पपीता का फल विगलन	पाइथियम एफाइनीडरमेटम
8. बाजरा का मृदुरोमिल आसिता	स्क्लेरोस्पोरा ग्रेमिनीकोला
9. अंगूर का मृदुरोमिल आसिता	प्लासमोफोरा विटीकोला
10. धान का बंट	टिल्लेटिया इन्डिका
11. सेम का किट्ट	यूरोमाइसेस एपेन्डीकुलेटस
12. अरहर की म्लानी	फ्यूसेरियम आक्सीस्पोरम
13. गन्ने का लाल विगलन	कोलेटोट्राइकम फालकेटम

पादप जगत (Plant Kingdom)

जीवों के आधुनिक वर्गीकरण के अनुसार, जीवमण्डल के सभी बहुकोशिकीय, यूकैरियोटिक कोशिका वाले, हरितलवण युक्त, प्रकाश संश्लेशी एवं स्वपोशी जीवों को इस जगत में रखा गया है।

आधुनिक वर्गीकरण के आधार पर पादप जगत को निम्न प्रकार से वर्गीकृत किया गया है—

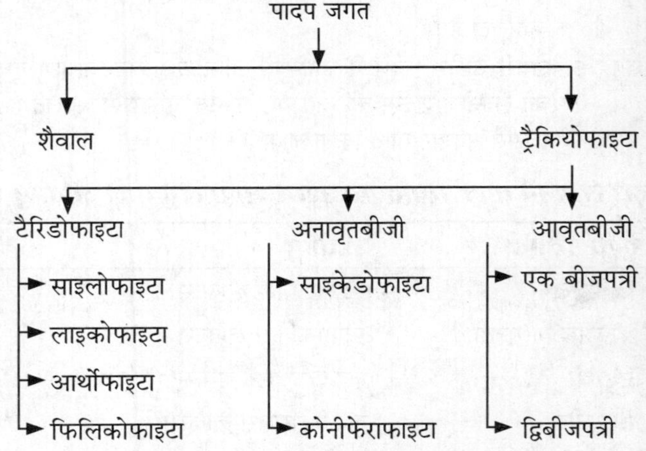

शैवाल (Algae)

शैवाल पर्णहरिमयुक्त, संवहन ऊतक रहित, थैलोफाइट्स है जिनके थैंलस में वास्तविक जड़ें, तना तथा पित्तयां आदि नहीं होते। इनमें सूक्ष्म एककोशीय पौधों से लेकर विशालकाय बहुकोशीय पौधो पाये जाते है। इनमें जननांग प्राय: एककोशीय होते हैं, यद्यपि कुछ भूरे रंग के शैवालों में ये बहुकोशीय भी होते हैं। वनस्पति-विज्ञान की वह शाखा जिसमें शैवाल का अध्ययन करते है, फाइकोलॉजी कहलाती है।

शैवालों का आर्थिक महत्व

निम्नलिखित कारणों से शैवाल मनुष्य जाति के लिए उपयोगी सिद्ध होते हैं—

- **शैवाल खाद्य के रूप में**—शैवालों में कार्बोहाइड्रेट्स, अकार्बनिक पदार्थ तथा विटामिन्स प्रचुर मात्र में पाये जाते है। विटामिन ए, सी, डी और इ इनमें मुख्य रूप से होते हैं। फियोफायसी वर्ग का शैवाल पॉरफिरा सामान्य रूप से जापान में खाया जाता है। जापान तथा निकटवर्ती देशों में एलेरिया, अलवा, सारगासम, लेमिनेरिया आदि शैवाल शाक के रूप में प्रयोग किये जाते है। लेमिनेरिया नामक शैवाल से आयोडीन उत्पन्न होती है। अलवा को प्राय: समुद्री सलाद कहते हैं।

कुछ शैवालों जैसे जेलीडियम, ग्रेसीलेरिया आदि से अगार-अगार नामक पदार्थ प्राप्त होता है जो कि जैली तथा आइसक्रीम बनाने के काम आता है।

- **शैवाल व्यवसाय में**—डाइएटम्स, डाइएटोमेशियस मृदा का निर्माण करती है जो निम्नलिखित रूप से उपयोगी है—
  1. चीनी मिलों में जीवाणु छन्नों के रूपों में।
  2. कांच तथा पोर्सिलेन के निर्माण में।
  3. बॉयलर तथा वात भट्टी में रोधी के रूप में।
  4. धातु प्रलेप, वार्निश, पालिश तथा टूथपेस्ट के निर्माण के लिए अपघर्षक के रूप में।
  5. द्रव नाइट्रोग्लिसरीन के अवशोषक के रूप में।
- जापान में सारगासम से कृत्रिम ऊन का निर्माण किया जाता है। केराड्रस नामक शैवाल से कारोगेनिन नामक श्लेष्मिक पदार्थ निकाला जाता है जिसका प्रयोग श्रृंगार-प्रसाधनों, जूतों की पालिश तथा शेम्पू आदि बनाने में होता है।
- **नाइट्रोजन स्थिरीकरण**—मिक्सोफाइसी वर्ग के पौधों जैसे नोस्टोक, एनाबीना आदि वायुमण्डलीय तात्विक नाइट्रोजन को पौधों के काम में आने योग्य यौगिकों में परिवर्तित करते है।
- **शैवाल का औषधीय महत्त्व**—क्लोरेला से एक प्रतिजैविक क्लोरेलीन तैयार की जाती है। कारा तथा नाइटेला नामक शैवाल जलाशयों में उपस्थित मच्छरों को मारकर मलेरिया उन्मूलन में सहायक होते हैं।
- लैमिनेरिया से आयोडीन निर्माण किया जाता है।

शैवाल से हानि

- माइक्रोसिस्टिम, एसीलेटोरिया, एनाबिना आदि शैवाल जलाशयों में 'वॉटर-ब्लूम' उत्पन्न करते हैं।
- मृत शैवाल जलाशयों को दूषित कर देती है जिसे जलीय जीव प्रभावित होते हैं।
- सिफैल्यूरस शैवाल चाय की पत्तियों पर परजीवों के रूप में उगती हैं तथा चाय-उद्योग को हानि पहुँचाती हैं।

लाइकेन्स (Lichens)

लाइकेन एक स्वपोशी, संयुक्त, सहजीवी एवं सूकायवत जीव है, जिनमें कवक तथा शैवाल साथ-साथ संयुक्त रूप से रहते है। इसे पादप जगत का ही सदस्य माना जाता है क्योंकि यह हरा, स्वपोशी एवं बहुकोशिकीय होता है। लाइकेन में कवक एवं शैवाल दोनों एक-दूसरे को सहायता पहुंचाते है। ऐसे संबंध को सहजीवी संबंध कहते हैं। लाइकेन में कवक तथा शैवाल आपस में इतनी घनिष्टता के साथ रहते है। कि ये एक ही पौधो के समान दिखाई देते है।

ये नम भूमि, पेड़ की छाल, चट्टानों, लकड़ी के लट्ठे, पेड़ो की छाल तथा विशेष रूप से नमी वाले स्थानों में उगते है।

लाइकेन से लाभ

- पेल्टीजेरा से हाइड्रोफोबिया के लिए, इवार्निया से कफ के लिए तथा क्लैडोनिया से ज्वर के लिए औषधि बनायी जाती है।
- कुछ लाइकेन्स सुगंधित भी होते हैं, जिनका उपयोग सुगंधित साबुन, अगरबत्ती, हवन सामग्री इत्यादि के बनानें में प्रयोग किये जाते है। जैसे—रैमेलाइना इत्यादि।
- लाइकेन मनुष्य तथा अन्य जीवों द्वारा भोजन के रूप में भी प्रयोग किया जाता है। जैसे—लीकेनोरा, पार्मेलिया, क्लैडोनिया इत्यादि।
- कुछ लाइकेनों का प्रयोग चट्टानों से खनिज लवणों को प्राप्त करने में किया जाता है।
- कुछ लाइकेन कपड़ा तथा चमड़ें की वस्तुओं को रंगने के काम में प्रयुक्त किये जाते है।

लाइकेन से हानि

- गर्मियों में लाइकेन सूख जाते हैं तथा जंगलों में आग लगने पर उसे तेजी से फैला देते है।
- लाइकेन लकड़ियों, कांचों एवं दीवारों को भी नष्ट कर देते हैं।

ब्रायोफाइटा (Bryophyta)

ब्रायोफाइटा के सदस्य जल एवं थल दोनों में पाये जाते है। इसलिये इस प्रभाग को पादप जगत का उभयचर कहते हैं। इन्हें प्रथम स्थलीय पौधा भी माना जाता है। ये नम क्षेत्रें जैसे—झीलों, झरनों, नदियों के किनारे तथा

पुरानी नम दीवारों इत्यादि में पाये जाते है। वर्षा के दिनों में इन्हें दीवारों पर हरी चादर के रूप देखा जा सकता है।

इनमें हरितलवक होते हैं। निशेचन के लिये जल आवश्यक होता है। और शरीर थैलसनुमा होता है। इनके जनन अंग बहुकोशिकीय होते हैं। मार्कैन्शिया, रिक्सिया, नोटोथायलस, एन्थेसिरॉस एवं मॉस इसके उदाहरण है।

महत्व

- मॉस के पौधो में जल अवशोषण की क्षमता के कारण शाखाओं के रोपण में प्रयोग किया जाता है।
- इनका उपयोग घावों की ड्रेसिंग एवं गद्दों को भरने में किया जाता है।
- ये भूमि के कटाव को रोकने में सहायता करते है।

ट्रैकियाफाइटा (Tracheophyta)

ट्रैकियोफाइटा प्रभाग की अब तक लगभग 2 लाख 75 हजार जातियों की खोज की जा चुकी है। ये जीवमण्डल तथा मनुष्य के लिये सबसे अधिक उपयोगी एवं लाभदायक पौधो होत है।

ट्रैकियोफाइटा तीन उप-भागों में बांटा गया है।

1. टैरिडोफाइटा
2. जिम्नोस्पर्म्म (परीक्षा के महत्त्वपूर्ण)
3. एंजियोस्पर्म (परीक्षा के महत्त्वपूर्ण)

अनावृत्तबीजी (Gymnosperm)

उन पौधों को इसमें रखते है। जिनके बीज में आवरण नहीं पाया जाता है। ये पौधों मुख्य रूप से सदाबहार वनों एवं पहाड़ी क्षेत्रों में पाये जाते हैं।

लक्षण

- बीजो में आवरण नहीं पाया जाता हैं।
- जाइलम एवं फ्लोएम पाये जाते हैं।
- इस वर्ग के पौधो बहुवर्षी तथा काष्ठीय होते हैं।
- परागण वायु द्वारा होता है।

महत्व

- इन पौधों से जलाऊ एवं इमारती लकड़ी प्राप्त होती है।
- पाइनस की पित्तयों से तारपीन का तेल निकाला जाता है, जिसका उपयोग औषधियों के निर्माण तथा रंग-रोगन इत्यादि बनाने में किया जाता है।
- साइकस के तने से साबूदाना बनाया जाता है।
- पाइनस जेरारडियाना के बीज को सुखाकर चिलगोजा के नाम से खाया जाता है।
- इफेड्रा से इफेड्रीन नामक दमा की औषधि बनायी जाती है।
- दैवदार से सीडर आयल प्राप्त होता है, जिससे इत्र, साबुन व रंग बनाने में प्रयोग किया जाता है।
- साइकस की पित्तयों से रस्सी व झाडू बनायी जाती है।
- कुछ कानिफर्स के रेशों से कागज बनाया जाता है।

आवृतबीजी

उन पौधों को रखा जाता है, जिनके बीजों में आवरण पाया जाता है। इस समुदाय के पौधों पुष्पीय पादप भी कहते हैं क्योंकि इनमें पूर्ण विकसित पुष्प पाये जाते है। पुष्पीय अब तक एंजियोस्पर्म की लगभग 2 लाख 50 हजार जातियों को खोजा जा चुका है। ये पृथ्वी के सबसे अधिक विकसित पादप है।

लक्षण

- सामान्यतया पौधो स्थलीय होते हैं किंतु कुछ जल में भी पाये जाते है।
- इनका संवहन तंत्र बहुत अधिक विकसित होता है।
- इनके प्रजनन अंग पुष्प होते हैं।
- इनमें दोहरे निशेचन की क्रिया पायी जाती है।
- ये वातावरण के प्रति बहुत अधिक अनुकूलित होते हैं।
- ये मृतोपजीवी, परजीवी, सहजीवी, कीटभक्षी तथा स्वपोशी के रूप में पाये जाते हैं।
- आवृतबीजी पौधों एकबीजपत्री एवं द्विबीजपत्री वर्गों में बांटे जाते है। मक्का, गेहूं, चावल, दूब (घास), ज्वार, बाजरा, नारियल आदि एकबीजपत्री तथा मूली, गोभी, सरसों, अरहर, चना, उड़द, मसूर, लौकी, मिर्च, टमाटर, बैगन, काजू, आम, सूर्यमुखी, गेंदा आदि द्विबीजपत्री पौधें है।

पादप ऊतक (Plant Tissues)

ऊत्तक एक या एक से अधिक प्रकार की कोशिकाओं के संगठन होते हैं। कोशिकाओं का ऐसा समूह, जिससें कोशिकाएं उद्गम, आकृति परिवर्द्धन तथा कार्य की दृष्टि से समान होती हैं, ऊत्तक कहलाती है।

ऊत्तकों की कोशिकाओं के विभाजित होने तथा नई कोशिकाओं के निर्माण के आधार पर पादप ऊत्तक को मुख्यत: दो वर्गों में बांटा गया है – विभज्योत्तक ऊत्तक तथा स्थायी ऊत्तक।

- **विभज्योत्तक ऊत्तक**—विभज्योत्तक ऊत्तक का निर्माण, पौधों की वृद्धि के लिए उत्तरदायी कोशिकाओं द्वारा होता है। ऐसे ऊत्तकों की कोशिकाओं में हमेशा तीव्र गति से विभाजित होते रहने का गुण मौजूद रहता है। यह ऊत्तक पौधों के वर्धी भागों जैसे—तने तथा जड़ों के अग्र सिरे में पाये जाते है। विभज्योत्तक ऊत्तक मुख्यत: तीन प्रकार के होते हैं।

जड़ों के प्रकार

जड़ के प्रकार	संबंधित पौधा
A. मूसल जड़	
1. भोजन संग्रह के लिये शंक्वाकार जड़	गाजर
2. भोजन संग्रह के लिये तर्कुरूप जड़	मूली
3. भोजन संग्रह के लिये कुंभीरूप जड़	चुकन्दर, शलगम
4. श्वसन के लिये	राइजोफोरा, पादप सुंदरी
B. अपस्थानिक जड़	
1. भोजन संग्रह के लिये पुलकित या गुच्छी मूल	सतावर, डहेलिया
2. भोजन संग्रह के लिये कंद मूल	शकरकंद
3. भोजन संग्रह के लिये ग्रंथिल मूल	हल्दी
4. भोजन संग्रह के लिये मणिकामय मूल	अंगूर, डायोस्कोरिया एलाटा
5. आधार प्रदान करने के लिए स्तम्भ मूल	बरगद
6. आधार प्रदान करने के लिए अवस्तंभ मूल	केवड़ा, मक्का, गन्ना
7. आधार प्रदान करने के लिए पुश्त मूल	सेमल
8. आधार प्रदान करने के लिए आरोही मूल	काली मिर्च, मनीप्लाण्ट, पान
9. आधार प्रदान करने के लिये चिपकने वाली जड़ें	वैण्डा
10. विशिष्ट कार्य करने के लिये प्रचूशी मूल	आर्किड
11. विशिष्ट कार्य करने के लिये परिपाची मूल	सिंघाड़ा, टीनोस्पोरा
12. विशिष्ट कार्य के लिये जनन मूल	पथरचट्टा, बेगोनिया
13. विशिष्ट कार्यों के लिये चूशकी मूल	अमरबेल (कस्कुटा)
14. विशिष्ट कार्यों के लिये कवक मूल	भोजपत्र, चीड़ (पाइन)
15. विशिष्ट कार्यो के लिये प्लावी मूल	जूसिया
16. विशिष्ट कार्यों के लिये संकुचनशील जड़ें	प्याज, कैना, जिमीकंद
17. विशिष्ट कार्यों के लिये मूल ग्रंथिका	मटर

एकबीजपत्री तथा द्विबीजपत्री जड़ की आंतरिक संरचना में अंतर

एकबीजपत्री जड़	द्विबीजपत्री जड़
1. यह केवल पार्श्व का निर्माण करती है।	1. यह पार्श्व मूलें तथा द्वितीयक विभज्योतक दोनों का निर्माण करती है।
2. इनके संवहन पूल की संख्या सामान्यतया 6 से अधिक होती है।	2. इनके संवहन पूल की संख्या सामान्यतया 6 से कम होती है।
3. इसमें कैम्बियम का अभाव होता है।	3. इसमें कैम्बियम पाया जाता है।
4. इसमें द्वितीयक वृद्धि नहीं पायी जाती है।	4. इसमें द्वितीयक वृद्धि पायी जाती है।
5. इसमें पिथ पूर्ण विकसित होता है।	5. इसमें पिथ अल्पविकसित या अनुपस्थित होता है।

(Continued)

एकबीजपत्री तथा द्विबीजपत्री तने की आंतरिक संरचना में अंतर

एकबीजपत्री तना	द्विबीजपत्री तना
1. इसकी एपीडर्मिस पर रोम नहीं पाये जाते।	1. इसकी एपीडर्मिस पर रोम पाये जाते है।
2. इसकी हाइपोडर्मिस स्क्लेरेन्काइमा की बनी होती है।	2. इसकी हाइपोडर्मिस स्क्लेरेन्काइमा की बनी होती है।
3. इसमें वस्कुलर बंडल बंद प्रकार के होते हैं।	3. इसमें वस्कुलर बंडल खुले प्रकार के होते हैं।
4. इसमें मज्जा किरणें नहीं पायी जाती है।	4. इसमें मज्जा किरणें पायी जाती है।
5. इसमें कैम्बियम नहीं पाया जाता। फलत: द्वितीयक वृद्धि का अभाव होता है।	5. इसमें कैम्बियम पाया जाता है, इसलिये द्वितीयक वृद्धि भी पायी जाती है।
6. पिथ (मज्जा) अनुपस्थित होता है।	6. पिथ (मज्जा) उपस्थित होता है।

अध्याय सार संग्रह

- विश्व का सबसे बड़ा पौधा Sequoiadendron है, जिसकी ऊंचाई 90 मीटर तथा व्यास 13 मीटर होता है।
- सबसे लंबा आवृतबीजी पौधा यूकेलिप्टिस है।
- विश्व का सबसे छोटा पुष्प Wolffia (वोल्फिया) का होता है।
- सबसे बड़ा फूल Rafflesia (रैफ्लीसिया) का होता है।
- सबसे छोटा बीज आर्किड्स के होते हैं।
- सबसे बड़ी पत्ती Victoria regia (विक्टोरिया रेजिया) की होती है।
- अमीबा कभी मरता नहीं है। यह सदैव अमर रहता है।
- विश्व का सबसे अधिक उम्र वाला जीव सिकोआ पौधा है इसकी उम्र 3000 से 4000 वर्ष होती हे।
- कोशिका के रूप में जीवों का विकास इस प्रकार से हुआ सबसे पहले मोनेरा-फिर प्रोटिस्टा-फिर-प्लाण्टी, एनीमेलिया एवं फंजाई।
- पृथ्वी पर बनने वाले प्रथम प्रकाश संश्लेशी जीव सायनोजीवाणु थे।
- जीवों के वर्गीकरण का सबसे पहले व्यवस्थित प्रयास हिप्पोक्रेट्स एवं अरस्तू ने किया था।
- 'चरक' को आयुर्वेद का जनक माना जाता है।
- स्पीशीज़ शब्द का सबसे पहले प्रयोग 'जॉन रे' ने किया था।
- आस्ट्रिच पक्षी का अंडा सबसे बड़ी जंतु कोशिका होती है।
- खनिज पदार्थ हमारे शरीर की उपापचयी क्रियाओं का नियंत्रण करते है।
- मैग्नीशियम और कैल्सियम के लवण स्तरीकरण द्वारा दांतों एवं हड्डियों को मजबूत बनाते है।
- प्राकृतिक रूप से पायी जाने वाली शर्कराओं में फ्रक्टोज सबसे मीठी शर्करा होती है।
- तेलीय एवं वसा जैसे पदार्थों को लिपिड कहते हैं।
- अमीनो अम्ल प्रोटीन का संश्लेषण करते है।
- फलों के रस में फ्रक्टोज़ शर्करा होती है।
- ऊतक संवर्धन वह तकनीकी है, जिसमें कोशिका एवं कोशिकाओं के समूह को शरीर के बाहर कृत्रिम भोज्य पदार्थों के माध्यम से जिन्दा रखा जाता है।
- सभी स्वपोषी, प्रकाश संश्लेषण करने वाले बहुकोशिकीय जीवों को पादपों (पौधों) की श्रेणी में रखा जाता है।
- जिन पौधों में पुष्प बनते है, उन्हें पुष्पीय पादप कहते हैं।
- रैफ्लेशिया पौधो का फूल संसार का सबसे बड़ा फूल होता है।
- स्पर्जिलस नामक कवक से डायस्टेज नामक एन्जाइम प्राप्त होता है।
- पेनिसीलियम की कुछ जातियां पनीर बनाने के काम आती है।

2 अध्याय

रसायन विज्ञान

इस अध्याय में आप सीखेंगे किः

- रसायन विज्ञान क्या है और इसके कौन-कौन से क्षेत्र हैं तथा इसका विकास कैसे हुआ।
- रसायन विज्ञान का हमारे दैनिक जीवन में क्या महत्व है।
- परमाणु अणु की संरचना कैसी है तथा इससे सम्बन्धित कौन-कौन से सिद्धान्त हैं।
- परमाणु अणु एवं रेडियोधर्मी तत्व के अनुप्रयोग कौन-कौन से हैं।
- तत्वों की आवर्त सारणी क्या होती है, इसको बनाना क्यों आवश्यक है।
- तत्वों की आवर्त सारणी में शामिल तत्वों की विशेषताएं कौन-कौन सी है।
- रासायनिक अभिक्रियाएं क्या होती हैं और यह कैसे सम्पन्न होती हैं।
- रासायनिक समीकरण क्या हैं और इसकी आवश्यकता क्यों होती है।
- कार्बन इतना महत्वपूर्ण तत्व क्यों है। कार्बन के कौन-कौन अपरूप हैं।
- धातु, अधातु और खनिज का वर्गीकरण कैसे करते हैं, इसकी विशेषताएं क्या-क्या हैं।
- धातु, अधातु और खनिज का हमारे व्यावहारिक जीवन में क्या उपयोग है।
- नाभिकीय रसायन के सिद्धान्त और उसके अनुप्रयोग क्या-क्या हैं।
- नाभिकीय रसायन का हमारे व्यावहारिक जीवन में कितना महत्व है।
- मानव निर्मित कौन-कौन से पदार्थ हैं और उनकी उपयोगिता हमारे लिए इतनी क्यों है।
- पदार्थो की संरचना और उनकी क्रियाविधि और कार्यप्रणाली क्या-क्या है।

रसायन विज्ञान सामान्य परिचय

विज्ञान की वह शाखा जिसके अन्तर्गत पदार्थों के भौतिक रसायनिक गुणों, संघटन, संरचना तथा उसमें होने वाले भौतिक एवं रासायनिक परिवर्तनों का अध्ययन होता है, रसायन विज्ञान कहलाता है। 'केमिस्ट्री' शब्द की उत्पत्ति मिस्र देश के प्राचीन नाम 'कीमिया' से हुई है इसका अर्थ है—कालारंग। लेवासिए को रसायन विज्ञान का जनक माना जाता है।

वर्तमान में रसायन विज्ञान मानव के भौतिक जीवन में महत्त्वपूर्ण भूमिका निभा रहा है। रसायन विज्ञान खाद्य फसलों की उत्पादकता में वृद्धि, स्वास्थ्य रक्षा, बीमारियों से बचाव, निर्माण सामग्री एवं अन्य मानवोपयोगी सामग्री के निर्माण एवं रख-रखाव में संलग्न है। मानव जीवन का कोई नहीं हैं जिसे रसायन विज्ञान प्रभावित न कर रहा है।

रसायन विज्ञान की शाखाएं

अकार्बनिक रसायन—कार्बनिक यौगिकों को छोड़कर शेष सभी तत्त्वों और उनके यौगिकों के बनाने की विधि, गुण-धर्म, उपयोग एवं संघटन का अध्ययन किया जाता है।

कार्बनिक रसायन—इसमें कार्बन व उसके यौगिकों का अध्ययन किया जाता है।

1. **भौतिक रसायन**—इसमें भौतिक अभिक्रियाओं के नियमों तथा सिद्धांतों का अध्ययन किया जाता है।
2. **विश्लेषिक रसायन**—इसमें पदार्थों की पहचान तथा उनकी मात्रा निर्धारित करने का अध्ययन किया जाता है।
3. **औद्योगिक रसायन**—इसमें पदार्थों का व्यापारिक मात्रा में निर्माण करने वाले उद्योगों से सम्बन्धित नियमों, अभिक्रियाओं विधियों आदि का अध्ययन किया जाता है।
4. **जीव रसायन**—इसमें जीवधारियों में होने वाली रासायनिक अभिक्रियाओं तथा प्राणियों और वनस्पतियों से प्राप्त पदार्थों का अध्ययन किया जाता है।
5. **कृषि रसायन**—इसमें कृषि से सम्बन्धित रसायनों का अध्ययन होता है।
6. **औषधि रसायन**—इसमें प्राणियों के प्रयोग में आने वाली औषधियों, उनके संघटन व बनाने की विधियों का अध्ययन किया जाता है।
7. **नाभिकीय रसायन**—इसमें नाभिकीय क्रियाओं, रेडियो एक्टिव तत्त्व, तथा इनके अनुप्रयोगों का अध्ययन होता है।

द्रव्य (Matter)

वे सभी वस्तुएं जिसमें भार होता है तथा स्थान घेरती हैं द्रव्य कहलाता है। हमारे चारों ओर जो कुछ दिखाई देता हैं सब द्रव्य के अन्तर्गत आता है। किसी वस्तु का द्रव्यमान सदैव निश्चित रहेगा इसे कहीं भी पाया जाया। द्रव्य को न तो निर्मित किया जा सकता है और न तो विनष्ट किया जा सकता हे। निष्कर्ष स्वरूप कहा जा सकता है कि सम्पूर्ण ब्रह्माण्ड का द्रव्यमान अपरिवर्तित रहता है।

द्रव्य का वर्गीकरण (Classification of Matter)

द्रव्य के वाहय संरचना के आधार पर इसे तीन भागों में बाँटा गया है। ठोस, द्रव, गैस (चौथी अवस्था प्लाज्मा भी माना जाता है जो अति ताप पर द्रव्य की अवस्था है।)

1. **ठोस**—अणु एक दूसरे के साथ दृढ़ता से बंधे होने के कारण यह कठोर होता हैं इसका द्रव्यमान तथा आयतन निश्चित होता है। जैसे—लोहा, पत्थर, लकड़ी, नमक आदि।
2. **द्रव्य**—इनका आयतन निश्चित होता हैं परन्तु आकार अनिश्चित होता है जिस भी बर्तन में रखे जाते हैं उसका आकार ग्रहण कर लेते है। जैसे—जल, दूध, शहद, पेट्रोल आदि।
3. **गैस**—इनका आकार व आयतन दोनों अनिश्चित होता है जिस बर्तन में रखे जाते है उसका आकार व आयतन दोनों धारण कर लेते है। जैसे-वायु, जलवाष्प, धुआँ, ऑक्सीजन आदि।
   - जल, गंधक, फासफोरस—तीनों अवस्थाओं में पाया जाता है जबकि—कपूर, नौसादर, आयोडीन ठोस से गैस अवस्था में परिवर्तित हो जाते है।
4. **प्लाज्मा**—द्रव्य की वह अवस्था है जिसमें उच्च ताप पर परमाणु आयनित अवस्था में रहते है। यह अवस्था विद्युत की सुचालक होती है।

रासायनिक वर्गीकरण (Chemistry Classfication)

1. **विषमांग पदार्थ**—ऐसे पदार्थ जिनमें भिन्न-भिन्न पदार्थों के दो या दो से अधिक भाग होते हैं विषमांग पदार्थ कहलाते है। जैसे—दूध, रक्त, धुआँ, बादल, बारुद आदि।
2. **समांग पदार्थ**—ऐसे पदार्थ जिसका प्रत्येक भाग समान प्रकार का होता है समांग पदार्थ कहलाता है। जैसे—लोहा, ताँबा, ऑक्सीजन, नाइट्रोजन आदि। समांग पदार्थ दो प्रकार के होते हैं—
   - **विलयन**—दो या दो से अधिक पदार्थों के समान मिश्रण को विलयन कहते हैं। इसका कोई निश्चित संघटन नहीं होता है।
   - **शुद्ध पदार्थ**—जिन समांग पदार्थों का संघटन निश्चित और स्थिर होता है, शुद्ध पदार्थ कहलाते हैं। सभी तत्त्व और यौगिक शुद्ध पदार्थ है।
     - **तत्त्व**—समान प्रकार के परमाणुओं से बने शुद्ध पदार्थ को तत्त्व कहते हैं। जैसे—सोना, चाँदी, ताँबा, लोहा आदि। तत्त्व भी दो प्रकार के होते हैं—धातु एवं अधातु।
     - **धातु**—प्रकृति में पारे को छोड़कर लगभग सभी धातुएं ठोस अवस्था में पाई जाती है। पारा एक ऐसी धातु हैं जो कि द्रव अवस्था में पाई जाती है। धातुओं के निम्न सामान्य गुण होते हैं—चालकता, तन्यता, अघातवर्द्धनीयता, सुघट्यता आदि। अम्लों से क्रिया करके हाइड्रोजन गैस विस्थापित करती है। विभिन्न धातुओं को परस्पर मिलाने से बनने वाली धातु को मिश्रधातु कहते हैं।
     - **अधातु**—धातुओं के विपरीत गुणों वाले तत्त्वों को अधातु कहते हैं ये भंगुर होते हैं। ये ठोस, द्रव व गैस—तीनों अवस्थाओं में पाई जाती हैं सामान्यतः कुचालक होती हैं तथा इनके गलनाँक धातुओं से कम होते हैं।
     - **उपधातु**—वे तत्त्व जो धातुओं एवं उपधातुओं के बीच के गुण रखते हैं उपधातु कहलाते है। जैसे—जर्मेनियम, आर्सेनिक, एण्टीमनी आदि।

- **मानव शरीर में विभिन्न तत्त्वों की औसत मात्रा निम्नवत् है—**

ऑक्सीजन	65 प्रतिशत
कार्बन	18 प्रतिशत
हाइड्रोजन	10 प्रतिशत
नाइट्रोजन	3 प्रतिशत
कैल्शियम	2 प्रतिशत
फास्फोरस	1 प्रतिशत
पोटैशियम	.35 प्रतिशत
सल्फर	.25 प्रतिशत
सोडियम	.15 प्रतिशत
क्लोरीन	.15 प्रतिशत
मैग्नीशियम	.05 प्रतिशत
लोहा	0.4 प्रतिशत
अन्य	.46 प्रतिशत

- **भूपर्पटी में पायें जाने वाले तत्त्वों का प्रतिशत निम्न है—**

ऑक्सीजन	49.9 प्रतिशत
सिलिकॉन	26.0 प्रतिशत
ऐल्यूमिनियम	7.3 प्रतिशत
लोहा	4.1 प्रतिशत
कैल्शियम	3.2 प्रतिशत
सोडियम	2.3 प्रतिशत
पोटैशियम	2.3 प्रतिशत
मैग्नीशियम	2.1 प्रतिशत
अन्य तत्त्व	2.8 प्रतिशत

- **यौगिक**—तत्त्व आपस में निश्चित अनुपात में मिलकर यौगिक का निर्माण करते हैं। दूसरे शब्दों में कहा जाए तो भिन्न-भिन्न प्रकार के परमाणुओं के एक निश्चित, अनुपात में संयोजन से बने शुद्ध पदार्थ को यौगिक कहते हैं। जैसे—पानी हाइड्रोजन और ऑक्सीजन के 2:1 के अनुपात में मिलने से बनता है। यौगिक दो प्रकार के होते हैं—
- **कार्बनिक यौगिक**—कार्बन, हाइड्रोजन के व्युत्पन्न इस श्रेणी में आते है।
- **अकार्बनिक यौगिक**—हाइड्रोकार्बन को छोड़कर शेष सभी यौगिक इसके अन्तर्गत आते हैं।

तत्त्वों के विशिष्ट गुण (Specific Properties of Elements)

1. **नमीकरण**—कुछ यौगिक जब वायुमण्डल में खुले रख दिये जाते हैं जो वे नमी को अवशोषित कर लेते हैं यह गुण नमीकरण कहलाता है।
   - साधारण नमक में यह गुण नहीं पाया जाता हैं परन्तु मैग्नीशियम क्लोराइड की अशुद्धि के कारण यह नम हो जाता है।
2. **प्रस्फुटन**—कुछ क्रिस्टलीय पदार्थ अपने क्रिस्टलीय जल को वायुमण्डल में निकाल कर चूर्ण रूप में परिवर्तित हो जाते है। जैसे—फेरस सल्फेट, सोडियम कार्बोनेट आदि।
3. **आघातवर्धनीयता**—कुछ ठोस पदार्थ पीटने पर टूटने के स्थान पर पतली चादर के रूप में परिवर्तित हो जाते है। ठोसों में पाये जाने वाले इस गुण को आघातवर्धनीयता कहते हैं। जैसे—सोना, चाँदी, ताँबा आदि। सोना सर्वाधिक आघातवर्धनीय धातु है।
4. **आद्रर्ताग्राही**—पदार्थों में वायुमण्डल की नमी को ग्रहण करने की क्षमता को कहते हैं। पदार्थों के इस गुण को हाइग्रोस्कोपी कहते हैं।

- **तन्यता**—कुछ पदार्थों में ऐसे गुण पाये जाते हैं जिनसे पतले तार बनाये जा सकते हैं पदार्थ के इस गुण को तन्यता कहते हैं।
  - **विषमांगी मिश्रण**—इसमें प्रत्येक भाग के गुण धार्म एवं संघटन भिन्न-भिन्न होत है। जैसे—बारुद।
- **भंगुरता**—कुछ ठोस पदार्थों को हथौड़े से पीटने पर छोटे-छोटे टुकड़ों में परिवर्तित हो जाते है। इस गुण को भंगुरता कहते हैं।
- **कोमलता**—पदार्थ का वह गुण जिसके कारण पदार्थ पुन: अपनी स्वाभाविक स्थिति में नहीं आ पाते कोमलता कहलाता है।
- **लचीलापन**—पदार्थों के वे गुण जिसके द्वारा वे लगाये गये विरूपक बल का विरोध कर पुन: अपनी स्वाभाविक अवस्था को प्राप्त कर लेते है। उसे लचीलापन कहलाता है।
- **कठोरता**—विभिन्न पदार्थ एक दूसरे की तुलना में कम या अधिक कठोर होते हैं। कठोरता की माप मोह स्केल (Mohs Scale) द्वारा की जाती है। सर्वाधिक कठोर पदार्थ हीरा है। मोह स्केल पर इसकी कठोरता 10 है।
- **मिश्रण**—दो या दो से अधिक यौगिकों या तत्त्वों को अनिश्चित अनुपात में मिलाने पर प्राप्त द्रव्य को मिश्रण कहते हैं। यह दो प्रकार का होता है—
  - **समांगी मिश्रण**—इसमें प्रत्येक भाग के गुण धर्म एक समान होते हैं। जैसे—नमक का जलीय विलयन।

मिश्रण के प्रकार

मिश्रण के घटक	समांगी मिश्रण	विशमांगी मिश्रण
1. ठोस-ठोस	कांसा, पीतल, सिक्का	चीनी व नमक का घोल, गन पाउडर
2. ठोस-द्रव	सोडियम क्लोराइड का जलीय विलयन	मिट्टी व पानी, रेत एवं पानी, नमक व तेल
3. ठोस-गैस	आयोडीन वाष्प एवं वायु	धुआँ
4. द्रव-ठोस	अमलगम	चारकोल में अवशोषित ब्रोमीन
5. द्रव-द्रव	जल-एल्कोहल, एल्कोहल बेंजीन	अमिश्रित द्रव, तेल व जल, बेंजीन-जल
6. द्रव-गैस	नम वायु	कार्बन टेड्राक्लोराइड जल
7. गैस-ठोस	वायु में सीसा (हाइड्रोजन व लेड)	तालाब, झील आदि में
8. गैस-द्रव	कोल्ड ड्रिंक (Co_2 एवं जल)	चारकोल एवं क्लोरीन
9. गैस-गैस	वायुमण्डलीय वायु	मिट्टी व चीनी

- **मिश्र धातु**—दो या दो से अधिक तत्त्वों को एक साथ द्रवित अवस्था में मिलाकर पुनः ठोस में परिवर्तित कर लेने पर प्राप्त उत्पाद को मिश्र धातु कहते हैं। इसमें धातु के सभी गुण सन्निहित रहते है।

मिश्र धातुएं एवं उनका उपयोग

मिश्र धातु	संघटन	उपयोग
ब्रांस	ताँबा (60-80 प्रतिशत) + जस्ता (40-20 प्रतिशत)	बर्तन, बजली का सामान
पीतल	ताँबा (75-90 प्रतिशत) + टिन (25-10 प्रतिशत)	सिक्का, मूर्ति, बर्तन
जर्मन सिल्वर	ताँबा (56 प्रतिशत) + जस्ता (24 प्रतिशत) + निकिल (2 प्रतिशत)	बर्तन, प्रतिरोधक तार
गन धातु	ताँबा (87 प्रतिशत) + टिन (10 प्रतिशत) + जस्ता (3 प्रतिशत)	मशीन पुर्जे, बन्दुकें
कृत्रिम सोना	ताँबा (95 प्रतिशत) + एल्यूमिनियम (5 प्रतिशत)	ज्वेलरी
सोल्डर	सीसा (50-70 प्रतिशत) + टिन (50-30 प्रतिशत)	जोड़ने के काम में
नाइक्रोम	निकिल (60 प्रतिशत) + फेरस (25 प्रतिशत) + क्रोमियम (15 प्रतिशत)	विद्युत प्रतिरोधघक
स्टेनलेस स्टील	फेरस (89.4 प्रतिशत) + क्रोमियम (10 प्रतिशत) + मैगनीज (.35 प्रतिशत) + कार्बन (.25 प्रतिशत)	बर्तन, सजावटी सामान

मिश्रणों को अलग करना (Separation of Mixtures)

1. **क्रिस्टलन**—इस विधि में अशुद्ध ठोस को या मिश्रण को उचित विलायक के साथ घोलकर छान लेते हैं। छानने के पश्चात् ठोस पदार्थ अलग हो जाता है।

2. **आसवन (Distillation)**—जब मिश्रण में उपस्थित द्रवों के क्वथनांको में अधिक अंतर होता हैं तो इनके मिश्रण को आसवन विधि से पृथक करते हैं। आसवन से कम क्वथनांक वाला तत्त्व पहले वाष्पित होने लगता है। इसे संघनित करके अलग कर लिया जाता है।

3. **ऊर्ध्वपातन**—कुछ पदार्थ, जैसे आयोडीन, क पूर (Camphor) नौसादर (Ammonium Chloride) आदि साधारण ताप पर ही ठोस अवस्था से (बिना द्रव बने) सीधे वाष्पावस्था में परिवर्तित हो जाते हैं इसी क्रिया को ऊर्ध्वपातन कहते हैं।

ध्यातव्य हो कि

सामान्यत: किसी पदार्थ का क्वथनांक (Boiling Point), वायुमंडलीय दाब के कम होने से घट जाता है परन्तु पदार्थ के गलनांक (Melting Point) से अधिक ही रहता है। अब यदि किसी विशेष पदार्थ का सामान्य वायुमंडलीय दाब पर, क्वथनांक, उसी दाब पर पदार्थ के गलनांक से भी कम हो, तो वह पदार्थ ठोस से द्रव अवस्था में जाने से पहले ही, क्वथन द्वारा, सीधे वाष्प में परिवर्तित हो जायेगा। ऊर्ध्वपतित होने वाले पदार्थ इसी प्रकार के होते हैं।

4. **प्रभाजी आसवन**—इसके द्वारा उन मिश्रित द्रवों को पृथक करते है। जिनके क्वथनांकों में बहुत कम अंतर होता है। भूगर्भ से निकाले गये ानिज तेल से पेट्रोल, डीजल मिट्टी का तेल आदि इस विधि द्वारा पृथक किया जाता है।
5. **वर्णलेखन**—यदि किसी मिश्रण के विभिन्न घटकों की अधिशोषण क्षमता (Absoption Capacity) भिन्न-भिन्न होती है। तथा वे किसी अधिशोषक पदार्थ में विभिन्न दूरियों पर अवशोषित होते हैं और वे अलग हो जाते है। जैसे-हरी सब्जियों से रंगीन द्रव्यों का अलग होना।
6. **भाप आसवन**—भाप आसवन के द्वारा ऐसे कार्बनिक पदार्थों का शुद्धिकरण किया जाता हैं जो जल में अघुलनशील परन्तु भाप के साथ वाष्पशील होते हैं।

अणु, परमाणु एवं परमाणु संरचना

अणु—अणु किसी पदार्थ का वह छोटा से छोटा भाग हैं जिसमें पदार्थ के सभी गुण उपस्थित होते हैं यह युक्त अवस्था में रह सकता है। ये दो प्रकार के होते हैं—

- **समपरमाणुक**—ये अणु तत्त्वों से मिलकर बने होते हैं। जैसे—H_2 'किसी अणु में उपस्थित कुल परमाणुओं की संख्या को परमाणुकता कहते हैं।'
- **विषमपरमाणुक**—ये अणु विभिन्न प्रकार के परमाणुओं से मिलकर बने होते हैं। जैसे—HCl, CO_2, H_2SO_4 आदि।

परमाणु—परमाणु किसी तत्त्व का वह सूक्ष्म भाग है जो किसी भी रासायनिक परिवर्तन में भाग ले सकता हैं, परन्तु मुक्तावस्था में नहीं रह सकता। सभी तत्त्वों के परमाणु अत्याधिक क्रियाशील होते हैं लेकिन ये मुक्त अवस्था में न रहकर, अपने ही यौगिक के किसी दूसरे या समान तत्त्व के साथ संयुक्त अवस्था में रहते है। केवल आदर्श गैसों के परमाणु अक्रियाशील होते हैं और मुक्त अवस्था में रह सकते हैं।

डाल्टन का परमाणुवाद

भारतीय ऋषि कणाद (800 ई.पू.) ने सर्वप्रथम परमाणु सिद्धान्त दिया जिसे यूनानी दार्शनिकों-लूसिपस तथा डिमोक्राइटिस ने आगे बढ़ाया और 1808ई. में जान डाल्टन ने प्रयोगों द्वारा इसकी पुष्टि की। डाल्टन का परमाणुवाद निम्नवत् है—

- प्रत्येक पदार्थ अत्यंत सूक्ष्म कणों से मिलकर बना होता हैं जिन्हें परमाणु कहते हैं। परमाणु अविभाज्य होता है।
- परमाणु न तो उत्पन्न किया जा सकता है और न ही नष्ट।
- एक ही तत्त्व के सभी परमाणु आकार, द्रव्यमान तथा रासायनिक गुणों में समान होते हैं किंतु दूसरे तत्त्व के परमाणु से भिन्न होते हैं।
- रासायनिक परिवर्तनों में परमाणु अपनी निजी सत्ता बनायें रखते हैं।
- किसी भी यौगिक के समस्त यौगिक परमाणु (अणु) आपस में समान होते हैं और तत्त्व का संयोजन भार ही परमाणुओं का संयोजन भार होता है।

डाल्टन के परमाणुवाद की कमियों को दूर कर आधुनिक परमाणुवाद का सिद्धान्त दिया। जो परमाणु की विभाज्यता, समस्थानिक, समभारी आदि को व्याख्यित कर सका।

परमाणु की संरचना (Structure of Atom)

20 वीं सदी के पूर्व तक माना जाता था कि परमाणु अविभाज्य हैं परन्तु जे.जे. टामसन, रदरफोर्ड, कैंडविक आदि ने सिद्ध कर दिया कि परमाणु विभाजित किया जा सकता है। परमाणु में इलेक्ट्रॉन, प्रोट्रान एवं न्यूट्रॉन आदि स्थाई तथा पाजिट्रान, न्यूट्रिनों, एन्टिन्यूट्रिनों तथा मेसान आदि अस्थाई कण होते हैं।

इलेक्ट्रॉन (Electron)

इलेक्ट्रॉन की खोज जे.जे. थॉम्सन ने की थी। इस पर इकाई ऋणावेश होता है। इसका विराम द्रव्यमान 1.6×10^{-27} kg कूलॉम आवेश होता है। ये परमाणु के नाभिक के चारों ओर अपनी निश्चित कक्षाओं में चक्कर काटते है।

- **प्रोटॉन**—इसकी खोज रदरफोर्ड ने की थी। इस पर इलेक्ट्रॉन के आवेश के बराबर धनावेश होता है। इसका आवेश 1.6×10^{-19} कूलॉम होता है। यह परमाणु के नाभिक में न्यूट्रॉन के साथ-साथ स्थित होता है।
- **न्यूट्रॉन**—इसकी खोज चैडविक ने की थी। वह विद्युत उदासीन कण है। इसका भार प्रोटॉन के भार (1.6748×10^{-24}) के बराबर होता हैं प्रोटॉन के साथ नाभिक में न्यूट्रॉन स्थायी होता है परन्तु नाभिक के बाहर स्वतंत्र अवस्था में अस्थायी होता है।

परमाणु मॉडल (Atomic Model)

(a) **थॉमसन मॉडल**—1903 ई. में सर्वप्रथम थामसन ने परमाणु मॉडल प्रस्तुत किया। जिसके अनुसार परमाणु ठोस गोलाकार आकृति के समान है जिसमें धनावेशित तथा ऋणावेशित कण

समान रूप से वितरित रहते हैं। परमाणु का द्रव्यमान परमाणु के चारों ओर असमान रूप से फैला रहता है। थामसन के परमाणु मॉडल ने परमाणु की विद्युत उदासीनता को तो स्पष्ट कर दिया परन्तु अल्फा कण (α) के रदरफोर्ड के प्रयोग को स्पष्ट नहीं कर सका।

(b) रदरफोर्ड का मॉडल—रदरफोर्ड ने 1911ई. (a) कणों के प्रकीर्णन प्रयोग से प्राप्त निष्कर्षों से परमाणु मॉडल प्रस्तुत किया।

- परमाणु अतिसूक्ष्म, गोलाकार, विद्युत उदासीन कण है। जो धनावेशित नाभिक और इसके बाहरी भाग जिसमें इलेक्ट्रॉन रहते हैं से बना है।
- परमाणु का कुल धनावेश और लगभग समस्त द्रव्यमान केन्द्र में संचित रहता है जिसे नाभिक कहते हैं।
- परमाणु में इलेक्ट्रॉन नाभिक के चारों ओर घूमते रहते है।
- परमाणु में इलेक्ट्रॉनों की संख्या परमाणु नाभिक पर स्थित धनावेशों की संख्या के बराबर होती है। इसीलिए परमाणु उदासीन होते हैं।
- इलेक्ट्रॉनों पर नाभिक आकर्षण बल आरोपित करता है। इलेक्ट्रॉनों के परिक्रमण से उत्पन्न अपकेन्द्र बल नाभिक के आकर्षण बल को सन्तुलित करता है इससे इलेक्ट्रॉन नाभिक में नहीं गिरता है।

नील्स बोर ने 1913ई. में रदरफोर्ड के दोषों को दूर कर नया मॉडल क्वांटम सिद्धान्त मॉडल दिया।

(c) नील्स बोर मॉडल—बोर ने हाइड्रोजन स्पेक्ट्रम की व्याख्या कर क्वांटम मैकेनिकल मॉडल प्रस्तुत किया—

- परमाणु के केन्द्र में एक नाभिक होता है, जहां प्रोटॉन तथा न्यूट्रॉन स्थित होते हैं। नाभिक का आकार बहुत छोटा होता है।
- इलेक्ट्रॉन नाभिक के चारों ओर एक निश्चित गोलाकार पथ में चक्कर लगाते रहते हैं जिन्हें ऊर्जा स्तर कहते हैं। नाभिक व इलेक्ट्रॉन के बीच में एक आकर्षण बल कार्य करता है, जो इलेक्ट्रॉन के अभिकेन्द्रीय बल के बराबर होता है।
- प्रत्येक ऊर्जा स्तर की एक निश्चित ऊर्जा होती है।
- ऊर्जा स्तरों को क्रमशः K, L, M, N (1. 2. 3. 4) कहते हैं।
- जब एक इलेक्ट्रॉन उच्च ऊर्जा स्तर से निम्न ऊर्जा स्तर में आता है या निम्न ऊर्जा स्तर से उच्च ऊर्जा स्तर में जाता है। तो इसमें ऊर्जा परिवर्तन होता हैं निम्न कक्षा से उच्च में जाने पर ऊर्जा का अवशोषण तथा उच्च से निम्न में जाने पर ऊर्जा का उत्सर्जन होता है।
- इलेक्ट्रॉन नाभिक के चारों ओर केवल उन्हीं कक्षाओं में घूम सकता है। जिनमें उसका कोणीय संवेग (m v r) nw/ 2π का सरल गुणांक होता है।

  अर्थात्—m v r ¾ n n/wπ

  जहां—

  n मुख्य क्वांटम संख्या = 1, 2, 3 या 4

  v इलेक्ट्रॉन का वेग, r कक्षा की त्रिज्या

  m इलेक्ट्रॉन का द्रव्यमान, n प्लांक नियतांक।

इलेक्ट्रानिक विन्यास

परमाणु में इलेक्ट्रॉन नाभिक के चारों ओर विभिन्न कक्षाओं में घूमते रहते हैं। नील्स बोर तथा बरी ने परमाणु की विभिन्न कक्षाओं में इलेक्ट्रॉनों की संख्या ज्ञात करने के कुछ नियम बनाये जिसे बोर बरी योजना कहते हैं—

- किसी कक्षा में इलेक्ट्रॉनों की अधिकतम संख्या $2n^2$ होती है। जहां n कक्षा की संख्या है।
- परमाणु की सबसे बाहरी कक्षा में 8 से अधिक तथा इससे पहली वाली कक्षा में 18 से अधिक इलेक्ट्रॉन नहीं हो सकते हैं।
- आवश्यक नहीं है कि किसी कक्षा में इलेक्ट्रॉनों की संख्या $2n^2$ के अनुसार पूर्ण होने पर ही इलेक्ट्रॉन उससे अगली कक्षा में जायेगें, अपितु जब बाह्य कक्षा में 8 इलेक्ट्रॉन हो जाते हैं। तो इलेक्ट्रॉन नयी कक्षा में प्रवेश करना प्रारम्भ कर देते हैं।
- सबसे बाहरी कक्षा में 2 से अधिक तथा उससे पहले वाली कक्षा में 9 से अधिक इलेक्ट्रॉन तब तक नहीं हो सकते जब तक कि बाहर से तीसरी कक्षा में इलेक्ट्रॉन की संख्या $2n^2$ के अनुसार पूरी न हो जाये।

इस नियम से किसी तत्व का परमाणु क्रमांक तथा परमाणु भार ज्ञात होने पर उस तत्व की परमाणु संरचना ज्ञात की जा सकती है। इस नियम के कुछ तत्व अपवाद है। जैसे—कॉपर, सिल्वर, सोना, क्रोमियम आदि।

- **कोश**—इलेक्ट्रॉन नाभिक के चारों ओर निश्चित कक्षाओं में चक्कर लगाते रहते है। इलेक्ट्रॉन तब तक इन कक्षाओं में चक्कर लगाते रहते है। जब तक वे ऊर्जा का उत्सर्जन या अवशोषण नहीं करते है। इन कक्षाओं को मुख्य ऊर्जा स्तर (Major Energy Level) या कोश कहते हैं। इन कक्षाओं को K L M N 1, 2, 3, 4 से प्रदर्शित किया जाता है। प्रत्येक कोश में अधिकतम इलेक्ट्रॉनों की $2n^2$ संख्या होती है। जहां n कोश संख्या है। आधुनिक परमाणु मॉडल के आधार पर इन्हें मुख्य क्वांटम संख्या कहते हैं।
- **उपकोश**—प्रत्येक कोश या मुख्य ऊर्जा स्तर की ऊर्जाएं समान नहीं होती हैं, कोशों को पुनः छोटे-छोटे कोशों में विभाजित किया गया है। जिन्हें उपकोश कहते हैं इन्हें क्रमशः s, p, d, f अक्षरों से प्रदर्शित करते है। प्रथम कोष को एक, द्वितीय को दो, तृतीय को तीन तथा चतुर्थ को चार उपकोषों में विभाजित किया गया है।
- **कक्षक**—किसी परमाणु के नाभिक के चारों ओर का वह त्रिविमीय क्षेत्र जहां इलेक्ट्रॉन पाये जाने की सम्भावना अधिकतम होती है, कक्षक कहलाता है।

नाभिक के चारों ओर इलेक्ट्रॉन तीव्र गति से परिक्रमा करते है। इस कारण नाभिक के आस-पास ऋणात्मक विद्युत आवेश का एक धुंधला बादल सा बन जाता है, जिसे 'इलेक्ट्रॉन मेघ' (Electron Cloud) कहते हैं। इलेक्ट्रॉन मेघ में ही इलेक्ट्रॉन के पाये जाने की प्रायिकता अधिक होती है।

ऑफबाऊ नियम (Aufbau Principle)

ऑफबाऊ जर्मन भाषा का शब्द है जिसका अभिप्राय बनाना या रचना करना है। तत्त्वों के इलेक्ट्रानिक विन्यास बनाने का नियम ऑफबाऊ नियम कहलाता है। इस नियम के अनुसार किसी भी परमाणु में उपस्थित विभिन्न कक्षकों में इलेक्ट्रॉन ऊर्जा के बढ़ते क्रम में प्रवेश करता है। इलेक्ट्रॉन सर्वप्रथम 1s कक्षक में प्रवेश करते हैं और जब 1s कक्षक पूर्ण हो जाता है। तो इलेक्ट्रॉन 2s कक्षक में प्रवेश करते हैं जब 2s कक्षक भी पूर्ण हो जाता है तो इलेक्ट्रॉन 2p कक्षक में प्रवेश करते है। इस प्रकार इलेक्ट्रॉन ऊर्जा के बढ़ते हुए क्रम में रिक्त कक्षकों में प्रवेश करते है। ऊर्जा का बढ़ता क्रम निम्न प्रकार है—

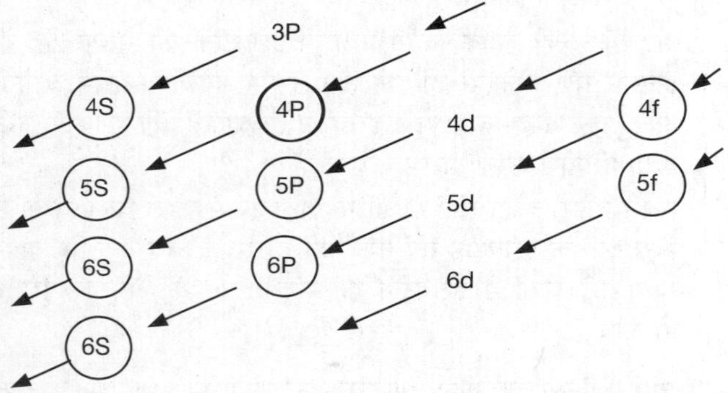

पाउली का अपवर्जन नियम

इसके अनुसार किसी परमाणु के किसी भी दो इलेक्ट्रॉनों के लिए चारों क्वांटम संख्याओं का मान एक समान नहीं हो सकता। यदि किसी पर बाकी तीनों क्वाटम संख्याओं का मान समान हो भी जाय, फिर भी स्पिन क्वांटम संख्या का मान (+1/2 व –1/2) समान नहीं हो सकता।

हुण्ड का नियम

इसके अनुसार किसी भी आर्बिटल में इलेक्ट्रॉन इस प्रकार भरते हैं कि अयुग्मित इलेक्ट्रॉनों की संख्या जिनके स्पिन समान हो सबसे अधिक है अर्थात् किसी भी आर्बिटल के उपकोशों में इलेक्ट्रॉन सर्वप्रथम एक-एक करके जाते हैं तथा बाद में युग्म बनाते हैं।

वे परमाणु जिनमें इलेक्ट्रॉन अयुग्मित रहते हैं वे पराचुम्बकीय तथा वे परमाणु जिनमें इलेक्ट्रॉन युग्मित रहते हैं अनुचुम्बकीय कहलाते हैं।

किसी धातु की सतह को प्रकाश के समक्ष रखने पर होने वाला इलेक्ट्रॉनों का उत्सर्जन प्रकाश विद्युत प्रभाव कहलाता है, उत्सर्जित इलेक्ट्रॉनों को फोटों इलेक्ट्रॉन कहते हैं।

वह न्यूनतम विभव जिस पर फोटों विद्युत धारा शून्य हो जाती है, प्रतिरोधक विभव कहलाता है।

रेडियोएक्टिविटी

प्रकृति में प्राप्त पदार्थ जैसे—यूरेनियम, थोरियम, रेडियम आदि स्वत: भेदी (Penetrating) किरणें उत्सर्जित करते रहते हैं। ऐसे पदार्थों को रेडियोएक्टिव पदार्थ और पदार्थों के इस गुण को रेडियोएक्टिवता कहते हैं। फ्रांसीसी वैज्ञानिक हेनरी बेक्वेरल ने 1896 ई. में अचानक रेडियोएक्टिवता की खोज की थी।

रेडियोएक्टिव पदार्थ की उस मात्रा को एक बेक्वेरल (मात्रक) कहा जाता है जो प्रति सेकेण्ड एक विघटन या विकरण का उत्सर्जन करती है। 1975 ई. के पूर्व रेडियोएक्टिवता की इकाई को क्यूरी कहा जाता था। किसी रेडियोएक्टिव पदार्थ की वह मात्र जो प्रति सेकेण्ड 3.70×10^{10} विघटन करती है क्यूरी कहलाती है।

रेडियोएक्टिवता की खोज

सर्वप्रथम हेनरी बेक्वेरल ने प्रयोग करते हुए पाया कि यूरेनियम के निकट काले कागज में लिपटी फोटोग्राफी प्लेट काली पड़ गयी। इससे इन्होंने निष्कर्ष निकाला कि यूरनियम से एक्स किरणों जैसी अदृश्य किरणें निकलती रहती है जिन पर ताप एवं दाब का प्रभाव नहीं पड़ता है। इन्ही के नाम पर प्रारम्भ में इन किरणों को बेक्वेरल किरणें और बाद में रेडियो एक्टिव किरणें कहा जाने लगा।

मैडम क्यूरी वश्मिट ने स्वत: विघटन का गुण थोरियम में भी पाया। मैडम क्यूरी व पेरी क्यूरी ने पिचब्लैण्ड से यूरेनियम से 30 लाख गुना अधिक रेडियोएक्टिव तत्त्व रेडियम की खोज की। इसके पश्चात् मैडम क्यूरी ने पोलोनियम नामक रेडियोएक्टिव तत्त्व की खोज की। वर्तमान में लगभग 40 प्राकृतिक तथा अनेक कृत्रिम रेडियोएक्टिव तत्त्वों की खोज हो चुकी है।

रेडियोएक्टिव किरणें

1902 ई. में रदरफोर्ड ने रेडियोएक्टिव तत्त्व को शीशे के प्रकोष्ठ (Lead Chamber) में रखकर निकलने वाली किरणों को विद्युत क्षेत्र से गुजार कर निकलने वाली किरणों का अध्ययन किया और इन्हें अल्फा (α) बीटा (β) गामा (γ) नाम से अभिहित किया गया।

अल्फा किरण

- ये धनावेशित होती हैं इन पर दो इकाई धन आवेश होता है ये हीलियम नाभिक ही (He^{2+}) होते हैं इनका द्रव्यमान हाइड्रोजन परमाणु द्रव्यमान का चार गुना होता है।
- ये विद्युत चुम्बकीय क्षेत्र में ऋणावेशित प्लेट की ओर मुड़ जाती है।
- इनका वेग 2.3×10^9 सेमी/सेकेण्ड (प्रकाश के वेग का 1/10) होता है।
- द्रव्यमान अधिक होने के कारण गतिज ऊर्जा अधिक होती है।
- इनकी भेदन क्षमता गामा एवं गीटा किरणों की अपेक्षा कम होती है अत: 1 मिमी मोटी ऐलूमिनियम चादर को भेद नहीं पाती है।
- फोटोग्राफी प्लेट को अत्यधिक प्रभावित करती है।
- अल्फा किरणें कुछ पदार्थों से टकराकर स्फुरदीप्ति उत्पन्न करती है

- गैसों को आयनीकृत करने की प्रबल क्षमता होती है ये बीटा किरणों की अपेक्षा 100 गुना व गामा की तुलना में 10,000 गुना आयनन क्षमता रखती है।

बीटा किरणें

- तीव्र वेग से चलने वाला इलेक्ट्रॉन पुंज होती है। इन पर ऋणावेश होता है।
- फोटोग्राफी प्लेट पर अल्फा किरणों की अपेक्षा अधिक प्रभाव डालती है।
- इनकी भेदन क्षमता अल्फा किरणों से 100 गुना अधिक होती हैं
- इनका वेग 2.79×10^{10} सेमी/सेकेण्ड (लगभग प्रकाश के वेग के बराबर) होता है।
- गैसों को आयनित करने का गुण होता है।
- कुछ पदार्थों से टकराने पर अल्फा किरणों से कम स्फुरदीप्ति उत्पन्न करती है।

गामा किरणें

- गामा किरणें विद्युत चुम्बकीय तरंगे होती हैं। इनकी तरंग दैर्ध्य सबसे कम होती है।
- ये आवेश रहित होने के कारण विद्युत क्षेत्र एवं चुम्बकीय क्षेत्र में विक्षेपित नहीं होती है।
- ये फोटोग्राफी प्लेट को अल्फा एवं बीटा किरणों की अपेक्षा अधिक प्रभाव डालती है।
- इनकी भेदन क्षमता अधिक होती है ये 100 सेमी मोटी एल्यूमिनियम चादर को भी भेद सकती है।
- इनका वेग प्रकाश के वेग बराबर होता है।

कृत्रिम रेडियोएक्टिवता

कृत्रिम विधियों द्वारा स्थायी तत्त्वों को रेडियोएक्टिव तत्त्वों में परिवर्तित करना कृत्रिम रेडियोएक्टिव कहलाता है। सर्वप्रथम 1934 ई. में आइरीन क्यूरी (मैडम क्यूरी की पुत्री) व उनके पति एफ. जोलियोट ने कृत्रिम रेडियोएक्टिवता की खोज की थी।

कृत्रिम रेडियोएक्टिव तत्व	इनका उपयोग
आयोडीन-131	थाइरॉयड रोग में
फास्फोरस	अस्थिरोगों में
कोबाल्ट-60	मस्तिष्क ट्यूमर एवं कैंसर के इलाज में
सोडियम-24	रक्त प्रवाह का वेग नापने में

नाभिकीय विघटन (Nuclear Decay)

किसी तत्त्व के परमाणु नाभिक के विघटित होने को नाभिकीय विघटन कहते हैं। रेडियोएक्टिव तत्त्वों में नाभिकीय विघटन स्वत: होता हैं जबकि अन्य तत्त्वों में तीव्रगामी कणों की बौछार कराके कृत्रिम रूप से नाभिकीय विघटन कराया जाता है।

नाभिकीय विघटन के प्रकार

अल्फा कण या हीलियम (He) नाभिक के उत्सर्जन की प्रक्रिया को अल्फा विघटन कहते हैं। अल्फा कण में दो प्रोटान तथा दो न्यूट्रॉन होते हैं अत: किसी नाभिक से अल्फा कण के उत्सर्जन से उसके द्रव्यमान व आवेश में दो कमी होती है अर्थात् तत्त्व के परमाणु क्रमांक में दो तथा भार में चार अंकों की कमी हो जायेगी। α कणों का विघटन उन भारी नाभिकों में होता है जहां प्रोटान तथा नाभिक के बीच का विद्युत स्थैतिक प्रतिकर्षण बल बहुत अधिक होता है। इस क्रिया में ऊर्जा उत्पन्न होती है। यह ऊर्जा गतिज के रूप में परिवर्तित हो जाती है।

- **बीटा (β) विघटन**—यह ऋणावेशित इलेक्ट्रॉन कण है अत: इसके विघटन के पश्चात् नाभिक का परमाणु क्रमांक एक यूनिट बढ़ जाता है परन्तु परमाणु द्रव्यमान अपरिवर्तित रहता है। इस प्रक्रिया में समभारी (Isobars) उत्पन्न होते हैं। इस प्रक्रिया में नाभिक का द्रव्यमान बढ़ जाता है, अत: आइंसटीन के सिद्धान्त के अनुसार द्रव्यमान ऊर्जा में परिवर्तित होगा और ऊर्जा उत्पन्न होगी।
- **गामा विघटन (γ) विघटन**—ये विद्युत चुम्बकीय विकिरण है जो नाभिकीय आवेश के पुनर्वितरण से उत्पन्न होती है। गामा किरणें ऊर्जा फोटॉन होती है। परन्तु गामा किरणों की तरंग दैर्ध्य, फोटॉनो की तरंग दैर्ध्य से काफी छोटी होती है। गामा कणों के उत्सर्जन से नाभिक के आवेश तथा द्रव्यमान में कोई परिवर्तन नहीं होता परन्तु इलेक्ट्रानिक विन्यास बदल जाता है।

वर्ग या समूह विस्थापन नियम

जब रेडियोएक्टिव तत्त्व के परमाणु में से एक अल्फा (α) कण निकलता है तो नये परमाणु का परमाणु भार पहले परमाणु से 4 इकाई कम हो जाता है तथा इसका परमाणु क्रमांक पहले से 2 इकाई कम हो जाता है। ऐसे में निर्मित तत्व का आवर्त सारणी में स्थान पूर्व की अपेक्षा दो स्थान बांयी ओर चला जाता है।

जब रेडियोएक्टिव तत्त्व के परमाणु में से एक बीटा (β) कण निकलता है तो नये परमाणु के आवेश (परमाणु क्रमांक) में एक इकाई की वृद्धि हो जाती हैं बीटा कण का भार नगण्य होता है अत: नये परमाणु भार में कोई परिवर्तन नहीं होता है। आवर्त सारणी में नया परमाणु एक स्थान दायीं ओर चला जाता है।

अर्द्ध आयु (Half Life Period)

किसी रेडियोएक्टिव तत्त्व की प्रारम्भिक मात्रा का आधा भाग विघटित होने में जितना समय लगता है, उसे तत्त्व की अर्द्ध आयु कहते हैं इसे '1/2 से प्रदर्शित किया जाता है। रेडियोएक्टिव पदार्थ की अर्द्ध आयु कुछ सेकेण्डों से लेकर लाखों वर्षों तक हो सकती है। कुछ तत्त्वों की अर्द्ध आयु निम्नवत् है—

रेडियोएक्टिव तत्व	संकेत	अर्द्धआयु
पोलोनियम-212	$_{84}PO^{212}$	$3 \times 10.^{8}$ सें.
ब्रोमीन-80	$_{35}Br^{80}$	18 मि.
ब्रोमीन-82	$_{35}Br^{82}$	35.9 घंटा
सल्फर-35	$_{16}S^{15}$	867 दिन
कोबाल्ट-60	$_{27}CO^{60}$	5.2 वर्ष
हाइड्रोजन-3	$_{1}H^{3}$	12.26 वर्ष
यूरेनियम-235	$_{92}u^{235}$	7.04×10^{8} वर्ष

जीवाश्मों मृत पेड़-पौधों आदि की आयु का अंकन (Dating) कार्बन के द्वारा तथा पृथ्वी व पुरानी चट्टानों आदि की आयु का अंकन यूरेनियम के द्वारा किया जाता है।

तत्वों का वर्गीकरण

अब तक 112 तत्त्वों की खोज हो चुकी है और नये तत्त्वों की खोज जारी है। इतने तत्त्वों के गुणों को याद रखना सम्भव नहीं है ऐसे में वैज्ञानिकों ने अध्ययन को सरल एवं क्रमबद्ध बनाने के लिए तत्त्वों को वर्गीकृत करने का प्रयास प्रारम्भ किया। समान भौतिक एवं रासायनिक गुण वाले तत्त्वों को एक ही वर्ग में रखने का प्रयास किया गया, जिसमें उनके गुणों का अध्ययन सरलतापूर्वक हो सके। इस दिशा में वर्जीलियस, प्राउट, ड्यूमा, न्यूलैंड, लोथरमेयर एवं मेंडलीई व बोर आदि का प्रयास सराहनीय रहा जिससे आगे चलकर आधुनिक आवर्त सारणी का निर्माण किया गया। उपर्युक्त वैज्ञानिकों में सबसे सुव्यवस्थित वर्गीकरण रुसी वैज्ञानिक मेंडलीफ ने किया। इन्होनें एक नियम दिया जिसे मेंडलीफ का आवर्त नियम कहते हैं। इस नियम के अनुसार, 'तत्त्वों के भौतिक तथा रासायनिक गुण उनके परमाणु भारों के आवर्ती फलन होते हैं,' अर्थात् यदि तत्त्वों को उनके परमाणु भारों के बढ़ते क्रम में व्यवस्थित किया जाये, तो एक नियमित अन्तराल के पश्चात् समान गुणधर्म वाले तत्त्वों की पुनरावृत्ति होती है। जिसे आवर्ती फलन कहते हैं।

मेंडलीफ की आवर्त सारणी की विशेषताएं

जिस समय मेंडलीफ ने आवर्त सारणी का निर्माण किया था उस समय 60 तत्त्व ज्ञात थे आगे और तत्त्वों का पता चलने पर उन्होने संशोधित आवर्त सारणी प्रस्तुत की। इसमें नौ उर्ध्वाधर (वर्ग) सात क्षैतिज पंक्तियां (आवर्त) है।

आवर्तों की विशेषताएं

- प्रथम आवर्त में मात्रा दो तत्त्व हैं इसे अति लघु आवर्त कहते हैं।
- द्वितीय एवं तृतीय में 8-8 तत्त्व हैं इसे लघु आवर्त कहते हैं।
- चौथे व पाँचवें आवर्त में 18-18 तत्त्व हैं इसे दीर्घ आवर्त कहते हैं।
- छठे आवर्त में 32 तत्त्व हैं इसे अति दीर्घ आवर्त तथा सातवाँ आवर्त 2C तत्त्वों के साथ अपूर्ण आवर्त है।

संयोजकता में परिवर्तन

1. लघु आवर्तों के तत्त्वों की संयोजकता, हाइड्रोजन के सापेक्ष पहले 1 से 4 तक बढ़ती है पुन: घटकर एक हो जाती है।
2. लघु आवर्तों में तत्त्वों की संयोजकता ऑक्सीजन के सापेक्ष 1 से 7 तक बढ़ती है।

धात्विक अधात्विक गुण में परिवर्तन

आवर्तों में बायीं ओर से दायी ओर बढ़ने पर तत्त्वों के धात्विक गुणों में कमी होती है और अधात्विक गुणों में वृद्धि होती है। इसी प्रकार बायी ओर से दायीं ओर चलने पर विद्युत धनात्मकता में कमी एवं ऋणात्मकता में वृद्धि होती है

तत्वों की प्रकृति में परिवर्तन

आवर्त में तत्त्वों के आक्साइडों का गुण बायें से दायें जाने पर क्षारीयता से अम्लीयता की ओर बढ़ता है।

तत्वों के विकर्ण सम्बन्ध (Diagonal Relationship)

द्वितीय एवं तृतीय आवर्त के तत्त्वों में एक प्रकार का विकर्ण सम्बंध पाया जाता है।

समूहों की सामान्य विशेषताएं

आवर्त्त सारणी में उर्ध्वाधर 9 खानें हैं इन्हें समूह कहते हैं। मेंडलीफ ने अपनी सारणी में केवल आठ वर्ग ही बनाये थे, बाद में शून्य वर्ग जोड़ा गया शून्य तथा आठवें वर्ग को छोड़कर अन्य सभी वर्ग दो उपवर्गों ए तथा बी में बाँटा गया है। इनकी सामान्य विशेषताएं निम्न है—

1. किसी वर्ग की वर्ग संख्या उस वर्ग के तत्त्वों की ऑक्सीजन के साथ संयोजकता को प्रदर्शित करती है। इसका अपवाद अष्टम वर्ग है।
2. एक ही उपवर्ग के तत्त्व आपस के गुणों के लगभग समान होते हैं परन्तु दूसरे उपवर्ग के तत्त्वों के गुणों से प्राय: भिन्न होते हैं।
3. उपवर्ग में परमाणु भार के बढ़ने के साथ-साथ तत्त्वों की धात्विक प्रकृति बढ़ती है।
4. उपवर्ग में ऊपर से नीचे जाने पर आक्साइडों का क्षारीय गुण बढ़ता अम्लीय गुण घटता है।
5. किसी उपवर्ग में ऊपर से नीचे चलने पर अधातुओं के हाइड्राइडों का स्थायित्व घटता है।

6. एक ही उपवर्ग के तत्त्वों के परमाणु त्रिज्याएं, धन विद्युत गुण आदि ऊपर से नीचे की ओर जाने पर बढ़ते हैं जबकि विद्युत ऋणात्मकता, गलनांक तथा क्वथनांक ऊपर से नीचे की ओर जाने पर घटते हैं।

मेंडलीफ की आवर्त सारणी अध्ययन में सुविधा, अनुसंधान में सहायतता, नये तत्त्वों के खोज की प्रेरणा, परमाणु भार का ज्ञान कराने के साथ-साथ त्रुटिपूर्ण परमाणु भारों में संशोधन करने में उपयोगी है।

हाइड्रोजन अनिश्चित स्थिति, समस्थानिकों को उचित स्थान पर न रखना, समान गुणों वाले तत्त्वों को भिन्न तथा असमान गुणों वाले तत्त्वों को एक ही उपवर्ग में रखा जाना, दुर्लभ मृदा तत्त्वों को स्थान न देना, कहीं-कहीं असामान्य संयोजकता को अधिक महत्त्व देना मेंडलीफ की आवर्त सारणी के दोष है।

आधुनिक या दीर्घकार आवर्त सारणी

मेंडलीफ की आवर्त सारणी के दोषों को राग, वर्नर मोज्ले, बरी आदि ने मिलकर दूर किया। मोज्ले ने आधुनिक आवर्त नियम दिया। तत्त्वों के भौतिक, रासयनिक गुण उनके परमाणु क्रमांकों के आवर्ती फलन होते हैं अर्थात् यदि तत्त्वों को उनके परमाणु क्रमांक के बढ़ते हुए क्रम में व्यवस्थित किया जाये, तो एक निश्चित अन्तराल के बाद समान गुण वाले तत्त्वों की पुनरावृत्ति होती है।

- **आधुनिक आवर्त सारणी की विशेषताएं—**

1. इसमें भी सात क्षैतिज खाने या आवर्त है।
2. प्रत्येक आवर्त का प्रथम तत्त्व क्षार धातु तथा अन्तिम तत्त्व उत्कृष्ट गैस है। प्रथम आवर्त में दो तत्त्व एवं सातवाँ आवर्त अपूर्ण है।
3. अक्रिय गैसों को आवर्त सारणी के दायीं ओर अन्त में शून्य समूह में रखा गया है।
4. सारणी में अधिक धात्विक तत्त्वों को बांयी ओर तथा अधिक अधात्विक तत्त्वों को दांयी ओर रखा गया है।
5. सारणी को इलेक्ट्रोनिक विन्यास के आधार पर चार ब्लॉकों s, p, d, f में विभाजित किया गया है।
6. संक्रमण तत्त्वों को d ब्लाक में रखा गया है।
7. आवर्त VI एवं VII के 14-14 तत्त्वों को आवर्त सारणी के नीचे दो श्रेणियों मे रखा गया हैं इन्हें क्रमशः लेन्थेनाइड एवं ऐक्टिनाइड तत्त्व कहते हैं।
8. आवर्त सारणी में उर्ध्वाधर खानों की संख्या 18 परन्तु वर्गों की संख्या 16 है। इन वर्गों का क्रम क्रमशः I A, II A, III B .... VII B, VIII, I B, II B, III A........ VIII A तथा शून्य समूह।

आधुनिक आवर्त सारणी के दोष

मेंडलीफ की तरह इस सारणी में भी लेन्थेनाइड एवं एक्टिनाइड तत्त्वों को आवर्त सारणी में नीचे रखा गया है।

- इस आवर्त सारणी से कुछ तत्त्वों का इलेक्ट्रानिक विन्यास सही प्रदर्शित नहीं होता है।
- आठवें वर्ग के तत्त्वों को तीन उर्ध्वाधर खानों में रखना उचित नहीं है।

मेंडलीफ की तुलना में आधुनिक आवर्त सारणी के गुण

- इलेक्ट्रॉनिक विन्यास की समानता के कारण हाइड्रोजन का स्थान वर्ग I A में निश्चित हो गया है।
- परमाणु क्रमांक के क्रम में रखने से समस्थानिकों को एक ही वर्ग में रखे जाने का दोष समाप्त हो जाता है।
- आधुनिक आवर्त सारणी में ए व बी उपवर्गो को अलग-अलग कर दिया गया है इससे मेंडलीफ सारणी में कुछ असमान तत्त्वों को एक ही वर्ग में रखें जाने का दोष स्वतः समाप्त हो जाता है।

आधुनिक आवर्त सारणी में तत्वों के प्रमुख आवर्ती गुण

तत्त्वों को परमाणु क्रमांक के बढ़ते हुए क्रम में रखने से उनके बाह्य कोश के समान इलेक्ट्रनिक विन्यास के तत्त्व, आवर्त सारणी में, नियमित अन्तर से आते रहते हैं। जिसके कारण तत्त्वों के गुणों में भी आवर्ति पायी जाती है। इनके आवर्ती गुण निम्न हैं—

- आवर्त सारणी के किसी आवर्त में बायें से दाये बढ़ने पर परमाणु का आकार कम होता जाता हैं
- किसी वर्ग में ऊपर से नीचे जाने पर तत्त्व के परमाणु क्रमांक में जैसे-जैसे वृद्धि होती है वैसे आकार बढ़ता जाता है।
- आवर्त सारणी के किसी आवर्त में बायें से दायें जाने पर विद्युत ऋणात्मकता बढ़ती है जबकि वर्ग में ऊपर से नीचे आने पर विद्युत ऋणात्मकता घटती है।
- आवर्तों में बायें से दायें बढ़नें पर नाभिकीय आवेश बढ़ता जाता है और परमाणु आकार घटता जाता है इससे वाह्य इलेक्ट्रॉनों पर नाभिकीय आकर्षण में वृद्धि होती जाती है।
- किसी वर्ग में ऊपर से नीचे जाने पर परमाणु आकार में वृद्धि होती जाती है इससे बाहरी कक्षा में इलेक्ट्रॉनों पर नाभिकीय पकड़ कमजोर होती जाती है।

परमाणु रसायन

नाभिकीय विखण्डन (Nuclear Fission)

भारी नाभिक वाले परमाणुओं का दो लगभग समान द्रव्यमान वाले नाभिक में विभक्त हो जाना नाभिकीय विखंडन कहलाता है। सर्वप्रथम जर्मन वैज्ञानिक ऑटोहॉन एवं स्ट्रॉसमैन ने 1939 ई. यूरेनियम परमाणु पर मन्द गति के न्यूट्रॉन की बौछार करके इसके नाभिक को दो लगभग बराबर द्रव्यमान वाले नाभिकों में विभक्त किया। इस प्रक्रिया में अत्यधिक मात्रा में ऊर्जा तथा दो या तीन न्यूट्रॉन उत्सर्जित होते हैं। इस अभिक्रिया को नाभिकीय विखण्डन तथा इससे प्राप्त ऊर्जा को नाभिकीय ऊर्जा कहते हैं।

प्रत्येक यूरेनियम अधिक के विखण्डन से लगभग 200 Mev ऊर्जा उत्पन्न होती है जिसमें सर्वाधिक ऊष्मा तथा शेष प्रकाश, गामा किरणें तथा उत्पादित नाभिक एवं न्यूट्रॉनों की गतिज ऊर्जा के रूप में होती है। यह ऊर्जा द्रव्यमान क्षति के कारण उत्पन्न होती है। द्रव्यमान की यह क्षति आइन्सटीन के द्रव्यमान ऊर्जा समीकरण के ($E = \Delta MC^2$) अनुसार परिवर्तित होती है।

परमाणु नाभिक का अस्थायित्व

नाभिक के अन्दर दो बल—स्थिर वैद्युत बल (प्रोटानों में परस्पर प्रतिकर्षण) एवं नाभिकीय बल (प्रोटानों तथा न्यूट्रॉनों में परस्पर आकर्षण) कार्य करते हैं। नाभिकीय बलों के कारण उत्पन्न आकर्षण केवल तभी प्रभावी होता है जब नाभिक के कण अत्यंत न्यून दूरी पर हो। चूँकि यूरेनियम 235 के नाभिक में नाभिक के कणों के बीच की दूरी अधिक होती है अत: नाभिकीय बलों का परिमाण कम होता है। जबकि स्थिर-वैद्युत बल के कारण प्रतिकर्षण बल का परिमाण तुलना में अधिक रहता है। इसी कारण यूरेनियम—235 नाजुक सन्तुलन से बँधा रहता है जिसके कारण इसकी प्रवृत्ति अस्थाई बन जाती है।

श्रृंखला अभिक्रिया (Chain Reaction)

यूरेनियम 235 पर न्यूट्रॉन की बौछार करने पर नाभिक दो बराबर भाग में टूट जाता हैं जिससे 200 Mev ऊर्जा एवं तीन नये न्यूट्रॉन निकलते है, ये नये न्यूट्रॉन यूरेनियम के अन्य तीन परमाणुओं का विखण्डन करते हैं फलस्वरूप 9 न्यूट्रॉन उत्पन्न होते हैं। जो अन्य 9 परमाणुओं का विखण्डन करते है। इस प्रकार नाभिक के विखण्डन की एक श्रृंखला बन जाती है। इस प्रकार की क्रिया को श्रृंखला अभिक्रिया कहते हैं। यह क्रिया तब तक होती रहती है जब तक सम्पूर्ण यूरेनियम विखण्डित नहीं हो जाता है। श्रृंखला अभिक्रिया दो प्रकार ही होती हैं—नियंत्रित व अनियंत्रिक श्रृंखला अभिक्रिया।

नियंत्रित श्रृंखला अभिक्रिया

यदि यूरेनियम 235 के नाभिकीय विखण्डन अभिक्रिया के प्रारम्भ में उत्सर्जित न्यूट्रॉनों की गति को इस प्रकार नियंत्रित किया जा सके कि श्रृंखला अभिक्रिया होती रहे परन्तु उसकी दर बढ़ने न पायें, तो ऐसी श्रृंखला अभिक्रिया को नियंत्रित श्रृंखला अभिक्रिया कहते हैं इससे मुक्त ऊर्जा को नियंत्रित दर से प्राप्त किया जा सकता है, जिसका उपयोग मानवता के विकास के लिए किया जाता है। इसमें मन्दक के रूप में भारी जल (D_2O) एवं ग्रेफाइट आदि का प्रयोग किया जाता है। नियंत्रित श्रृंखला अभिक्रिया का उपयोग नाभिकीय रिएक्टर या परमाणु भट्‌टी में किया जाता है।

अनियंत्रित श्रृंखला अभिक्रिया

नाभिकीय विखण्डन क्रिया की दर को किसी भी प्रकार से जब नियंत्रित नहीं किया जाता और प्राप्त ऊर्जा को विनाशकारी होने से बचाया नहीं जा सकता तो होने वाली क्रिया अनियंत्रित श्रृंखला अभिक्रिया कहलाती है। U-235 के विखण्डन की दर प्रारम्भ होने के 10^{-5} सेकेण्ड बाद 500 गुना एवं 11×10^{-15} सेकेण्ड बाद 1000 गुना तक बढ़ जाती है। परमाणु बम इसी सिद्धान्त पर कार्य करता है।

नाभिकीय संलयन (Nuclear Fusion)

जब दो या दो अधिक हल्के नाभिक, अत्यधिक उच्च ताप पर परस्पर संयोग करके भारी नाभिक का निर्माण करते हैं इस प्रक्रिया को नाभिकीय संलयन कहते हैं। नाभिकीय संलयन की प्रक्रिया अति उच्च तापमान लगभग 2×10^7 °C पर होती है जिस कारण इसे ताप नाभिकीय अभिक्रिया भी कहते हैं।

चार प्रोटानों के संलयन से एक हीलियम नाभिक, दो पाजीट्रॉन, दो न्यूट्रिनों तथा 26.7Mev ऊर्जा प्राप्त होती है। संलयन से प्राप्त ऊर्जा, विखण्डन से प्राप्त ऊर्जा (200 Mev) से कम है। वास्तव में ऐसा नहीं है। समान द्रव्यमान के हल्के नाभिकों के संलयन से प्राप्त ऊर्जा भारी नाभिकों के विखण्डन से प्राप्त ऊर्जा से अधिक होती है क्योंकि हल्के पदार्थ के एकांक द्रव्यमान में परमाणु की संख्या भारी पदार्थ के एकांक द्रव्यमान में परमाणुओं की संख्या से बहुत अधिक होती है। हाइड्रोजन बम नाभिकीय संलयन के सिद्धान्त पर बनाया गया है।

नाभिकीय विखण्डन और नाभिकीय संलयन मे अन्तर (Difference Between Nuclear Fission and Nuclear Fusion)

नाभिकीय विखण्डन	नाभिकीय संलयन
1. नाभिकीय विखण्डन में न्यूट्रॉन की बौछार करने से भारी नाभिक लगभग समान द्रव्यमान के दो नाभिकों में विभक्त हो जाता है।	1. नाभिकीय संलयन में दो हल्के नाभिक परस्पर संयुक्त होकर एक भारी नाभिक बनाते हैं।
2. यह अभिक्रिया साधारण ताप पर होती है।	2. इस क्रिया को प्रारम्भ करने के लिए उच्च ताप (लगभग 2×10^7 °C)
4. नाभिकीय विखण्डन में श्रृंखला अभिक्रियाएं होती है।	4. नाभिकीय संलयन में श्रृंखला अभिक्रियाएं नहीं होती है।
5. इन अभिक्रियाओं को नाभिकीय रिएक्टर में नियन्त्रित किया जा सकता है, जिससे उत्पन्न ऊर्जा का उपयोग रचनात्मक कार्यों में किया जा सकता है।	5. इसकों नियन्त्रित नहीं किया जा सकता है।
6. परमाणु बम इसी सिद्धान्त पर कार्य करता है।	6. हाइड्रोजन बम का निर्माण इसी सिद्धान्त पर किया गया है।

नाभिकीय ऊर्जा

नाभिकीय विखण्डन तथा नाभिकीय संलयन क्रिया में मुक्त ऊर्जा को नाभिकीय ऊर्जा कहते हैं।

नाभिकीय ऊर्जा के उपयोग

1. नाभिकीय ऊर्जा का उपयोग विद्युत शक्ति पैदा करने में किया जाता है।
2. यान्त्रिक ऊर्जा में परिवर्तित करके इसका उपयोग मोटर, रेल तथा जहाज आदि चलाने में किया जाता है।
3. नाभिकीय रिएक्टर द्वारा नाभिकीय विखण्डन को नियन्त्रित करके अनेक रेडियो-ऐक्टिव समस्थानिक बनाये गये है, जिनका उपयोग चिकित्सा, विभिन्न प्रकार की वैज्ञानिक खोजों तथा कृषि के क्षेत्र में किया जाता है।

जीवाश्म ईंधन की तुलना में नाभिकीय ऊर्जा के लाभ तथा हानि

- **ऊर्जा के लाभ—**
  1. नाभिकीय ईधन की थोडी-सी मात्रा अत्यधिक नाभिकीय ऊर्जा उत्पन्न करती है, जबकि जीवाश्म ईधन, जैसे कोयले के दहन से प्राप्त ऊर्जा नाभिकीय ऊर्जा की तुलना में बहुत कम होती है।
  2. नाभिकीय ऊर्जा द्वारा संचालित विद्युत संयन्त्र में बार-बार नाभिकीय ईधन डालने की आवश्यकता नहीं होती है, जबकि जीवाश्म ईधन से चलने वाले बिजली घरों में कोयला (जीवाश्म ईधन) बार-बार डालना पड़ता है।
- **जीवाश्म ईंधन की अपेक्षा नाभिकीय ऊर्जा की हानियां—**
  1. नाभिकीय ऊर्जा के उत्पादन में अनेक ऐसे उत्पाद उत्पन्न होते हैं, जिनसे हानिकारक रेडियो-ऐक्टिव विकिरण (α-किरणें, β-किरणें, γ-किरणें) निकलते हैं। इन विकिरणों की भेदन क्षमता बहुत अधिक होती है। यह अत्यधिक मात्रा में इन विकिरणों से मानव शरीर उद्भासित (Expose) हो जाये, तो मानव शरीर की कोशिकाएं नष्ट हो जाती है। इसके विपरीत जीवाश्म ईधनों, जैसे कोयले के उपयोग से उत्पन्न प्रदूषण इतना अधिक हानिकारक नहीं होता है।
  2. नाभिकीय ऊर्जा के उत्पादन की प्रक्रिया के विभिन्न चरणों में उत्पन्न नाभिकीय अपशिष्ट पदार्थों (Nuclear Wastes) का निपटान करना (Disposal) आसान नहीं है, क्योंकि ये नाभिकीय अपशिष्ट पदार्थ रेडियो-ऐक्टिव होते हैं, जो हानिकारक विकिरण उत्पन्न करते हैं। इसके विपरीत जीवाश्म ईधनों के उपयोग से उत्पन्न अपशिष्ट पदार्थों (जैसे कोयले के उपयोग से उत्पन्न राख) के निपटान की कोई विशेष समस्या नहीं है।

नाभिकीय रिएक्टर

नाभिकीय रिएक्टर एक विशेष प्रकार की भट्टी होती है, जिसकी सहायता से नाभिकीय विखण्डन की नियन्त्रित श्रृंखला अभिक्रिया (Controlled Chain Reaction) द्वारा ऊर्जा उत्पन्न की जाती है। पहला नाभिकीय रिएक्टर सन् 1942 में शिकांगो विश्वविद्यालय में अमेरिकन वैज्ञानिक फर्मी और उनके साथियों ने बनाया था। भारत ने अपना पहला रिएक्टर सन् 1952 में मुम्बई के निकट ट्रॅाम्बे में बनाया, जिसका नाम 'अप्सरा' रखा।

नाभिकीय रिएक्टर के मुख्य भाग

- **ईधन—**यह रिएक्टर का वह भाग है जिसके विखण्डन से ऊर्जा प्राप्त होती है। इसके लिए यूरेनियम—235 या प्लूटोनियम— 239 प्रयुक्त किया जाता है।
- **मन्दक**—वे पदार्थ जो नाभिकीय विखण्डन की क्रिया को मन्द कर देते है। इसके लिए भारी जल या ग्रेफाइट प्रयुक्त किया जाता है।
- **शीतलक**—विखण्डन के पश्चात् विस्तृत अत्यधिक मात्रा में ऊष्मा को नियंत्रित करने के लिए वायु, जल या CO_2 को रिएक्टर में प्रवाहित किया जाता है।
- **नियंत्रक छड़ें—**श्रृंखला अभिक्रिया को नियंत्रित करने के लिए कैडमियम की छड़ें प्रयोग की जाती है।
- **परिरक्षक**—रिएक्टर से निकलने वाली तीव्र हानिकारक विकिरणों से आस-पास काम करने वाले लोगों की सुरक्षा हेतु कंकरीट की मोटी परिरक्षक दीवार बना दी जाती है।
- **नाभिकीय रिएक्टर के उपयोग—**
  1. विद्युत उत्पादन में
  2. रॉकेटों के उड़ान में
  3. वायुयान, समुद्री जहाज, रेल व कारखाने चलाने में
  4. रेडियोऐक्टिव समस्थानिक बनाने में
  5. प्लूटोनियम-239 का उत्पादन करने में भी उपयोग किया जाता हैं।
- **तापीय तथा ब्रीडर रिएक्टर—**ऐसे रिएक्टर जिनमें मन्दगामी न्यूट्रॉनों द्वारा यूरेनियम-235 का विखण्डन करके ऊर्जा प्राप्त की जाती है उन्हें तापीय रिएक्टर कहते हैं।

  ऐसे रिएक्टर जिनमें उत्पादित प्लूटोनियम-239 तथा यूरेनियम-233 की मात्रा व्यय होने वाले पदार्थों यूरेनियम-238 तथा थोरियम-232 से अधिक होती है ब्रीडर रिएक्टर कहलाते हैं।

खनिज एवं अयस्क (Minerals and Ores)

- **खनिज**—धातु या उनके यौगिकों से युक्त वे प्राकृतिक पदार्थ जो पृथ्वी तल के नीचे पाये जाते हैं खनिज कहलाते हैं।
- **अयस्क**—वे खनिज जिनसे धातुओं को आसानी से प्राप्त किया जा सकता है, अयस्क कहलाते है। सभी अयस्क खनिज होते हैं किन्तु सभी खनिज अयस्क नहीं होते।

- **धातु**—अयस्कों का शुद्धिकरण करके उपयोग योग्य प्राप्त धात्विक गुणों से युक्त वस्तु को धातु कहते हैं।

प्रमुख धातुएं एवं उनके अयस्क

धातुएं	अयस्क
एल्यूमिनियम	• बॉक्साइट • कोरंडम • फेलस्पार • क्रायोलाइट • एल्युनाइट • काओलीन
तांबा	• क्यूप्राइट • कॉपर ग्लास • कॉपर पायराइट
सिल्वर	• रुबी सिल्वर • पायरा गाईराईट • हार्नसिल्वर
जिंक	• जिंक ब्लेंड • कैलेमाइन जिंकाइट
पारा	• सिनेबार
टिन	• केसीटेराइट
लेड	• गैलना
लोहा	• हेमेटाइट, • मैग्नेटाइट • लिमोनाइट • सिडेराइट • आयरन पायराइट • कैल्कोपाइराइट
कोबाल्ट	• स्मेल्टाइट
निकिल	• मिलेराइट
क्रोमियम	• क्रोमाइट • पाइरोल्युसाइट • सीलोमीलिन (मैगनाइट)
यूरेनियम	• कार्नेटाइट, पिचब्लैड

धातुएं एवं इनके यौगिकों का उपयोग

यौगिक	उपयोग
फेरस ऑक्साइड	हरा कांच बनाने में फेरस लवणों के निर्माण में।
फेरिक यौगिक	आभूषण पॉलिश करने में फेरिक लवणों के निर्माण में
फेरिक हाइड्रोक्साइड	प्रयोगशाला में प्रतिकारक के रुप में
फेरस सल्फेट	रंग उद्योग में मोहर लवण बनाने में स्याही बनाने में
आयोडीन	कीटाणुनाशक के रूप में औषधियों के उत्पादन में टिंचर आयोडीन बनाने में रंग उद्योग में
ब्रोमीन	रंग उद्योग में टिंचर गैस बनाने में प्रतिकारक के रूप में औषधि बनाने में
हाइड्रोक्लोरिक अम्ल	क्लोरीन बनाने में अम्लराज बनाने में रंग बनाने में
क्लोरीन	हाइड्रोक्लोरिक अम्ल के निर्माण में मस्टर्ड गैस बनाने में ब्लीचिंग पाउडर बनाने में कपडों एवं कागज को विरंजित करनेमें
सल्फ्यूरिक अम्ल	पेट्रोलियम के शुद्धिकरण में स्टोरेज बैटरी में
सल्फर डाइऑक्साइड	ऑक्सीकारक के रूप में विरंजक के रूप में
सल्फर	कीटाणुनाशक के रूप में रबर वलकेनाइज करने में बारुद बनाने में औषधि के रूप में
अमोनिया	आइस फैक्ट्री में रेयॉन बनाने में

(Continued)

यौगिक	उपयोग
नाइट्रस ऑक्साइड	भाल्य-चिकित्सा में
फॉस्फोरस	लाल फॉस्फोरस, दियासलाई बनाने में श्वेत फॉस्फोरस, चूहे मारने में श्वेत फॉस्फोरस, दवा बनाने में फॉस्फोरस ब्रांज बनाने में
प्रोड्यूसर गैस	भट्टी गर्म करने में सस्ते ईंधन के रूप में धातु निश्कशर्ण में
वाटर गैस	ईंधन के रूप में बेल्डिंग के कार्य में
कार्बन डाईऑक्साइड	सोडा वाटर बनाने में आग बुझाने में हार्ड स्टील के निर्माण में
कार्बन मोनोक्साइड	$COCl_2$ बनाने में जल गैस बनाने में
ग्रेफाइट	इलेक्ट्रोड बनाने में लोहे के बने पदार्थ पर पॉलिश करने में
हीरा	आभूषण-निर्माण में कांच काटने में
फिटकरी	जल को शुद्ध करने में औषधि निर्माण में चमड़े के उद्योग में कपडों की रंगाई में
एल्युमिनियम सल्फेट	कागज उद्योग में कपडों की छपाई में आग बुझाने में
मरक्यूरिक ऑक्साइड	मलहम बनाने में जहर के रूप में थर्मामीटर में सिन्दूर बनाने में अमलगम बनाने में
जिंक सल्फेट या उजला थोथा	आंखों के लिए लोशन बनाने में कैलिकों छपाई में चर्म उद्योग में
जिंक क्लोराइट	टैक्सटाइल उद्योग में कार्बनिक संश्लेषण में ताम्र, कांच आदि की सतहों को जोड़ने में

यौगिक	उपयोग
जिंक	बैटरी बनाने में हाइड्रोजन बनाने में
ब्लीचिंग पाउडर	कीटाणुनाशक के रूप में कागज तथा कपडों के विरंजन में
प्लास्टर ऑफ पेरिस	मूर्ति बनाने में शल्य-चिकित्सा में पट्टर बांधने में
कैल्शियम सल्फेट या जिप्सम	प्लास्टर ऑफ पेरिस बनाने में अमोनियम सल्फेट बनाने में सीमेंट उद्योग में
कैल्शियम कार्बोनेट	चूना बनाने में टूथपेस्ट बनाने में
अनाद्र मैग्नेशियम क्लोराइड	रूई की सजावट में
मैग्नीशियम कॉर्बोनेट	दन्तमंजन बनाने में दवा बनाने में जिप्सम लवण बनाने में
मैग्नीशियम	फ्लैट बल्ब बनाने में थर्माइट वेल्डिंग बनाने में
मैग्नीशियम ऑक्साइड	रबर पूरक के रूप में बायलरों के प्रयोग में
मैग्नीशियम हाइड्रोक्साइड	चीनी उद्योग में मोलासिस से चीनी तैयार करने में
कॉपर सल्फेट या नीला थोथा	कीटाणुनाशक के रूप में विद्युत सेलों में कॉपर के शुद्धिकरण में रंग बनाने में
क्यूप्रिक क्लोराइड	जल-शुद्धिकरण में धागे की रंगाई में
क्युप्रिक ऑक्साइड	ब्लू तथा ग्रीन ग्लास-निर्माण में पेट्रोलियम के शुद्धिकरण में
क्यूप्रस ऑक्साइड	लाल ग्लास के निर्माण में पेस्टिसाइड के रूप में
कॉपर	बिजली का तार बर्तन ब्रास तथा ब्रींज बनाने में
सोडियम नाइट्रेट	खाद के रूप में
सोडियम सल्फेट या ग्लोबर लवण	औषधि बनाने में सस्ता कांच बनाने में

(Continued)

यौगिक	उपयोग
सोडियम बाइकार्बोनेट	अग्निशामक बेकरी उद्योग में प्रतिकांकर के रूप में
सोडियम कार्बोनेट	ग्लास-निर्माण में कागज उद्योग में जल की कठोरता हटाने में
हाइड्रोजन परॉक्साइड	ऑक्सीकारक के रूप में

सीमेंट

सीमेंट एक अत्यधिक महीन चूर्ण होता है, जो पानी के साथ मिलने पर ठोस बन जाता है और कठोर रूप धारण कर लेता है। प्रारम्भिक मिस्त्रवासियों ने भवन निर्माण में प्रयोग किया जाने वाला एक ऐसा पदार्थ बनाया था जिसमें चूना, चिकनी मिट्टी या जिप्सम होता था और जो आधुनिक सीमेंट जैसा ही था। रोमवासियों ने भी चुने तथा ज्वालामुखी राख से सीमेंट तैयार किया, जिसका प्रयोग यूरोप में ईटों तथा पत्थरों को जोड़ने के लिए किया जाता था। सन् 1824 में एक ब्रिटिश इंजीनियर जोसपेई एस्पडीन ने चूना पत्थर तथा चिकनी मिट्टी से एक जोड़ने वाला ऐसा नया पदार्थ बनाया जो अधिक शक्तिशाली तथा जलरोधी था। उसने इसे पोर्टलैंड सीमेंट कहा, क्योंकि यह रंग में पोर्टलैंड के चूना पत्थर से मिलता-जुलता था। चूना पत्थर तथा चिकनी मिट्टी से सीमेंट बनानें के लिए चार मूल संघटकों-कैल्सियम कार्बोनेट (चूना पत्थर से) सिलिका ऐलुमिना तथा आयरन ऑक्साइड (चिकनी मिट्टी) की आवश्यकता होती है। पोर्टलैंड सीमेंट बनाने के लिए चूना-पत्थर तथा चिकनी मिट्टी को चूर्ण के रूप में पीसा जाता है। इसके पश्चात् इच्छित अनुपात में उन्हें मिलाकर घूर्णी भट्टी में उच्चताप पर गर्म किया जाता हैं। प्राप्त उत्पाद जिसे क्लिन्कर कहते हैं, को साधारण ताप पर ठण्डा कर लिया जाता है। क्लिन्कर की थोडी मात्रा में जिप्सम मिलाकर पीसा जाता है। यह पाउडर सीमेंट देर में जमता है। इसका उपयोग अधिक सुविधाजनक हो जाता है। परन्तु दरारों में भरने के अतिरिक्त यह बहुत ही कम प्रयोग किया जाता है। साधारणतया इसे किसी पूरक पदार्थ, जिसे एग्रीगेट कहते हैं, के साथ मिलाकर प्रयोग किया जाता है। जब इसे बजरी के साथ मिलाकर जमने दिया जाता है, तो यह कन्क्रीट बनाता है।

काँच (Glass)

साधारण काँच, सिलिका (SiO_2), सोडियम सिलिकेट (Na_2SiO_3) और कैल्सियम सिलिकेट का ठोस विलयन (मिश्रण) होता है। अन्य प्रकार के काँच भी विभिन्न सिलिकेटों के ठोस विलयन होते हैं। काँच,० अक्रिस्टलीग ठोस के रूप मे एक अतिशीतित द्रव है। इसलिए काँच की क्रिस्टलीय संरचना नहीं होती और न ही उसका कोई निश्चित गलनांक होता है। काँच का कोई निश्चित रासायनिक संघटन या सूत्र नहीं होता है, क्योंकि काँच मिश्रण है, यौगिक नहीं। साधारण काँच का औसत संघटन $Na_2SiO_2.CaSiO_3.4SiO_2$ होता है।

(ग) रंग देने वाले पदार्थ

- काँच में रंग देने के लिए अल्प मात्रा में धातुओं के यौगिक (रंगीन) मिलाये जाते हैं।

रंग देने वाला पदार्थ	काँच का रंग
1. कोबाल्ट ऑक्साइड	गहरा नीला
2. सोडियम क्रोमेट या फैरस ऑक्साइड	हरा रंग
3. सिलेनियम ऑक्साइड	नारंगी लाल
4. फैरिक लवण या सोडियम यूरेनेट	पीला रंग
5. गोल्ड क्लोराइड	पीला रंग
6. कैडमियम सल्फाइड	चटक लाल
7. क्यूप्रिक लवण	नीला

काँच का अनीलन

काँच की वस्तुओं को बनाने के बाद विशेष प्रकार की भट्ठियों में धीरे-धीरे ठंडा करते है। इस क्रिया को कांच का अनीलीकरण कहते हैं।

काँच के प्रकार

काँच कई प्रकार के होते हैं। कुछ मुख्य प्रकार के काँच निम्नलिखित हैं—

1. **मृदु काँच**—यह सोडा-चूना होता है। गर्म करने पर यह आसानी से कम ताप पर मृदु पड़ जाता हैं इसका उपयोग खिड़की के काँच, बोतल, परखनली व अन्य उपकरण बनाने में किया जाता है।
2. **कठोर काँच**—यह पोटाश-चूना काँच होता है। इसका नर्म होने का ताप मृदु काँच से अधिक होता है।
3. **फ्लिन्ट काँच**—यह सोडियम कार्बोनेट, पोटैशियम कार्बोनेट, लेड कार्बोनेट, बोरिक अम्ल और सिलिका से बनाया जाता है। इसका उपयोग प्रिज्म तथा प्रकाशिक तंत्रे के लेन्स बनाने में होता है।
4. **क्रुक्स काँच**—इस काँच में प्रतिक्रिया नहीं करने वाले धातुओं के ऑक्साइड होते हैं। इसका उपयोग चश्मों के लेन्स बनाने में किया जाता है।
5. **पाइरैक्स काँच**—यह मुख्यत: सोडियम और एल्यूमिनियम के बोरोसिलिकेट का मिश्रण होता है। इसका प्रसार गुणांक बहुत कम होता है। यह ताप के आकस्मिक परिवर्तन से टूटता नहीं है। प्रयोगशाला के उच्च कोटि के उपकरण बनाने में यह काँच प्रयुक्त होता है।
6. **पट्टिका काँच**—यह साधारण काँच से काफी मोटा होता है और इसका उपयोग दुकानों की खिड़कियों तथा दरवाजे बनाने में होता है।
7. **स्तरित काँच या गोलीरोधी काँच**—यह सुरक्षित काँच से भी अधिक प्रबल होता है। इसे सुरक्षित काँच की कई परतों को किसी पारदर्शी आसंजक द्वारा एक-दूसरे से जोड़कर बनाया जाता है। इस काँच को बनाने में जितनी अधिक परतों का प्रयोग किया जाता है, वह काँच उतना ही अधिक प्रबल होता हैं इस प्रकार के काँच के

पृष्ठ पर पड़ी दरार आसंजक परत पर समाप्त हो जाती है। और इसका फैलाव रुक जाता है। स्वरित काँच का उपयोग वायुयानों एवं कार के वात प्रतिरक्षी शीशों और गोलीरोधी पर्दों के निर्माण में किया जाता है।

8. **प्रकाशीय काँच**—यह विशेष विधियों द्वारा बनाया जाता है। ताकि इसमें किसी भी प्रकार की विकृति अथवा दोष न रहे। इस प्रकार के कांच का उपयोग चश्मा, सूक्ष्मदर्शी, दूरदर्शक कैमरों, प्रिज़्मों तथा अन्य प्रकाशिक यंत्रों के लेन्सों के निर्माण में होता है।
9. **तापरोधी काँच**—तापरोधी काँच का ऊष्मीय प्रसार गुणांक कम होता है। ऐसा सोडियम ऑक्साइड गालक हो बोरिक ऑक्साइड द्वारा और कुछ चूने को ऐलयना द्वारा विस्थापित करके किया जाता है। इस विधि द्वारा निर्मित काँच को बोरोसिलीकेट काँच कहते हैं। इसका गलनाँक उच्च होता है और यह ऊष्मा सहने की क्षमता रखता है। इस प्रकार का काँच प्रयोगशालाओं कारखानों, रसोईघरों तथा भट्टियों में किया जाता है।
10. **फोटोक्रोमैटिक काँच**—फोटोक्रोमैटिक काँच एक विशेष प्रकार का काँच होता है जो प्रकाश की उपस्थिति में अस्थायी रूप से गहरे रंग का हो जाता है। अत: धूप से बचने के लिए यह बहुत उपयोगी है। ऐसा काँच में उपस्थित सिल्वर आयोडाइड के लवण के कारण होता है।
11. **लैड क्रिस्टल काँच**—यह एक विशेष प्रकार का काँच होता है, जिसके निर्माण में लेड ऑक्साइड (PbO) का प्रयोग किया जाता है। लेड काँच का उच्च अपवर्तनांक है, जिसके कारण यह चमकता है। इसका उपयोग उत्तम कलात्मक वस्तुओं तथा काँच के महंगे उपकरणों के निर्माण में किया जाता है।

स्मरणीय तथ्य

- सर्वाधिक प्रतिक्रियाशील ठोस तत्व लीथियम है।
- सर्वाधिक प्रतिक्रियाशील तरल तत्व सीजियम है।
- सर्वाधिक प्रतिक्रियाशील गैसीय तत्व फ्लोरीन है।
- सर्वाधिक विद्युत ऋणात्मकता क्लोरीन है।
- सर्वाधिक आयनीकरण क्षमता हीलियम है।
- रेडियों सक्रियता प्रकृति वाला तरल तत्व फ्रेंसियम है।
- आवर्त सारणी में रेडियोसक्रिय तत्वों की कुल संख्या 25 है।
- d-Block के अस्थिर तत्व जिंक, कैडमियम, पारा हैं।
- वह तत्व जिसमें न्युट्रॉन नहीं होते $_1H^1$ होता है।
- पृथ्वी पर प्रचुर मात्रा में पाया जाने वाला तत्व ऑक्सीजन है।
- पृथ्वी का सर्वाधिक दुर्लभ तत्व एस्टेटीन है।
- पृथ्वी पर पाया जाने वाला प्रचुर मात्रा में धातु एलुमिनियम है।
- वह तत्व जिसमें (श्रृंखला बनाने की) की सर्वाधिक चेष्टा होती है कार्बन है।
- सर्वाधिक हल्का तत्व हाइड्रोजन है।
- प्राकृतिक रूप में सबसे भारी पाया जाने वाला तत्व U^{238} है।
- विद्युत का न्यूनतम सुचालक लेड (धातु), सल्फर (अधातु) है।
- Amphoteric अधातु तत्व सिलिकन है।
- अधातु जो देखने में धातु सदृश हैं आयोडीन, ग्रेफाइट।
- पदार्थ जो गर्म करने पर उर्ध्वपतित हो जाते हैं आयोडीन, कपुर, नैफ्थलीन, गंधक।
- प्लैटिनम, सोना अक्रिया धातु हैं।
- उच्च गलनांक एवं उच्च क्वथनांक वाला अधातु हीरा है।
- अत्यधिक फैलाव क्षमता वाला तत्व बेरॉन है।
- नाभिकीय संयंत्र में प्रशीतक D_2O (भारी जल) है।
- सबसे नवीन खोजा गया तत्व Hahnium (Ha, atomic no-105) Eka (Eka mercury atomic no. 112)।
- पानी में रखा जाने वाला तत्व पीला फॉस्फोरस है।
- किरोसिन तेल में रखा जाने वाला तत्व सोडियम, पोटैशियम, आयोडीन, सीजियम (Cs) है।
- शुष्क बर्फ ठोस कार्बन डाइऑक्साइड है।
- कृत्रिम विस्फोटक डायनामाइट है।
- रसायन विज्ञान में नोबेल पुरस्कार पाने वाले प्रथम वैज्ञानिक वांट होफ हैं।
- टींचर आयोडीन एल्कोहल में आयोडीन हैं।
- साधारणतया प्रयुक्त होने वाले ऑक्सीकारक H_2O_2, SO_2, SO_3, Cl_2, H_2SO_4, HNO_3
- ऑक्सीजन, सल्फर, फॉस्फोरस कुछ बहुआकृतिक तत्व हैं।
- साधारण ताप पर पारा, गेलियम और सीजियम धातुएं द्रव हैं और शेष धातुएं ठोस है।
- साधारण ताप पर अधातुएं में ब्रोमीन द्रव है तथा शेष अधातुएं ठोस या गैस है।
- धातुओं में सिल्वर सबसे अच्छा सुचालक और सीसा कुचालक होता है।
- कार्बन को छोड़कर अधातुएं नरम होती है।
- हीरा सभी प्राकृतिक वस्तुओं में सबसे अधिक कठोर होता है।

रसायन विज्ञान से सम्बन्धित खोजे

रसायन वैज्ञानिक	उनकी खोज
• नील्स बोर (Neals Bohr)	परमाणु मॉडल, आवर्त सारणी का विस्तृत स्वरूप
• बर्जेलियस (Burxelius)	कैटेलिसिस
• हेनरी बैकुरल (Henri Becquerrel)	रेडियोधर्मिता
• चैडविक (Chadwick)	न्यूट्रॉन की खोज
• डी ब्रॉगली (de Broglie)	इलेक्ट्रॉन की तरंग प्रकृति
• फैराडे (Faraday)	विद्युत अपघटन के सिद्धान्त
• मैडम क्यूरी एंड एफ जोलिऑट (Madam Curie and F. Joliot)	कृत्रिम रेडियो धर्मिता
• लिबी (Libby)	रेडियोधर्मी डेटिंग
• लारेन्स (Lawrence)	साइक्लोट्रॉन
• मेंडलिफ (Mendeleef)	आवर्त सारणी
• मिलिकन (Mulliken)	इलेक्ट्रॉन-आवेश
• मॉस्ले (Modley)	आधुनिक आवर्त सारणी
• ऑस्वाल्ड (Ostwald)	कमजोर विद्युत अपघटकों के नियम
• प्लैंक (Planck)	प्रकाश का तरंगीय सिद्धांत
• रदरफोर्ड (Ruther ford)	प्रोटॉन की खोज
• रोन्टजन (Roentzen)	एक्स-किरणों की खोज
• रेले-रामसे (Rayleigh-Ramsay)	आर्गन की खोज
• रामसे-ट्रेवर्स (Ramsay-Travers)	नियोन, क्रिप्टॉन एवं जेनॉन की खोज
• सोरेन्सन (Sorenson)	pH
• भाल्ज-हार्डले (Schulze-Hardly)	विद्युतीय अपघटन से जमाव
• थॉमसन (Thomson)	इलेक्ट्रॉन की खोज
• टिंडल (Tyndall)	ठोस कणों से प्रकाश का प्रकीर्णन
• यूकाबा (Yukawa)	मेसॉन की खोज

अम्ल, क्षार एवं लवण (Acid, Base & Salt)

- **अम्ल**—अम्ल वे पदार्थ हैं जिनमें हाइड्रोजन पाया जाता है एवं जलीय विलयन में वे हाइड्रोजन आयन उत्पन्न करते है। अम्ल साधारणतय: खट्टे फलों जैसे नीबू, इमली आदि में पायें जाते हैं। नीबू में साइट्रिक अम्ल व इमली में टारटैरिक अम्ल पाये जाते हैं।
- **क्षार**—क्षार वे पदार्थ हैं जिनमें हाइड्राक्सिल समूह पाया जाता है तथा जिनके जलीय विलयन में हाइड्राक्सिल आयन उपस्थित रहते है। क्षार लाल लिट्मस पेपर को नीला कर देते है। कास्टिक सोडा (सोडियम हाइड्राक्साइड) व कास्टिक पोटाश (पोटैशियम हाइड्राक्साइड) प्रमुख क्षार है।
- **लवण**—अम्लों व क्षारों की परस्पर क्रिया से लवण बनते है। साधारण नमक, जिसे सोडियम क्लोराइड कहते हैं, हाइड्रोक्लोरिक अम्ल व सोडियम हाइड्राक्साइड की परस्पर अभिक्रिया से बनता है।

अम्ल	प्राकृतिक स्रोत	उपयोग
सल्फ्यूरिक अम्ल	हराकसोस	पेट्रोलियम के शोधन में, कई प्रकार के विस्फोटक बनाने में, रंग व औषधियां बनाने में, संचायक बैटरियों में।
नाइट्रिक अम्ल	फिटकरी व शोरा	औषधियां, उर्वरक, बनाने में, फोटोग्राफी में, विस्फोटक पदार्थ बनाने में।
हाइड्रोक्लोरिक अम्ल		प्रयोगशाला में अभिकर्मक के रूप में, रंग व औषधि बनाने में अमलराज बनाने में।
एसीटिक अम्ल	फलों के रसो में, सुगन्धित तेलों में	विलायक के रूप में एसीटोन बनाने में व खट्टे खाद्य पदार्थ बनाने में।
फार्मिक अम्ल	लाल चीटियों में, बर्रो व बिच्छू में	जीवाणु नाशक के रूप में फलों को संरक्षित व रबर के स्कन्दन में, चमड़ा व्यवसाय में।
आक्जेलिक अम्ल	सारेल का वृक्ष	फोटोग्राफी में, कपडों की छपाई व रंगाई में, चमड़े के विरंजक के रूप में।
बेन्जोइक अम्ल	घास, पत्ते व मूत्र	दवा व खाद्य पदार्थों के संरक्षण के रूप में
साइट्रिक अम्ल	खट्टे फलों में	धातुओं को साफ करने में खाद्य पदार्थों व दवाओं के बनाने में व कपड़ा उद्योगों में।

pH मान—किसी विलयन की अम्लीयता या क्षारीयता को व्यक्त करने के लिए इस मापदंड या pH स्केल का उपयोग होता है। इससे जल एवं मिट्टी की उपयोगिता का पता चलता है। रक्त एवं पेशाब के pH मान में बदलाव से शरीर में रोगों का पता लग सकता है।

कुछ सामान्य पदार्थों के pH मान

पदार्थ	pH
उदासीन जल	7
अम्लीय विलयन	7 से कम
क्षारीय विलयन	7 से अधिक
सिरका	2.4–3.4
शराब	2.8–3.8
दूध	6.4–6.6
समुद्री जल	8.4
लार (मनुष्य का)	6.5–7.5
मूत्र (मनुष्य का)	4.8–8.4
रक्त (मनुष्य का)	7.4
नींबू	2.2–2.4

निर्देशक या सूचक (Indicator)

वैसा रासायनिक यौगिक जो अपने रंग में परिवर्तन लाकर यह सूचित करता है कि विलयन अम्लीय है या क्षारीय अथवा उदासीन, सूचक कहलाता है। इसकी अत्यंत अल्प मात्रा ही उदासीनीकरण अभिक्रिया में उपयोग की जाती है।

कार्बन तथा इसके यौगिक

कार्बन एक अधातु तत्व है, कार्बन परमाणु के चार संयोजी इलेक्ट्रॉनों के कारण यह आवश्यक है कि स्थायी संरचना की प्राप्ति हेतु या तो चार इलेक्ट्रॉन ग्रहण करे या चार इलेक्ट्रॉनों का त्याग करें। कार्बन सदैव अन्य तत्वों के साथ साझेदारी करके सहसंयोजक यौगिक बनाता है। कार्बन को Tetravalent भी कहते हैं। कार्बन में यह गुण पाया जाता है कि यह अपने यौगिकों में वलय या कई कड़ियां (Chains) बनाता है, कार्बन के इस गुण को Catenation कहते हैं। कार्बन एक अक्रिय तत्व है। अत: ये मुक्तावस्था एवं संयुक्तावस्था दोनों में पाया जाता है। संयुक्तावस्था में कार्बन विभिन्न रूप में पाये जाते हैं—

1. कार्बोनेट के रूप में (संगमरमर एवं डोलोमाइट)
2. पेट्रोलियम एवं प्राकृतिक गैस।
3. कार्बन यौगिक जैसे प्रोटीन एवं वसा के रूप में।
4. कार्बन-डाईऑक्साइड (हवा में) के रूप में।

सभी जीवों में कार्बन उपस्थित रहता है।

कार्बन के अपरूप (Allotrops of Carbon)

प्रकृति में शुद्ध कार्बन दो रूपों में पाया जाता है—हीरा एवं ग्रेफाइट के रूप में। जब हीरे तथा ग्रेफाइट को वायु में अत्यधिक गर्म करते हैं जो यह पूर्ण रूप से जल जाता है और कार्बन-डाईऑक्साइड बनाता हैं जब हीरे तथा ग्रेफाइट की समान मात्रा दहन की जाती है तब कार्बन-डाईऑक्साइड की बराबर मात्रा उत्पन्न होती है तथा कोई अवशेष नहीं बचता। यद्यपि हीरा तथा ग्रेफाइट रासायनिक रूप से एक समान हैं, परन्तु उनके भौतिक गुण बहुत ही भिन्न हैं। ऐसे गुणों को प्रदर्शित करने वाले तत्वों को अपरूप (Allotropy) कहते हैं।

1. **हीरा**—हीरा एक पारदर्शक पदार्थ है। हीरे के उच्च अपवर्तन गुणांक के कारण यह चमकीले एवं कीमती आभूषण तथा जेवरों को बनाने के काम में लाया जाता है। सबसे अधिक कठोर ज्ञात पदार्थ होने के कारण केवल हीरा ही एक ऐसा पदार्थ है, जो अन्य पदार्थों को पीसने तथा काटने के लिए प्रयुक्त होता है। इसका उपयोग पृथ्वी की चट्टानी परतों को वेधित करने हेतु भी किया जाता है।
2. **ग्रेफाइट**—ग्रेफाइट विद्युत का सुचालक होने के कारण शुष्क सेल तथा विद्युत आर्क में इलेक्ट्रोडों के रूप में उपयोग होता है। इसका उपयोग पेन्सिल तथा काले रंग का पेन्ट बनाने में भी होता है।
   C^{12} समस्थानिक की अर्ध-आयु 5770 वर्ष होती है, जिसका प्रयोग रेडियो एक्टिव डेटिंग में किया जाता है, जो पुरातत्व वस्तुओं की आयु जानने के प्रयोग में आता है।

कार्बन के उपयोग

कार्बन की अवस्था	उपयोग
1. हीरा (Diamond)	Gemstone, काटने में, पीसने में, पॉलिश में, उद्योग में, Drilling
2. ग्रेफाइट (Graphite)	स्टील उद्योग, पेन्सिल, तत्वों के विद्युत अपघटन में प्रयोग किए जाने वाले विद्युत अपघट्य के रूप में
3. कोक (Coke)	स्टील उद्योग, ईंधन
4. कार्बन ब्लैक (Carbon Black)	रबर उद्योग, स्याही में, पेंट तथा प्लास्टिक
5. सक्रिय कार्बन	चीनी उद्योग में रंग हटाने में, रसायनों के शोधन में, उत्प्रेरक ईधन, अपचायक

कार्बन डाई-ऑक्साइड

कार्बन डाई-ऑक्साइड एक रंगहीन, गंधहीन गैस है। वायुमण्डल में कार्बन डाई-ऑक्साइड आयतनानुसार 0.03 प्रतिशत पायी जाती है। इसका जलीय विलयन अम्लीय होता है। वायुमण्डलीय दाब पर यह—78°C ताप पर ठोस अवस्था में परिवर्तित हो जाती है, जिसे 'शुष्क बर्फ' कहते हैं। 'शुष्क बर्फ' का प्रयोग रेफ्रिजरेशन में किया जाता है। कार्बन डाई-ऑक्साइड उच्च दाब पर शीतल पेय पदार्थों के साथ बोतलों में भर दी जाती है। बोतल को खोलने पर यह झाग के रूप में निकलती है।

कार्बनिक यौगिक

कार्बन के परमाणु काफी बड़ी संख्या में एक-दूसरे के साथ सहसंयोजी आबंध द्वारा जुड़े रहते है। यही कारण है कि कार्बन के यौगिकों की बहुत संख्या होती है। मीथेन (CH_4), एथेन (C_2H_6), प्रोपेन (C_3H_6), ब्यूटेन (C_4H_{10}), पेन्टेन (C_5H_{12}), इथाइलीन (C_2H_4), एसीटिक अम्ल (CH_3COOH) एथिल एल्कोहल (C_2H_5OH) इत्यादि कार्बन के यौगिक हैं और ये बहुत से रासायनिक उद्योगों में काम आते हैं। इसके अलावा दवाईयां, फाइबर, सिन्थेटिक कॉटन, प्लास्टिक, रबर, लेदर इत्यादि भी कार्बनिक यौगिक से बनाये जाते है।

मानव जीवन में रसायन शास्त्र

मिथेन

यह एक रंगहीन, गंधहीन, व स्वादहीन गैस है। यह अधिकतर दलदली क्षेत्रों में पायी जाती है—जिसके कारण इसे मार्श गैस भी कहते हैं। यह गैस जल में अल्प विलेय है परन्तु एल्कोहल में अधिक विलेय है। इसका उपयोग मेथिल ऐल्कोहल, फार्मोल्डिहाइल व क्लोरोफार्म आदि के बनाने में किया जाता है। इसके अतिरिक्त काले रंग, मोटर टायर, छापे खाने की स्याही, पेंट, कार्बन छड़ें आदि बनाने में भी इसका प्रयोग किया जाता है। इसके सूंघने पर व्यक्ति मूर्छित हो जाता है। यह ईधर, एल्कोहल आदि में विलेय है। एथिलीन सल्फर मोनोक्लोराइड से क्रिया करके एक विषैला द्रव डाई-क्लोरो एथिल डाइ-सल्फाइड, जिसे मस्टर्ड गैस भी कहते हैं, बनाती है। एथिलीन बहुलकीकरण की रक्रया द्वारा प्लास्टिक बनाती है। इस गैस का उपयोग मुख्य रूप से कच्चे फलों को पकाने में किया जाता है।

ऐसेटिलीन (Acetylene)

ऐसेटिलीन की खोज अमेरिकी वैज्ञानिक विल्सन ने की थी। इस गैस का उपयोग मुख्यत—कपूर बनाने, प्रकाश उत्पन्न करने, कृत्रिम रबर बनाने, वेल्डिंग करने में, रेशमी कपड़े, एसीटिक अम्ल आदि बनाने में किया जाता है।

ईथर (Ether)

ईथर रंगहीन व सुगन्धित द्रव है। यह अत्यधिक वाष्पशील होता है। यह एल्कोहल में विलेय होता है। इसका प्रयोग निश्चेतक के रूप में, वसा, तेल आदि के विलायक के रूप में, ठण्डक पैदा करने के लिये, एल्कोहल बनाने आदि में किया जाता है। व्यावसायिक रूप में ईथर एल्कोहल को सान्द्र सल्फ्यूरिक अम्ल के साथ गर्म करके बनाया जाता है।

ऐथिल एल्कोहल (Ethyl Alcohol)

ऐथिल एल्कोहल एक रंगहीन द्रव है तथा अत्यधिक ज्वलनशील होता है। इसे पीने से शरीर में उत्तेजना उत्पन्न होती है, इसलिये इसे मादक द्रव के रूप में इस्तेमाल किया जाता है। ऐथिल एल्कोहल फलों व स्टार्चयुक्त अनाजों जैसे—जौ आदि में पाया जाता हैं औद्योगिक विधि में इसे किण्वन (Fermentation) विधि से बनाया जाता है। इसका प्रयोग शर्करा, सिरका व शराब बनाने में, मोटर व हवाई जहाज में ईंधन के रूप में, पारदर्शक साबुन बनाने में, इत्र व अन्य सुगन्धित पदार्थ बनाने में तथा विलायक के रूप में किया जाता है।

मेथिल एल्कोहल (Methyl Alcohol)

मेथिल एल्कोहल को सबसे पहले लकड़ी के भंजक आसवन के द्वारा बनाया गया था। यह लौंग के तेल व कई फलों में पाया जाता है। मेथिल एल्कोहल एक विषैला द्रव है व इसकी गन्ध शराब की तरह होती है। इसे पी लेने से व्यक्ति अंधा हो जाता है। आजकल देश के विभिन्न भागों में शराब पीने वालों की अधिकांश मृत्यु मेथिल एल्कोहल के ही कारण हो रही है। इसका उपयोग पेट्रोल के साथ मिलाकर ईंधन के रूप में, कृत्रिम रंग बनाने में, तथा वार्निश आदि के विलायक के रूप में किया जाता है।

ग्लूकोज़ (Glucose)

इसे अंगूर का शक्कर भी कहते हैं। यह अंगूरों, मीठे फलों व मूत्र में पाया जाता है। मधुमेह के रोगियों के मूत्र में इसकी मात्रा अधिक पायी जाती है। यह चाँदी, के लवण, अमोनियम सिल्वर नाइट्रेट के साथ मिलकर चाँदी की तरह सफेद पर्त बनाता है, जिसे चाँदी का दर्पण कहते हैं। इसका प्रयोग शराब बनाने में फलों को सुरक्षित रखने में, औषधि के रूप में तथा शक्तिवर्धक आदि के रूप में किया जाता है।

एनिलीन (Aniline)

यह तेल के समान द्रव है, जो कि अत्यन्त विषैला होता है। एल्कोहल, ईथर आदि में यह विलेय परन्तु जल में अविलेय होता हैं इसका उपयोग रबर बनाने में व विभिन्न प्रकार की औषधियों व रंगो आदि के बनाने में किया जाता है।

समावयवता (Isomerism)

कार्बन के परमाणु इतनी सुगमता से बन्ध बनाते हैं कि उनसे एक ही आण्विक सूत्र वाले प्रायः दो या दो-से-अधिक भिन्न यौगिक बनते है ऐसे यौगिक को समावयवी कहते हैं तथा इस घटना को समावयवत कहते हैं।

बहुलक (Polymer)

बहुलक उच्च अणु भार वाले, बड़े आकार के अणु हैं, जिनका हमारे दिनचर्या में बहुत महत्त्व है। ये कई छोटे-छोटे अणुओं से मिलकर बनते है। रचनात्मक रूप से कई आण्विक श्रृंखलाएं अथवा Cross-Linked Network के रूप में व्यवस्थित रहते है। इसके बीच के बन्ध बहुलक बनाने में प्रयुक्त हुई अभिक्रिया के प्रकार पर निर्भर करते हैं।

बहुलकीकरण (Polymerisation)

जब एक ही यौगिक के दो अथवा दो-से-अधिक अणु आपस में संयोग करके एक बड़ा अणु बनाते हैं, उसे बहुलक कहते हैं तथा यह क्रिया योगशील बहुलकीकरण कहलाती है। यदि यह अभिक्रिया संघनन में हो तो संघनन बहुलकीकरण होता है।

कुछ महत्वपूर्ण बहुलक

बहुलक	उपयोग
1. पॉलीथीन (Polythene)	विद्युतरोधक, पैकिंग घरेलू तथा प्रयोगशाला में
2. पॉलीस्टाइरीन (Polystyrene)	विद्युतरोधक, पैकिंग पदार्थ, खिलौने तथा घरेलू वस्तुएँ
3. पॉलीविनाइल क्लोराइड (Polyvinylchloride) (PVC)	रेनकोट, बैग, वाइनिल, फर्श, चमड़े के कपड़ें
4. टेफ्लोन (Teflon)	विद्युतरोधक, खाने के बर्तन
5. पॉलीएक्रिलोनाइट्राइल (Polyacrylonitrile) (Orlon)	संश्लेषित रेशो तथा संश्लेषित ऊन
6. स्थइरीन न्यूटाडाईन रबर (Styrene butadiene rubber)	ऑटोमोबाइल टायर तथा चप्पल
7. नाइट्राइल रबर (Nitrile rubber)	सील बनाने में, टैंक के अस्तर बनाने में
8. पॉलीईथल एक्राइलेट (Poly ethyl acrylate)	फिल्म बनाने, घर के पाइप तथा कपड़े बनाने में
9. टेरीलीन (Terylene)	रेशे, बेल्ट, तार तथा टैन्ट बनाने में
10. ग्लिपटल (Glyptal)	प्लास्टिक तथा पेंट में
11. नॉयलॉन-6 (Nylon-6)	रेशे, प्लास्टिक, टायर, रस्सी
12. नॉयलॉन-66 (Nylon-66)	ब्रश, संश्लेषित रेशे, पेराशूट, रस्सी तथा दरी
13. बेकेलाइट (Bakelite)	गेयर, सुरक्षा पार्ट तथा विद्युत उपकरण बनाने में
14. मैलामाइन फार्मल्डिहाइड रेसिन (Melamine Formaldehyde resin)	प्लास्टिक के बर्तन बनाने में

विस्फोटक (Explosives)

विस्फोटक ऐसे पदार्थ होते हैं, जिसके दहन से अत्यधिक ऊष्मा व तीव्र ध्वनि उत्पन्न होती है। उसे विस्फोटक कहते हैं। कुछ विस्फोटक निम्न है—

1. **टी.एन.टी. (T.N.T)**—T.N.T हल्का पीला क्रिस्टलीय ठोस पदार्थ है। यह टालूईन के साथ सान्द्र सल्फ्यूरिक अम्ल, सान्द्र नाइट्रिक अम्ल की क्रिया से बनाया जाता है। इसका सबसे अधिक उपयोग विस्फोटक के रूप में किया जाता हैं इसका पूरा नाम ट्राईनाइट्रो-टालूईन (T.N.T) है।
2. **डायनामाइट (Dynamite)**—1865 में अल्फ्रेड नोबेल ने डायनामाइट का आविष्कार किया था। आधुनिक डाइनामाइट में नाइट्रोग्सिरीन की जगह सोडियम नाइट्रेट का प्रयोग किया जाता है।
3. **आर.डी.एक्स. (R.D.X)**—इसका पूरा नाम रिसर्च डेवलपमेंट एक्स प्लोशिव है। इस (R.D.X) को सं.रा. अमेरिका में 'साइक्लोनाइट' जर्मनी में 'हेक्सोजन' तथा इटली में 'टी-4' के नाम से जाना जाता है। इसमें प्लास्टिक पदार्थ, जैसे—पॉलिब्यूटाइन, एक्रिलिक अम्ल, या पॉलियूरेथेन को मिला कर 'प्लास्टिक बान्डेड एक्सप्लोसिव' बनाया जाता है।
4. **ट्राइनाइट्रो ग्लिसरीन (T.N.G)**—ट्राई नाइट्रो ग्लिसरीन एक रंगहीन तैलीय द्रव है। यह डाइनामाइट बनाने के काम आता है।
5. **टाई-नाइट्रो फिनॉल (T.N.P)**—को पिकरिक अम्ल भी कहा जाता है। यह फीनाल व सान्द्र नाइट्रिक अम्ल की अभिक्रिया द्वारा बनाया जाता है। यह हल्का पीला, क्रिस्टलीय ठोस होता है, जो अत्यधिक विस्फोटक होता है।

औषधियाँ (Drugs)

रोगों के इलाज में काम आती है। प्रारम्भ में पेड़-पौधों, जीव-जन्तुओं से प्राप्त की जाती थी लेकिन जैसे—जैसे रसायन विज्ञान का विस्तार होता गया, नये-नये तत्वों की खोज हुई तथा उनसे नई-नई औषधियां कृत्रिम विधि से तैयार की गई। रसायन विधि में अधिकतर औषधियां कार्बनिक पदार्थों से तैयार की जाती है। एसीटिक एनहाइट्राइड से एस्प्रीन, यूरिया से वेरानल, बेन्जोइक अम्ल से सैकरीन व क्लोरमिन, फिनाल से फेनेसिटिन, ऐस्पिरिन, सैलोल, व सैलिसिलिक अम्ल आदि दवायें बनायी जाती है। कुछ प्रमुख औषधियों का वर्गीकरण निम्न है—

1. **एन्टीबायोटिक्स**—एन्टीबायोटिक्स औषधियां अत्यन्त सूक्ष्म जीवाणुओं मोल्डस, फन्जाई आदि से बनायी जाती है। ये औषधियां अन्य दूसरे प्रकार के जीवाणुओं को मारती है। व उनकी वृद्धि को रोकती है। अलेक्जेंडर फ्लेमिंग ने 1929 में पहली एन्टीबायोटिक औषधि पेन्सिलीन का आविष्कार किया जिसके द्वारा विशेष प्रकार के बैक्टीरिया को नष्ट किया जाता सकता था। पेनिसिलीन, टेट्रासाइक्लिन, सर्पेलोस्प्रन्स, स्ट्रेप्टोमाइलीन, जेन्टामाइसीन आदि प्रमुख एन्टीबायोटिक औषधियां है।
2. **पूर्तिरोधी**—ये औषधियां सूक्ष्म जीवाणुओं को मारने व उनकी वृद्धि रोकने में सहायक होती है। ये रक्त को दूषित होने से रोकने व घाव आदि भरने में विशेष रूप से प्रयुक्त की जाती है। सिरके तथा सिडार तेल का प्रयोग घावों आदि के ठीक करने में प्राचीन काल से होता आ रहा है। आधुनिक एन्टीसेप्टिक औषधियां तैयार करने

में सेमिलवीस, लिस्टर व कोच के नाम उल्लेखनीय है। आयोडीन, एथिल एल्कोहल, फिनॉल, हाइड्रोजन पराक्साइड आदि रोगाणु व कीटाणु नाशक के रूप में प्रयोग किये जाते है।

3. **एन्टीपायरेटिक्स**—एन्टीपायरेटिक्स का प्रयोग शरीर दर्द व बुखार उतारने में किया जाता है। एस्प्रीन, क्रोसीन, फिनेसिटिन, पायरोमिडीन आदि प्रमुख एन्टीपायरेटिक्स औषधियां है।
4. **निश्चेतक**—संवेदना को कम करने के लिये प्रयुक्त किये जाते है। निश्चितक का प्रयोग सबसे पहले विलियम मोरटन ने 1846 में डाई एथिल ईथर के रूप में किया। इसके पश्चात् 1847 में जेम्स सेम्पसन ने क्लोरोफार्म को निश्चेतक के रूप में प्रयोग किया। क्लोरोफार्म, पेन्टोथल सोडियम, हेलोथेन, ईथरनाइट्रस आक्साइड, ट्राईक्लोरो एथिलीन, डायजीपाम आदि निश्चेतक के रूप में प्रयोग किये जाते है।
5. **सल्फा ड्रग्स**—सल्फा औषधियों में मुख्य रूप में सल्फर व नाइट्रोजन पायी जाती है। सबसे पहली सल्फा औषधि सल्फानिलमाइड, 1908 में बनायी गई थी। ये दवायें कुछ जीवाणुओं के प्रति अत्यन्त प्रभावी होती है। कुछ सल्फा औषधियों का प्रयोग पशुओं के लिये भी किया जाता है।

ईंधन (Fuel)

वह पदार्थ, जिन्हें जलाकर ऊष्मा उत्पन्न की जाती है, उन पदार्थों को ईंधन कहते हैं। ईंधनों का सबसे महत्त्वपूर्ण वर्गीकरण उनकी भौतिक अवस्था के आधार पर होता है। भौतिक अवस्था के आधार पर तीन प्रकार के ईंधन होते हैं-ठोस ईंधन, द्रव, ईंधन तथा गैसीय ईंधन। इनके उदाहरण निम्नलिखित हैं—

1. **ठोस ईंधन**—लकड़ी, कोयला, कोक, चारकोल (काष्ठ कोयला या लकड़ी का कोयला) तथा पैराफिन-वैक्स (मोम), ठोस ईंधन है।
2. **द्रव ईंधन (तरल ईंधन)**—कौरोसीन (मिट्टी का तेल), पेट्रोल, डीजल, ऐल्कोहल तथा द्रवित हाइड्रोजन, द्रव ईंधन है या तरल ईंधन है।
3. **गैसीय ईंधन**—प्राकृतिक गैस, तरल पेट्रोलियम गैस, कोल गैस, जल गैस, प्रोड्यूसर गैस, बायो गैस (गोबर गैस), ऐस्टिलीन तथा हाइड्रोजन गैस, गैसीय ईंधन है।

द्रवित पैट्रोलियम गैस (LPG)

घरों में ईंधन के रूप में प्रयुक्त की जाने वाली द्रवित प्राकृतिक गैस को एल.पी.जी. कहते हैं। यह ब्यूटेन तथा प्रोपेन गैसों का मिश्रण होती है, जिसे उच्च दाब पर द्रवित कर सिलेण्डरों में भर लेते है।

गोबर गैस (Bio-Gas)

गीले गोबर के सड़ने पर ज्वलनशील मीथेन गैस बनती है, जो वायु की उपस्थिति में सुगमता से जलती है। गोबर गैस संयंत्र में गोबर से गैस बनाने के पश्चात् शेष रहे पदार्थ (स्लरी) का उपयोग कार्बनिक खाद के रूप में किया जाता है।

प्रोड्यूसर गैस (Producer Gas)

यह गैस लाल तप्त कोक पर वायु प्रवाहित करके बनाई जाती है। इसमें मुख्यत: कार्बन मोनोऑक्साइड ईंधन का काम करती है।

रॉकेट ईंधन (Rocket Fuel)

रॉकेट में उपयोग किये जाने वाले ईंधान को मोदक कहते हैं। यह नोदक ऑक्सीडाइजर के संयोग से बनता है। जैसे—तरलीय ऑक्सीजन, तरलीय फ्लोरीन, हाइड्रोजन पेराक्साइड और नाइट्रिक एसिड आदि सभी नोदकों को तीन वर्गों में रखा जाता है।

1. **तरलीय नोदक**—एल्कोहल, तरलीय हाइड्रोजन, तरलीय अमोनिया, केरोसीन तेल, हाइड्रोजन और बोरोन के हाइड्राइड का उपयोग तरलीय नोदक से अधिक शक्ति प्रदान करता है और इसका नियन्त्रण प्रवाह को नियंत्रित करके किया जाता है। मिथाइल नाइट्रेड, नाइट्रोमीथेन, हाइड्रोजन पेरोक्साइड आदि भी उपयोगी तरलीय नोदक है।
2. **ठोस नोदक**—ठोस ईंधन, जैसे—पॉली ब्यूटाडीन और एक्राइलिक अम्ल का उपयोग ऑक्सीडाइजर के साथ होता है। जैसे—एल्युमीनियम परक्लोरेटा, नाइट्रेट या क्लोरेट उच्च दहन तापक्रम होने के कारण मैग्नीशियम या एल्युमीनियम को भी ठोस ईंधन के रूप में उपयोग किया जाता है। इस तरह के नोदक को संयुक्त नोदक भी कहा जाता है।
3. **मिश्रित नोदक**—मिश्रित रॉकेट नोदक में ठोस ईंधन एवं तरलीय ऑक्सीडाइजर का उपयोग किया जाता है। इसमें N_2O_4 एक सामान्य संघटक है। विभिन्न राष्ट्रों द्वारा कुछ महत्त्वपूर्ण नोदक का उपयोग किया जाता है, जो निम्न है—

   रुस द्वारा प्रोटोन (Proton) नोदक का उपयोग किया जाता है, जो किरोसीन एवं तरलीय ऑक्सीजन से बना होता है। सैटर्न बुस्टर (अमेरिकन रॉकेट) में भी किरोसीन एवं ऑक्सीजन के संयोग से बना ईंधन उपयोग किया जाता है। एस.एल.वी.-3 और ए.एस.एल.वी. नामक भारतीय रॉकेट द्वारा प्रथम अवस्था में ठोस नोदक का उपयोग किया गया और तृतीय अवस्था में तरलीय नोदक का उपयोग किया गया है।

पेट्रोलियम (Petroleum)

यह एक गहरें रंग का गाढ़ा तेलीय द्रव है, जिसकी जैविक उत्पत्ति हुई है। यह माना जाता है कि समुद्री जीवों के उच्च दाब तथा उच्च ताप पर अपघटन से इसकी उत्पन्न हुई। पेट्रोलियम जमीन की निचली सतह में पत्थरों के बीच अथवा समुद्री सतह के बहुत नीचे पाया जाता है। पेट्रोलियम अथवा क्रूड तेल, सल्फर तथा नाइट्रोजन की कार्बनिक अशुद्धियों के साथ पाया जाता है।

तेल का शोधन (Purification of Oil)

पेट्रोलियम को विभिन्न प्रभाजों में जिनका क्वथांक भिन्न-भिन्न होता है, में बाँटने की प्रक्रिया को शोधन कहते हैं। सर्वप्रथम तेल को अम्लीय अथवा क्षारीय विलयों से धोया जाता है, जो इनमें उपस्थित अम्लीय अथवा क्षारीय अशुद्धियों पर निर्भर करता हैं घुले हुए तेल को 723 K ताप पर गर्म करके उसका प्रभाजी आसवन कराते हैं तथा भाप को प्रभाजी स्तम्भ से भेजते है। इस विधि से Crude Oil कई भागों में विभक्त हो जाता है।

पेट्रोलियम के प्रभाज

प्रभाज	क्वथन परिसर	उपयोग
1. गैसीय हाइड्रोकार्बन	303 तक	द्रवीकरण के पश्चात् ईंधन की तरह
2. क्रूड नेप्था	303–423	कार्बन ब्लैक वार्निश तथा रबर उद्योग में विलायक के रुप में, Dry Cleaning में। मोटर ईंधन के रूप में, Dry Cleaning. Dry Cleaning
• पेट्रोलियम ईंधर	303–363	
• पेट्रोल अथवा गैसोलीन	363–393	
• वेंजीन	393–423	
3. केरोसीन तेल	423–513	स्टोव ईंधन, तेल, गैस के निर्माण में, Illuminant
4. ईंधन तेल	513–623	डीजल, इन्जन में ईंधन के रूप में ट्रैक्टर गैसोलीन
• गैस तेल		
• डीजल तेल		
• Furnance तेल		
5. लुब्रोकेन्ट तेल	543 के ऊपर	पेंट तेल, ट्रान्सफार्मर तेल, लुब्रीकेशन, Sizing Paper

अपस्फोटन (Knocking)

एक आन्तरिक दहन इंजन में उत्पन्न होने वाली तेज ध्वनि को अपस्फोटन कहते हैं। अपस्फोटन को पेट्रोलियम में अपस्फोटनरोधी यौगिक मिलाकर कम किया जा सकता है, जैसे—टेट्राएथिल लेड।

लेड के जहरीले तथा अन्य पर्यावरण सम्बंधी समस्याओं के कारण टेट्राएथिल लेड का प्रयोग प्रतिबन्धित कर दिया गया है। पेट्रोलियम की क्वालिटी को बढ़ाने के लिए अन्य विधियों जैसे—एरोमेंटीकरण तथा समाक्यवीकरण का प्रोग किया जाता है तथा आइसो यौगिकों को जोड़ना भी लाभदायक सिद्ध हुआ है।

पेट्रोल की क्वालिटी (Quality of Petrol)

आक्टेन संख्या—आक्टेन संख्या वह पैमाना है, जो किसी आन्तरिक दहन इंजन में उपस्थित ईंधन की अपस्टोपन क्षमता का मापन करता है। दो शुद्ध हाइड्रोकार्बन हेप्टेन तथा आइसोएक्टेन सबसे अधिक मान्यता प्राप्त है। 'आक्टेन संख्या किसी आइसोआक्टेन तथा हेप्टेन के मिश्रण में उपस्थित आइसो आक्टेन का प्रतिशत बताता है।'

सभी ईंधनों की उत्तमता को उसकी आक्टेन संख्या से मापा जाता है, जो 0 से 10 तक होती है। किसी ईंधन की आक्टेन संख्या जितनी अधिक होगी वह उतना अच्छा ईंधन होगा। जैसे-गैसोलीन की आक्टेन संख्या 80 है, जबकि हवाई जहाज में उपयोग आने वाले ईंधन की क्षमता 100 या उससे अधिक होती है।

सीटेन संख्या (Cetane Number)

किसी डीजल की उत्तमता सीटेन संख्या पर निर्भर करती है। हेक्साडेकेन $C_{16}H_{34}$ को सीटेन भी कहते हैं। यह शीघ्र जलता है तथा इसकी Cetane की संख्या 100 होती है, जबकि 1-मेथिल नेप्थलीन जो धीरे-धीरे जलता है, की Cetane संख्या 0 होती है।

LPG and CNG

LPG (Liquified Petroleum Gas)—में तीन या चार कार्बन परमाणुओं वाले हाइड्रोकार्बन होते हैं। जैसे—प्रोपेन, प्रोपीन, आइसोब्यूटेन तथा कई ब्यूटीन, जिनमें कुछ मात्रा में ईथेन मिला होता है। LPG का मुख्य स्रोत वास्तविक गैसे है, जो पेट्रोलियम के शोधन तथा विस्फोटन से मिलती है।

CNG (Compressed Natural Gas)—वास्तविक गैस का संघनन करके बनाई जाती है। आजकल ज्यादातर वाहनों में CNG का प्रयोग किया जा रहा है। वास्तविक गैस की आक्टेन संख्या 130 है।

उर्वरक (Fertilisers)

कृषि में फसलों के अधिक उत्पादन व पौधों की वृद्धि के लिये, नाइट्रोजन, फास्फोरस, पोटैशियम, कैल्सियम आदि तत्वों की आवश्यकता होती है। पौधों इन तत्वों को भूमि से ग्रहण करते है। लेकिन धीरे-धीरे भूमि में इन तत्वों की कमी हो जाती है। इस कमी को पूरा करने के लिये कृत्रिम रूप से बनाये गये इन तत्वों के यौगिक उचित मात्रा में भूमि में मिलाये जाते है। कृत्रिम रूप से बनायें गये इन यौगिकों को ही उर्वरक कहते हैं। यदि तत्वों के इन यौगिकों को भूमि में न मिलाया जाए तो उसकी उत्पादकता कम हो जायेगी। उर्वरक कई प्रकार के होते हैं। इनका विवरण निम्न है—

1. **नाइट्रोजन के उर्वरक**—इन उर्वरकों में मुख्यत—नाइट्रोजन तत्व पाया जाता है। कुछ प्रमुख नाइट्रोजन यौगिक निम्न है—
   - **यूरिया (Urea)**—यूरिया में 46 प्रतिशत नाइट्रोजन की मात्रा पायी जाती है।
   - **अमोनियम सल्फेट**—इसमें नाइट्रोजन अमोनिया के रूप में उपस्थित रहती है तथा लगभग 25 प्रतिशत अमोनिया पायी

जाती है। यह आलूओं के लिये अच्छा उर्वरक है। इसका प्रयोग चूना रहित भूमि में नहीं किया जाता है।

- **कैल्सियम नाइट्रेड**—यह नाइट्रोजन का सबसे अच्छा उर्वरक है। बाजार में यह 'नार्वेजियन साल्टपीटर' के नाम से जाना जाता है।
- **कैल्सियम सायनामाइड**—इस उर्वरक का बुआई करने से पहले भूमि में छिड़काव किया जाता है। पौधों की वृद्धि के समय इस उर्वरक का प्रयोग पौधों के लिये लाभप्रद नहीं होता है।

2. **पोटैशियम के उर्वरक**—पोटैशियम क्लोराइड, पोटैशियम नाइट्रेट, पोटैशियम सल्फेट आदि पोटैशियम के कुछ प्रमुख उर्वरक है।
3. **फास्फोरस के उर्वरक**—सुपर फॉस्फेट ऑफ लाइम, फास्फेटी धातुमल, फास्फोरस के प्रमुख उर्वरक है। सुपर फास्फेट को हड्डियों को पीस कर बनाया जाता है।
4. **मिश्रित उर्वरक**—इस प्रकार के उर्वरकों में एक से अधिक तत्व पाये जाते हैं जैसे—अमोनियम फास्फेट, अमोनियम सुपर फास्फेट आदि।

नाइट्रोजन (Nitrogen)

नाइट्रोजन गैस की खोज रदरफोर्ड ने 1773 में की थी। यह एक रंगहीन गैस है। वायु में 79 प्रतिशत भाग नाइट्रोजन पाई जाती है। यह गैस जलने में सहायक नहीं है। जीव-जन्तुओं व वनस्पतियों में यह प्रोटीन के रूप में संचित रहती है। यह गैस श्वसन क्रिया में सहायक नहीं हैं जिससे नाइट्रोजन के वायुमण्डल में प्राणियों की मृत्यु हो सकती है। उद्योगों में इसका प्रयोग नाइट्रिक अम्ल व अमोनिया बनाने में किया जाता है।

नाइट्रोजन चक्र (Nitrogen Cycle)

नाइट्रोजन का सबसे बड़ा स्रोत वायुमण्डलीय नाइट्रोजन है लेकिन जीवधारी व वनस्पतियां सीधे वायुमण्डल से नाइट्रोजन प्राप्त नहीं कर पाते। जीवधारी नाइट्रोजन को पेड़-पौधों द्वारा प्रोटीन के रूप में प्राप्त करते हैं तथा पेड़ पौधे इसे मिट्टी में मिले हुये विभिन्न नाइट्रोजन लवणों से प्राप्त करते है। जीवधारियों व पेड़-पौधो को प्राप्त यह नाइट्रोजन वायुमण्डलीय नाइट्रोजन से ही विभिन्न यौगिकों, लवणों, अमोनिया, नाइट्रिक अम्ल आदि के रूप में प्राप्त होती है, लेकिन वायुमण्डल में नाइट्रोजन की मात्रा फिर भी स्थिर बनी रहती है। इसका कारण नाइट्रोजन चक्र है। जिसके द्वारा वायुमण्डल की नाइट्रोजन विभिन्न यौगिकों व लवणों के रूप में जीवधारियों तथा पेड़-पौधों द्वारा प्राप्त कर ली जाती है। यह नाइट्रोजन विभिन्न क्रियाओं द्वारा पुनः वायुमण्डल में पहुँच जाती है, जिससे वायुमण्डल में कुल नाइट्रोजन की मात्रा स्थिर रहती है।

अध्याय सार संग्रह

- लेवाशियर **(Lavoisier)** को रसायन विज्ञान का जन्मदाता कहा जाता है।
- रसायन विज्ञान का विकास सर्वप्रथम **मिश्र** देश से हुआ।
- रसायन विज्ञान के अन्तर्गत द्रव्य **(Matter)** के संघटन और उसके अति सूक्ष्म कणों की सरंचना का अध्ययन किया है। इसके अन्तर्गत द्रव्य के गुण, द्रव्यों में परस्पर संयोग के नियम, ऊष्मा आदि ऊर्जाओं का द्रव्य पर प्रभाव, यौगिकों का संश्लेषण, जटिल व मिश्रित पदार्थों से सरल व शुद्ध पदार्थ अलग करना आदि आता है। (Scratch)
- द्रव्य को कठोरता उसमें खरोंच (Scratch) की प्रतिरोधक क्षमता पर निर्भर करती है, जिसका **मापन मॉहस के कठोरता मापांक (Moh's Hardness Scale)** पर निर्भर करता है। मॉहस स्केल पर कुछ प्रमुख द्रव्यों की कठोरता निम्नवत है—द्रव्य (कठोरता)—हीरा (10), कोरण्डम (9), टोपाज (8), क्वाटर्ज (7), ग्रेफाइट (0.7)।
- **तत्व (Element)**, द्रव्य का वह भाग जो किसी भी ज्ञात भौतिक व रासायनिक विधि से, न तो, दो से अधिक द्रव्यों में विभाजित किया जा सकता है और न ही बनाया जा सकता है। जैसे—लोहा, ताँबा, सोना या गैसीय तत्व (ऑक्सीजन) आदि।
- पृथ्वी पर पाये जाने वाले प्रमुख तत्वों का प्रतिशत आरोही क्रम में है—ऑक्सीजन (49.9%), सिलिकान (26%), एल्युमीनियम (7.3%) आदि।
- सामान्य मानव शरीर में तत्वों की औसत मात्रा: ऑक्सीजन (65%), कार्बन (18%), हाइड्रोजन (10%) आदि।
- दो या दो से अधिक तत्वों के निश्चित अनुपात में मिलाने से **यौगिक प्राप्त** होते हैं, जो साधारण विधि से पुन: तत्वों में विभाजित किये जा सकते है। यौगिक के गुण इसके संघटक तत्वों के गुणों से पूर्णत: भिन्न होते हैं। यौगिक में उपस्थिति तत्वों का अनुपात सदैव एकसमान रहता है।
- जैसे—जल में H_2 व O_2, 2:1 के अनुपात में पाये जाते है। Eg—पानी, नमक, चीनी, एल्कोहल आदि।
- दो या दो से अधिक तत्वों को अनिश्चित अनुपात में मिलाने से **मिश्रण (Mixture)** प्राप्त होते हैं। मिश्रण में उपस्थित विभिन्न घटकों के गुण नही बदलते। Eg—दूध, बालू, चीनी, का जलीय विलयन।
- **मिश्रण** में उपस्थित घटकों को पृथक करने के लिये प्रयुक्त विधियाँ—1. क्रिस्टलन 2. आसवन **(Distillation)** 3. उर्ध्वपातन **(Sublimation)** 4. प्रभावी आसवन 5. वर्णलेखन **(Chromatography)** तथा भाप आसवन **(Steam Distillation)**
- **क्रिस्टलन विधि,** अकार्बनिक ठोसों के पृथक्करण व शुद्धिकरण के लिये प्रयुक्त होती है।
- **आसवन विधि** में उन द्रवों के मिश्रण को पृथक किया जाता है जिनके क्वथनांकों **(Boiling Points)** में अन्तर अधिक होता है। जबकि प्रभाजी आसवन **(Fractional Distillation)** के द्वारा उन मिश्रित द्रवों को पृथक करते है जिनके क्वथनांको में अन्तर बहुत कम होता है। कच्चे तेल से पेट्रोल, डीजल आदि इसी विधि द्वारा पृथक किये जाते है।
- **उर्ध्वपातन विधि** के द्वारा दो ऐसे ठोसो के मिश्रण को पृथक करते है जिसमें एक ठोस, ऊर्ध्वपातन **(Sublimate)** होता है, दूसरा नही। इस विधि के द्वारा कपूर, नेफ्थलीन, अमोनियम क्लोराइड़, बेन्जोइक अम्ल आदि पदार्थ शुद्ध किये जाते है।
- कुछ ठोस पदार्थ गर्म किये जाने पर, द्रव अवस्था में आने की बजाय सीधे वाष्प में बदल जाते है और वाष्प को ठण्डा किये जाने पर पुन: सीधे ठोस अवस्था में आ जाते हैं। ऐसे पदार्थ **ऊर्ध्वपातन (Sublimate)** कहलाते है। जैसे—कपूर, नेफ्थलीन आदि।
- **भाप आसवन** के द्वारा ऐसे कार्बनिक पदार्थो को शुद्ध करते हैं जो जल में अघुलनशील होते हैं। परन्तु भाप के साथ वाष्पशील होते हैं। जैसे—ऐसीटोन, मेथिल एल्कोहल आदि का शुद्धि करण इसी विधि के द्वारा किया जाता है।
- **कोलाइडी विलयन एक विषमांग तन्त्र** होता है। जब कोई ठोस पदार्थ द्रव में परिक्षेपित होकर **कोलाइड विलयन** बनाता है तो वह साल (Sol) कहलाता है।
- ऐसे विलयन जो चर्म पत्र अथवा जैविक झिल्ली में से होकर गमन नही कर सकते, जैसे—स्टार्च, गोंद, जिलेटिन आदि कोलाइड विलयन कहते हैं।
- धुंआ (Smoke) वायु में कार्बन और अन्य कणों का कोलाइडी विलयन होता है।
- कोलाइडी विलयन में विलेय के कणों का आकार 10^{-4} से.मी. से 10^{-18} से.मी. तक होता है, इससे छोटे आकार के कणों वाले विलयन, वास्तविक विलयन और इससे बड़े आकार के कणों वाले विलयन, निलम्बन कहलाते हैं।
- जब किसी कोलाइडी विलयन में किसी विद्युत अपघट्य का विलयन थोड़ी मात्रा में मिलाया जाता है। तो कोलाइडी कण परस्पर संयुक्त होकर अवक्षेप बना कहते हैं। इस क्रिया को **स्कन्दन (Coagulation)** कहते हैं।
- नदियों के जल में मिट्टी व रेत का घोल कोलाइडी होता है। जब नदी समुद्र के खारे पानी से मिलती है तो खारा पानी जिसमें NaCl होता है, इसका स्कन्दन कर देता है। और **डेल्टा (Delta)** का निर्माण हो जाता है।
- जब कोई द्रव किसी ठोस में परिपेक्षित होकर कोलाइडी विलयन बनाता है तो वह जेल (Gel) कहलाता है। जैसे—जेली, पनीर, मक्खन आदि।

- जब एक द्रव दूसरे अमिश्रणीय द्रव में परिक्षेपित होकर कोलाइडी विलयन बनाता है तो वह पायस (Emulsion) कहलाता है। जैसे— दूध, काडलीवर आयल।
- कोलाइडी विलयनों में प्रकाश के प्रकीर्णन को टिण्डल प्रभाव (Thindal Effect) कहते हैं।
- **कोहरा**, बादल, गैस व द्रव का कोलाइडी विलयन है।
- द्रव्य के गतिज आणविक सिद्धान्त के अनुसार द्रव्य (ठोस, द्रव, गैस) छोटे-छोटे कणों से मिलकर बना होता है, इन्हें **अणु (Molecule)** कहते हैं।
- **परमाणु (Atom)**, तत्व का वह छोटे से छोटा कण है जो किसी भी रासायनिक अभिक्रिया में भाग ले सकता है। परन्तु स्वतन्त्र अवस्था में नही रह सकता।
- इलेक्ट्रॉन की खोज **जे.जे. टामसन** ने 1897 में की।
- इलेक्ट्रॉन के आवेश का अविष्कार **मिलिकन** ने किया था।
- एनोड किरणों के प्रयोग के समय प्रोट्रान की खोज हुई **खोज** करने वाले वैज्ञानिक **इ. गोल्डस्टीन** थे। और **रदरफोर्ड** ने परमाणु नाभिक की खोज की थी।
- कैथोड किरणों के प्रयोग के समय **इलेक्ट्रॉन** की खोज हुई।
- न्यूट्रॉन की खोज **चैडविक** ने सन् 1932 में की थी।
- परमाणु मुख्यतः तीन कणों से मिलकर बने होते हैं—प्रोट्रान, न्यूट्रॉन और इलेक्ट्रॉन। प्रोटॉन का आवेश + 1 होता है, न्यूट्रॉन आवेश रहित जबकि इलेक्ट्रॉन का आवेश - 1 होता है।
- परमाणु मे उपस्थित सभी कणों में न्यूट्रॉन पाया जाता है। नाभिक के बाहर न्यूट्रॉन रेडियोधर्मी हो जाता है।
- **विधुत धारा** का निर्माण गतिशील इलेक्ट्रॉन करते है।
- **इलेक्ट्रॉन का अनिश्चितता** सिद्धान्त, **हाइजेन वर्ग** ने प्रतिपादित किया था।
- समान परमाणु संख्या परन्तु भिन्न-भिन्न परमाणु भार के तत्व, **समस्थानिक (Isotopes)** कहलाते है। जैसे—हाइड्रोजन ($_1H^1$), ड्यूटेरियम ($_1H^2$) व ट्राइटियम ($_1H^3$)
- तत्व जिनके परमाणु द्रव्यमान समान, परन्तु परमाणु क्रमांक भिन्न होते हैं **समभारिक (Isobars)** कहलाते है। जैसे—आर्गन ($_{18}Ar^{40}$), पोटैशियम ($_{19}K^{40}$) व कैल्शियम ($_{20}Ca^{40}$)।
- तत्व जिनके नाभिक में न्यूट्रॉनों की संख्या समान परन्तु प्रोट्रानों की संख्या भिन्न हो, समन्युट्रानिक (Isotones) कहलाते है। जैसे—$_6C^{13}$ व $_7Mv^{14}$ समन्युट्रानिक है क्योकि न्यूट्रॉनों की संख्या समान है।
- परमाणु अणु या आयन जिसमें इलेक्ट्रॉनों की संख्या समान हो, **समइलेक्ट्रानिक (Isoelectronics)** कहलाते है। जैसे—N_2 (7+7 = 14e), Co (6+8 = 14 e), Cn^- (6+8 = 14 e^-)
- पाऊली **के अपवर्जन** के नियम के अनुसार दिए गये परमाणु में किन्ही भी दो इलेक्ट्रॉनों के लिए चारों क्वाण्टम संख्याओं का मान समान नही हो सकता है।
- हुण्ड के **अधिकतम बहुलता के नियम** के अनुसार, इलेक्ट्रान्स तब तक युग्मित नही होते जब तक रिक्त कक्षक प्राप्त (Available) है अर्थात् जब तक सम्भव है इलेक्ट्रान्स अयुग्मित रहते है।
- इलेक्ट्रान्स का प्रतिकरण **पाजिट्रान** है।
- केवल हाइड्रोजन परमाणु ही ऐसा परमाणु है जिसके नाभिक में न्युट्रान नही होता है।
- केवल हाइड्रोजन एक ऐसा तत्व है जिसके सभी समस्थानिकों को अलग-अलग नाम दिए गये है। (प्रोटियम, डयूटीरियम व ट्राइटियम)।
- **अल्फा (α) कण** हीलियम नाभिक के समकक्ष होता है।
- **बीटा कण** (β) इलेक्ट्रॉन के समकक्ष होता है।
- **पोलोनियम (Po)** के सर्वाधिक समस्थानिक (27) होते हैं।
- **द्रव्यमान संख्या (Mass Number)** किसी तत्व के परमाणु के नाभिक में उपस्थित प्रोटानों व न्यूट्रॉनों की संख्याओं का योग द्रव्यमान संख्या कहलाती है। इसे ' ।' से प्रदर्शित करते है।
- किसी तत्व का **परमाणु भार** वह संख्या है जो प्रदर्शित करती है कि तत्व का एक परमाणु (Atomic Height) कार्बन परमाणु के द्रव्यमान के 1/12 भाग से कितना गुना भारी है।

$$\text{परमाणु भार} = \frac{\text{तत्व के परमाणु का द्रव्यमान}}{\text{कार्बन परमाणु के द्रव्यमान का बारहवाँ भाग}}$$

- **परमाणु क्रमांक** की खोज **'मोजले'** ने की थी, जो किसी तत्व के परमाणु में उपस्थित प्रोटानों तथा इलेक्ट्रॉनों की संख्या के बराबर होती है।
- परमाणु की त्रिज्या का मात्रक फर्मी (Fermi) होता है।
- इलेक्ट्रॉन, तरंग तथा कण दोनो के गुण प्रदर्शित करता है।
- इलेक्ट्रॉन पर आवेश 1.6×10^{-19} कलॉम होता है।
- **पाजिट्रान (Positron)** खोज 1932 में एण्डरसन ने की यह एक धनावेशित मूल कण है जिसका द्रव्यमान व आवेश इलेक्ट्रॉन के बराबर होता है। इसे इलेक्ट्रॉन का एण्टीकण (Antiparticle) भी कहते हैं।
- **न्युट्रिनो (Neutrino)** खोज 1930 में **पाउली (Pauli)** ने की ये द्रव्यमान व आवेश रहित मूल कण है।
- **पाई मेंसान (π Meso)**, खोज 1935 में युकसवा **(Yuksua)** ने की। ये कण दो प्रकार के होते हैं। धनात्मक पाई मेसान व ऋणात्मक पाई मैसान। ये अस्थायी कण है जिनका जीवन काल 10-8 सेकण्ड व द्रव्यमान इलेक्ट्रॉन के द्रव्यमान का 274 गुना होता है।
- **फोटॉन (Photon)**, ये ऊर्जा के बण्डल है जो प्रकाश की चाल से चलते है। सभी प्रकार की विद्युत चुम्बकीय किरणों का निर्माण इन्ही मूल कणों से होता है। इनका विराम द्रव्यमान (Rest Mass) शून्य होता है।
- यौगिक जिनके अणुसूत्र समान होते हैं, परन्तु संरचनात्मक सूत्र भिन्न-भिन्न होते हैं, **समावयवी (Isometrics)** कहलाते हैं। जैसे— एथिल एल्कोहल व डाइमेथिल ईथर एक दूसरे के समावयवी हैं।

- जब एक ही तत्व भिन्न-भिन्न रूपों में पाया जाता है तो ये रूप उस तत्व के अपरूप कहलाते हैं तथा इस गुण को **अपरूपता** कहते हैं। जैसे—हीरा व ग्रेफाइट कार्बन के दो अपरूप हैं।
- किसी पदार्थ की वह माला, जिसमें उस पदार्थ के 6.023×10^{23} कण होते हैं, पदार्थ का एक मोल (Mole), कहलाता है।
- किसी तत्व के एक मोल मे स्थित परमाणुओं की संख्या 6.023×10^{23} होती है। इस संख्या को आवोगाद्रो (Avogadro's number) संख्या कहते हैं।
- किसी भी परमाणु की बाह्यतम कक्षा के इलेक्ट्रॉन **संयोजी इलेक्ट्रॉन (Valence Electron)** और भीतरी कक्षाओं के इलेक्ट्रॉन, **कोर इलेक्ट्रॉन (Core Electron)** कहलाते हैं। जैसे—सोडियम (Na^{11}) में, Na^{11}—2, 8, 1, जिसमें 1 संयोजी व बाकी दस (2, 8) कोर इलेक्ट्रॉन हैं।
- संयोजी इलेक्ट्रॉनों में अधिक ऊर्जा होने के कारण ये रासायनिक अभिक्रिया में भाग लेते हैं। ये इलेक्ट्रॉन ही उस तत्व की संयोजकता को प्रदर्शित करते हैं।
- जब परमाणु आपस में संयोग करके अणु बनाते हैं तो इस प्रक्रिया में एक से अधिक इलेक्ट्रॉनों का स्थानान्तरण एक परमाणु से दूसरे परमाणु में होता है जिसके परिणाम स्वरूप परमाणु अपने समीपस्थ निष्क्रिय गैसों (Inert Gases) के इलेक्ट्रानिक विन्यास को प्राप्त कर लेते हैं। इलेक्ट्रॉन त्यागने वाले परमाणु पर धनावेश तथा इलेक्ट्रॉन ग्रहण करने वाले परमाणु पर ऋणावेश उत्पन्न हो जाता है। इस प्रकार आवेशित परमाणुओं को आयन (Ion) कहा जाता है। विपरीत आवेश वाले आयन आपस में वैद्युत आकर्षण बल द्वारा एक दूसरे से बँधे रहते है। परमाणुओं के इस प्रकार संयोग करने की विधि को वैद्युत संयोजकता का सिद्धान्त कहते हैं तथा उनके बीच स्थापित बन्ध को वैद्युत संयोजी बन्ध अथवा आयनिक बन्ध कहा जाता है।
- यौगिक जिनका संयोजन एक परमाणु से दूसरे परमाणु में इलेक्ट्रॉनों के स्थानान्तरण के फलस्वरूप होता है वैद्युत संयोजी यौगिक (Electrovalent Compound) या आयनिक यौगिक (Ionic Compounds) कहे जाते हैं। जैसे—NaCl.
- दो परमाणुओं के संयुक्त होने का वह प्रक्रम, जिसमें इलेक्ट्रॉनों की पारस्परिक साझेदारी होती है, **सह संयोजकता (Co-valency)** कहलाती है। परमाणुओं के बीच में जितने इलेक्ट्रॉन युग्म होते हैं, उनमें उतने ही बन्ध स्थापित होते हैं। जैसे—क्लोरीन के परमाणुओं के मध्य **एकाकी बन्ध (Single Bond)**, ऑक्सीजन के परमाणुओं के मध्य **द्विबन्ध (Double Bond)** आदि, सहसंयोजक यौगिक में किसी तत्व की सहसंयोजकता का संख्यात्मक मान तत्व के परमाणुओं द्वारा साझीकृत इलेक्ट्रॉन युग्मों की संख्या है। इस प्रकार क्लोरीन व ऑक्सीजन की सहसंयोजकता क्रमशः 2 तथा 3 है।
- सहसंयोजकता में सहभाजित इलेक्ट्रॉन युग्म की रचना के लिये प्रत्येक संयोजी परमाणु का एक-एक इलेक्ट्रॉन भाग लेता है। परन्तु कुछ अणु ऐसे है जिसमें सहभाजित इलेक्ट्रॉन युग्म का सहभाजन दोनों परमाणुओं में से किसी एक ही परमाणु द्वारा दिया जाता है, पर इलेक्ट्रॉन युग्म का सहभाजन दोनों परमाणुओं के बीच होता है। इस प्रकार के बन्ध को **उपसह** संयोजक **(Co-Ordinate Bond)** कहते हैं।

  इस बन्ध रचना में इलेक्ट्रॉन युग्म प्रदान करने वाले परमाणु को दाता (Donor) तथा ग्रहण करने वाले परमाणु को ग्राही (Acceptor) कहा जाता है। उदहरण—अमोनियम आयन (NH_4^+) का बनना।
- **संयोजकता का इलेक्ट्रानिक सिद्धान्त (Electronic Theory of Valency)** के अनुसार प्रत्येक तत्व के परमाणु की यह प्रवृत्ति होती है कि वह अपनी बाह्य कक्षा में आठ इलेक्ट्रॉन पूरा करके स्थायी अवस्था प्राप्त कर ले। यदि परमाणु की बाहरी कक्षा में इलेक्ट्रॉनों की संख्या 8 से कम होती है तो यह उतने ही इलेक्ट्रॉनों को प्राप्त कर अपना अष्टक पूर्ण करना चाहता है और ऐसे तत्वो की **संयोजकता ऋणात्मक** होती है और यदि तत्व के बाहरी कक्षा में इलेक्ट्रॉनों की संख्या 8 से अधिक है तो यह परमाणु अधिक इलेक्ट्रॉनों को त्याग कर अपना अष्टक पूर्ण करता है, ऐसे तत्वों की **संयोजकता धनात्मक** होती है।

  जिन तत्वों के परमाणुओं की बाह्य कक्षा में आठ इलेक्ट्रॉन नही होते, उनके परमाणु ही रासायनिक क्रिया में भाग लेते है तथा क्रियाशील होते हैं। इसके विपरीत जिन तत्वों के परमाणुओं की बाह्य कक्षा में आठ इलेक्ट्रॉन होते हैं, उनके परमाणु क्रिया होते हैं तथा रासायनिक क्रिया में भाग नही लेते।
- प्रकृति में 6 गैसों के परमाणु अक्रिय होते हैं इनमें हीलियम को छोडकर सभी के परमाणुओं की बाह्य कक्षा में आठ इलेक्ट्रॉन होते हैं। ये गैसे अक्रिय गैसे (Noble or Inert Gases) कहलती है।
- अक्रिय गैसें आवर्त सारणी के शून्य वर्ग में अवस्थित हैं—हीलियम, निआन, आर्गन, क्रिप्टान, जीनॉन तथा रेडान।
- हीलियम और आर्गन जल में विलेय हैं अतः अल्प मात्रा में ये नदियों, समुद्रो तथा वर्षा के जल में भी पायी जाती है।
- रेडान प्रकृति में नही पायी जाती। यह उच्च रेडियोएक्टिव गैस है, जिसका उपयोग रेडियोधर्मी अनुसंधानों तथा कैंसर की शल्य क्रिया रहित उपचार में होता है।
- हीलियम की खोज फ्रेकलैण्ड व लाकियर ने की, यह हाइड्रोजन को छोड़कर अन्य समस्त गैसों से हल्की है। अज्वलमशील होने के कारण हीलियम वायुयान के टायरों एवं गुब्बारों के भरने में प्रयुक्त होती है।
- समुद्री गोताखोरों को और अस्थमा (Asthma) के उपचार में हीलियम तथा ऑक्सीजन का मिश्रण श्वास लेने के लिए दिया जाता है।
- हीलियम तापमापी, निम्न तापमिति में उपयोग में लायें जाते है।
- हीलियम का उपयोग खाद्य-पदार्थों की सुरक्षा हेतु भी किया जाता है।
- निआन (Neon), निआन का उपयोग विज्ञापनों, विद्युत संकेतों, साइनबोर्डो तथा समुद्री प्रकाश स्तम्भ में होता है। निआन का तीक्ष्ण प्रकाश कोहरे एवं तुफानों में भी दूर से दिखता है।
- फ्लोरेसेन्ट ट्यूब में मरक्युरिक आक्साइड व निआन गैंस का मिश्रण भरा जाता है।
- आर्गन की खोज रैमजे ने की, यह कम ताप चालकता, निष्क्रिय प्रकृति के कारण प्रकाश बल्बों व तापदीप्ति लैपों में भरने के काम में आती है।

- क्रिप्टॉन का उपयोग प्रतिदीप्ति विसर्जन लैम्पों में तथा कास्मिक किरणों के मापन हेतु आयनीकृत चैम्बर में किया जाता है।
- तत्वों को वर्गीकृत करने का प्रथम प्रयास रुसी वैज्ञानिक **मेन्डलीफ (Mendlief)** द्वारा 1869 में किया गया। जो कि परमाणु भार पर आधारित आवर्त सारणी थी। इनके अनुसार, तत्वों के भौतिक एवं रासायनिक गुण उनके परमाणु भारों के आवर्तकाल होते हैं।
- आधुनिक आवर्तसारणी परमाणु क्रमांक के आधार पर **मोस्ले (Moseley)** द्वारा प्रस्तुत की गयी, जिसमें तत्व परमाणु क्रमांक के आधार पर अवस्थित किये गये।
- आवर्त सारणी की क्षैतिज पंक्तियाँ (Horizontal Rows) को **आवर्त (Periods)** तथा खड़ी पक्तियाँ (Vertical Rows), **वर्ग (Group)** कहलाती है।
- **आवर्त की संख्या** तत्व के सबसे बाहरी कक्षा की इलेक्ट्रॉन संख्या को प्रदर्शित करती है। आवर्त उन तत्वों के साथ शुरू होता है जिनके परमाणु के बाहरी कक्षा में एक इलेक्ट्रॉन होता है। और आवर्त शून्य वर्ग के तत्वों के साथ समाप्त होते हैं जिनके परमाणुओं की बाह्य कक्षा पूर्णतया भरी हुई होती है।
- प्रथम आवर्त से अन्तिम आवर्त तक धातु से अधातु पारगमन (Transition) होता दिखायी देता है।
- प्रत्येक वर्ग के तत्वों का बाह्य इलेक्ट्रानिक विन्यास (Outer Electronic Configuration) समान होता है अर्थात एक वर्ग के सभी तत्वों की विशेषताएं समान होती है।
- **18 वर्ग** ग्रुप सं. 1, 2, 3, 4, 5, 6, 7, 8 और जीरो वर्ग के द्वारा निर्मित होते हैं। इनमें ग्रुप 1 से ग्रुप 7, A और B उपवर्गो (Subgroups) में विभाजित होते हैं।
- वर्ग 1 B, 7B और 8 में **संक्रामक तत्व (Transition Elements)** रखे गये है।
- वर्ग-जीरों, जो कि आर्वत सारणी में सबसे दाहिनी किनारे पर होता है, में उच्च या अक्रिय गैसें रखी गयी है।
- सोडियम (Na), मैग्नीशियम (Mg), पोटैशियम (K), कैल्शियम (Ca) और बेरियम (Ba) के अविष्कारक **एच०डेवी० (H.Deuy)** हैं।
- आर्गन (Ar), क्रिप्टान (Cr) और जिनान (Xn) की खोज, **रैमजे और ट्रेवर्स** ने की।
- ज़िरकोनियम (Zr) तथा यूरेनियम (U) की खोज **क्लैप्रोथ (जर्मनी)** ने की।
- सिलिकॉन (Si) तथा थोरियम (Th) की खोज **जे.जे. बर्जीलियस** ने की।
- हाइड्रोजन की खोज **एच. कैवेण्डिस** ने की।
- ऑक्सीजन की खोज **शीले व** प्रीस्टले ने की।
- नाइट्रोजन की खोज **रदरफोंड** ने की।
- ऐसे तत्व जिनमें धातु एवं अधातु दोनों के गुण पाये जाते हैं **उपधातु** (Semi metals / Metalloids) कहलाते हैं।
- उपधातुओं के उदाहरण हैं—जर्मेनीयम, सिलिकॉन।
- धातुयें ऊष्मा एवं विद्युत की सुचालक, अघातवर्ध्य व तन्य और ठोस (अपवाद-पारा) होती है। धातुएं क्षारीय आक्साइड बनाती है।
- अधातुयें ऊष्मा एवं विद्युत की कुचालक (ग्रेफाइड को छोड़कर) सामान्यत: मंगुर व ठोस द्रव्य व गैस—तीनों रूपों में पायी जाती हैं। अधातुएं अम्लीय अथवा उदासीन आक्साइड बनाती है।
- धातुएं अधिकांशत: ठोस होती है, (द्रव धातु हैं—पारा, गेलियम)।
- **सबसे कठोर धातु** प्लैटिनम है एवं सर्वाधिक ऊष्मा चालक धातु चांदी है।
- **रणनीतिक धातु (Strategic Metal)** टाइटेनियम **ज़िरकोनियम** को कहा जाता है, जिसका उपयोग अतरिक्षयान में वायुयान के इंजन में, सेना के उपकरणों, रिएक्टरों व रासायनिक उद्योगों में किया जाता है। टाइटेनियम संक्षारण का प्रतिरोधक और उच्च गलनांक वाला होता है।
- सर्वाधिक **विद्युत चालक अधातु** ग्रेफाइट है।
- एस्टैटीन ठोस **अधातुओं में सबसे भारी तत्व** है। **सबसे भारी धातु ओसमियम (Os) है।**
- लीथियम सबसे **हल्का धात्विक तत्व** है। लीथियम **सबसे प्रबल अपचायक** भी है।
- रेडान **गैसीय तत्वों में सबसे भारी तत्व** है।
- सर्वाधिक **वैद्युत ऋणात्मक** तत्व क्लोरीन है।
- सर्वाधिक **वैद्युत धनात्मक** तत्व फ्रैन्शयम है।
- **उच्चतम इलेक्ट्रॉन बन्धुता** वाला **तत्व** क्लोरीन होता है।
- प्लेटिनम को **सफेद स्वर्ण (White Gold)** कहते हैं।
- पेट्रोल को **द्रव स्वर्ण (Liquid Gold)** कहते हैं।
- मरकरी को **क्विक सिल्वर (Quick Silver)** कहते हैं।
- आयरन सल्फाइड को **झूठा सोना (False Gold)** कहा जाता है।
- कैल्शियम आक्साइड, को **क्विक लाइम (Quick Lime)** कहा जाता है।
- **मिश्र धातु** में कम से कम एक तत्व धातु अवश्य होती है। मिश्र धातुओं के भौतिक गुण उनके शुद्ध घटक धातुओं के गुणों से भिन्न होते हैं।
- वह मिश्र धातु जिसमें एक अवयव पारा अवश्य होता है, **अमलगम** कहलाता है।
- **कासा**, ताबें व टिन की मिश्र धातु है।
- **पीतल**, ताबां और जस्ता (70% + 30%) की मिश्र धातु है।
- **जर्मन सिल्वर**, तांबा (50%), जस्ता (35%), और निकिल (15%) की मिश्र धातु हैं।
- सोना और प्लेटिनम (Gold And Platinum) **नोबेल धातुयें (Nobel Metals)** कहलाते हैं। ये प्रकृति में मुक्त अवस्था (शुद्ध) में पाये जाते है।
- लीथियम, बैरीलियम, स्ट्रान्शियम, **Rare Metals (दुर्लभ धातुयें)** कहलाती है।

(Continued)

- क्रोमियम, जिंक, निकिल व टिन को **संरक्षित धातुयें (Protective Metals)** कहा जाता है। क्योकि दूसरी धातुओं को इनके लेपन से खरोंच युक्त बनाया जाता है।
- सोडियम, पोटैशियम, **हल्की धातुयें (Light Metals)** है।
- यूरेनियम, रेडियम, थोरियम, **रेडियोसक्रिय धातुयें (Radioactive Metals)** है।
- स्वतन्त्र अवस्था (शुद्ध) सोना मुलायम, बहुत तन्य (Ductile) तथा Malleable (धातु का वह गुण, जिसके कारण उसे पतली चादरों के रूप में परिवर्तित किया जा सकता है जैसे—मिठाइयों पर चढ़ा चांदी का वर्क) होता है अत: इसके जेवरात बनाने के लिये, इसमें चाँदी व काँपर मिलाया जाता हैं, जिससे यह कठोर हो जायें।
- जेवरात में सोने की मात्रा **कैरेट (Carat / Karat)** से प्रदर्शित करते हैं। कैरेट सोने की मिश्र धातु में उपस्थित 24 भाग सोने की मात्रा हैं। अर्थात शुद्ध सोने का कैरेट मान 24 होता है। जैसे-जैसे सोने में धातु मिश्रित की जाती है, इसका कैरेट मान कम होता जाता है।
- काँपर, निकिल, जिंक का उपयोग आजकल सिक्के बनाने में किया जाता है अत: इन्हे **सिक्का धातुयें (Coinage Metals)** कहा जाता है।
- एल्युमीनियम, चाँदी, सोना काफी Malleable धातुयें हैं, इन्हे आसनी से पतली से पतली चादरों में पिटकर बदला जा सकता है। मिठाइयों पर लगा चाँदी का वर्क तथा भोज्य पदार्थो, दवा, चाकलेट्स आदि के ऊपर लिपटा एल्युमीनियम वर्क (Foil) चाँदी और एल्युमीनियम की Malleability के ही कारण सम्भव है।
- **सीमेण्ट (Cement)** में कैल्शियम आक्साइड, सिलिकाँन डाइआक्साइड, एल्युमीनियम आक्साइड और अल्प मात्रा में आयरन आक्साइड होते हैं।
- जब सीमेण्ट में पानी मिला दिया जाता है। तो सीमेण्ट के पदार्थ आपस में क्रिया करके **कैलिशयम** और **एल्युमीनियम सिलिकेटस** का मिश्रण बनाते हैं जिसे **कांक्रीट (Concrete)** कहते हैं।
- **सिक्का धातु** में 75% कॉपर व 25% निकिल होता हैं।
- **टांका (सोल्डर)**, टिन (67%) व सीसा (33%) की मिश्र धातु है।
- **वेल्डिंग** करने में ऑक्सीजन व ऐसीटिलीन गैस का मिश्रण प्रयोग किया जाता है।
- एक खनिज को **अयस्क** तब कहा जाता है जब उससे धातु फायदेपूर्ण (व्यापारिक) बनाई जा सकती हो। इसीलिए सभी अयस्क खनिज होते हैं।
- खनिज अयस्क सामान्यतः मृदा अशुद्धियों जैसे—रेत, चट्टानों तथा चूने के पत्थर आदि से जुड़ा होता है। जो गैंग या मैट्रिक्स कहलाती है।
- प्रमुख धातुओं के अयस्क—

धातु	**अयस्क**
A. सोडियम	1. सोडियम क्लोराइड (Common Salt), सोडियम कार्बोनैट (Soda Ash), सोडियम नाइट्रेड (Chile Nitre), सुहागा (Borex), सोडियम सल्फेट (Glauber Salt)
B. पोटैशियम	2. पोटैशियम क्लोराइड (Kcl), पोटैशियम कार्बोनेट, पोटैशियम नाइट्रेड (Nitre/ Saltpeter).
C. कैल्शियम	3. कैल्शियम कार्बोनेट (Chalk, Calcite, Iceland, Spar, Limestone, Marble)
D. मैग्नीशियम	4. मैग्नेसाइट, होलोमाइट, कार्लेलाइट, ऐप्सम साल्ट
E. एल्युमीनियम	5. बाक्साइट, क्रयोलाइट, कोरनडम, डागस्पोर
F. टिन	6. कैसिटेराइट, टिनस्टोन
G. सीसा (Lead)	7. गैलेना, सीस्साइट
H. पारा (Mercury)	8. सिनेबार
I. ताँबा	9. कैल्कोपाइराइड, कैल्कोसाइट, क्युप्राइट, मैलेकाइट, ऐजुराइट
J. जस्ता	10. ज़िंक ब्लैण्ड, फ्रैंकलिनाइट, कैलामीन, जिंकाइट
K. मैगनीज	11. पाहरोलुसाइट, मैगनाइट
L. लोहा	12. मैग्नेटाइट (Load stone or magnetic oxide of iron), हेमेटाइट (रेड हेमेटाइट /ब्राउन हेमेटाइट), लाइमोनाइट, सिडेराइट (Spathic iron), कैल्कोपाइराइट ($CuFeS_2$)
M. चाँदी	13. नेटिव सिल्वर, अर्जेन्टाइट (Silver glance), केरार्जीराइट (Horn silver)

- ऐसे पदार्थ जो जलीय विलयन में हाइड्रोजन आयन (H^+) प्रदान करें या ऐसे पदार्थ जो एक जोड़ें इलेक्ट्रॉन को ग्रहण करें, अम्ल हैं। जैसे— Hcl, H_2 So_4, HNo_3 आदि।
- पदार्थ जिनमें हाइड्राक्सिल समूह पाया जाता है, तथा जिनके जलीय विलयन में हाइड्राक्सिल आयन (OH) उपस्थित रहते है या ऐसे पदार्थ

जो प्रोटान ग्रहण करें या एक जोड़े इलेक्ट्रॉन को प्रदान करें, क्षार कहलाते हैं। जैसे—NaOH, KOH, $Ca(OH)_2$ आदि।

- **अधातु के आक्साइड** अम्लीय गुण दिखाते हैं यद्यपि उनमें H^+ आयन नही होते हैं। जैसे—SO_2, CO_2, SO_3 आदि।
- धातु के आक्साइड क्षारीय गुण दिखाते हैं। यद्यपि उनमें OH—नही होते हैं। जैसे—K_2O, Na_2O, FeO आदि।
- अम्ल और क्षार के बीच अभिक्रिया के उपरान्त यदि अम्ल के हाइड्रोजन का विस्थापन हो जाता है तो लवण (Salt) का निर्माण होता है। जैसे—$HCl + NaOH = NaCl + H_2O$
- अम्ल नीले लिटमस पत्र को लाल कर देता है तथा क्षार लाल लिटमस पत्र को नीला कर देता है।
- pH—मूल्य एक संख्या होती है जो पदार्थों की अम्लीयता या क्षारयीता को प्रदर्शित करती है। इसका मान हाइड्रोजन आयन (H^+) के सान्द्रण के व्युत्क्रम के लधुगणक के बराबर होता है।

$$pH = \log \frac{1}{[H^+]} \quad ¾ \ \& \ \log [H^+]$$

pH का मान 0 से 14 के बीच होता है। जिन विलयनों के pH का मान 7 से कम होता है, वे अम्लीय होते हैं तथा जिनका मान 7 से अधिक होता है, वे क्षारीय होते हैं।

- pH Scale की खोज **सोरेन्सन** ने की।

पदार्थ	pH मान	पदार्थ	pH मान
शुद्ध जल	7	लार (मनुष्य)	6.5 – 7.5
सिरका	2.5–3.4	मूत्र	4.8 – 8.4 (अम्लीय)
शराब	2.8–3.8	रक्त	7.4 (क्षारीय)
दूध	6.4–6.6	नीबू	2.2 – 2.4
समुद्री जल	8.4		

- जल एक अम्ल तथा क्षार दोनों की तरह कार्य करता है क्योंकि यह प्रोटॉन दे सकता है तथा प्रोटॉन ग्रहण कर सकता है।
- पेट की अम्लीयता को दूर करने के लिए **प्राव अम्ल (Antacid)** के रूप में ऐल्यूमिनियम हाइड्राक्साइड ($Al(OH)_3$) का प्रयोग किया जाता है।
- भाप, अंगार गैस, हाइड्रोजन तथा कार्बन मोनो आक्साइड गैसों का मिश्रण होती है। इसका उपयोग पेण्ट बनाने में किया जाता है।
- प्रोड्यूसर गैस में मुख्यतः नाइट्रोजन व कार्बन मोनो आक्साइड का मिश्रण है। इसमें 60% नाइट्रोजन, 30% CO व शेष CO_2 व मीथेन गैस होती है। इसका प्रयोग ईधन तथा काँच व इस्पात बनाने में किया जाता है।
- कोल गैस में 54% H_2, 35% NH_4, 11% CO, 5% हाइड्रोकार्बन व 3% CO_2 आदि गैसों का मिश्रण होता है। कोयले के भंजक आसवन के द्वारा विर्मित्त, यह रंगहीन व विशेष गन्ध वाली गैस है जो वायु के साथ विस्फोटक मिश्रण बनाती है।
- मेथिल आइसो साइनेट को मिक (MIC) गैस कहते हैं, यह अत्यन्त विषैली गैस है।
- **वाटर गैस**, कार्बन मोनो आक्साइड व हाइड्रोजन गैसों का मिश्रण। इस गैस से बहुत अधिक ऊष्मा की प्राप्त होती है। इसका प्रयोग अपचायक के रूप में एल्कोहल, हाइड्रोजन आदि के औद्योगिक निर्माण में होता है।
- **मार्श गैस**—मीथेन होती है जो कि कोयले की खान व दलदली स्थानों से निकलती है।
- **अश्रु गैस (Tear Gas)** के रूप में अल्फा क्लोरो एसिटोफीनोल व ऐक्रोलीन प्रयुक्त की जाती है।
- हसाने वाली गैस **(Laughing Gas)**, N_2O होती है।
- **फॉस्फीन गैस** का उपयोग समुद्री यात्रा में होम्स सिग्नल देने में किया जाता है।
- बेल्डिग करने में O_2 व **एसीटिलीन गैस** के मिश्रण का प्रयोग किया जाता है।
- **गोबर गैस** का प्रमुख अवयव मीथेन होती है।
- मस्टर्ड गैस एक जहरीली गैस है जिसका रासायनिक सूत्र $CH_2Cl–S–CH_2–CH_2Cl$ (डाइक्लोरो डाइएथिल सल्फाइड) होता है।
- घरों में ईधन के रूप में प्रयुक्त की जाने वाली दूषित प्राकृतिक गैस को **एल.पी.जी.** कहते हैं यह ब्यूटेन तथा प्रोपेन आदि गैसों का मिश्रण होती है। इसका मुख्य अवयव ब्यूटेन व आइसो ब्यूटेन हैं।
- **सी.एन.जी.** अर्थात **सम्पीड़ित प्राकृतिक गैस (Compressed Natural Gas–CNG)** एक प्रकार की हाइड्रोकार्बन मिश्रत गैस है। इसमें 80–90% मात्रा मीथेन गैस की होती है। इसका प्रयोग वाहनों में ईंधन के रूप में होता है। इसे प्राकृतिक गैस भी कहते हैं। वाहनों में प्रयोग के लिए इसे 200 से 250 किग्रा प्रति वर्ग सेटीमीटर तक दबाया या संपीड़ित किया जाता है। यह पर्यावरण मित्र गैस है।
- एथिलीन गैस का उपयोग कच्चे फलों को पकाने में किया जाता है। (Ethaphon–Brandnams)
- **क्लैथरेट (Clathret)** वस्तुतः जल के अणुओं में व्याप्त मीथेन गैस है। यह अत्यन्त ज्वलनशील गैस है जो कि 35ºC तापमान पर भी पिघलती नही है। वैज्ञानिकों का मत है कि भविष्य में यह विश्व का एकमात्र ईंधन होगा।
- **हाइड्रोजन पराक्साइड** का प्रयोग रेशम, ऊन तथा हाथी दांतो के विरंजन में किया जाता है।
- हाइड्रोजन पराक्साइड के तनु विलयन का प्रयोग कीटाणुनाशक के रूप में दांत, कान, घाव आदि धोने में किया जाता है।

- पुराने तैल चित्रों को चमकदार बनाने के लिए **हाइड्रोजन पराक्साइड** का प्रयोग किया जाता है।
- **सोडियम हाइड्रॉक्साइड** का प्रयोग सूती कपड़ों में चमक पैदा करने में भी किया जाता है।
- नाइट्रोजन की खोज **डेनियल रदरफोंड** ने तथा अमोनिया की खोज **हैबर** ने की थी।
- ऑक्सीजन की खोज **प्रीस्टले** ने तथा फास्फोरस की खोज **ब्रांड ने की।**
- क्लोरीन की खोज **शीले ने** तथा ओजोन की खोज **स्कोनबेन** ने की।
- **रसायनों का राजा**—सल्फ्युरिक अम्ल को कहा जाता है।
- सल्फ्युरिक अम्ल को आयल ऑफ **vitriol (Oil of vitriol)** कहते हैं।
- सर्वाधिक वैद्युत ऋणात्मक तत्व **फ्लोरीन** है।
- सर्वाधिक वैद्युत धनात्मक तत्व **फ्रैसियम** है।
- मानव निर्मित **प्रथम तत्व पोलोनियम** है।
- **मतदाताओं** की उंगलियों पर लगाई जाने वाली **स्याही** सिल्वर नाइट्रेट ($AgNO_3$) से बनती है।
- **लाल दवा** पोटैशियम परमैगनेट को कहते हैं।
- ठोस कार्बनडाइ आक्साइड **शुष्क बर्फ** कहलाती है क्योकि यह बिना द्रवित हुये वाष्पित हो जाती है।
- माचिस उद्योग में **लाल फास्फोरस** का प्रयोग किया जाता है, क्योंकि यह विषैला नही होता है।
- पराबैंगनी किरणों को **'क्रुक्स काँच'** के द्वारा रोका जा सकता है। क्रुक्स काँच सीरीयम आक्साइड से युक्त विशेष प्रकार का प्राकृतिक काँच है, जो आँखों के लिए हानिकारक अल्ट्रावायलेट (UV) किरणों को रोक देता है।
- **मेथिल अल्कोहल** (CH_3OH), को वुड अल्कोहल, वुड नेफ्था या वुड स्पिरिट भी कहते हैं।
- 100% एथिल अल्कोहल को **एबसोल्यूट (Absolute) अल्कोहल** कहते हैं।
- **शराब (Wine)** में लगभग 12% एथिल अल्कोहल होता है। एथिल अल्कोहल को **Spirit of Wine** भी कहते हैं।
- **बीयर** में लगभग 4% एथिल अल्कोहल होता है।
- व्हिस्की और ब्रान्डी में 40-50% एथिल अल्कोहल होता है।
- मेथिलेटेड **स्प्रिरिट या डिनेचर्ड स्पिरिट** में 4% मेथिल अल्कोहल, सूक्ष्म मात्रा में एसीटोन या पिरिडीन एवं कुछ काँपर सल्फेट होता है।
- **रेक्टिफाइड स्प्ररिट** में 95.6% एथिल अल्कोहल तथा 4.4% जल होता है। इसे **कमर्शिअल् अल्कोहल** भी कहते हैं।
- बैंजीन, पेट्रोल और एथिल अल्कोहल के मिश्रण को पावर **अल्कोहल** कहते हैं।
- भूपरत में सबसे कम मात्रा में पाया जाने वाला तत्व **एस्टैटीन** है।
- भूपरत में सबसे अधिक मात्रा में पाया जाने वाला तत्व **ऑक्सीजन (O_2)** है।
- वायुमण्डल में सर्वाधिक मात्रा में पाया जाने वाला तत्व नाइट्रोजन हैं।
- पृथ्वी की सतह में सबसे अधिक पाई जाने वाली धातु **एल्युमीनियम** है। पृथ्वी की सतह में प्रचुरता से पाई जाने वाली दूसरी धातु लोहा या आयरन है। यह रक्त की लाल रुधिर कणिकाओं में भी पाया जाता हैं।
- **ढलवाँ या कच्चा लोहा (Cast or pig iron) लोहा** का सबसे अशुद्ध रूप है। इसमें कार्बन का अधिकतम 2.5-5% तक होता है।
- **पिटवाँ लोहा या अघातवर्ध्य** लोहा ऑक्सीजन से अभिक्रिया करके लौह आक्साइड जंग (Rust) ($Fe_2O_3 . X H_2O$) में परिवर्तित हो जाता है। इस अभिक्रिया के 'दौरान लोहे के साथ O_2 की मात्रा भी जुड़ जाती है जिससे लोहे का भार बढ़ जाता है।
- तिजोरियां, **मैंग्नीज़ इस्पात** से बनाई जाती है।
- दर्पण के रजतीकरण में **सिल्वर नाइट्रेट** का उपयोग होता है।
- **विद्युत खंभे** ढ़लवा लोहे से बनाए जाते हैं।
- **स्प्रिंग** बनाने में क्रोमवेनेडियम इस्पात नामक मिश्र धातु का प्रयोग होता है।
- **विस्फोटक** वे पदार्थ हैं जो दहन पर अत्यधिक ऊष्मा व तीव्र ध्वनि उत्पन्न करते हैं।
- **टी.एन.टी. (Trinitrotoluene)**, हल्का पीला क्रिस्टलीय ठोस विस्फोटक है, जो टाल्वीन ($C_6H_5.CH_3$) के साथ सान्द्र सल्फ्युरिक अम्ल व सान्द्र नाइट्रिक अम्ल की क्रिया से बनाया जाता है।
- **टी.एन.जी. (Trinitroglycerin)**, रंगहीन, तैलीय द्रव है जो डायनामाइट के बनाने के काम में आता है। इसकी खोज अल्फ्रेड नोबेल ने की थी इसे 'नोबेल का तेल' (Noble's oil) भी कहते हैं।
- **आर.डी.एक्स. (Research department explosive)**, इसका रासायनिक नाम साइक्लोट्राई मेथलीन ट्राईनाइट्रोमाइन है। इसे 'प्लास्टिक विस्फोटक' भी कहा जाता है। इसे SA में 'साइक्लोनाइट', जर्मनी में 'हेक्सोजन' तथा इटली में 'टी-4' के नाम से जाना जाता है। इस विस्फोटक की खोज 1899 में जर्मनी के हंसहंनिग ने की थी।
- **डायनामाइट** का अविष्कार **अल्फ्रेड नोबेल** ने 1863 में किया था। **आधुनिक डायनामाइट** में नाइट्रग्लिसरीन की जगह **सोडियम** नाइट्रेड का प्रयोग किया जाता है।
- **गन पाउडर** (आधुनिक विस्फोटक) की खोज, रोजर बेकन ने 1242 में की।
- **PETN** एक अति संवेदनशील विस्फोटक है। रासायनिक नाम—(Pentaerythritol tetranitrate)
- **PETN** की विस्फोटक गति 8,300 मी. प्रति सेकण्ड है, आर.डी.एक्स. की विस्फोटक गति 8,180 मी. प्रति सेकण्ड है जबकि टी.एन.टी. की विस्फोटक गति 6,900 मी. प्रति सेकण्ड है।

- **पी.एल.एक्स. (Picatinny liquid explosive)**, अत्यन्त खतरनाक विस्फोटक है। इसका निर्माण नाइट्रो मीथेन और एथलीन डाइयोमाइन के संयोग से होता है। रंगहीन व गंधहीन इस खतरनाक विस्फोटक का **प्रयोग आत्मघाती दस्ते द्वारा** किया जाता है।
- **गन कॉटन (Gun cotton)**—रुई अथवा लकड़ी के रेसो पर सान्द्र नाइट्रिक अम्ल की अभिक्रिया पहाड़ों को तोड़ने तथा युद्ध में किया जाता है।
- **नान स्टिक कुंकिग बर्तन बनाने में** 'Teflon' प्रयोग किया जाता है। जो कि Tetrafluroethylene इकाइयों का Polymer है।
- **बहुलक (Polymer), पॉली स्टाइरीन** का उपयोग रेडियो व टेलीविजन कैबिनेट बनाने में तथा बोतलों की टोपियों को बनाने में किया जाता है।
- **पी.वी.सी. (Polyvinyl chloride)**, विनाइल क्लोराइड मोनोमर का बहुलक है। इसका उपयोग बरसाती, सीट कवर, पतली चादर तथा बिजली के तार बनाने में किया जाता है।
- **पॉलीथीन,** एथलीन मोनोमर के द्वारा निर्मित होती है जिसका उपयोग मैलियां ट्यूब, पैकिंग साम्रगी बनाने में किया जाता है। असंतृप्त हाइड्रोकार्बन जैसे—एथलीन, प्रोपलीन आदि बहुलीकरण की क्रिया के पश्चात् जो उच्च बहुलक बनाते हैं। उसे **प्लास्टिक** कहते हैं।

अध्याय 3

भौतिक विज्ञान

इस अध्याय में आप सीखेंगे किः

- प्रमुख भौतिक राशियां, उनके मानक, मात्रक की उपयोगिता क्यों है।
- बल विज्ञान के क्या सिद्धान्त हैं और इनके क्या अनुप्रयोग हैं।
- यांत्रिक विज्ञान, आधुनिक विज्ञान को कैसे गतिशील और प्रभावी बनाता है।
- ध्वनि क्या है, इसके प्रकार और इसके क्या-क्या अभिलक्षण हैं।
- ध्वनि के सिद्धान्त और व्यावहारिक जीवन में इनके अनुप्रयोग क्या हैं।
- ऊष्मा और ऊष्मा गतिकी में क्या अन्तर है।
- ऊष्मा का प्रभाव संचरण और इसके अनुप्रयोग का व्यावहारिक जीवन में क्या महत्व है।
- प्रकाश क्या है। प्रकाश के प्रमुख सिद्धान्त कौन-कौन से हैं।
- लैन्स क्या है, उसकी उपयोगिता क्यों है।
- विद्युत ऊर्जा और चुम्बकीय ऊर्जा में क्या अन्तर है।
- विद्युत के मूल-भूत सिद्धान्त और उनके अनुप्रयोग कौन-कौन से हैं।
- चुम्बकत्व एवं स्थिर विद्युत के नियम और सिद्धान्त कौन-कौन से हैं।
- तरंग के प्रकार और सिद्धान्त कौन-कौन से हैं तथा इनके अभिलक्षण।
- नाभिकीय भौतिकी के मूलभूत अवधारणाएँ और सिद्धान्त कौन-कौन से हैं।
- ऊर्जा का महत्व, उसके क्षेत्र, उसका स्रोत और इसके सिद्धान्त कौन-कौन से हैं।

मात्रक एवं माप

- प्रत्येक राशि की माप के लिए उसी राशि का कोई मानक मान लिया जाता है इस मानक को 'मात्रक' कहते हैं।
- मात्रक दो प्रकार के होते हैं—

  1. मूल मात्रक
  2. व्युत्पन्न मात्रक
- मूल मात्रक वे मात्रक हैं जिनको आपस में बदला अथवा सम्बन्धित नहीं किया जा सकता है।
- वे सभी मात्रक जो मूल मात्रकों की सहायता से व्यक्त किये जा सकते हैं व्युत्पन्न मात्रक कहलाते हैं।

- **मापने की अन्तर्राष्ट्रीय मात्रक पद्धति में मूल मात्रक निम्न हैं—**

भौतिक राशि	मूल मात्रक	संकेत
लम्बाई	मीटर	m
द्रव्यमान	किलोग्राम	kg
समय	सेकेंण्ड	sec
ताप	केल्विन	K
विद्युत धारा	ऐम्पियर	A
ज्योति तीव्रता	कैण्डला	cd
पदार्थ की मात्रा	मोल	mol

- पेरिस के अन्तर्राष्ट्रीय माप तौल कार्यालय में प्लेटिनम इरीडियम मिश्रधातु की NM पर 0°C ताप पर बने दो चिह्नों के बीच की दूरी 'मीटर' कहलाती है।
- 1983 में एक कांफ्रेस में 'मीटर' को परिभाषित करते हुए कहा गया कि 'वह लम्बाई जिसे शून्य स्थान में प्रकाश 1/299792457 सेकेण्ड में तय करता है मीटर कहलाती है।
- **बहुत बड़ी तथा छोटी राशियों की सूची—**

बड़ी राशियाँ	छोटी राशियाँ
डेकामीटर-10^1	डेसीमीटर-10^{-1}
हेक्टोमीटर-10^2	सेण्टीमीटर-10^{-2}
किलोमीटर-10^3	मिलीमीटर-10^{-3}
मिरियामीटर-10^4	मेगामीटर-10^6
माइक्रोमीटर-10^{-6}	जाइगोमीटर-10^9
नैनो मीटर-10^{-9}	टेरामीटर-10^{12}
एंस्ट्राम-10^{-10}	पेंटामीटर-10^{15}
पिकोमीटर-10^{-12}	एक्सामीटर-10^{18}
फर्मीमीटर-10^{-15}	एटोमीटर-10^{-18}

- बहुत लम्बी दूरियाँ मापने हेतु प्रकाश वर्ष का प्रयोग किया जाता है। एक प्रकाश वर्ष = 9.46×10^{15} मीटर
  प्रकाश वर्ष से भी बड़ी इकाई पारसेक है। पारसेक = 3.26 प्रकाश वर्ष
- अन्तर्राष्ट्रीय मात्रक पद्धति (SI) में द्रव्यमान का मात्रक किग्रा है। पेरिस के पास सेवरिस नगर में अन्तर्राष्ट्रीय माप तौल कार्यालय में रखे प्लेटिनम इरीडियम मिश्र धातु के बेलन का द्रव्यमान 'मानक किग्रा' माना जाता है।

बड़ी राशियाँ	छोटी राशियाँ
मेगाग्राम-10^3 किग्रा (1 टन)	डेसीग्राम-10^{-4} किग्रा
जीगाग्राम-10^6 किग्रा	मिलीग्राम-10^{-6} किग्रा
टेराग्राम-10^9 किग्रा	पिकोग्राम-10^{-15} किग्रा

SI पद्धति में समय का मात्रक सेकेण्ड है। एक मध्याहन से दूसरे मध्याहन के बीच की अवधि को सौर दिन कहा जाता है। पूरे वर्ष के सौर दिनों के औसत को माध्य सौर दिन कहते हैं इस माध्य सौर दिन का 1/86400 भाग को एक सेकेण्ड कहते हैं।

मापक यंत्र

1. **समुद्र में डुबी वस्तु**—सोनार
2. **ध्वनिकी तीव्रता**—ऑडियोमीटर
3. **पवन वेग**—एनीमोमीटर
4. **विद्युतधारा**—अमीटर
5. **उच्च ताप**—पाइरोमीटर
6. **सोलर रेडिएशन**—पाइरहिलियोमीटर
7. **गैसों का दाब**—मैनोमीटर
8. **आपेक्षिक आर्द्रता**—हाइग्रोमीटर
9. **दाब**—बैरोमीटर
10. **वाहनों के पहियों द्वारा तय की गई दूरी का मापन**—ओडोमीटर
11. **दूध का आपेक्षिक घनत्व**—लैक्टोमीटर
12. **ह्रदय की धड़कन**—स्टेथोस्कोप
13. **रक्त चाप**—स्फिग्नैमैनोमीटर
14. **सोने की शुद्धता**—कैरेमीटर
15. **प्रकाश की तीव्रता**—लक्समीटर
16. **भूकम्प की तीव्रता**—रिक्टर पैमाने
17. **भूकम्प मापी यंत्र**—सीस्मोग्राफ
18. **समुद्र की गहराई**—कैथोमीटर
19. **समुद्र तल से विमान ऊँचाई**—अल्टीमीटर
20. **ध्वनि की तीव्रता एवं स्पंदन आवृत्ति**—फोनोमीटर
21. **झूठ का पता लगाना**—पॉलीग्राफ
22. **घूमती वस्तुओं की गति**—गाइरोस्कोप

मात्रक इकाई

1. **शक्ति**—वाट
2. **बल**—न्यूटन
3. **कार्य**—जूल
4. **विद्युतधारा**—ओम मीटर
5. **खगोलीय दूरी**—प्रकाश वर्ष
6. **लम्बी खगोलीय दूरी**—पारसेक
7. **विद्युत धारा**—एम्पियर
8. **उत्पादित बिजली**—मेगावाट
9. **दाब**—पास्कल (डाइन)
10. **उष्मा**—कैलोरी
11. **ऊर्जा**—जूल

12. **शक्ति की इकाई**—अश्व शक्ति
13. **पारिस्थितिकी दवाब**—बार
14. **जल का बहाव**—क्यूसेक
15. **ओज़ोन पर्त की मोटाई**—डॉब्सन
16. **ध्वनि की तीव्रता**—ऑडियोमीटर

गति (Motion)

वस्तुओं के समय के साथ साथ स्थिति परिवर्तन को गति कहते हैं। गति मुख्यत: तीन प्रकार की होती है।

1. **सरल रेखीय स्थानान्तरित गति**—सीधी रेखा में गतिमान वस्तु की गति को कहते हैं।
2. **तृतीय घूर्णन गति**—किसी अक्ष के परित: घूमते पिण्ड की गति को कहते हैं।
3. **दोलनी**—किसी निश्चित बिन्दु के इधर-उधर गति करती वस्तु को कहते हैं। जैसे—घड़ी का लोलक।

अदिश राशि—जिन भौतिक राशियों में केवल परिमाण हो दिशा न हो अदिश दिशा कहते हैं। जैसे—समय, चाल, द्रव्यमान, कार्य, ऊर्जा आदि।

सदिश राशि—जिन भौतिक राशियों में परिमाण एवं दिशा दोनों निरुपित हो सदिश राशि कहलाती है। जैसे—वेग, विस्थापन, बल, त्वरण आदि।

विद्युत धारा, ताप एवं दाब में यद्यपि दिशा भी होती है फिर भी ये अदिश राशियाँ है।

दूरी—दिये गये समयान्तराल में वस्तु द्वारा तय किये गये मार्ग की लम्बाई को दूरी कहते हैं।

विस्थापन—किसी विशेष दिशा में गतिशील वस्तु के स्थिति परिवर्तन को विस्थापन कहते हैं।

वस्तु का विस्थापन धनात्मक, ऋणात्मक एवं शून्य कुछ भी हो सकता है परन्तु दूरी सदैव धनात्मक होती है।

वेग—गतिशील वस्तु के विस्थापन की दर अर्थात् एक सेकेण्ड में हुए विस्थापन को वस्तु का वेग कहते हैं।

वेग=विस्थापन/समय (मात्रक मी./से.)

चाल—किसी वस्तु के स्थिति परिवर्तन की दर को वस्तु की चाल कहते हैं।

चाल=दूरी/समय (मात्रक मी./से.)

त्वरण—किसी गतिमान वस्तु के वेग में प्रति एकांक समयान्तराल में होने वाले परिवर्तन को उस वस्तु का त्वरण कहते हैं।

त्वरण=वेग में परिवर्तन/समयान्तराल $\Delta V/\Delta T$ (मी./से.)

न्यूटन के गति विषयक नियम—इसका प्रतिपादन आइजक न्यूटन ने 1687 में अपनी पुस्तक 'प्रिंसीपिया' में किया। ये तीन है।

प्रथम नियम—(जड़त्व का नियम)—यदि कोई वस्तु विरामावस्था में है या एक सरल रेखा में समान वेग से गतिशील है तो उसकी विरामावस्था या गति अवस्था में परिवर्तन तभी होगा, जब उस पर कोई बाह्य बल लगाया जाता है।

बाह्य बल के अभाव में किसी वस्तु की अपनी विरामावस्था या समान गति की अवस्था को बनाये रखने की प्रवृत्ति को जड़त्व कहते हैं।

दैनिक जीवन में इसका उदाहरण—गाड़ी के चलने या रुकने पर शरीर का पीछे या आगे को लटक जाना, हथौडे को ठोकने पर उसका कस जाना, गोली मारने पर काँच में छेद हो जाना जबकि पत्थर मारने पर टूटना।

द्वितीय नियम—किसी वस्तु पर आरोपित बल, उस वस्तु के द्रव्यमान तथा उसमें बल की दिशा में उत्पन्न त्वरण के गुणनफल के बराबर होता है। अर्थात् बल के अभाव में वस्तु अपनी गति अथवा विरामावस्था को बनाये रखती है। यह प्रथम नियम का ही एक रूप है। $F = ma$

तृतीय नियम—प्रत्येक क्रिया की उसके समान परन्तु विपरीत दिशा में प्रतिक्रिया होती है। इसमें एक बल को क्रिया तथा दूसरे को प्रतिक्रिया बल कहते हैं। दैनिक जीवन में उपयोग—बन्दूक से गोली छोड़ने पर पीछे को झटका लगता है, धोड़ा गाडी खींचते समय घोड़ा अपनी पिछली टाँगों से पृथ्वी को धक्का देता है, व्यक्ति नाव से कूदता है तो नाव पीछे चली जाती है, राकेट का आगे बढ़ना, कुएँ से पानी खीचतें समय रस्सी टूटने पर गिर जाना आदि।

कार्य

दैनिक जीवन से भिन्न भौतिकी में कार्य होना तभी कहा जाता है जब बल लगाने पर बल की दिशा में विस्थापन होता है। कार्य की माप लगाये गये बल तथा बल की दिशा में वस्तु के विस्थापन के गुणनफल के बराबर होती है।

कार्य=बल × बल की दिशा में विस्थापन

यह अदिश राशि है इसका मात्रक जूल है।

यदि कोई व्यक्ति सिर पर सामान रखकर एक स्थान से दूसरे स्थान पर ले जाता है तो भौतिकी के शब्दों में कोई कार्य नहीं होगा क्योंकि वस्तु का विस्थापन पृथ्वी द्वारा लगाये गये गुरुत्वीय बल के लम्बवत् शून्य है।

ऊर्जा

किसी वस्तु में कार्य करने की क्षमता को ऊर्जा कहते हैं इसका मात्रक जूल है। इसके निम्न प्रकार है—

1. **गतिज ऊर्जा**—किसी वस्तु में उसकी गति के कारण कार्य करने की क्षमता को कहते हैं। यह सदैव धनात्मक होती है—गतिज ऊर्जा—$1/2 \times$ द्रव्यमान (m) $\times$ वेग^2 (V)
2. **स्थितिज ऊर्जा**—किसी वस्तु के विशेष अवस्था अथवा स्थिति के कारण उसमें कार्य करने की क्षमता को कहते हैं। जैसे—दबी हुई स्प्रिंग, घड़ी की भरी हुई चाबी, ऊंचाई पर रखी वस्तु।

स्थितिज ऊर्जा के रूप—प्रत्यास्थ स्थितिज ऊर्जा, गुत्वीय स्थितिज ऊर्जा, वैद्युत स्थितिज ऊर्जा, चुम्बकीय एवं रासायनिक स्थितिज ऊर्जा आदि।

भौतिक जगत में सभी प्रक्रियाओं में किसी न किसी रूप में ऊर्जा का एक या अधिक रूपों में रूपान्तरण होता रहता हैं।

कतिपय उपकरण व उनसे होने वाला ऊर्जा रूपान्तरण निम्नवत् है—

उपकरण		ऊर्जा का स्वरूप परिवर्तन
विद्युत बल्ब	—	वैद्युत ऊर्जा से ऊष्मा व प्रकाश ऊर्जा
विद्युत सेल	—	रासायनिक ऊर्जा से वैद्युत ऊर्जा
मोमबत्ती	—	रासायनिक ऊर्जा से प्रकाश व ऊष्मा में
फोटो इलेक्ट्रिक सेल	—	प्रकाश ऊर्जा से वैद्युत ऊर्जा
डायनमों	—	यांत्रिक ऊर्जा से वैद्युत ऊर्जा
मोटर	—	वैद्युत ऊर्जा से यांत्रिक ऊर्जा
लाउडस्पीकर	—	वैद्युत ऊर्जा से ध्वनि ऊर्जा
माइक्रोफोन	—	ध्वनि ऊर्जा से वैद्युत ऊर्जा
सितार	—	यांत्रिक ऊर्जा से ध्वनि ऊर्जा
इंजन	—	ऊष्मा से यांत्रिक ऊर्जा
सोलर सेल	—	सौर ऊर्जा से विद्युत ऊर्जा

दाब

किसी सतह के एकाँक क्षेत्रफल पर लगने वाले बल को दाब कहते हैं। इसका मात्रक न्यूटन/वर्ग मीटर है। वस्तु का क्षेत्रफल जितना कम होता है वह किसी सतह पर उतना ही अधिक दाब डालती है। दैनिक जीवन में उपयोग—दलदल में फँसे व्यक्ति को लेटने की सलाह, कील की सिरा नुकीला होना आदि।

वायुमण्डलीय दाब

पृथ्वी के चारों ओर उपस्थित वायु एवं विभिन्न गैसें हम सभी पर अत्यधिक दाब डालती है इसे वायुमण्डलीय दाब कहते हैं। यह दाब 105 N/m^2 होता है इतना अधिक दाब हमें इसलिए नहीं अनुभव होता क्योंकि हमारे अन्दर के खून एवं अन्य कारक अन्दर से दाब डाल कर इसे सन्तुलित करते रहते है।

पृथ्वी की सतह से ऊंचाई पर जाने पर वायुदाब कम होता जाता है फलतः पहाड़ों पर खाना बनाने में कठिनाई होती है, वायुयान में बैठे यात्री के पेन की स्याही बहने लगती है, उच्चदाब वाले व्यक्ति को वायुयान यात्रा न करने की सलाह दी जाती है।

वायुदाब मापी में पारे के स्तम्भ का गिरना आँधी या वर्षा का सूचक होता है इसका चढ़ना स्वच्छ व साफ मौसम का सूचक है।

द्रव के भीतर किसी बिन्दु पर द्रव का दाब द्रव के स्वतंत्र तल से बिन्दु की गहराई पर निर्भर करता है तथा किसी भी गहराई पर द्रव का दाब चारों ओर समान होता है। गहराई बढ़ने पर दाब बढ़ता जाता है।

हाइड्रोलिक लिफ्ट, हाइड्रोलिक प्रेस, हाइड्रोलिक ब्रेक आदि पास्कल के नियम पर कार्य करते है।

वे पदार्थ जो पिघलने पर फैलते हैं उन पर दाब बढ़ाने से उनका गलनांक बढ़ जाता है जैस—घी, मोम

वे पदार्थ जो पिघलने पर संकुचित होते हैं दाब बढ़ाने पर उनका गलनांक कम हो जाता है जैसे—cQZA

दाब बढ़ाने से पानी का क्वथनांक बढ़ जाता है इसीलिए प्रेशर कुकर में खाना जल्दी एवं आसानी से बन जाता है।

संवेग—गतिमान वस्तु के द्रव्यमान तथा वेग के गुणनफल को वस्तु का संवेग कहते हैं।

संवेग संरक्षण का सिद्धान्त—एक या एक से अधिक वस्तुओं के निकाय का संवेग तब तक अपरिवर्तित रहता है जब तक वस्तु या वस्तुओं के निकाय पर कोई बाह्य बल आरोपित न हो। राकेट का ऊपर जाना इसी सिद्धान्त पर आधारित है।

बल आघूर्ण—जब किसी पिण्ड पर लगा बाह्य बल उसे किसी अक्ष के परितः घुमाने का प्रयास करता है तो बल की इस प्रवृत्ति को बल आघूर्ण कहते हैं।

यदि बल अक्ष पर लगाया जाता है तो पिण्ड को घुमाया नहीं जा सकता इसके विपरीत बल अक्ष से जितनी दूर होगा, बल आघूर्ण उतना ही अधिक होगा और पिण्ड को घुमाने में आसानी होगी। इसीलिए दरवाजे के हत्थे तथा कुम्हार के चाक में लकड़ी फँसाने वाला छेद दूर बनाया जाता है तथा हैण्ड पम्प का हत्था लम्बा होता है।

अभिकेन्द्रीय बल—किसी वृत्ताकार मार्ग पर गति करती हुई किसी वस्तु पर जो बल केन्द्र की ओर कार्य करता है उसे अभिकेन्द्रीय बल कहते हैं इसके अभाव में कोई वस्तु वृत्ताकार मार्ग पर नहीं चल सकती है। इसका उदाहरण—पृथ्वी का सूर्य के चारों ओर चक्कर लगाना, एलेक्ट्रॉन का नाभिक के चारों ओर घूमना, मुड़ते समय साइकिल सवार का झुक जाना आदि है।

अपकेन्द्रीय बल—वृत्ताकार मार्ग पर गति करती हुई वस्तु पर जो बल अभिकेन्द्रीय बल के विपरीत केन्द्र से बाहर की ओर लगता है उसे अपकेन्द्रीय बल कहते हैं। इसके उदाहरण मौत के कुंऐ में साइकिल का चलाना, कपड़ा सुखाने की मशीन, दूध से मक्खन निकालने वाली मशीन आदि इसी सिद्धान्त पर कार्य करते है।

गुरुत्व—गुरुत्व वह आकर्षण बल है जिससे पृथ्वी किसी वस्तु को अपने केन्द्र की ओर खींचती है।

इसीलिए मुक्त रूप से ऊपर फेंकी गई वस्तुएँ पृथ्वी पर आकर गिरती है। किसी वस्तु पर लगने वाला गुरुत्वीय बल ही उसका भार कहलाता है।

गुरुत्वीय त्वरण—मुक्त रूप से पृथ्वी की ओर गिरती किसी वस्तु के वेग में प्रति सेकेण्ड होने वाली वृद्धि गुरुत्वीय त्वरण कहलाती है। गुरुत्वीय त्वरण वस्तु के द्रव्यमान पर निर्भर नही करता है।

यदि भिन्न-भिन्न द्रव्यमान की दो वस्तुओं को मुक्त रूप से निर्वात में समान ऊँचाई से गिराया जाए तो वे दोनों एक साथ पृथ्वी पर पहुँचेगी।

गुरुत्वीय त्वरण का मान भूमध्यरेखा पर सबसे कम व ध्रुवों पर अधिक होने के कारण वस्तु का भार भूमध्यरेखा पर कम तथा ध्रुवों पर अधिक होगा।

पृथ्वी तल से ऊपर या नीचे जाने पर गुरुत्वीय त्वरण का मान घटता जाता है। पृथ्वी के केन्द्र पर यह शून्य होता है। अतः केन्द्र पर वस्तु का भार शून्य तथा द्रव्यमान पूर्ववत् रहता है।

पृथ्वी के घूर्णन गति का भी प्रभाव गुरुत्वीय त्वरण पर पड़ता है यदि पृथ्वी घूमना बंद कर दे तो ध्रुवों के अतिरिक्त प्रत्येक स्थान पर गुरुत्वीय त्वरण का मान व वस्तु का भार बढ़ जायेगा।

यदि पृथ्वी अपने अक्ष के परितः तेजी से घूमने लगे तो ध्रुवों के अतिरिक्त प्रत्येक स्थान पर वस्तुओं के भार में कमी हो जाएगी यह कमी भूमध्य रेखा पर सर्वाधिक होगी।

यदि पृथ्वी घूर्णन गति 17 गुनी हो जाए तो विषुवत रेखा पर वस्तु का भार शून्य हो जायेगा।

गुरुत्व केन्द्र—गुरुत्व केन्द्र वह बिन्दु है, जहाँ वस्तु का समस्त भार कार्य करता है।

गुरुत्व केन्द्र तथा सन्तुलन—कोई वस्तु तभी तक सन्तुलन की अवस्था में रह सकती है, जब तक उसके गुरुत्व केन्द्र से गुजरने वाली उर्ध्वाधर रेखा उस वस्तु के आधार के क्षेत्रफल के अन्दर से होकर गुजरती है यदि यह रेखा बाहर हो जाती है तो वस्तु का सन्तुलन बिगड़ जाता है। किसी वस्तु के आधार का क्षेत्रफल जितना बड़ा होगा उसका सन्तुलन उतना ही स्थायी होगा। इसका उदाहरण पहाड़ पर चढ़ते या पीठ पर बोझ लिए चलता आदमी आगे झुक जाता है, दुमंजिल बसों का निचला तला भारी बनाया जाता है।

ग्रह—वे आकाशीय पिण्ड जो सूर्य के चारों ओर अपनी-अपनी कक्षा में चक्कर लगाते रहते हैं ग्रह कहलाते है। सूर्य से बढ़ते दूरी के के क्रम में ये, शुक्र पृथ्वी, मंगल, वृहस्पति, शनि, यूरेनस (अरुण) वरुण (नेप्च्यून) हैं।

उपग्रह—वे आकाशीय पिण्ड जो ग्रहों के चारों ओर परिक्रमा करते हैं उपग्रह कहलाते हैं।

कृत्रिम उपग्रह—ये मानव निर्मित होते हैं। यदि किसी पिण्ड को पृथ्वी तल से कुछ सौ किमी ऊपर आकाश में भेजकर उसे लगभग 8 KM/सेकेण्ड का क्षैतिज वेग दे दिया जाए तो वह पिण्ड पृथ्वी के चारों ओर एक निश्चित कक्षा में परिक्रमण करने लगता है इसका परिक्रमण काल 84 मिनट होता है।

कक्षीय उपग्रह—ये उपग्रह एक निश्चित कक्षा में पृथ्वी के चारों ओर परिक्रमा करते है।

भूस्थिर उपग्रह—ये पृथ्वी के किसी स्थान के सापेक्ष स्थिर रहते है। इनकी कक्षा पृथ्वी के विषुवतीय तल में होती है तथा इनका परिक्रमण काल पृथ्वी के अपने अक्ष के परितः घूर्णन काल के बराबर (24 घंटे) होता है। इनकी ऊंचाई पृथ्वी तल से लगभग 36000 KM होती है। इन्हें संचार उपग्रह भी कहते हैं। इनका उपयोग टेलीफोन, टेलीग्राफ एवं टेलीविजन सिग्नलों हेतु होता है।

यदि घूमते हुए किसी उपग्रह से कोई वस्तु या पैकेट गिरा दिया जाए तो वह पृथ्वी पर न गिरकर उपग्रह के साथ उसी कक्षा में एवं उसी चाल से धूमने लगेगा।

उपग्रहों में भार हीनता—कृत्रिम उपग्रहों में भारहीनता की अवस्था पायी जाती है अर्थात् उपग्रह के तल द्वारा यात्री पर लगाया गया प्रतिक्रिया बल शून्य होता है। भारहीनता के कारण अंतरिक्ष यात्री अपना भोजन विशेष प्रकार के ट्यूब मे ले जाते हैं और दबा कर निगलते हैं।

चन्द्रमा का द्रव्यमान अधिक होने के कारण भारहीनता की स्थिति नहीं पायी जाती है। पृथ्वी के सापेक्ष चन्द्रमा का गुरुत्वीय त्वरण 1/6 है अतः वहाँ (चन्द्रमा) किसी वस्तु का भार 1/6 हो जायेगा परन्तु द्रव्यमान नियत रहेगा।

नीचे उतरते समय लिफ्ट की डोरी टूट जाए तो भी भारहीनता का अनुभव होता है।

पलायन वेग—वह न्यूनतम वेग, जिससे किसी पिण्ड को ऊपर की ओर फेंका जाए और वह पृथ्वी के गुरुत्वीय क्षेत्र को पार कर जाए तथा वापस पृथ्वी पर लौटकर न आए पलायन वेग कहलाता है। इसका मान पृथ्वी पर 11.2 किमी/सेकेण्ड हैं।

पलायन वेग = $\sqrt{2} g R$

g गुरुत्वीय त्वरण = 9.8 मी/से.^{2}, R

(पृथ्वी की त्रिज्या = 6.4×10^6 मी.)

ग्रहों, उपग्रहों में वायुमण्डल की उपस्थिति—किसी ग्रह या उपग्रह पर वायुमण्डल का होना या न होना, वहाँ पर पलायन वेग के मान पर निर्भर करता है। यदि पलायन वेग का मान बहुत अधिक है तो बहुत सधन वायुमण्डल होगा और यदि पलायन वेग कम है तो वायुमण्डल विरल होगा।

चन्द्रमा की त्रिज्या, द्रव्यमान एवं गुरुत्वीय त्वरण, पृथ्वी पर इसके मान की अपेक्षा कम है अतः चन्द्रमा का पलायन वेग 2.4 KM/ सेकेंड है। चन्द्रमा पर गैसों का औसत वेग इससे अधिक होता है जिससे वे ठहर नहीं पाते हैं फलतः वायुमण्डल अनुपस्थित है। वृहस्पति, शनि आदि पर पलयान वेग बहुत अधिक है अतः सघन वायुमण्डल पाया जाता है। वायुमण्डल की उपस्थिति या अनुपस्थिति पलायान वेग पर निर्भर करती है।

पृष्ठ तनाव—द्रव के अपने पृष्ठीय क्षेत्रफल को न्यूनतम करने की प्रवृत्त को पृष्ठ तनाव कहते हैं। इसके दैनिक जीवन में बहुत से उदाहरण हैं जैसे—ओस एवं वर्षा बूदों का गोल होना, चिकने सतह पर पारा का गोल आकार में लुढ़कना। साबुन मिलाने या गर्म करने पर पानी का पृष्ठ तनाव कम हो जाता है। गड्ढे में भरे पानी पर मिट्टी का तेल छिड़कने पर पृष्ठ तनाव कम हो जाता है और मच्छर मर जाते हैं। काँच की नली को गर्म करने पर पृष्ठ तनाव के कारण उसके सिरे गोल हो जाते है। समुद्र की लहरों को शान्त करने के लिए भी तेल डाल कर पृष्ठ तनाव ही कम करते है।

ससंजक बल—एक ही पदार्थ के अणुओं के बीच कार्य करने वाले आकर्षण बल को ससंजक बल कहते हैं। जिन पदार्थों के अणुओं के बीच यह बल अधिक होगा वे रखे जाने वाले बर्तन की दीवारों में नहीं चिपकेगें। पृष्ठ तनाव का कारण भी यही बल है।

आसंजक बल—भिन्न-भिन्न पदार्थों के अणुओं के बीच कार्य करने वाले बल को आसंजक बल कहते हैं। जब किसी द्रव के अणुओं के बीच कार्य करने वाला ससंजक बल द्रव व बर्तन के बीच कार्य करने वाले आसंजक बल से कम होता है तो वह द्रव बर्तन की सतह को गीला कर देता है। इसके विपरीत स्थिति में गीला नहीं करेगा। स्याही व कागज के बीच आसंजक बल, स्याही के अणुओं के बीच कार्य करने वाले ससंजक बल से अधिक होता है इसलिए लिखते समय स्याही कागज पर चिपकती है।

केशिकात्व—केशनली में द्रव के ऊपर चढ़ने या नीचे उतरने की प्रक्रिया को केशिकात्व कहते हैं। केशनली के जितनी पतली होगी द्रव का तल उतना ही अधिक ऊपर चढ़ेगा या नीचे गिरेगा। ऐसे द्रव जो बर्तन की सतह को भिगाते हैं केशनली में ऊपर चढ़ते हैं जैस—जल। जो बर्तन की सतह को नहीं गीला करते हैं वे केशनली में नीचे उतरते है। द्रव का ऊपर चढ़ना या नीचे उतरना भी पृष्ठ तनाव के कारण ही होता है। इसके दैनिक जीवन में बहुत से उदाहरण है।

जैसे खेत की नमी को सुरक्षित रखने हेतु किसान का खेत की जुताई करना, तौलियें के एक सिरे को जल में डुबाने पर पूरी तौलिये का गीला होना, लालटेन की बत्ती में तेल का चढ़ना, पौधों की जड़ों से जल एवं खनिजों का ऊपर टहनियों तक पहुँचना आदि।

श्यानता—श्यानता द्रव का वह गुण है, जिसके कारण वह अपनी विभिन्न पर्तों में होने वाली आपेक्षित गति का विरोध करता है।

द्रव की विभिन्न पर्तो के बीच आन्तरिक स्पर्श रेखीय बल कार्य करते है जो पर्तो के बीच होने वाली आपेक्षिक गति को नष्ट करने का प्रयास करते है। इन्हीं बलों को श्यान बल (Viscos Force) कहते हैं। श्यानता के कारण ही व्यक्ति जितनी तेजी के साथ वायु में दौड़ सकता है उतनी तेजी के साथ जल में नहीं दौड़ सकता है। इसी कारण बर्तन में द्रव को हिलाकर छोड़ देने पर घूमता द्रव थोड़ी में स्थिर हो जाता है।

क्रांतिक वेग—यदि द्रव के बहने का वेग एक निश्चित वेग से कम होता है तो द्रव का प्रवाह धारा रेखीय होता है अर्थात् द्रव के प्रत्येक कण पूर्व में गुजर चुके कण का अनुसरण करते हैं। द्रव के इसी निश्चित वेग को क्रांतिक वेग कहते हैं। यदि द्रव का वेग इससे अधिक है। तो उनमें विक्षोभ पैदा होता है और जल में भँवर उत्पन्न होती है।

सीमान्त वेग—यदि कोई गोली किसी द्रव में गिराई जाती है तो द्रव में गोली के वेग के कारण आपेक्षिक गति उत्पन्न हो जाती है। आपेक्षिक गति के कारण द्रव में श्यान बल गोली के गिरने का विरोध करता है। ज्यों त्यों गोली का वेग बढ़ता है श्यानबल भी बढ़ता जाता हैं एक स्थिति में गोली को वेग व श्यानबल का मान बराबर हो जाता है ऐसी स्थिति में गोली नियत वेग से नीचे गिरने लगती है इसी को सीमान्त वेग कहते हैं। वर्षा की बूंदे तथा पैराशूट से उतरते व्यक्ति सीमान्त वेग से ही पृथ्वी पर आते है।

बरनौली का प्रमेय

जब कोई द्रव या गैस एक स्थान से दूसरे स्थान तक धारा रेखीय प्रवाह में बहता है तो उसके मार्ग में प्रत्येक बिन्दु पर उसके एकांक आयतन की कुल ऊर्जा अर्थात् दाब, गतिज एवं स्थितिज ऊर्जा का योग नियत रहता है।

जिस स्थान पर द्रव का वेग कम होता है वहां दाब अधिक होता है तथा जहां वेग अधिक होता है वहां दाब कम होता है। दैनिक जीवन में कई उदाहरण देखने को मिलते हैं जैसे आंधी आने पर घरों के छप्पर व टीन का उड़ना, फुहारे पर गेंद का नाचना, प्लेटफार्म पर खड़े व्यक्ति का चलती ट्रेन की तरफ गिर जाना, दो जलयानों का पास में आने पर टकरा जाना आदि।

उत्क्षेप—कोई वस्तु किसी द्रव में डुबाई जाती है तो उस पर ऊपर की ओर एक बल कार्य करता हैं जिसके कारण वस्तु अपने वास्तविक भार से कुछ हल्की लगती है। द्रव का यह गुण जिससे वह वस्तुओं पर ऊपर की ओर बल लगता है उत्क्षेप बल कहलाता है।

जब वस्तु किसी द्रव में डुबोई जाती है तो उसका गुरुत्वीय बल (भार) नीचे की ओर कार्य करता है और उत्प्लावन बल ऊपर की ओर कार्य करता है। इन दोनों का परिणामी बल जिस दिशा में कार्य करेगा वस्तु उसी दिशा में गतिमान होगी। लकड़ी के टुकड़े पर यह ऊपर की ओर तथा लोहे की कील पर नीचे की ओर कार्य करता है।

आर्किमिडीज का सिद्धान्त—यदि कोई वस्तु किसी द्रव में अंशतः या पूर्णतः डुबाई जाती है, तो डुबोने पर वस्तु के भार में कमी प्रतीत होती है, वस्तु के भार में यह आभासी कमी उसके द्वारा हटायें गये द्रव के भार के बराबर होती है। इसमें तीन स्थिति बनती है—

- यदि वस्तु का भार, उत्प्लावन बल से अधिक है तो वस्तु डूब जायेगी,
- यदि वस्तु का भार, उत्प्लावन बल के बराबर है तो वस्तु द्रव के अन्दर डूबी हुई स्थिति में तैरती रहेगी।
- यदि वस्तु का भार उत्प्लावन बल से कम है तो कुछ हिस्सा डूबा रहते वस्तु तैरती रहेगी।

प्लवन का नियम—सन्तुलित अवस्था में तैरने पर वस्तु अपने भार के बराबर द्रव विस्थापित करती है। यही प्लवन (तैरने) का नियम है।

वस्तु द्वारा हटायें गये द्रव का भार = उत्प्लावन बल अर्थात् वस्तु का भार अधिक घनत्व वाले द्रव में तैरने पर वस्तु का कम हिस्सा द्रव के अन्दर डूबेगा तथा कम घनत्व वाले द्रव में वस्तु का अधिक भाग डूबेगा इसी कारण नदी से जहाज समुद्र में पहुँचनें पर थोड़ा ऊपर उठ जाता है क्योंकि समुद्री जल का घनत्व नदी के जल के घनत्व से अधिक होता है।

लोहे की कील की अपेक्षा अपनी विशेष बनावट के कारण लोहे की जहाज पानी पर तैरती है जब की कील डूब जाती है। विशेष आकार व खोखला होने के कारण जहाज द्वारा हटाये गये पानी का भार, जहाज के भार से अधिक होता है जिससे इस पर अधिक उत्प्लावन बल लगता है और जहाज तैरता रहता है।

आर्किमिडीज का सिद्धान्त गैसों पर भी लागू होता है हवा से भरे गुब्बारे द्वारा विस्थापित हवा का भार उसके अन्दर की हवा के भार से अधिक होने पर हवा उस पर ऊपर की ओर उत्प्लावन बल लगाती है और गुब्बारे द्वारा हटाई गई हवा का भार उसके अन्दर की हवा के भार के बराबर हो जाता है गुब्बारा स्थिर हो जाता है।

मशीन—वह यंत्र जिसकी सहायता से थोड़ा बल लगाकर, अधिक बल का काम या तेजी के साथ काम किया जा सके मशीन कहलाता है।

मशीन द्वारा जो बल लगाया जाता है उसे उसकी शक्ति कहते हैं।

मशीन पर बल लगाने पर जो बल मशीन द्वारा कार्य करने में रुकावट पैदा करते हैं उसे प्रतिरोध या भार कहते हैं।

प्रतिरोधा तथा मशीन द्वारा लगाई गई शक्ति के अनुपात को यांत्रिक लाभ कहते हैं।

यांत्रिक लाभ = किया गया कार्य/लगाई गई शक्ति

मशीन द्वारा किये जाने वाले कार्य तथा उसके संचालन में दिये गये बल के अनुपात को मशीन की दक्षता कहते हैं।

$$\text{दक्षता} = \frac{\text{मशीन द्वारा किये जाने वाले कार्य}}{\text{मशीन द्वारा संचालन में लगाबल}} \times 100$$

जिस मशीन की दक्षता 100 प्रतिशत होगी वह आदर्श मशीन होगी अभी तक ऐसी मशीन बनानी संभव नहीं हो सकी क्योंकि कुछ घर्षण विद्यमान रहेगा।

लीवर—लीवर एक छड़ होती है जो एक बिन्दु के चारों ओर घूम सकती है जिस बिन्दु के चारों ओर घूमती है उसे आलम्ब कहते हैं। आलम्ब से दूर जहाँ दबाव डालते हैं उसे शक्ति भुजा कहते हैं। यह तीन प्रकार के होते हैं।

प्रथम श्रेणी—इसमें आलम्ब भार व शक्ति के बीच में होता है। जैसे—प्लास, कैची, तुला की डंडी, संड़सी, साइकिल का ब्रेक आदि।

द्वितीय श्रेणी—इसमें भार आलम्ब और शक्ति के बीच में होता है। जैसे—सरौता, पहिया, कब्जे पर घूमता दरवाजा आदि।

तृतीय श्रेणी—इनमें शक्ति भार व आलम्ब के बीच लगता है। जैसे—चिमटा।

जिस लीवर में कम से कम बल देकर अधिक तथा सक्षम तरीके से कार्य सम्पन्न किया जा सके वह सबसे अच्छा लीवर का उदाहरण होगा ऐसे प्रथम श्रेणी का लीवर ही सबसे उत्तम लीवर होगा।

आनत तल—किसी तल का क्षैतिज से किसी कोण पर झुका होना आनत तल कहलाता है। किसी भार को उर्ध्वाधार उठाने की अपेक्षा आनत तल पर खीचना ज्यादा आसान होता है। इसका उपयोग ट्रकों आदि पर समान लादने में किया जाता है।

घिरनी—घिरनी, स्टील या लकड़ी की बनी गोल डिस्क होती है जो एक अक्ष के तरफ घूमती है बीच में बने खाँचे पर डोरी डाल कर कोई वस्तु आसानी से उठायी जाती है।

तरंग गति तथा ध्वनि

तरंग गति—ऊर्जा का एक स्थान से दूसरे स्थान तक स्थानान्तरण तरंगों के द्वारा होता है। जल में उठने वाली तरंगों, ध्वनि तरंगों के संचरण के लिए माध्यम की आवश्यकता पड़ती है जबकि प्रकाश एवं रेडियों तरंगों के संचरण के लिए माध्यम की आवश्यकता नहीं पड़ती ये निर्वात में भी संचरित हो सकती हैं। तरंग को मुख्यत: दो भागों में बाँटा जा सकता है। यांत्रिक, अयांत्रिक।

यांत्रिक तरंग—किसी माध्यम में उठे विक्षोभ को यांत्रिक तरंग कहते हैं माध्यम में यांत्रिक तरंगों के उत्पन्न तरंगे तथा बंधी रस्सी को झटकने पर उत्पन्न तरंगे। ये दो प्रकार की होती है।

अनुप्रस्थ तरंग—जब संचरण शील कण, माध्यम में तरंग के चलने की दिशा के लम्बवत् कम्पन करते हैं तो तरंग अनुप्रस्थ होती है। ये तरंगे ठोस में एवं जल के ऊपरी सतह पर उत्पन्न होती है। जल के भीतर एवं गैसों में नहीं उत्पन्न होती है।

अनुदैर्ध्य तरंग—जब माध्यम में संचरणशील कण, तरंग के संचरण की दिशा के समानान्तर कम्पन करते हैं तो तरंग अनुदैर्ध्य होती है। ये तरंगे सभी माध्यमों (ठोस, द्रव, गैस) में उत्पन्न की जा सकती है। ये तरंगे संपीड़न (Compression) व विरलन (Rarefaction) के रूप में संचरित होती है। भूकम्प तरंगे, स्प्रिंग, में उत्पन्न तरंगे आदि अनुदैर्ध्य तरंगे है। एक संपीड़न के बीच की दूरी अथवा एक विरलन से दूसरे विरलन के बीच की दूरी अनुदैर्ध्य तरंग की तरंगदैर्ध्य कहलाती है।

आयाम—माध्यम का कोई कण अपनी सामयावस्था के दोनों ओर जितना अधिक विस्थापित होता हे उस दूरी को आयाम कहते हैं।

आवर्तकाल—माध्यम का कम्पन्न शील कण एक कम्पन्न पूरा करने में जितना समय होता है उसे आर्वतकाल कहते हैं।

तरंग दैर्ध—माध्यम का कण एक कम्पन्न पूरा करते समय जितनी दूरी तय करता है उसे तरंगदैर्ध्य कहते हैं।

तरंग चाल—तरंग द्वारा दूरी तय करने की दर को तरंग चाल कहते हैं।

विद्युत चुम्बकीय तरंगे—ये चुम्बकीय एवं विद्युत क्षेत्रों के दोलन से उत्पन्न होने वाली अनुप्रस्थ तरंगे हैं। समप्रकाश, ऊष्मीय विकिरण, एक्स किरणे, रेडियो तरंग आदि इसके उदाहरण हैं। सभी विद्युत चुम्बकीय तरंगे एक ही चाल से चलती हैं तथा इनकी चाल प्रकाश की चाल के बराबर तीन लाख किमी प्रति सेकेंड होता है। इनका तरंगदैर्ध्य परिसर भी बहुत विस्तृत होता है।

गामा किरणें—ये परमाणु के नाभिक से निकलती हैं। इनकी तरंगदैर्ध्य 10^{-10} से 10^{-14} मीटर के बीच होता है। इनमें ऊर्जा की अत्यधिक मात्रा संचित होने के कारण लोहे की मोटी चादरों को भेद देती है।

एक्स किरणें—इनकी खोज सन्तजन ने की थी इनका तरंगदैर्ध्य 10^{-8} से 10^{-10} तक होता है इनका उपयोग शल्य चिकित्सा में किया, व्यवसाय, जासूसी, इन्जीनियरिंग आदि में होता है।

पराबैगनी तरंगे—खोज रिटर ने की थी। इनका तरंगदैर्ध्य 10^{-7} से 10^{-8} तक होता है। ये सूर्य के प्रकाश, वैद्युत विसर्जन, निर्वात स्पार्क आदि से उत्पन्न होती है।

दृश्य विकिरण—खोज न्यूटन ने की थी। इनका तरंगदैर्ध्य परिसर 4×10^{-7} से 7.8×10^{-7} मीटर तक होता है इनमें परावर्तन, अपरावर्तन, व्यतिकरण, विवर्तन, ध्रुवण, दृष्टि संवेदन आदि गुण पाये जाते है। दृश्य विकिरण के स्त्रोत सूर्य, तारे, ज्वाला, विद्युत बल्ब, आर्क लैम्प आदि है।

अवरक्त किरणें—खोज विलियन हरशैल ने की थी। इनका तरंगदैर्ध्य परिसर 78 10^{-7} से 10^{-3} मी. तक होता है। ये पदार्थों को उच्च ताप पर गर्म करने पर निकलती है। वेधन शक्ति अधिक होने के कारण ये घने कोहरे व धुंध के पार चली जाती है। इनका उपयोग सिग्नल भेजने, कोहरे में फोटो ग्राफी करने, रोगियों की सेकाई करने आदि में किया जाता है।

लघुरेडियों तरंगे—इनकी खोज विलियम हट्र्ज ने की थी इनका तरंगदैर्ध्य परिसर 10^{-3} से 1 मीटर तक होता है। इनमें 10^{-3}- 10^{-2} मी. तरंगदैर्ध्य की तरंगें सूक्ष्म कहलाती है। इनका उपयोग टेलीफोन व टेलीविजन प्रसारणों में होता है।

दी रेडियों तरंगे—खोज मार्कोनी ने की थी इनका परिसर एक मीटर से 104 मीटर तक होता है।

ध्वनि तरंगे—ये अनुदैर्ध्य यांत्रिक तरंगे हैं ये विभिन्न आवृत्तियों की होती है। जिनकी आवृत्ति 20 हर्ट्ज से 20000 हर्ट्ज के बीच हो जिनकी अनुभूति व्यक्ति के कानों द्वारा हो उसे ध्वनि कहते हैं। ध्वनि तरंगे दोलन कर रहे किसी स्त्रोत से उत्पन्न होकर, वायु से गुतरती हुई व्यक्ति के कानों तक पहुचकर कान के पर्दे को दोलित कर देती हैं और ध्वनि सुनाई देने लगती है। ध्वनि तरंगों को आवृत्ति व परिसर के अनुसार तीन भागों में बांटा जाता है।

श्रव्य तरंगे—वे यांत्रिक जिनकी आवृत्ति परिसर 20 से लेकर 20000 हर्ट्ज तक होता है श्रव्य तरंगे कहलाती है।

अवश्रव्य तरंगे—वे यांत्रिक तरंगे जिनकी आवृत्ति 20 हर्ट्ज से कम होती है। ये मनुष्य को सुनाई नहीं देती है। ये भूकम्प के समय पृथ्वी के अन्दर एवं हमारे हृदय की धड़कन से उत्पन्न होती है।

पराश्रव्य तरंगे—वे अनुदैर्ध्य यांत्रिक तरंगे जिनकी आवृत्ति 20000 हर्ट्ज से अधिक होती है। मनुष्य के कान इनको नहीं सुन सकते। कुत्ता, बिल्ली, चमगादड़, डाल्फिन आदि इनको सुन सकते है। इनमें अत्यधिक मात्रा में ऊर्जा संचित होने होने के कारण ही इनका प्रयोग, ट्यूमर को पता करने, दाँत निकालने आदि के अतिरिक्त जीवों की कोशिकाओं को नष्ट करने, जीवाणुओं को नष्ट करने, तंत्रिका व गठिया रोगों के इलाज में किया जाता हैं हवाई अड्डों पर धुंध को हटाने, कपडों की धुलाई, घड़ी तथा विमानों के आन्तरिक कल पुर्जों की सफाई भी की जाती है पराश्रव्य तरंगों द्वारा (Sonar) समुद्र की गहराई, अन्दर की बड़ी-बड़ी चट्टानों, हिमशैलों, मछलियों का पता लगाने में किया जाता है।

ध्वनि की चाल—ये इनके संचरण के लिए माध्यम की आवश्यकता पड़ती है। निर्वात में संचरण नहीं करती। ध्वनि की चाल माध्यम पर निर्भर करती है भिन्न-भिन्न माध्यमों में चाल भिन्न-भिन्न होती है। माध्यम में ध्वनि की चाल माध्यम की प्रत्यास्थता तथा घनत्व पर निर्भर करती है। माध्यम जितनी प्रत्यास्थ होगा ध्वनि की चाल उतनी ही अधिक होगी। इसके विपरीत अधिक घनत्व वाले माध्यमों में ध्वनि की चाल कम होगी। ठोस व द्रव गैसों की अपेक्षा अधिक प्रत्यास्थ होते हैं अत: इनमें गैसों की अपेक्ष ध्वनि की चाल अधिक होती है। जल में ध्वनि की चाल- 1450 मी./से., लोहे में 5100 मी./से. (0ºC) तथा एल्युमिनियम में 6400 मी./से. होती है गैस का ताप दाब बढ़ाने पर ध्वनि की चाल पर कोई प्रभाव नहीं पड़ता है।

शुष्क वायु की अपेक्षा आद्र वायु का घनत्व अधिक होने के कारण ध्वनि की चाल बढ़ जाती है इसी कारण वर्षा ऋतु में रेल इंजन का या अन्य सायरन दूर तक सुनाई देता है।

ध्वनि पर ताप का प्रभाव—माध्यम का ताप बढ़ने पर ध्वनि की चाल बढ़ जाती है। 0ºC ताप पर वायु में ध्वनि की चाल 332मी./से. होती है। 1ºC ताप बढ़ानें पर ध्वनि की चाल .61 मी./से. बढ़ जाती है। छाब परिवर्तन का ध्वनि की चाल पर कोई प्रभाव नहीं पड़ता है। आद्र वायु का घनत्व शुष्क वायु से अधिक होने के कारण ध्वनि की चाल आद्र वायु में बढ़ जायेगी। भिन्न-भिन्न गैसों में ध्वनि की चाल भिन्न-भिन्न होगी। हल्की गैसों में ध्वनि की चाल अधिक व भारी गैंसों में कम होगी।

ध्वनियों के लक्षण—ध्वनि के तीन मुख्य लक्षण है—तीव्रता, तारत्व एवं गुणता।

तीव्रता—तीव्रता के कारण ही कोई ध्वनि धीमी या तेज सुनाई देती है। कम्पन का आयाम जितना अधिक होगा, ध्वनि की तीव्रता उतनी ही अधिक होगी तथा वृद्ध ध्वनि उतनी ही तीव्र सुनाई देगी। ध्वनि की तीव्रता डेसीबल में मापी जाती है। ध्वनि तीव्रता का स्तर डेसीबल में—

ध्वनि स्रोत	तीव्रता (डेसीबल)
1. साधारण बातचीत	40–60
2. तेज बातचीत	70–60
3. ट्रक मोटरसायकिल	90–95
4. प्रेस	100–105
5. आर्केस्ट्रा	100–110
6. सायरन	190–200
7. लाउडस्पीकर	170–180
8. जेट विमान	140–150
9. मशीनगन	170
10. मिसाइल	180

सोते व्यक्ति को 50 डेसीबल की तीव्रता जगा देती है। 90 डेसीबल की तीव्रता बर्दाश्त की अंतिम सीमा है। 10 घंटे प्रतिदिन इतनी तीव्रता में रहने पर व्यक्ति बहरा हो जाता है। कम्पनशील वस्तु का आकार जितना बड़ा उत्पन्न ध्वनि की तीव्रता उतनी ही अधिक होगी।

तारत्व—तारत्व के कारण ही कोई ध्वनि मोटी या पतली सुनाई देती है। तारत्व अधिक होने पर ध्वनि पतली व कम होने पर मोटी कही जाती है। पुरुषों की अपेक्षा स्त्रियों का तारत्व अधिक तथा पुरुषों के ध्वनि की आवृत्ति स्त्रियों की अपेक्षा कम होता है। मच्छर की भिनभिनाहट तथा शेर की दहाड़ में मच्छर का तारत्व व आवृत्ति दोनों शेर से अधिक है।

गुणता—गुणता, ध्वनि का वह लक्षण है जो समान तीव्रता व समान आवृत्तियों की ध्वनियों में अन्तर करता है। इसी के कारण व्यक्ति अपने परिचितों को बिना देखे उनकी आवाज से ही पहचान जाता है।

ध्वनि का परावर्तन—ध्वनि भी प्रकाश की तरह परावर्तित होती है ध्वनि की तरंगदैर्ध्य अधिक होने के कारण इसका परावर्तन बड़े पृष्ठों से ही होता है। कुआँ, पहाड़, नदी, घाटी, दीवार आदि से परावर्तित हो जाती है।

प्रतिध्वनि—किसी परावर्तक तल से वापस लौटकर सुनाई देने वाली ध्वनि को प्रतिध्वनि कहते हैं। यदि स्रोत परावर्तक तल के समीप स्थित होगा तो प्रति ध्वनि नहीं सुनाई देगी प्रति ध्वनि सुनने के लिए न्यूनतम 16.6 मी. (लगभग 17 मी.) की दूरी ध्वनि स्रोत व परावर्तक तल के बीच होना चाहिए। कोई ध्वनि हमारे कानों में .1 सेकेण्ड तक रहती है। अत: प्रति ध्वनि सुनने के लिए आवश्यक है कि ध्वनि .1 सेकेण्ड बाद हमारे कानों तक पहुँचें। चन्द्रमा पर प्रतिध्वनि नहीं सुनाई देगी।

अनुरणन—किसी हाल में ध्वनि स्रोत के बन्द करने के बाद भी ध्वनि का कुछ देर तक सुनाई देना 'अनुरणन' या अनुगूज कहलाता है। जितने समय तक यह ध्वनि सुनाई देती है उसे अनुरणन काल कहते हैं। किसी हाल का अनुरणन काल यदि .8 सेकेण्ड से अधिक है तो वक्ता द्वारा दिया गया भाषण सुनाई नहीं देगा। अनुरणन काल शून्य वाले हाल को गूँजहन हाल (Dead Hall) कहते हैं। अनुरणन रोकने हेतु हाल ही दीवारें खुरदरी एवं मोटे पर्दों से ढ़क दी जाती है। अनुरणन शून्य होने पर आवाज बहुत धीमी सुनाई देगी।

ध्वनि का अपवर्तन—प्रकाश की भाँति ध्वनि तरंगे भी माध्यम के परिवर्तन से अपवर्तित हो जाती है। ध्वनि तरंगों का अपवर्तन वायु की भिन्न भिन्न पर्तों का ताप भिन्न होने के कारण होता है। गर्म वायु में ध्वनि की चाल उण्डी वायु की अपेक्षा अधिक होती है अत: ध्वनि तरंगे तब गर्म वायु से उण्डी वायु में या ठण्डी वायु से गर्म वायु में प्रवेश करती हैं तो अपने मार्ग से विचलित हो जाती है। दिन के समय गर्मी के कारण पृथ्वी के समीप की वायु ऊपर की अपेक्षा अधिक गर्म होती है। जिससे किसी स्रोत से उत्पन्न ध्वनि दूर तक नहीं सुनाई देती इसके विपरीत रात्रि के समय ध्वनि दूर तक सुनाई देती है क्योंकि पृथ्वी के आस पास के बजाय ऊपरी परत का ताप अधिक होता है।

मुक्त दोलन—वस्तु के दोलन जिन पर कोई बाह्य बल अपना प्रभाव नहीं डालता है मुक्त दोलन कहलाता है। दोलनकारी वस्तुओं पर कोई बाह्य बल कार्य करता है जो इनके दोलनों को नष्ट करता है इस बल को अवमन्दक बल कहते हैं।

अनुनाद—किसी मुक्त दोलन करने वाली वस्तु पर कोई बाह्य आवर्त बल लगाने पर वस्तु प्रणेदित दोलनों के अन्तर्गत दोलन करती है लेकिन यदि बाह्य आवर्त बल की आवृत्ति वस्तु की अपनी स्वाभाविक आवृत्ति के बराबर हो तो दशा में दोलनों का आयाम बहुत अधिक बढ़ जाता है इसी अवस्था को अनुनाद कहते हैं। इसका उदाहरण सेना का पुल पार करते समय मार्च पास्ट न करने की सलाह, गायक के स्वर से खिड़की का टूटना, बस की खड़खड़ाहट आदि।

ध्वनि का व्यतिकरण—दो समान आवृत्ति व आयाम की दो ध्वनि तरंगे एक साथ किसी बिन्दु पर पहुँचती हैं तो उस बिन्दु पर ध्वनि ऊर्जा का पुनर्वितरण हो जाता है। इसे ही ध्वनि का व्यतिकरण कहते हैं। यदि दोनों तरंगे एक ही कला (Phase) में पहुँचती है तो परिणामी आयाम दोनों तरंगो के योग के बराबर होने से ध्वनि तीव्र होगी इसे संपाती व्यतिकरण कहते हैं। यदि दोनों तरंगे विपरीत कला में मिलती हैं तो व्यतिकरण विनाशी होगा व ध्वनि की तीव्रता न्यूनतम होगी।

ध्वनि का विवर्तन—ध्वनि तरंगे के मार्ग में आये अवरोध के कारण उनका मुड़कर स्रोत से स्त्रोत तक पहुँचना ध्वनि का विवर्तन कहलाता है।

पराध्वनिक व प्रघाती तरंगे—यदि किसी गतिशील पिण्ड की चाल किसी गैस में, उसी गैस मे ध्वनि की चाल से अधिक हो जाती है तो पिण्ड की चाल को पराध्वनिक चाल कहते हैं। पिण्ड की चाल ध्वनि की चाल से अधिक होने पर, पिण्ड अपने पीछे अपने वायु की एक शंक्वाकार हलचल छोड़ता जाता है। जैसे—पिण्ड दूर जाता है, इसका आकार बढ़ता जाता है। इस प्रकार की हलचल को प्रघाती तरंग कहते हैं। अत्याधिक ऊर्जा संचित होने के कारण ये तरंगे किसी भवन आदि से टकराने पर उसे नष्ट कर सकती है।

ऊष्मा

ऊष्मा—ताप वस्तु का वह गुण है जो वस्तु के ठण्डेपन या गर्मपन की भाप को प्रकट करती है। ऊष्मा उसे कहेंगे जो भिन्न-भिन्न तापों पर रखी दो वस्तुओं के बीच स्थानान्तरित होती है तथा इनको समान ताप पर लाती है। ऊष्मा एक प्रकार की ऊर्जा है जो दो वस्तुओं के बीच तापान्तर के कारण एक वस्तु से दूसरी वस्तु में बहती है। ऊष्मा ऊर्जा का एक रूप है जिसे कार्य में बदला जा सकता हे इसे रमुईर्ड ने दो बई के टुकडों को आपस में रगड़ कर सिद्ध कर दिया।

जब कार्य को ऊष्मा में या ऊष्मा को कार्य में बदला जाता है तो किये गये कार्य व उत्पन्न ऊष्मा का अनुपात एक स्थिरांक होता है।

ऊष्मा के मात्रक—

1. एक ग्राम जल का ताप 1°C बढ़ाने के लिए आवश्यक ऊष्मा की मात्रा को कैलोरी कहते हैं।
2. एक ग्राम जल के ताप को 14.5 से 15.53°C तक बढ़ाने में प्रयुक्त ऊष्मा की मात्रा को अन्तर्राष्ट्रीय कैलोरी कहते हैं। एक किग्रा जल के ताप को 14.5 से 15.5°C तक बढ़ाने के लिए प्रयुक्त आवश्यक ताप की मात्रा को किलो कैलोरी कहते हैं।
3. 1 पौंड पानी का ताप 1 डिग्री फारेनहाइट बढ़ाने के लिए आवश्यक ऊष्मा की मात्रा को ब्रिटिश थर्मल यूनिट कहते हैं।

ताप मापन—तापमापन हेतु प्रयुक्त उपकरण को तापमापी कहते हैं। तापमापी में पारे का उपयोग उसके प्रसार के गुण के कारण किया जाता है। ताप मापन में पदार्थ के दो अवस्थाओं को लेते है। पहला प्रामाणिक वायु मण्डलीय दाब पर गलते हुए बर्फ की अवस्था तथा दूसरा उबलते हुए जल की अवस्था इसमें गलते बर्फ के ताप को हिमांक तथा उबलते हुए जल को भाप बिन्दु या क्वथनांक कहते हैं।

ताप के पैमाने—

1. **सेल्सियस पैमाना**—आविष्कार स्वीडिश वैज्ञानिक सेल्सियस द्वारा। इसमें हिमांक 0ºC तथा 100ºC होता है बीच के भाग को 100 बराबर भागों में बांट दिया गया है।
2. **फारेनहाइट पैमाना**—आविष्कार जर्मन वैज्ञानिक फारेनहाइट ने किया था। इसमें हिमांक 32ºF तथा क्वथनांक 212ºF होता है बीच के भाग को 180 बराबर भागों में बांट दिया गया है।
3. **रयूमर पैमाना**—इसमें हिमांक 0ºR तथा क्वथनांक 800R होता है बीच के भाग को 80 बराबर भागों में बांट दिया गया है।
4. **केल्विन पैमाना**—इसमें हिमांक 2730 K तथा क्वथनांक 3730 K होता है। बीच के भाग को 100 भागों में बांटा गया है। केल्विन पैमाने पर हिमांक से नीचे 2730 K ताप को (00 K) परम शून्य ताप कहते हैं। इसके नीचे कोई ताप संभव नहीं है।

तापमापी—तापमापन हेतु प्रयुक्त यंत्र को तापमापी कहते हैं। यह ताप बढ़ने पर द्रवों में होने वाले प्रसार के सिद्धान्त पर कार्य करता है। अल्कोहल एवं पारा का प्रयोग मुख्य रूप से ऐसे द्रव के रूप में किया जाता है। अल्कोहल का प्रयोग ऐसे तापमापियों में किया जाता है जो—40ºC नीचे ताप के मापन हेतु प्रयुक्त होते हैं। ताप मापन हेतु कई प्रकार के तापमापी प्रयुक्त होते हैं—

1. **द्रव तापमापी**—इसमें पारे का उपयोग होता है और 357ºC तक के ताप का मापन होता है क्योंकि पारे का क्वथनांक 357ºC होता है।
2. **गैस तापमापी**—500ºC तक ताप मापने हेतु हाइड्रोजन तथा 1500ºC तक के ताप मापन हेतु नाइट्रोजन का प्रयोग होता है।
3. **प्लेटिनम प्रतिरोधा तापमापी**—गैस मापमापी की तुलना में इसका प्रयोग सरल है इसके द्वारा 200 से 1200ºC तक के ताप को माप सकते है। यह ताप के बढ़ने पर धातु के तार के विद्युत प्रतिरोध में होने वाले परिवर्तन के सिद्धान्त पर कार्य करता है।
4. **उत्तापमापी**—इसमें तापमापी को वस्तु के सम्पर्क में नहीं रखना पड़ता अपितु दूर से ही वस्तु से उत्सर्जित विकिरण ऊर्जा के माप कर वस्तु का ताप लेते है। उसके द्वारा 800ºC से नीचे का ताप नहीं मापते क्योंकि इससे नीचे ताप पर वस्तु से ऊष्मीय विकिरण का उत्सर्जन नहीं होता है।

ऊष्मीय प्रसार—सामान्यत: ताप बढ़ाने पर पदार्थ के अणुओं के बीच की दूरी बढ़ने से उसके आयतन में वृद्धि हो जाती है परन्तु पानी 0ºC से 4ºC के बीच, सिल्वर आयोडाइड 80ºC से 140ºC के बीच सिलिका 80ºC के नीचे का ताप बढ़ानें पर संकुचित होते हैं। इस प्रकार ऊष्मा प्रदान करने से पदार्थ के आयतन में होने वाले प्रसार को ऊष्मीय प्रसार कहते हैं।

ठोसों का प्रसार—किसी ठोस को गर्म करते हैं तो इसका सभी दिशाओं में प्रसार होता है। किसी लम्बी छड़ को गर्म करने पर होने वाले प्रसार को रेखीय प्रसार कहते हैं। आयताकार वस्तु में होने वाले प्रसार को क्षेत्रीय प्रसार कहते हैं। घनाकार वस्तु में होने वाले प्रसार को आयतन प्रसार कहते हैं। ऊष्मीय प्रसार के उदाहरण रेल की पटरियों के बीच जगह का छोड़ा जाना, बैलगाड़ी के पहियें पर हाल चढ़ाते समय गर्म करना, गर्मी में लोलक घड़ी का सुक्त होना, काँच के गिलास में गर्म चाय या पानी डालनें पर टूटना आदि इसके उदाहरण है।

पायरेक्स काँच में ऊष्मीय प्रसार कम होने के कारण इनसे बने बर्तन व गिलास नहीं टूटते हैं।

द्रवों का प्रसार—ठोसों की भाँति द्रवों को भी गर्म करने पर इनमें प्रसार होता है परन्तु आकार अनिश्चित होने के कारण इनमें मात्रा आयतन प्रसार होता है। द्रव को जिस बर्तन में गर्म करते हैं उसके (बर्तन) प्रसार होने के कारण प्रारम्भ में द्रव का तल कुछ गिर जाता है।

- किसी पदार्थ के द्रव्यमान व आयतन के अनुपात को घनत्व कहते हैं। द्रवों को गर्म करने पर ठोसों की अपेक्षा इसके आयतन में अधिक प्रसार होता है।

पानी का असामान्य प्रसार—अधिकांश द्रवों को गर्म करने पर आयतन बढ़ता हैं, व घनत्व घटता है परन्तु पानी को 0ºC से 4ºC के बीच गर्म करने पर आयतन घटता है व घनत्व बढ़ता है। 4ºC से आगे गर्म करने पर पानी का भी आयतन बढ़ने व घनत्व घटने लगता है। पानी के इसी असामान्य प्रसार के कारण ठण्डें प्रदेशों में तालाबों का पानी जम जाने के बावजूद जलीय जीव जीवित रहते है। बर्फ जमने पर पानी के आयतन में प्रसार होने के कारण नल के पाइप फट जाते है चट्टानें टूट जाती हैं तथा पेड़ भी फट जाते हैं।

ऊष्मा का संरचण—अधिक ताप से निम्न ताप की ओर ऊष्मा के स्थानान्तरण को ऊष्मा का संचरण कहते हैं। ऊष्मा का संचरण तीन विधियों-चालन, संवहन एवं विकिरण विधियों से होता है।

चलन—पदार्थ के कणों का अपना स्थान परिवर्तन किए बिना ऊष्मा का स्थानान्तरण एक स्थान से दूसरे स्थान को होना चालन विधि से संचरण है। ठोसों में ऊष्मा का संचरण इसी प्रकार होता है। छड़ के एक सिरे को गर्म करने पर कम्पन शील कण ऊष्मीय ऊर्जा को टकर कर आगे बढ़ाते रहते हैं। ऊष्मा चालकता के आधार पर पदार्थ तीन प्रकार के होते हैं—

चालक—जिनसे ऊष्मा सरलता से गमन करती हैं-सभी धातु, अम्लीय जल, मानव शरीर ऊष्मा के चालक है।

कुचालक—जिनसे होकर ऊष्मा सरलता से न गमन करे या बहुत कम करे कुचालक कहलाते हैं। जैसे-लकड़ी, काँच, सिलिका, गैसें, रबर आदि।

ऊष्मावरोधी—जिनसे होकर ऊष्मा का चालन बिल्कुल न हो ऊष्मावरोधी कहलाते हैं जैसे—ऐस्वेस्ट्स, एबोनाइट आदि।

संवहन—जिस प्रक्रिया में ऊष्मा का चालन पदार्थों के कणों के स्थानान्तरण के द्वारा होता है संवहन कहलाती है। पदार्थ के कणों के स्थानान्तरण से धाराएं उत्पन्न होती हैं जिन्हें संवहन धाराएं कहते हैं। इस विधि से ऊष्मा का स्थानान्तरण गैसों एवं द्रवों में होता है। ऊष्मा संवहन के कारण ही दिन के समय समुद्रतटीय क्षेत्रों में 'समुद्री समीर' तथा रात्रि के समय 'स्थलीय समीर' चलते हैं। घरों में ऊंचाई पर रोशनदान का लगाया जाना एवं कारखानों की चिमनियों का ऊंचा होना भी संवहन विधि से ऊष्मा स्थानान्तरण का उदाहरण है।

विकिरण—चालन, संवहन के विपरीत विकिरण द्वारा ऊष्मा संचरण हेतु किसी माध्यम की आवश्यकता नहीं पड़ती। इस विधि द्वारा निर्वात में भी ऊष्मा का संचरण होता है। सूर्य से ऊष्मा इसी विधि से पहुँचती है।

उत्सर्जन—प्रत्येक वस्तु सभी ताप पर विकिरण द्वारा ऊर्जा का उत्सर्जन करते हैं इस ऊर्जा को विकिरण ऊर्जा या ऊष्मीय विकिरण कहते हैं। यह विद्युत चुम्बकीय तरंगों के रूप में प्रकाश की चाल से चलती है। वस्तुओं का ताप बढ़ानें से निकलने वाली विकिरण की मात्रा बढ़ती जाती है। उत्सर्जन वस्तु के तल की प्रकृति, क्षेत्रफल, ताप आदि पर निर्भर करती है। चमकदार व श्वेत तल से ऊष्मीय विकिरण का उत्सर्जन बहुत कम तथा काले व खुरदरें तलों से ऊष्मीय विकिरण का उत्सर्जन अधिक होता है। जो पिण्ड अपने सतह से सभी प्रकार के ऊष्मीय विकिरण का पूर्णतया उत्सर्जन करता है, उसे कृष्णिका (Black Body) कहते हैं।

अवशोषण—पिण्ड द्वारा ऊष्मीय विकिरण के अवशोषित होने की क्रिया को अवशोषण तथा इस प्रकार के पिण्ड को अवशोषक कहते हैं। पिण्ड पृष्ठ पर गिरने वाले सम्पूर्ण विकिरण को अवशोषित नही करता हैं अत: विकिरण अवशोषित करने की क्षमता के आधार पर पिण्डों को दो वर्गों में बांटा गया है।

वे पिण्ड जो अधिकतर ऊष्मीय विकिरण को परावर्तित कर देते हैं अच्छे परावर्तक तथा बुरे अवशोषक होते हैं सफेद व चिकनी सतह के पिण्ड।

वे पिण्ड जो अपने ऊपर आपतित विकिरण का अधिकतर भाग अवशोषित कर लेते हैं अच्छे अवशोषक तथा बुरे परावर्तक कहलाते हैं। जैसे काली व खुरदरी सतह के पिण्ड।

दैनिक जीवन में बहुत से उदाहरण है—जैसे—गर्मी में सफेद व ठण्डी में रंगीन कपड़ें पहनना (धूप से बचने हेतु सफेद छातों का प्रयोग, खाना पकाने वाले बर्तनों की निचली सतह काली व खुरदरी बनाना, पालिश किये जूतों से कम गर्मी लगना, पहाड़ों पर गर्मी का मौसम सुहावना होना।

किरचोफ का नियम—जो पिण्ड किसी ताप पर अधिक ऊष्मा का उत्सर्जन करते हैं वहीं कम ताप पर ऊष्मा का अच्छा शोषण भी करते हैं तथा अच्छे अवशोषक अच्छे उत्सर्जक भी होते हैं इसके विपरीत बुरे अवशोषक, बुरे उत्सर्जक होते हैं।

न्यूटन का शीतलन का नियम—किसी वस्तु के ठण्डे होने की दर वस्तु तथा उसके चारों ओर के माध्यम के तापान्तर के अनुक्रमानुपाती होती है। वस्तु जैसे ठण्डी होती जाती है उसके ठण्डें होने की दर कम होती जाती है।

थर्मस फ्लास्क—वस्तुओं को देर तक ठंड़ा या गर्म रखने के लिए एक विशेष प्रकार की बोतल का प्रयोग किया जाता है जिसे थर्मस फ्लास्क कहते हैं। इसका आविष्कार डिवार (Dewar) ने किया था। थर्मस में चालन, संवहन, विकिरण वाष्पन आदि सभी प्रकार से ऊष्मा का आना जाना बन्द हो जाता है।

ग्रीन हाउस प्रभाव—काँच या पारदर्शी प्लास्टिक ही चादरों से निर्मित प्रकोष्ठ, जिसमें प्रकाश एवं ऊष्मा प्रवेश तो कर जाती है परन्तु ऊष्मा बाहर नहीं निकल पाती और प्रकोष्ठ का तापमान बाहर के तापमान से अधिक बना रहता है। ऐसे प्रकोष्ठ को ग्रीन हाउस कहते हैं। प्रकोष्ठ के अन्दर ऊष्मा के संकेद्रण के प्रभाव से तापवृद्धि की घटना को ग्रीन हाउस प्रभाव कहते हैं।

कार्बन डाई आक्साइड़, मिथने, क्लोरो फ्लोरो कार्बन, जलवाष्प, नाइट्रस आक्साइड आदि ऊष्मारोधीं गैसें पृथ्वी के चारों ओर आच्छादित होकर ऊष्मारोधी घेरा बनाती हैं इन गैसों से होकर सौर विकिरण पृथ्वी पर आ तो जाते हैं लेकिन ये गैंसे विकिरण से उत्पन्न ऊष्मा को वापस अंतरिक्ष में जाने से रोक देती हैं जिससे वायुमण्डल में निरन्तर वृद्धि होती जा रही है। इसे ही वैंश्विक ग्रीन हाउस प्रभाव कहा जाता है। इसमें वर्तमान में विभिन्न गैसों का योगदान क्रमश—CO_2-55%, CFC-24%, CH_4-15%, N_2O 6% तथा शेष अन्य का प्रभाव है। ऐसा अनुमान है कि यदि पृथ्वी के तापमान में 3.5°C की वृद्धि हो जाए तो ध्रुवीय बर्फ पिघलनें से बहुत से तटीय नगर डूब जायेगें और कुछ द्वीपीय राष्ट्रों का अस्तित्व ही समाप्त हो जायेगा।

विशिष्ट ऊष्मा—कसी पदार्थ के एक ग्राम संहति का द्रव्यमान लेकर इसका ताप एक डिग्री सेंण्टीग्रेड बढ़ानें के लिए पदार्थ को दी गई ऊष्मा को पदार्थ की विशिष्ट ऊष्मा कहते हैं। यदि समान संहति के विभिन्न पदार्थों को लिया जाए, जिनका प्रारम्भिक ताप समान है तो एक निश्चित ताप तक गर्म करने के लिए विभिन्न मात्राओं में ऊष्मा की आवश्यकता होती है। विभिन्न पदार्थों की विशिष्ट ऊष्मा भिन्न भिन्न होती है—

पदार्थ	विशिष्ट ऊष्मा	पदार्थ	विशिष्ट ऊष्मा
पानी	1.0	बालू	.20
एल्कोहल	.60	कार्बन	.17
बर्फ	.50	लोहा	.11
तारपीन	.42	जिंक	.093
मैग्नीशियम	.25	पीतल	.090
एल्यूमिनियम	.21	सीसा	.030
संगमरमर	.21		

सभी द्रवों एवं ठोसों की अपेक्षा पानी की विशिष्ट ऊष्मा अधिक होती हैं अर्थात् विभिन्न पदार्थों की समान संहति के ताप में समान वृद्धि की जाये तो पानी को सबसे अधिक ऊष्मा की आवश्यकता होगी और यदि समान ताप तक ठण्डा किया जाए तो सबसे अधिक ऊष्मा की प्राप्ति होगी। इसी लिए ठण्डी में कमरे को गर्म करने हेतु पाइपों में गर्म पानी की आपूर्ति की जाती है और सिकाई की बोतल में भी पानी भरी जाती है। यदि पानी की विशिष्ट ऊष्मा कम होती तो समुद्र का जल शीध्र ही वाष्प बन कर उड़ जाता। समुद्र तटीय क्षेत्रें के मौसम का सुहावना होना भी पानी की विशिष्ट ऊष्मा के कारण ही होता हैं

गुप्त ऊष्मा—जब पदार्थ की अवस्था मे परिवर्तन होता है तो उसका ताप स्थिर रहता है। अवस्था परिवर्तन के समय स्थिर ताप पर पदार्थ के निश्चित द्रव्यमान को दी गई आवश्यक ऊष्मा की मात्रा को गुप्त ऊष्मा कहते हैं।

1 किग्रा बर्फ को 0°C से पिघलकर 0°C के जल में परिवर्तित होने के लिए 80 किलोकैलोरी ऊष्मा की आवश्यकता होती है इसे ही बर्फ की गुप्त ऊष्मा कहते हैं। इसी प्रकार 1 किग्रा जल को 100°C से 100°C की भाप मे परिवर्तित होने के लिए 540 किलोकैलोरी ऊष्मा की आवश्यकता होती है। इन्हीं कारणों से ठण्डे पेय को 0°C के पानी में रखकर बई से ढ़क देने से वे अधिक ठण्डे होते क्योंकि एक ग्राम बर्फ पानी में परिवर्तित होते समय 336 जूल ऊष्मा अवशोषित करता है। इसी प्रकार 100°C के जल की अपेक्षा 100°C के भाप से जलने पर अधिक जलन होती है क्योंकि भाप में जल की अपेक्षा अधिक गुप्त ऊष्मा होती है

गलन तथा गलनाँक—ठोस अवस्था से पदार्थ के द्रव अवस्था में परिवर्तन को गलन कहते हैं। वह ताप जिस पर पदार्थ ठोस अवस्था से द्रव अवस्था में परिवर्तित होता है ठोस का गलनाँक कहलाता है। साधारणत: पिघलने पर पदार्थ का प्रसार होता है। व जमने पर संकुचित होता है परन्तु, बर्फ, ढलवाँ, लोहा, विस्मार्थ इसके अपवाद हैं। वे पदार्थ जो पिघलनें पर संकुचित होते हैं उन पर दाब बढ़ानें से उनका गलनाँक कम हो जाता है जैसे—बर्फ, मोम, घी आदि वे पदार्थ जो पिघलनें पर प्रसारित होते हैं उन पर दाब बढ़ानें से उनका गलनाँक बढ़ जाता है। अपद्रव्यों को मिलाने से गलनाँक कम हो जाता है 0°C पर पिघलती बर्फ में नमक या शोर मिलाने से बर्फ का गलनाँक 0°C से—22°C तक गिर जाता है। ऐसे मिश्रण को हिम मिश्रण कहते हैं। इनका उपयोग कुल्फी एवं आइसक्रीम जमाने मे किया जाता हैं बर्फ के दो टुकडों को आपस में दबाकर दबाव हटानें पर गलनाँक कम होने के कारण दोनों आपस में चिपक जाते है।

वाष्पीकरण—द्रव अवस्था से वाष्प में परिवर्तन की प्रक्रिया को 'वाष्पीकरण' कहते हैं। यह प्रक्रिया द्रव की सतह से होता है। वाष्पीकरण में द्रव के अणु जिनकी ऊर्जा सामान्य से अधिक होती है द्रव की सतह छोड़कर चले जाते हैं जिससे द्रव का ताप गिर जाता है। वाष्पीकरण वायुमण्डल में उपस्थित वाष्प की मात्रा, द्रव सतह के क्षेत्रफल तथा द्रव के ताप पर निर्भर करता है। वायुमण्डल में जलवाष्प की मात्रा के कारण ही गीले कपड़े गर्मियों में जल्दी तथा बरसात में देर से सूखते है। सुराही के पानी का ठण्डा होना, पसीना सूखने से शरीर को ठण्डक महसूस होना, ईथर या पेट्रोल का हथेली पर रखने पर ठण्डा लगना, आदि वाष्पन के कारण ही है जो वाष्पित होने के लिए आवश्यक ऊष्मा सुराही के जल से या शरीर से प्राप्त करते है।

क्वथन तथा क्वथनाँक—सामान्य रूप में वाष्पन द्रव की सतह से एवं धीमी होती है परन्तु ताप बढ़ानें पर द्रव तेजी से वाष्प में परिवर्तित होने लगता है। ऐसी स्थिति जब द्रव का ताप स्थिर होकर सम्पूर्ण पृष्ठ से वाष्पीकरण की प्रक्रिया प्रारम्भ हो जाए 'क्वथन' कहलाता है और वह स्थिर ताप जिस पर क्वथन होता है क्वथनाँक कहलाता है। दाब बढ़ाने पर सामान्यतया सभी पदार्थों का क्वथनाँक बढ़ जाता है।

आपेक्षिक आद्रर्ता—वायु मंडल में वायु के साथ घुली हुई जलवाष्प को आद्रर्ता कहते हैं। किसी निश्चित ताप पर वायु जलवाष्प की एक निश्चित मात्रा ही ग्रहण कर सकती है वायु की इस अवस्था को संतृप्त (Saturated) अवस्था कहते हैं। यदि वायु के ताप को बढ़ा दिया जाए तो वायु को संतृप्त करने के लिए और जलवाष्प की आवश्यकता होगी। अत: किसी दिये हुए ताप पर वायु के किसी आयतन में उपस्थित जलवाष्प की मात्रा तथा उसी ताप पर, उसी आयतन की वायु को संतृप्त करने के लिए आवश्यक जलवाष्प की मात्रा के अनुपात को आपेक्षिक आद्रर्ता कहते हैं। आपेक्षिक आद्रर्ता को हाइग्रोमीटर नामक यंत्र से मापते हैं। समुद्रतटीय क्षेत्रों के वायु में वाष्प की मात्रा अधिक होने के कारण सूती कपड़ा उद्योग अधिक विकसित है क्योंकि जलवाष्प के कारण प्राप्त नमी से धागे मजबूत तथा आसानी न टूटने वाले बनते हैं। आपेक्षिक आद्रर्ता के कारण गर्मी के दिनों में वायुमण्डल में उपस्थित जलवाष्प गर्मी पाकर गर्म होती है और जलवाष्प का घनत्व घटता है। घनत्व घटने के कारण जल वाष्प हल्की होकर ऊपर उठती है। वायुमण्डल के ऊपरी भाग में दाब व तापकम होने के कारण जलवाष्प फैलती है व पानी के बूदों के रूप में तैरती है जिसे बादल कहते हैं। जब वायुमण्डलीय ताप और गिर गिर जाता है तो ये छोटी-छोटी बूँदें बड़ी बूंदों में परिवर्तित होकर पृथ्वी पर गिरने लगती हैं जिसे वर्षा कहा जाता हैं यदि वायुमण्डलीय ताप गिरकर 0°C तक पहुँच जाता है तो ये बूंदें बर्फ में परिवर्तित होकर गिरने लगती हैं जिसे हिमपात (ओलावृष्टि) कहते हैं। ठण्डक के दिनो में वायुमण्डल का ताप गिर जाने से पृथ्वी की सतह पर वायु में घुली जल वाष्प छोटी-छोटी बूँदों के रूप में धूल आदि कणों के साथ हवा में तैरती रहती है जिससे पृथ्वी के निकट का वायुमण्डल धुंधला दिखाई देता है इसे कोहरा कहते हैं। दृश्यता के आधार पर यह कई प्रकार का होता है—

हल्का कोहरा	1100 मी. तक दृश्यता
माध्यम कोहरा	1100 से 550 मी. तक
घना कोहरा	550 से 330 मी. तक
अति सघन कोहरा	330 मी. से कम दृश्यता

वतानुकूलन—सामान्यता मनुष्य के स्वास्थ्य व अनुकूल जलवायु के लिए—23°C से 25°C ताप, 60 प्रतिशत आपेक्षिक आद्रर्ता तथा .75 मी./ मिनट से 2.5मी./ मिनट के बीच वायु की गति होनी चाहिए। यदि किसी स्थान की जलवायु इन परिस्थियों के अनुरूप नहीं है तो वह मनुष्य के लिए आरामदेह एवं स्वास्थ्यकर नहीं होगी। अत: जलवायु को अनुकूल बनाने के लिए बाहय परिस्थितियों को कृत्रिम रूप से निर्धारित एवं नियंत्रित करने की प्रक्रिया को ही वातानुकूलन कहते हैं।

प्रकाश

प्रकाश—प्रकाश एक प्रकार की ऊर्जा है, जो हमारी आँखों को संवेदित करता है। प्रकाश स्रोत से निकलकर पहले वस्तु पर पड़ता है तथा इन वस्तुओं से लौटकर हमारी आँखों को संवेदित करके वस्तु की स्थिति का ज्ञान कराता है।

तारा, सूर्य एवं अन्तरिक्ष के अन्य ग्रह प्रकाश के प्राकृतिक स्रोत है। तारों में हाइड्रोजन के संलयन से उत्पन्न ऊर्जा से वे प्रकाश एवं ऊष्मा का उत्सर्जन करते है। सूर्य 4×10^{26} जूल/सेकेण्ड की दर से ऊर्जा दे रहा है और 4×10^{9} किग्रा/सेकेण्ड की दर से अपना द्रव्यमान कम कर रहा है।

कुछ प्राणी (जुगनू आदि) भी प्रकाश का उत्सर्जन करते हैं ऐसे प्रकाश को जैन प्रकाश कहते हैं। माचिस, मोमबत्ती, विद्युत बल्ब आदि कृत्रिम प्रकाश के स्रोत है। प्रकाश के आधार पर वस्तुओं के निम्न प्रकार है—

1. **प्रदीप्त वस्तुएं**—वे जो स्वयं के प्रकाश से प्रकाशित हों जैसे—सूर्य, विद्युत, बल्ब आदि।
2. **अप्रदीप्त वस्तुएं**—वे वस्तुएं जिनमें स्वयं का प्रकाश नहीं होता परन्तु प्रकाश पड़ने पर दिखाई देने लगती हैं जैसे—कुर्सी, मेज, किताब आदि।
3. **पारदर्शक वस्तुएं**—जिनसे होकर प्रकाश किरणें पार निकल जाती हैं। जैसे—शीशा।
4. **अर्धपारदर्शक वस्तुएं**—ऐसी वस्तुएं जिन पर प्रकाश की किरणें पड़ने पर उनका कुछ भाग अवशोषित हो जाता है तथा कुछ भाग बाहर निकल जाता है जैसे—तेल लगा हुआ कागज।
5. **अपारदर्शक वस्तुएं**—ऐसी वस्तुएं जिनसे प्रकाश की किरणें बाहर नहीं जा पाती है जैसे धातुएं, लकड़ी आदि।

छाया—प्रकाश स्रोत के सामने किसी अपारदर्शक वस्तु को रखने से वस्तु के पीछे बनने वाली काली आकृति को छाया कहते हैं। यह प्रकाश स्रोत की आकृति पर निर्भर करता है। यदि स्रोत कोई बिन्दु स्रोत है तो बनने वाली छाया को प्रच्छाया (Umbra) और यदि वृहत् स्रोत है तो बनने वाली छाया को उपछाया (Penumbra) कहते हैं।

प्रकाश का संचरण—प्रकाश किरणें यद्यपि सीधी रेखा में गमन करती है फिर भी अवरोधों के किनारे पर कुछ मुड़ती अवष्य है तरंगदैर्ध्य अत्यंत छोटी होने के कारण महसूस बहुत कम होती है। प्रकाश का अवरोधों के किनारे मुड़ने की घटना को प्रकाश का विवर्तन (Diffraction) कहते हैं।

प्रकाश की चाल—भिन्न-भिन्न माध्यमों में प्रकाश की चाल भिन्न-भिन्न होती है। वायु तथा निर्वात में प्रकाश की चाल सर्वाधिक होती है। चाल माध्यम के अपवर्तनाँक (Refractive Indexes) पर निर्भर करती है। जिस माध्यम का अपवर्तनाँक जितना अधिक होता है उसमें प्रकाश की चाल उतनी ही कम होती हैं किसी माध्यम में प्रकाश की चाल ज्ञात करने हेतु सूत्र-$u=kc/\mu$ का प्रयोग करते हैं जहाँ न प्रकाश की चाल, c प्रकाश की निर्वात में चाल तथा μ माध्यम का अपवर्तनाँक है। पृथ्वी तक आने में सूर्य के प्रकाश को लगभग 8 मिनट 16 सेकेंड या मिनट लगते हैं।

विभिन्न माध्यमों में प्रकाश की चाल

माध्यम	प्रकाश की चाल (मी./सेकेण्ड)
निर्वात	3.00×10^8
पानी	2.25×10^8
काँच	2.00×10^8
तारपीन तेल में	2.04×10^8
नाइलोन	1.96×10^8

सूर्यग्रहण—जब चन्द्रमा, सूर्य तथा पृथ्वी के बीच आ जाती है तो सूर्य का प्रकाश पृथ्वी तक नहीं पहुँच पाता हैं इस स्थिति को सूर्य ग्रहण कहते हैं। यह अमावस्या तिथि को ही हो सकता है।

चन्द्र ग्रहण—जब पृथ्वी, सूर्य तथा चन्द्रमा के बीच आ जाती है तब सूर्य से निकलने वाला प्रकाश चन्द्रमा पर नहीं पड़ता है ऐसी स्थिति चन्द्रग्रहण कहलाती है। यह पूर्णिमा को ही हो सकता है।

प्रकाश का परावर्तन—जब प्रकाश किसी चिकने या चमकदार पृष्ठ पर पड़ता है तो इसक अधिकांश भाग विभिन्न दिशाओं में वापस लौट जाता है इस प्रकाश किसी पृष्ठ से टकराकर प्रकाश के वापस लौटने की घटना को प्रकाश का परावर्तन कहते हैं यदि पृष्ठ अपारदर्शक है तो इसका कुछ भाग अवशोषित हो जाता है यदि पारदर्शक है तो कुछ भाग पृष्ठ के पार निकल जाता है। चिकने व चमकदार पॉलिश किये सतह अधिकांश प्रकाश को परावर्तित कर देते हैं। समतल दर्पण प्रकाश का सबसे अच्छा परावर्तक होता है। परावर्तक पृष्ठ के लम्बवत् सीधी रेखा को अभिलम्ब तथा जो किरण परावर्तक तल पर आकर गिरती है उसे आपाती किरण एवं जो किरण परावर्तन के पश्चात् वापस लौट जाती है उसे परावर्तित किरण कहते हैं। आपाती किरण व अभिलम्ब के बीच के कोण को आपतन कोण एवं अभिलम्ब एवं परावर्तित किरण के बीच के कोण को परावर्तन कोण कहते हैं।

प्रकाश का परावर्तन दो नियमों पर आधारित होता है—

1. आपाती किरण, परावर्तित किरण व अभिलम्ब एक ही तल में होते हैं।
2. आपतन कोण, परावर्तन कोण के बराबर होता है।

प्रकाश का अपवर्तन—प्रकाश का एक माध्यम से दूसरे माध्यम में प्रवेश करते समय, दूसरे माध्यम की सीमा पर अपने रेखीय पथ से विचलित होने की घटना का प्रकाश का अपवर्तन कहते हैं।

जब प्रकाश की किरण विरल माध्यम से सधान माध्यम में प्रवेश करती है तो किरण साधन माध्यम के पृष्ठ से अभिलम्ब की ओर मुड़ जाती है। जब किरण साधन माध्यम से विरल माध्यम में प्रवेश करती है तो विरल माध्यम के पृष्ठ से ही अभिलम्ब से दूर हट जाती है। लेकिन जो किरण लम्बवत् किसी भी माध्यम में प्रवेश करती है वह किसी भी तरफ न झुककर सीधे निकल जाती है। प्रकाश के अपवर्तन का कारण भिन्न-भिन्न माध्यमों में वेग का भिन्न भिन्न होना है।

किसी माध्यम का अपवर्तनांक भिन्न रंगों के प्रकाश के लिए भिन्न भिन्न होता है। प्रकाश की तरंगदैर्ध्य बढ़ने के साथ अपवर्तनांक का मान कम होता जाता है। दृश्य प्रकाश में लाल रंग का अपवर्तनांक सबसे कम तथा बैगनी रंग का सबसे अधिक होता है कारण लाल रंग की तरंगदैर्ध्य सबसे अधिक व बैंगनी रंग की सबसे कम होती है। ताप बढ़ने के साथ अपवर्तनांक का मान कम होता जाता हैं अपवर्तन की क्रिया में प्रकाश की चाल, तरंगदैर्ध्य तथा तीव्रता बदल जाती है परन्तु आवृत्ति नहीं बदलती है। अपवर्तन के कारण ही पानी में डूबी हुई कोई लकड़ी या चम्मच बाहर से देखने पर टेढ़ी दिखती है। रात्रि में तारों का टिमटिमाना, तालाब की गहराई कम प्रतीत होना, सूर्य का क्षितिज के नीचे होने पर भी दिखाई देना आदि

अपवर्तन के कारण होते हैं। जल में किसी वस्तु की आभासी गहराई ज्ञात होने पर इसमें जल के अपवर्तनांक का गुणा कर देने से वास्तविक गहराई का पता चल जाता है।

पूर्ण आन्तरिक परावर्तन—जब प्रकाश सघन माध्यम से विरल माध्यम से प्रवेश करता है तो अपवर्तित किरण अभिलम्ब से दूर हटती जाती है। जैसे आपतन कोण का मान बढ़ाने जाते हैं अपवर्तित किरण अभिलम्ब से दूर हटती जाती है एक स्थिति ऐसी आती है जब आपतन कोण के लिए अपवर्तन कोण का मान 90° हो जाता है। ऐसी स्थिति जिसमें अपवर्तित कोण का मान 90° हो वह आपतन कोण क्रान्तिक कोण कहलाता है। जब आपतित कोण को क्रान्तिक कोण से और बड़ा कर दिया जाता है तो किरण पुनः उसी माध्यम में लौट जाती है जिस माध्यम से चली थी इसी घटना को प्रकाश का पूर्ण आन्तरिक परावर्तन कहते हैं। इसके बहुत से उदाहरण हैं जैसे—हीरे का चमकना, गर्म व ठण्डे प्रदेशों में मरीचिका (Looming) का दिखायी देना, टूटे कांच का अधिक चमकना, आंशिक जल से भरी परखनली को जल में डुबाने पर चांदी की तरह चमकना आदि है।

मेडिकल, प्रकाशीय सिग्नल के संचरण, विद्युत सिग्नलों को भेजने व प्राप्त करने में ऑप्टिकल फाइबर का उपयोग होता है जो पूर्ण आन्तरिक परावर्तन के सिद्धान्त पर कार्य करता है।

प्रतिबिम्ब—जब कोई वस्तु दर्पण के सामने रखी जाती है तो वस्तु से चलने वाली प्रकाश किरणें दर्पण के तल से परावर्तित होकर दर्शक की आंखों पर पड़ती हैं जिससे दर्शक को वस्तु की आकृति दिखाई देती है इस आकृति को ही वस्तु का प्रतिबिम्ब कहते हैं।

किसी स्रोत से चलने वाली प्रकाश किरणें किसी तल से परावर्तन या अपवर्तन के पश्चात् जिस बिन्दु पर मिलती है वह बिंदु स्रोत का वास्तविक प्रतिबिम्ब कहलाता है तथा प्रकाश किरणें परावर्तन या अपवर्तन के पश्चात् जिस बिंदु से फैलती हुई प्रतीत हो वह बिन्दु स्रोत का आभासी प्रतिबिम्ब कहलाता है। आभासी प्रतिबिम्ब को परदे पर नहीं लिया जा सकता है जब कि वास्तविक प्रतिबिम्ब को पर्दे पर लिया जा सकता है।

समतल दर्पण से बना वस्तु का प्रतिबिम्ब दर्पण के पीछे उतनी ही दूरी पर बनता है जितनी दूरी पर वस्तु दर्पण के सामने रखी होती है। दर्पण में बने प्रतिबिम्ब में पार्श्व उम्क्रमण होता है अर्थात् दर्पण के सामने खड़ा व्यक्ति यदि अपना बायां हाथ उठाता है तो प्रतिबिम्ब में उसका दायां हाथ उठता दिखेगा। दर्पण में वस्तु का सम्पूर्ण प्रतिबिम्ब देखने के लिए कम से कम दर्पण की लम्बाई वस्तु की आधी होनी चाहिए। दर्पण के सामने यदि कोई व्यक्ति किसी चाल से पास या दूर जाता है तो उसे अपना प्रतिबिम्ब दुगुनी चाल से पास या दूर जाता है तो उसे अपना प्रतिबिम्ब दुगुनी चाल से पास या दूर प्रतीत होगा।

यदि किसी कोण पर झुके हुए दो समतल दर्पणों के बीच कोई वस्तु रख दे तो उस वस्तु के कई प्रतिबिम्ब दिखाई पड़ते है। प्रतिबिम्बों की संख्या दोनों दर्पणों के बीच बने कोण पर निर्भर करती है।

$$\text{प्रतिबिम्बों की संख्या} = \frac{360}{\text{दर्पणों के बीच का कोण}} - 1$$

यदि दो समतल दर्पण एक दूसरे के समानान्तर रख दिये जाए तो इनके बीच शून्य अंश का कोण बनेगा ओर दर्पणों के बीच रखी वस्तु के अनन्त प्रतिबिम्ब बनेंगे। बहुमूर्तिदर्शी (Kaleidoscope) के अन्दर दो समतल दर्पण 600 पर झुके होते हैं जिससे वस्तु के कई प्रतिबिम्ब दिखते हैं।

गोलीय दर्पण—गोलीय दर्पण किसी खोखले गोल के गोलीय पृष्ठ होते हैं। यह दो प्रकार के होते हैं—उत्तल एवं अवतल दर्पण। उभरे हुए तल वाले जिसमें पॉलिश अन्दर की ओर की जाती है उत्तल दर्पण, तथा दूसरा जिसका तल दबा होता है पॉलिश बाहरी सतह पर होती है अवतल दर्पण कहते हैं। उत्तर दर्पण में प्रकाश का परावर्तन उभरें हुए बाहरी सतह से एवं अवतल दर्पण में परावर्तन दबे हुए आरतरिक सतह से होता है।

गोलीय दर्पण (उत्तल या अवतल) के परावर्तक तल के मध्य बिंदु को दर्पण का ध्रुव कहते हैं।

दर्पण जिस गोले का भाग होता है उसके केन्द्र को दर्पण का वक्रता केन्द्र कहते हैं।

दर्पण के ध्रुव की वक्रता केन्द्र को मिलाने वाली रेखा को दर्पण का मुख्य अक्ष कहते हैं।

दर्पण के मुख्य अक्ष के समानान्तर आने वाली किरणें दर्पण से परावर्तन के पश्चात् जिस बिंदु पर मिलती हैं या मिलती प्रतीत होती है उस बिंदु को मुख्य फोकस (Principal Focus) कहते हैं। मुख्य फोकस तथा ध्रुव के बीच की दूरी को फोकस दूरी कहते हैं, फोकस दूरी ध्रुव व मुख्य फोकस के ठीक बीच में पड़ती है।

दर्पणों की पहचान—दर्पणों को दो विधियों से पहचानते है—

1. **स्पर्श करके**—यदि परावर्तक तल एकदम समतल है तो दर्पण समतल, यदि परावर्तक तल बीच में उभरा तो उत्तल और यदि परावर्तक जल बीच में दबा हुआ है तो दर्पण अवतल दर्पण होगा।
2. **प्रतिबिम्ब को देख करके**—यदि दर्पण में बना प्रतिबिम्ब वस्तु को दर्पण से दूर ले जाने पर छोटा होता जाता है। तो दर्पण उत्तल होगा, यदि वस्तु का प्रतिबिम्ब सीधा है व वस्तु दूर ले जाने पर बढ़ता जाता है तो दर्पण अवतल होगा और यदि प्रतिबिम्ब का आकार स्थिर रहता है तो दर्पण समतल दर्पण होगा।

गोलीय दर्पणों के उपयोग

1. **अवतल दर्पण**—सूर्य से आती हुई किरणें दर्पण से परावर्तित होकर फोकस दूरी पर मिलती हैं इसका उपयोग कर सूर्य से प्राप्त ऊष्मा को एकत्रित करने में सोलर कुकर में किया जाता है क्योंकि इससे काफी मात्रा में ऊष्मा को एकत्रित किया जा सकता है। आकाशीय पिण्डों, तारों आदि की फोटोग्राफी करने के लिए परावर्तक दूरदर्शी में बड़े बड़े अवतल दर्पणों का उपयोग होता है। कान, नाक व गले के आंतरिक भागों की जाँच के लिए भी इसका उपयोग होता है क्योंकि यदि कोई वस्तु अवतल दर्पण के समीप उसकी फोकस दूरी से कम दूरी पर स्थिर की जाती है तो वस्तु का सीधा, आभासी व वस्तु के आकार से बड़ा प्रतिबिम्ब बनता है। सर्चलाइट तथा मोटरगाड़ियों के हेडलाइट में परवलयाकार अवतल दर्पण प्रयुक्त होता है क्योंकि

इसके समीप लगे बल्ब से निकलने वाली प्रकाश किरणें दर्पण से परावर्तित होकर तीव्रता की किरणों में परिवर्तित हो जाती है।

2. **उत्तल दर्पण**—उत्तल दर्पण में वस्तु का प्रतिबिम्ब आभासी एवं वस्तु से छोटा एवं सीधा होता है। अर्थात् उत्तल दर्पण में काफी बड़े क्षेत्र की वस्तु का प्रतिबिम्ब छोटे क्षेत्र में बन जाता है। स्पष्ट है कि उत्तल दर्पण का दृष्टि क्षेत्र अधिक होता है इसका उपयोग—मोटर गाड़ियों में चालक के बगल पीछे के दृश्यों को देखने के लिए किया जाता है। सड़क पर लगे परावर्तक लैम्पों में भी इसका उपयोग होता है क्योंकि ये प्रकाश को अधिक क्षेत्र में फैलाते हैं।

लेन्स—दो तलों से घिरा जिसके दोनों तल दो गोलों के पारदर्शक खण्ड होते हैं लेंस कहलाता है। इनका उपयोग सभी प्रकाशीय यन्त्रों जैस—कैमरा, प्रोजेक्टर्स, टेलिस्कोप एवं सूक्ष्मदर्शी आदि में किया जाता है। ये काँच (मुख्यत:) या प्लास्टिक के बने होते हैं। ये दो प्रकार के होते हैं—उत्तल लेंस एवं अवतल लेंस।

a. **उत्तल लेंस**—उत्तल लेंस बीच में मोटा तथा किनारों पर पतला होता है। उत्तल लेंस अनन्त से आने वाली किरणों को सिकोड़ता है इसीलिए इसे अभिसारी (Converging Lens) भी कहते हैं। उत्तल लेंस तीन प्रकार के होते हैं—उभयोत्तल, समतल उत्तल, अवतलोत्तल लेंस।

b. **अवतल लेंस**—यह बीच में पतला एवं किनारों पर मोटा होता है। अवतल लेंस अनन्त से आने वाली किरणों को फैलाता है इसे अपसारी लेंस (Diverging Lens) भी कहते हैं। यह भी तीन प्रकार के होते हैं—उभयावत्तत, समतल अवतलत तथा उत्तलावतल लेंस।

लेंस के दोनों तलों के वक्रता केंद्रों को जोड़ने वाली रेखा लेंस का मुख्य अक्ष कहलाती है। लेंसों में दो फोकस तथा दो वक्रता केन्द्र होते हैं। लेंस के द्वितीय फोकस को मुख्य फोकस भी कहते हैं। उत्तल लेंस में फोकस वास्तविक तथा अवतल लेंस में आभासी होता है। उत्तल लेंस की फोकस दूरी को धनात्मक तथा अवतल लेंस की ऋणात्मक होती है।

लेंस के मध्य में स्थित बिन्दु को लेंस का प्राकाशिक केंद्र कहते हैं। यदि लेंस के दोनें ओर का माध्यम एक समान हो तो लेंस की दोनों फोकस दूरियाँ बराबर होती है।

लेंस की क्षमता—उत्तल लेंस में जब प्रकाश किरणें मुख्य के समानान्तर चलती हुई लेंस पर आपतित होती हैं तो यह लेंस अपवर्तन के पश्चात् उन किरणों को मुख्य अक्ष की ओर मोड़ देता है तथा अवतल लेंस इन किरणों को मुख्य अक्ष से दूर हटा देता है इस प्रकार लेंस का कार्य उस पर आपतित होने वाली किरणों को मोड़ना है, इसी को लेंस की क्षमता कहते हैं। जो लेंस किरणों को जितना अधिक मोड़ता है उसकी क्षमता उतनी ही अधिक होती है। कम फोकस दूरी के लेंसो की क्षमता अधिक तथा फोकस दूरी के लेंसो की क्षमता कम होती है। लेंस की क्षमता का मात्रक डायोप्टर (Dioptre) है। उत्तल लेंस की क्षमता धनात्मक एवं अवतल लेंस की ऋणात्मक होती है। दो लेंसों को सटाकर रखने पर उनकी क्षमताएं जुड़ जाती है। जब समान फोकस दूरी के उत्तल व अवतल लेंसों को परस्पर मिलाया जाता है तो ये समतल काँच की भाँति व्यवहार करते हैं इनकी क्षमता शून्य एवं फोकस दूरी अनन्त होती है। लेंस को किसी द्रव में डुबोने पर लेंस की फोकस दूरी व क्षमता दोनों परिवर्तित हो जाती है।

यदि ऐसे द्रव मे किसी लेंस के डुबोया जाए जिसका अपवर्तनाँक लेंस के अपवर्तनाँक से कम हो तो लेंस की फोकस दूरी बढ़ती है और क्षमता घट जाती है। परन्तु लेंस की प्रकृति अपरिवर्तित रहती है।

यदि ऐसे द्रव में लेंस को डुबोया जाए जिसका अपवर्तनाँक लेंस के अपवर्तनाँक के बराबर हो तो लेंस की फोकस दूरी अनन्त व क्षमता शून्य हो जाती है और लेंस समतल प्लेट की भाँति व्यवहार करेगा व दिखाई नहीं देगा।

यदि ऐसे द्रव में किसी लेंस को डुबोया जाए कि जिसका अपवर्तनाँक लेंस के अपवर्तनाँक से अधिक हो तो लेंस की प्रकृति बदल जायेगी। इसी कारण पानी में डूबा हवा का बुलबुला (उत्तल प्रकृति है) अवतल लेंस की भाँति व्यवहार करता हैं क्योंकि जल का अपवर्तनाँक हवा से अधिक होता है।

प्रकाश का वर्ण विक्षेपण—सूर्य का प्रकाश जब किसी प्रिज्म से गुजरता है तब अपवर्तन के कारण प्रिज्म के आधार की आरे झुकने के साथ साथ विभिन्न रंगों के प्रकाश में बँट जाता है। इस प्रकार प्राप्त रंगों के समूह को वर्णक्रम (Spectrum) कहते हैं। तथा प्रकाश के विभिन्न रंगों में विभक्त होने की वर्ण विक्षेपण कहते हैं। सूर्य के प्रकाश से प्राप्त रंगों में बैगनी रंग का विक्षेपण अधिक होने के कारण सबसे नीचे तथा लाल रंग का विक्षेपण कम होने के कारण सबसे ऊपर प्राप्त होता है। नीचे से ऊपर की ओर विभिन्न रंगों का क्रम क्रमश: बैगनी, जामुनी, नीला, हरा, पीला, नारंगी तथा लाल है। इसे संक्षेप में बैजनीहपीनाला (VIBGYOR) कहते हैं। लालरंग की तरंगदैर्ध्य सबसे अधिक व अपवर्तनांक सबसे कम तथा वेग भी सर्वाधिक होता है। बैंगनी रंग के प्रकाश की तरंगदैर्ध्य सबसे कम व वेग भी सर्वाधिक होता है। बैगनी रंग के प्रकाश की तरंगदैर्ध्य सबसे कम व वेग भी कम होता है क्योंकि इसका अपवर्तनांक अधिक होता है। प्रकाश की तरंगदैर्ध्य को 'एंग्स्ट्राम' में मापते है। किसी पदार्थ में जैसे-जैसे प्रकाश के रंगों का अपवर्तनांक बढ़ता जाता है वैसे माध्यम में उसकी चाल कम होती जाती है।

इन्द्र धनुष—इन्द्र धनुष बनने का कारण परावर्तन, पूर्ण आंतरिक परावर्तन तथा अपवर्तन है। इन्द्रधनुष हमेशा सूर्य के विपरीत दिशा में दिखायी देती हैं और यह प्रात: पश्चिम में एवं सायंकाल पूर्व दिशा में ही दिखायी देती है। इन्द्र धनुष दो प्रकार की होती है—प्राथमिक एवं द्वितीयक।

जब बूदों पर आपतित सूर्य किरणों को दो बार अपर्वन तथा एक बार परावर्तन होता है तो प्राथमिक इन्द्रधनुष बनता है। इसमें लालरंग बाहर और बैगनी रंग अन्दर की ओर होता है।

जब बूदों पर आपतित सूर्य किरणों का दो बार अपवर्तन तथा दो बार परावर्तन हो तो द्वितीयक इन्द्रधनुष बनता है इसमें लालरंग अन्दर की ओर कुछ धुँधला दिखायी देता है।

प्रकाश का प्रकीर्णन—जब सूर्य का प्रकाश वायुमण्डल से गुजरता है तो प्रकाश वायुमण्डल में उपस्थित कणों द्वारा विभिन्न दिशाओं में फैल जाता है, इसी प्रक्रिया को प्रकाश का प्रकीर्णन कहते हैं। किसी रंग का प्रकीर्णन उसकी तरंगदैर्ध्य पर निर्भर करता हैं। जिस रंग के प्रकाश की तरंगदैर्ध्य कम होती है उसका प्रकीर्णन अधिक तथा अधिक तरंगदैर्ध्य वाले का प्रकीर्णन कम होता है। सूर्य के प्रकाश में बैगनी रंग का तरंगदैर्ध्य सबसे कम होने के कारण प्रकीर्णन सर्वाधिक तथा लाल रंग की तरंगदैर्ध्य सर्वाधिक होने के कारण प्रकीर्णन सबसे कम होता है। बैगनी रंग का प्रकीर्णन सर्वाधिक होने के कारण ही आकाश नीला दिखाई देता है। ओर लाल रंग के प्रकीर्णन कम होने के कारण ही डूबते व उगते समय सूर्य लाल दिखाई देता है क्योंकि अन्य रंगों का प्रकीर्णन हो जाता है। प्रकीर्णन के कारण ही समुद्र का पानी भी नीला दिखाई देता है। अन्तरिक्ष से अन्तरिक्ष यात्रियों को आकाश काला दिखाई देता है क्योंकि वहां वायुमण्डल न होने के कारण प्रकाश का प्रकीर्णन नहीं होता है। चन्द्रमा से भी आकाश काला ही दिखाई देता हैं।

वस्तुओं का रंग—प्रकाश किरणों जब वस्तुओं पर पड़ती हैं तो वे वस्तु से परावर्तित होकर देखने वाले की आँखों में प्रवेश करती है और वस्तु दिखाई देने लगती है। वस्तुएं प्रकाश का कुछ भाग परावर्तित करती हैं तथा कुछ भाग अवशोषित करती है प्रकाश का परावर्तित भाग ही वस्तुओं का रंग निर्धारित करता हैं। जैसे गुलाब की पत्तियाँ हरे रंग को तथा पंखुड़ियाँ लाल प्रकाश को परावर्तित करने के कारण हरी एवं लाल दिखती है। शेष प्रकाश को अवशोषित कर लेती हैं। यदि गुलाब को हरे प्रकाश में देखा जाए तो पत्तियां हरी एवं पंखुड़ियां काली दिखाई देती है वह उस रंग के प्रकाश को परावर्तित तथा शेष रंगों के प्रकाश को अवशोषित कर लेती है।

रंगों का मिश्रण—नीले लाल एवं हरे रंगों को उपयुक्त मात्रा में मिलाकर अन्य रंगों को प्राप्त किया जा सकता है। इन्हें प्राथमिक रंग कहते हैं रंगीन टेलीविजन में इन्हीं का प्रयोग किया जाता है। पीला, मैजेंटा, पीकॉक—ब्लू को द्वितीयक रंग कहते हैं। जिन दो रंगों को परस्पर मिलाने से सफेद प्रकाश उत्पन्न होता है उन्हें पूरक रंग (Complementary Colour) कहते हैं।

आँख—शरीर का महत्वपूर्ण अंग एक कैमरे की तरह कार्य करता है। बाहरी भाग दृढ़पटल नामक कठोर अपारदर्शी झिल्ली से ढ़की रहती है। दृढ़पटल के पीछे उभरा हुआ भाग कार्निया कहलाता है। (नेत्रदान में कार्निया ही निकाली जाती है।) कार्निया के पीछे नेत्रोद (Aqueous Humour) नामक पारदर्शी द्रव भरा होता है। कार्निया के पीछे स्थित पर्दा आइरिस आँख में प्रवेश करने वाले प्रकाश को नियंत्रित करता है जो कम प्रकाश में फैल एवं अधिक प्रकाश में सिकुड़ जाता है। इसी लिए बाहर से कम प्रकाश वाले कमरे में प्रवेश करने पर कुछ देर तक हमें कम दिखाई देता है। पुतली के पीछे स्थित लेंस द्वारा वस्तु का उल्टा, छोटा तथा वास्तविक प्रतिबिम्ब रेटिना पर बनता है। आँख में स्थित पेशियाँ लेंस पर दबाव डाल कर पृष्ठ की वक्रता को घटाती बढ़ाती रहती हैं जिससे फोकस दूरी भी कम ज़्यादा होती रहती है। रंजितपटल (Choroid) प्रकाश का अवशोषण कर लेता है और प्रकाश का परावर्तन नहीं हो पाता है। किसी वस्तु से चलने वाली प्रकाश किरणें कार्निया तथा नेत्रोद से गुजरने के पश्चात् लेंस पर पड़ती हैं लेंस से अपवर्तित होकर काँचाभ द्रव से होती हुई रेटिना पर पड़ती हैं रेटिना पर वस्तु का उल्टा एवं वास्तविक प्रतिबिम्ब बनता है। प्रतिबिम्ब बनने का संदेश दृश्य तंलिकाओं द्वारा मस्तिष्क तक पहुँचता है और वस्तु दर्शक को दिखायी देने लगती है।

आँख की समंजन क्षमता—स्पष्ट देखने के लिए आवश्यक है कि वस्तु से चलने वाली किरणें रेटिना पर ही केन्द्रित हो, किरणों के आगे पीछे केन्द्रित होने पर वस्तु दिखायी नहीं देगी। वस्तु को धीरे-धीरे आँख के समीप लायें व फोकस दूरी को उतनी ही रखें तो वस्तु से चलने वाली किरणें रेटिना के पीछे फोकस होने लगेगी और वस्तु दिखायी नहीं देगी। वस्तु को ज्यों ज्यों आँख के पाए लाते है पक्षाभिकीय पेशियाँ, लेंस की फोकस दूरी को कम करके, ऐसे समायोजित कर देती हैं कि वस्तु का प्रतिबिम्ब रेटिना पर ही बनता रहे। इस प्रकार आँख की पेशियों द्वारा नेत्र की फोकस दूरी के समायोजन के गुण को 'नेत्र की समंजन क्षमता' कहते हैं।

नेत्र के सामने की वह निकटतम दूरी जहाँ पर रखी वस्तु नेत्र को स्पष्ट दिखायी देती है नेत्र की स्पष्ट दृष्टि की न्यूनतम दूरी कहलाती है सामान्य आँख के लिए यह 25 सेमी होती है। इसे आँख का निकट बिन्दु कहते हैं। निकट बिन्दु की तरह दूर बिन्दु भी होता है सामान्य आँख के लिए यह अनन्त होती है। मनुष्य की आँख का विस्तार 25 सेमी से लेकर अनन्त तक होता है।

निकट दृष्टि दोष—इसमें व्यक्ति को दूर की वस्तुएं तो स्पष्ट दिखाई देती है किंतु एक निश्चित दूरी से अधिक दूरी की वस्तुए स्पष्ट नहीं दिखती इसमें वस्तु का प्रतिबिम्ब आँख के रेटिना पर कुछ आगे बन जाता है। इसके निवारण हेतु अवतल लेंस का प्रयोग किया जाता है क्योंकि अवतल लेंस किरणों को फैलाकर रेटिना पर केन्द्रित कर देता है।

दूर दृष्टि दोष—इसमें व्यक्ति को दूर की वस्तुएं तो स्पष्ट दिखायी देती हैं परन्तु पास की वस्तुएं नहीं दिखायी देती हैं इसमें प्रतिबिम्ब रेटिना पर न बनकर कुछ पीछे बनने लगता है। इसके निवारणार्थ उत्तल लेंस का प्रयोग किया जाता है क्योंकि उत्तल लेंस किरणों को सिकोड़ कर रेटिना पर केन्द्रित कर देता हैं।

प्रकाश का विवर्तन—प्रकाश के अवरोधों के किनारों पर मुड़नें की घटना को प्रकाश का विवर्तन कहते हैं। विवर्तन के कारण अवरोध की छाया के किनारे तीक्ष्ण नहीं होते। इसी कारण दूरदर्शी में तारो की प्रतिबिम्ब तीक्ष्ण बिन्दुओं के रूप में न दिखायी देकर अस्पष्ट धब्बों के रूप में दिखायी देते हैं। प्रकाश का विवर्तन अवरोध के आकार पर निर्भर करता हैं यदि अवरोध का आकार प्रकाश की तरंगदैर्ध्य की कोटि का है तो विवर्तन स्पष्ट होता है यदि अवरोध का आकार प्रकाश की तरंगदैर्ध्य की तुलना में बहुत बड़ा है तो विवर्तन उपेक्षणीय होगा। विवर्तन प्रकाश के तंरग प्रकृति की पुष्टि करता है। ध्वनि तरंगें अवरोधों से आसानी से मुड़ जाती हैं और श्रोता तक पहुँच जाती है।

प्रकाश तरंगों का व्यतिकरण—जब समान आवृत्ति व समान आयाम की दो प्रकाश तरंगे तो मूलत: एक ही प्रकाश स्रोत से एक ही दिशा में संचरित होती हैं तो माध्यम के कुछ बिन्दुओं पर प्रकाश की तीव्रता अधिकतम व कुछ बिन्दुओं पर तीव्रता न्यूनतम पायी जाती है। इस घटना को ही प्रकाश तरंगों का व्यतिकरण कहते हैं। जिन बिन्दुओं पर प्रकाश की तीव्रता अधिकतम

होती है वहाँ हुए व्यतिकरण को संयोजी व्यतिकरण (Constructive Interference) तथा जिन बिन्दुओं पर तीव्रता न्यूनतम होती है वहाँ हुए व्यतिकरण को विनाशी व्यतिकरण (Destructive Interference) कहते हैं। दो स्वतंत्र स्रोतों से निकले प्रकाश तरंगों में व्यतिकरण की घटना नहीं होती है। जल की सतह पर फैले मिट्‌टी के तेल तथा साबुन के बुलबुलों का रंगीन दिखाई देना व्यतिकरण का उदाहरण है।

व्यतिकरण में शून्य तीव्रता वाले स्थानों की ऊर्जा नष्ट नहीं होती बल्कि जितनी ऊर्जा नष्ट होती है उतनी ही ऊर्जा अधिकतम तीव्रता वाले स्थानों पर प्रकट हो जाती है।

प्रकाश तरंगों का ध्रुवण—प्रकाश तरंगें एक प्रकर की विद्युत चुम्बकीय तरंगे हैं जिनमें विद्युत व चुम्बकीय क्षेत्र एक दूसरे के लम्वत् होते हैं व तरंगें के सचरण की दिशा के लम्वत् तलों में कम्पन करते हैं प्रकाश के संचरण के लिए विद्युत कम्पन ही मुख्य रूप में उत्तरदायी होते हैं चूँकि प्रकाश तरंगें अनुप्रस्थ तरंगें हैं अत: ये विद्युत कम्पन तरंग संचरण की दिशा के लम्वत् होते हैं। जब ये कम्पन तल में स्थित हर दिशा में यादृच्छ रूप से वितरित होते हैं तो ऐसी तरंग को अध्रुवित तरंग और यदि विद्युत कम्पन तल में सभी दिशाओं में समान रूप से वितरित न होकर एक ही दिशा में ही तो प्रकाश तरंगों को ध्रुवित तरंगे कहते हैं।

नाइट्रो सेलुलोज तथा हरपेथाइट के मिश्रण से बने फिल्म को काँच की दो प्लेटों के बीच रखकर पोलराइड का निर्माण कर ध्रुवित उत्पन्न किया जाता है। इसका उपयोग परावर्तित प्रकाश की चकाचौंध से बचने तथा लिविमीप सिनेमा को देखने के लिए भी इनका उपयोग होता है।

कैमरा—कैमरे में उत्तल लेंस की सहायता से वास्तविक प्रतिबिम्ब प्राप्त किया जाता है। कैमरा धातु का प्रकाशरोधी बक्सा होता है। आपतित किरण को अवशोषित करने के लिए अन्दर की दीवार काली कर दी जाती हे। अगले भाग लेंस तथा पिछले अन्दर की दीवार काली कर दी जाती है। अगले भाग में लेंस तथा पिछलें भाग में सिल्वर ब्रोमाइड तथा टिन की पतली पर्त चढ़ी सेलूलाइड लगी होती है। लेंस के ठीक जिलेटिन लगे पर्दे को डायफ्राम कहते हैं डायफ्राम के छेद को आवश्यकतानुसार छोटा या बड़ा कर सकते है। लेंस के पीछे लगा कपाट खुलने से प्रकाश (1/10 से 1/50 सेंकेण्ड तक) फिल्म पर डाला जाता है। फिल्म पर प्रकाश पड़ता है उसे उद्भासन काल (Exposure Time) कहते हैं यह प्रकाश की तीव्रता पर निर्भर करता है। फिल्म को जल में धोकर, धुली फिल्म को सोडियम थायोसल्फेट (हाइपो) के जलीय घोल में डाल दिया जाता है। इसे पुन: धो व सुखाकर निगेटिव प्राप्त कर कर लेते है। जिससे वास्तविक प्रतिबिम्ब कागज पर प्राप्त कर लेते हैं। निगेटिव में सफेद भाग काले व काले भाग सफेद दिखाई देते हैं।

दर्शन कोण—वस्तु ऑख पर जितना कोण बनाती है, उसे दर्शन कोण कहते हैं वस्तु का आकार इसी पर निर्भर करता है। दर्शन कोण बड़ा होने पर वस्तु बड़ी तथा छोटा होने पर छोटी दिखाई देगी। दूरदर्शी व सूक्ष्म दर्शी द्वारा दर्शन कोण बढ़ाकर वस्तु का आभासी आकार बढ़या जा सकता है।

सरल सूक्ष्मदर्शी—यह ऐसा यंत्र है जिसकी सहायता से सूक्ष्म वस्तुओं को देख सकते हैं। इसमें छोटी फोकस दूरी का उत्तल लेंस लगा होता है। जब कोई वस्तु इसमें लगे लेंस के सामने इसकी फोकस दूरी से कम दूरी पर रखते है तब वस्तु का आभासी, सीधा व बड़ा प्रतिबिम्ब दिखाई देता है। इसका उपयोग जीवाणुओं को देखने, फिंगरिप्रंट की जाँच व छोटे पैमाने को पढने में किया जाता है। अति सूक्ष्म कणों को देखने के लिए एलेक्ट्रॉन सूक्ष्मदर्शी का उपयोग होता है। जिसमें प्रकाश किरणें के स्थान पर एलेक्ट्रॉन पुंजों का प्रयोग होता है। यह साधारण सूक्ष्मर्शी की अपेक्षा वस्तुओं का आकार 5000 गुना बड़ा दिखाती है।

संयुक्त सूक्ष्मदर्शी—सरल सूक्ष्मदर्शी से अधिक आवर्धक क्षमता प्राप्ति हेतु संयुक्त सूक्ष्मदर्शी का उपयोग किया जाता है। इसमें दो उत्तल लेंस लगे होते हैं एक को अभिदृश्यक (Objective) व दूसरे को नेत्रिका (Eye Piece) कहते हैं। नेत्रिका तथा अभिदृश्यक में जितनी ही कम फोकस दूरी के लेंसों का उपयोग होता है सूक्ष्मदर्शी की आवर्धन क्षमता उतनी ही अधिक होती है। इसका उपयोग सूक्ष्म वनस्पतियों एवं जन्तुओं को देखने तथा खून व बलगम की जाँच में किया जाता है।

दूरदर्शी—इसका उपयोग आकाशीय पिण्डों चन्द्रमा, तारों एवं अन्य ग्रहों आदि को देखने में किया जाता है। इसमें दो उत्तल लेंस एक अभिदृश्यक पर एवं दूसरा नेत्रिका पर लगे होते हैं। अभिदृश्यक लेंस एक बेलनाकार नली के एक किनारे पर तथा नेत्रिका लेंस नली के दूसरे किनारे पर लगा होता है। बड़े लेंसों के निर्माण में कठिनाई को दृष्टिगम करके परावर्तक दूरदर्शी बनाया जा रहा है जिसमें अवतल दर्पण का प्रयोग परावर्तक तल के रूप में होता है। कुछ दूरदृश्यों में परवलयाकार दर्पण का भी प्रयोग हो रहा है।

विद्युत

कॉच की छड़ को रेशम से या एबोनाइट की छड़ को बिल्ली की खाल से रगड़ने पर इनमें कागज के छोटे टुकड़ों को आकर्षित करने का गुण आ जाता है। पदार्थों में यह गुण विद्युतमयता (Electric Field) के कारण आता है। वह कारण जिससे कोई पदार्थ विद्युतमय हो जाता विद्युत कहलाता है। पदार्थों में घर्षण से जो आवेश की मात्रा संचित होती है उसे स्थिर विद्युत कहते हैं। वह आवेश जो किसी चालक पदार्थ में प्रवाहित होता है उसे विद्युत धारा कहते हैं।

आवेश—सर्वप्रथम बेंजामिन फ्रेंकलिन ने धनात्मक व ऋणात्मक आवेश नाम दिया। वह आवेश जो कॉच को रेशम से रगड़ने पर छड़ पर संचित होता है धानावेश तथा जो आवेश एबोनाइट पर बिल्ली की खाल से रगड़ने पर संचित होता है ऋणावेश कहा गया। वस्तुओं में आवेश एलेक्ट्रॉनों के स्थानान्तरण से आता है इसमें प्रोटान आग नहीं लेते है। जब किसी वस्तु पर एलेक्ट्रॉनों की कमी होती है तो उस धनावेश और जब एलेक्ट्रॉनों की अधिकता होती है जो उस पर ऋण आवेश आता है।

चालक, अचालक व अर्द्ध चालक—ऐसे पदार्थ जिनसे विद्युत आवेश प्रवाहित होते हैं चालक कहलाते है जैस—अधिकांश धातुएं, अम्ल, क्षार व लवणों का जलीय विलयन, मानव शरीर आदि। ऐसे पदार्थ जिनसे आवेश प्रवाहित नहीं होता है अचालक कहलाते है जैसे—रबर, लकड़ी,

अभ्रक शुद्ध आसुत जल आदि। कुछ पदार्थ सामान्य अवस्था में आवेशों के अचालक होते हैं इनका ताप बढ़ाने या कुछ अशुद्धियां मिलाने पर इनसे आवेश प्रवाहित होने लगता है अर्द्धचालक कहलाते हैं जैसे कार्बन, जर्मेनियत, सिलिकॉन आदि। चालक पदार्थों में मुक्त एलेक्ट्रॉन होते हैं जबकि आचालकों में इनकी अनुपस्थिति होती है और अर्द्धचालकों में ताप बढ़ा कर या अशुद्धियां मिलाकर मुक्त एलेक्ट्रॉनों को प्राप्त किया जा सकता है। पदार्थ की चालकता या अचालकता इन्हीं मुक्त एलेक्ट्रॉनों पर निर्भर करती है।

किसी खोखले गोल चालक पर सम्पूर्ण आवेश उसके बाहरी पृष्ठ पर ही होता है कि बन्द कार पर बिजली गिरने पर अन्दर बैठे यात्री सुरक्षित रहतें हैं। इसी प्रकार चालक के नुकीले भाग पर भी आवेश का धनत्व सर्वाधिक होता है।

तड़ित चालक—इसका प्रयोग भवनों की सुरक्षा हेतु किया जाता है। इसका ऊपरी नुकीला सीरा बादलों से प्राप्त आवेश को ग्रहण कर पृथ्वी में भेजकर भवनों को सुरक्षित कर देता है।

विद्युत धारा—आवेश के प्रवाह को विद्युत धारा कहते हैं। ठोस चालकों में विद्युत धारा का प्रवाह एलेक्ट्रॉनों के स्थानान्तरण के कारण, जबकि द्रवों में व गैसों में आयनों की गति के कारण होता है। विद्युत धारा की दिशा धनावेश के गति की ओर तथा ऋणावेश के गति की विपरीत दिशा में मानी जाती है। विद्युतधारा का मात्रक एम्पियर है। जब किसी परिपथ में धारा एक ही दिशा में बहती तो उसे दिष्ट धारा (Direct Current) और यदि धारा की दिशा लगातार बदलती है तो उसे प्रत्यावर्ती धारा (Alternative Current) कहते हैं।

विभवान्तर—किसी तार में धारा प्रवाहित करने पर मुक्त एलेक्ट्रॉन गति करते हुए चालक के परमाणुओं से टकराते रहते है। इससे इनकी गति में अवरोध उत्पन्न होता है और इलेक्ट्रॉन इस अवरोध के विरुद्ध अपनी गति को बनाये रखने हेतु जो कार्य करता है उसे विभवान्तर कहते हैं। इसका मात्रक वोल्ट है।

विद्युत सेल—विद्युत सेल में रासायनिक क्रियाओं से रासायनिक ऊजो को विद्युत ऊर्जा में परिवर्तित किया जाता है। इनमें धातु की दो छड़े हैं धनावेश को एनोड व ऋणावेश को कैथोड कहते हैं। ये दो प्रकार के होते हैं प्राथमिक एवं द्वितीयक सेल।

प्राथमिक सेल रासायनिक ऊर्जा को सीधे विद्युत ऊर्जा में परिवर्तित करता है। जैसे—वोल्टीय, लेक्लांशे एवं डेनियल सेल।

द्वितीयक सेल पहले विद्युत ऊर्जा को रासायनिक ऊर्जा में फिर रासायनिक ऊर्जा को विद्युत ऊर्जा में परिवर्तित करता है। इस प्रकार प्रयोग —कार, ट्रक, ट्रक्टर आदि में किया जाता है।

प्राथमिक सेल में संचित रासायनिक ऊर्जा का एक बार प्रयोग कर लेने के पश्चात् वे बेकार हो जाते हैं जबकि द्वितीयक सेलों में संचित रासायनिक ऊर्जा समाप्त होने पर इन्हें पुन: आवेशित (Charge) कर लिया जाता है।

बोल्टीय सेल—आविष्कार 1799 में एलिजाण्डों वोल्टा ने किया था कांच के बर्तन में सल्फ्यूरिक अम्ल भरा रहता है जिसमें एक जस्ते की (कैथोड) तथा एक ताँबे (एनोड) की छड़ डूबी रहती है।

लेक्लांशी सेल—कांच के बर्तन में अमोनियम क्लोराइड़ (नौसादर) का संतृप्त विलयन भरा रहता है। इसमें डूबा जस्ता (कैथोड) डूबा रहता है। कार्बन की छड़ (एनोड) मैगनीज डाइआक्साइड व कार्बन के मिश्रण के बीच रखी रहती है। इसका प्रयोग वहाँ किया जाता है जहां रुक-रुक कर विद्युत धारा की आवश्यकता होती है जैसे—विद्युत घंटी, टेलीफोन आदि।

शुष्क सेल—इस सेल में जस्ते के बर्तन में मैगनीज डाइआक्साइड़ नौसादर व कार्बन का मिश्रण भरा होता है। जिसके बीच रखी कार्बन की छड़ एनोड का कार्य करती है और जस्ते का बर्तन कैथोड़ का कार्य करता है। इस सेल का विद्युत वाहक बल 1.5 वोल्ट होता है। प्रयोग टार्च, रेडियो, टेपरिकार्डर आदि में होता है।

विद्युत धारा के प्रभाव—इसके तीन प्रभाव—ऊष्मीय, रासायनिक एवं चुम्बकीय देखने को मिलते है।

विद्युत धारा के प्रवाहित करने पर गतिमान एलेक्ट्रॉन चालक के परमाणुओं से टकराते रहते हैं और ऊर्जा का रूपानान्तरण करते हुए चालक के ताप को बढ़ा देते हैं इसे ही विद्युत धारा का ऊष्मीय प्रभाव कहते हैं। इसका प्रयोग विद्युत हीटर, प्रेस, बल्ब, ट्यूबलाइट आदि में देखने को मिलता है।

विद्युत हीटर में प्लास्टर ऑफ पेरिस पर मिश्रधातु नाइक्रोम का तार उच्च प्रतिरोध वाला प्रयुक्त होता है।

विद्युत प्रेस में भी नाइक्रोम का तार अभ्रक की प्लेट पर लिपटा रहता है।

विद्युत बल्ब में टंगस्टन धातु का पतला तन्तुनुमा कुण्डलीय तार लगा होता है क्योकि टंगस्टन का गलनांक अधिक (3500°C) होता है। बल्ब में ऑक्सीकरण रोकने हेतु निर्वातित कर दिया जाता है। कभी-कभी निर्वातित करने के बजाय अक्रिय गैंसे जैसे-आर्गन भी भर दिया जाता है।

ट्यूबलाइट कांच की नली होती है जिसके भीतरी सतह पर प्लास्टर का लेप चढ़ा होता है और अन्दर अदक्रय गैस (आर्गन पारे के साथ) भरी होती है। दोनों किनारों पर बेरियम आक्साइड़ की परत चढ़ी तन्तु लगी होती है। तन्तुओं में धारा प्रवाहित करने पर एलेक्ट्रॉन उत्सर्जित होते हैं ये ट्यूब में भरी गैस को आयनीकृत देते है। गर्मी पाकर पारा वाष्पीकृत होता है पराबैगनी किरणें उत्सर्जित होती हैं और फासफर पर पड़ कर निम्न आवृत्ति का प्रकाश उत्पन्न करती है। ट्यूब में फासफर के कारण सफेद दूधिया प्रकाश उत्पन्न होता है।

रासायनिक प्रभाव—विद्युत धारा के रासायनिक प्रभाव के कारण किसी लवण के जलीय विलयन में विद्युत धारा प्रवाहित करने पर उसका अपघटन हो जाता है। विलयन के लवणों का दो प्रकार के आयनों में टूट जाना विद्युत अपघटन कहलाता है। अपघटन के पश्चात् धनायन कैथोड की ओर तथा ऋणायन एनोड की ओर प्रवाहित होने लगते है। इसका प्रयोग विद्युत लेपन, धातु शोधन तथा विद्युत मुन्द्रण में होता है।

तांबे पर चांदी की परत सिल्वर नाइट्रेट ($AgNO_3$) का जलीय विलयन लेकर तांबे की प्लेट का कैथोड व चांदी की प्लेट का एनोड बताते है। जलीय विलयन में सिल्वर नाइट्रेड-सिल्वर व नाइट्रेड में टूट जाता है सिल्वर आयन के रूप में तांबे की प्लेट की ओर प्रवाहित होने लगता है और तांबे पर परत जमने लगती है। जिस धातु पर लेपन करना होता है उसे कैथोड बनाते है।

विद्युत धारा के चुम्बकीय प्रभाव पर आधारित उपकरण टेलीफोन, टेलीग्राफ, विद्युत घंटी, पंखा मोटर आदि है।

कूलॉम का नियम—समान प्रकार के आवेश एक दूसरे को प्रतिकर्णित करते हैं तथा विपरीत प्रकार के आवेश एक-दूसरे को आकर्षित करते हैं। दो आवेशों के मध्य लगने वाले बल को वैद्युत बल कहते हैं।

दो स्थिर आवेशों के बीच लगने वाला बल, उनकी मात्रा के गुणनफल के अनुक्रमानुपाती व उनके बीच की दूरी के वर्ग के व्युत्क्रमानुपाती होता है।

प्रतिरोध—किसी चालक में विद्युत धारा प्रवाहित करने पर गतिशील इलेक्ट्रॉन रास्ते में आने वाले परमाणुओं से टकराते रहते हैं जिससे ऊर्जा का ह्रास होता है। धारा प्रवाह में उत्पन्न इस व्यवधान को ही प्रतिरोध कहते हैं। इसका मात्रक ओम है।

प्रतिरोधों का संयोजन दो प्रकार से होता है—

समानान्तर क्रम व श्रेणी क्रम

श्रेणी क्रम में संयोजित प्रतिरोधों का तुल्य प्रतिरोध समस्त प्रतिरोधों के योग के बराबर होता है।

$R = R_1 + R_2 + R_3 +$ ------------------------

समानान्तर क्रम में संयोजित प्रतिरोधों के समतुल्य प्रतिरोध का व्युत्क्रम उनके प्रतिरोधों के व्युत्क्रमों के योग के बराबर होता है।

$1/R = 1/R_1 + 1/R_2 + 1/R_3$ ------------------------

विद्युत सामर्थ्य—कार्य करने की दर को सामर्थ्य कहते हैं।

विद्युत सामर्थ = व्यय ऊर्जा/लगा समय 'इसका मात्रक 'वाट' है।

1 किलोवाट = 10^3 वाट

1 मेगावाट = 10^6 वाट

1 हॉर्स पावर = 746 वाट

घरों में प्रयुक्त विद्युत उपकरणों द्वारा खर्च की गई कुल ऊर्जा के मापन हेतु किलोवाट-घंटा मीटर (मी.) नामक यंत्र प्रयोग होता है। व्यय ऊर्जा को वाट-घंटा या किलोवाट घण्टा में मापते है। एक 'वाट घण्टा' ऊर्जा की वह मात्रा है जो 1 वाट की क्षमता का उपकरण एक घंटे में व्यय करता है यह 3600 जूल के बराबर होता है।

अमीटर—विद्युत धारा को एम्पियर में मापने वाला यंत्र है इसे परिपंथ में श्रेणीक्रम में जोड़ते है। आदर्श अमीटर का प्रतिरोध शून्य होता है।

वोल्टमीटर—इसका प्रयोग परिपथ में दो बिन्दुओं के बीच विभवान्तर मापने हेतु किया जाता है इसे भी श्रेणीक्रम में ही लगाते हैं आदर्श वोल्टमीटर का प्रतिरोध अन्नत होना चाहिए जिससे परिपथ में प्रवाहित धारा में कोई परिवर्तन न हो।

विद्युत फ्यूज—परिपथ में लगे उपकरणों की सुरक्षा हेतु प्रयुक्त होता हैं यह तांबा, टिन एवं सीसा की मिश्र धातु से बना होता है यह कम गलनांक का एवं निश्चित क्षमता एवं मोटाई का होना चाहिए। तार की मोटाई जितनी अधिक होगी उसमें प्रवाहित धारा का मान उतना ही अधिक होगा। परिपथ में इसे श्रेणी क्रम में लगाया जाता हैं।

चुम्बकत्व (Magnetism)—सर्वप्रथम 600 ई. पू. एशिया माइनर के मैग्नीशिया नामक स्थान पर चुम्बकीय गुणों से युक्त पत्थरों के पाये जाने के कारण इनका नाम मैगनेट पड़ा।

चुम्बक के गुण—चुम्बक में लोहा, इस्पात आदि कुछ धातुओं को अपनी ओर आकर्षित करने का गुण पाया जाता है।

चुम्बक को स्वतंत्रतापूर्वक लटकाने पर इसका उत्तरी ध्रुव उत्तर की ओर एवं दक्षिणी ध्रुव दक्षिण दिशा की ओर ठहरता है। इसे क्रमशः उत्तरी ध्रुव व दक्षिणी ध्रुव कहते हैं।

चुम्बक के समान ध्रुवों में प्रतिकर्षण एवं विपरीत ध्रुवों में आकर्षण का गुण पाया जाता है। चुम्बक को दो टुकड़ों में बाँट देने पर दोनों टुकडें पूर्ण चुम्बक के रूप में कार्य करने लगते है।

चुम्बकीय क्षेत्र—किसी चुम्बक के चारों ओर का वह क्षेत्र, जिसमें दूसरा आकर्षण या प्रतिकर्षण बल का अनुभव करता है चुम्बकीय क्षेत्र कहलाता है। इसका मात्रक गौस है।

विद्युत धारा प्रवाहित हो रहे किसी चालक के पास चुम्बकीय सुई ले जाने पर सुई विक्षेपित हो जाती है यदि धारा का प्रवाह बन्द कर दिया जाए तो सुई चालक तार के समानान्तर स्थिर हो जाती है। इससे स्पष्ट है कि किसी चालक में धारा प्रवाहित करने पर उसके ओर एक चुम्बकीय क्षेत्र उत्पन्न हो जाता है।

विद्युत चुम्बक—विद्युत धारा के चुम्बकीय प्रभाव का प्रयोग कर विद्युत चुम्बक बनाये जाते हैं। इसे बनाने हेतु घोड़े की नाल के आकार की लोहे की छड़ लेकर उस पर तांबे का तार लपेट दिया जाता है तार के सिरों से धारा प्रवाहित करने पर छड़ विद्युत चुम्बक बन जाता है। इसका उपयोग—आँख, कान, नाक या शरीर के अन्य हिस्सों में धसे लोहे के अवयवों को निकालने तथा विद्युत घंटी, ट्रांसफार्मर आदि में किया जाता है।

चुम्बक के प्रकार—

प्रति चुम्बकीय पदार्थ (Dia Magnetic Substances)—चुम्बकीय क्षेत्र के विपरीत दिशा में चुम्बकीय होने वाले पदार्थों को कहते हैं। जस्ता, बिस्मथ, तांबा, चांदी, सोना, हीरा, नमक, जल आदि प्रति चुम्बकीय पदार्थ है।

अनु-चुम्बकीय पदार्थ (Paramagnetic Substances)—चुम्बकीय क्षेत्र में आने पर थोड़ी मात्रा में चुम्बकित होने वाले पदार्थों को कहते हैं। जैसे—सोडियम, एल्युमिनियम, मैगनीज, कॉपर, क्लोराइड आदि।

लौह चुम्बकीय पदार्थ (Ferromagnetic Substances)—चुम्बकीय क्षेत्र में आने पर प्रबल चुम्बकित होने वाले पदार्थों को कहते हैं। जैसे—लोहा, निकिल, कोबाल्ट आदि।

डोमेन—लौह चुम्बकीय पदार्थों के भीतर असंख्य परमाणुओं के, अतिसूक्ष्म संरचना को कहते हैं। एक डोमेन में 1018 से 1021 तक परमाणु होते हैं। लौह चुम्बकीय पदार्थों में चुम्बकीय गुण डोमेनों के परस्पर प्रतिस्थापन व घूर्णन के कारण होता है।

क्यूरी ताप (Curie Temperature)—वह ताप जिसके ऊपर पदार्थ अनुचुम्कीय व जिसके नीचे लौह चुम्बकीय हो जाता है। लोहे का क्यूरी ताप 7800 होता है।

नर्म लोहे (Cast Iron) का चुम्बकन व विचुम्बकन दोनों आसानी से हो जाता है जबकि इस्पात का चुम्बकन व विचुम्बकन कठिन होता है। इसीलिए अस्थाई चुम्बक गर्म लोहे से एवं स्थाई चुम्बक इस्पात से बनाये जाते हैं। विद्युत घंटी, ट्रांसफार्मर आदि नर्म लोहे के तथा लाउड-स्पीकर विद्युत मापक यन्त्रों के चुम्बक इस्पात के बनाये जाते है।

भू-चुम्बकत्व—पृथ्वी एक चुम्बक की भाँति व्यवहार करती है। भू-चुम्बक का दक्षिणी ध्रुव-उत्तरी ध्रुव पर तथा उत्तरी ध्रुव-दक्षिणी ध्रुव पर स्थित है। पृथ्वी के चुम्बकीय गुण के कारणों का अभी स्पष्ट कारण ज्ञात नहीं हैं। यदि किसी लोहे की छड़ को पृथ्वी में गाड़ दिया जाए तो उसमें चुम्बकीय गुण आ जाता है।

विद्युत चुम्बकीय प्रेरण (Electro Magnetic Induction)—विद्युत चुम्बकीय प्रभाव से फैराडे ने प्रभावित हो प्रयोग किया कि किसी चुम्बक को, धारामापी से जुड़ी कुण्डली के पास लाने या दूर ले जाने पर उसमें विक्षेप होता है जो कुण्डली में उत्पन्न विद्युत वाहक बल के कारण होता है। धारामापी में विक्षेप मान चुम्बक की गति के कारण नहीं होता अपितु चुम्बक को स्थिर करके कुण्डली को चुम्बक से दूर ले जाने या पास लाने पर भी विक्षेप होता है। इससे स्पष्ट हुआ कि धारामापी में हुआ विक्षेप चुम्बकत्व कुण्डली के बीच आपेक्षिक गति पर निर्भर करता है। इससे फैराडे ने निष्कर्ष निकाला कि जब किसी कुण्डली व चुम्बक के बीच आपेक्षिक गति होती है तो कुण्डली में एक विद्युत वाहक बल उत्पन्न हो जाता है जिसे प्रेरित विद्युत वाहक बल कहते हैं। इस विद्युत वाहक बल के कारण कुण्डली में धारा बहती है जिसे प्रेरित धारा कहते हैं इस घटना को ही विद्युत चुम्बकीय प्रेरण कहते हैं।

विद्युत चुम्बकीय प्रेरण सिद्धान्त पर डायनमों, विद्युत मोटर, ट्रांसफार्मर, माइक्रोफोन, लाउड-स्पीकर आदि कार्य करते है।

ट्रांसफार्मर की सहायता से प्रत्यावर्ती वोल्टता को कम या अधिक किया जाता है यह अपचायी (Step Down) तथा उच्चायी (Step-Up) दो प्रकार का होता है। ट्रांसफार्मर का प्रयोग केवल प्रत्यावर्ती धारा में किया जाता है दिष्ट धारा में नहीं।

आधुनिक एवं परमाणु भौतिकी

मूलकण—भौतिकी में वे मूल कण हैं जिनकी संरचना किन्ही और कणों से नहीं होती तथा जिनको विभाजित नहीं किया जा सकता।

मूलकण	खोजकर्ता
एलेक्ट्रॉन (ऋणात्मक)	जे.जे. थॉमसन
प्रोटॉन (धनात्मक)	रदरफोर्ड
न्यूट्रॉन (उदासीन)	चैडविक
पॉज़िट्रॉन (धनात्मक)	एण्डरसन
न्यूट्रिनों (उदासीन)	पउली
पाई मैसोन (दो धनात्मक व ऋणात्मक)	युकावा
फोटॉन (ये ऊर्जा मण्डल हैं)	एल्बर्ट आइंस्टाइन

नाभिक—परमाणु का समस्त द्रव्यमान इसके नाभिक में केन्द्रित रहता हैं इसका संघटन प्रोटान एवं न्यूट्रान से होता है। नाभिक सघन एवं दृढ़ होता है।

नाभिक के बीच प्रोटानों एवं न्यूट्रानों के बीच एक आकर्षण बल कार्य करता है जो इन कणों को आपस में बांधे रहता है। इन्हीं बलों का नाभिकीय बल कहते हैं। नाभिकीय बल का कारण नये प्रकार के कण मैसोन की उत्पत्ति है। जो नाभिक के भीतर प्रोटान—न्यूट्रान के बीच परस्पर विनिमय से उत्पन्न होते हैं।

समस्थानिक (Isotopes)—एक ही तत्त्व के परमाणु जिनके द्रव्यमान भिन्न-भिन्न तथा परमाणु क्रमांक समान हों समस्थानिक कहलाते है। इनमें एलेक्ट्रॉन व प्रोट्रान की संख्या समान परन्तु न्यूट्रान की संख्या भिन्न-भिन्न होती है। समस्थानिक के रासायनिक गुण एक समान होते हैं।

समभारी (Isobars)—वे तत्त्व जिनके परमाणु भार समान हो परन्तु परमाणु क्रमांक अर्थात् एलेक्ट्रॉन व प्रोटान की संख्या भिन्न-भिन्न हो समभरी कहलाते हैं। इनके रासायनिक गुण भिन्न-भिन्न होते हैं।

रेडियो एक्टिवता—कुछ तत्वों से अदृश्य विकिरण स्वत: उत्सर्जित होते रहते है। ये विकिरण अपारदर्शी पदार्थों कागज आदि को बेधने तथा फोटोग्राफिक प्लेट को प्रभावित करने की क्षमता रखते है। इन अदृश्य विकिरणों को रेडियोएक्टिव किरणें तथा पदार्थ के इस गुण को रेडियोएक्टिवता कहते हैं और ऐसे पदार्थों को रेडियो एक्टिव पदार्थ कहते हैं। इसमें—यूरेनियम, रेडियम, थोरियम, पोलोनियम आदि आते है।

रदरफोर्ड ने इन किरणों को विद्युत क्षेत्र से गुजार कर तीन प्रकार की किरणों अल (α धनात्मक), बीटा (β ऋणात्मक) तथा गामा (γ उदासीन) के रूप में पहचान की।

अर्द्ध आयु—जितने समयान्तराल में किसी रेडियोएक्टिव पदार्थ की मात्रा विघटित होकर अपने प्रारम्भिक मात्रा की आधी रह जाती है उस समयान्तराल को अर्द्ध आयु कहते हैं।

रेडियो समस्थानिक—कुछ तत्वों पर न्यूट्रानों या उच्च ऊर्जा वाले कणों की बमवारी करके इनको बनाया जाता है। इस प्रकार निर्मित रेडियो एक्टिव समस्थानिक प्राकृतिक रेडियो एक्टिव पदार्थों की भाँति कार्य करते हैं। इनका उपयोग औषधियों में, रोगोंपचार में एवं कृषि में होता है।

रेडियों एक्टिव क्षय (Radioactive Decay)—रेडियो एक्टिव पदार्थ से रेडियो एक्टिव कण के उत्सर्जन से उनके परमाणु भार व क्रमांक बदलते

जाते हैं। व नये तत्वों का जन्म होता है इस घटना को रेडियो ऐक्टिव क्षय कहते हैं। समस्त रेडियो एक्टिव पदार्थ क्षय होकर सीसे में परिवर्तित होते हैं। रेडियो एक्टिव किरणें परमाणु के नाभिक से उत्सर्जित होती हैं अत: इन पर ताप, दाब आदि बाह्य कारक का कोई प्रभाव नहीं पड़ता है। क्षय प्रारम्भ में तेजी से होता है फिर इसकी दर लगातार घटती जाती है।

रेडियो एक्टिवता के उपयोग—

रेडियो समस्थानिकों का उपयोग नाभिकीय विघटन, प्रकाश संश्लेषण आदि के अध्ययन में किया जाता है।

रेडियो एक्टिव समस्थानिक (सोडियम) का परिसंचरण तंत्र, पाचन तंत्र के अध्ययन शरीर में खून की मात्रा ज्ञात करने के लिए किया जाता है।

रेडियो समस्थानिकों को अनुरेखकों की तरह करके पौधों द्वारा विभिन्न उर्वरकों के ग्रहण करने की क्षमता का अध्ययन करने में किया जाता है। गइगेर मुलर गणक (Geiger Muller Counter) के द्वारा पौधों द्वारा ली गई उर्वरक की मात्रा ज्ञात की जाती है। गामा किरणों का उपयोग कृषि में हानिकारक जीवों एवं जीवाणुओं के मारने में भी किया जाता है।

रेडियो एक्टिव कोबाल्ट का उपयोग कैंसर रोग में, आयोडीन का थायराइड ग्रंथि के उपचार तथा असैनिक का उपयोग रक्त सम्बंधी रोगों के उपचार में किया जाता है।

रेडियोएक्टिव समस्थानिकों का उपयोग जमीनी पाइपों द्वारा तेल भेजने, टंगस्टन व कोबाल्ट का समस्थानिकों का प्रयोग मशीनों की खराबी ज्ञात करने में किया जाता है।

रेडियों एक्टिव तत्व कार्बन (C_{12} व C_{14}) का प्रयोग जीवाश्मों, मृत जीवों व पेड़ पौधों की आयु ज्ञात करने तथा यूरेनियम का प्रयोग चट्टानों एवं पृथ्वी की आयु ज्ञात करने में किया जाता है।

नाभिकीय विखडन (Nuclear Fission)—वह प्रक्रिया जिसमें कोई भारी नाभिक दो लगभग समान आकार के नाभिकों में विखण्डित हो जाता है नाभिकीय विखण्डन कहलाता है। यह कार्य सर्वप्रथम दो जर्मन वैज्ञानिकों हॉन तथा स्ट्रासमैन ने यूरेनियम पर न्यूट्रानों की बमबारी करके किया था।

नाभिकीय संलयन (Nuclear Fusion)—दो हल्के नाभिक आपस में मिलकर एक भारी नाभिक का निर्माण करते है और अपार ऊर्जा मुक्त होती है।

नाभिकीय संलयन धानावेशित नाभिकों के बीच होता है जब ऐसे दो नाभिक समीप आते है तो उनमें तीव्र प्रतिकर्षण बल लगता है इन नाभिकों के संलयन के लिए अत्यंत उच्च दाब एवं उच्च ताप (108 डिग्री केल्बिन) की आवश्यकता होती है जो परमाणु बम के विस्फोट से ही सम्भव हो पाता है।

परमाणु बम—यह नाभिकीय विखण्डन के सिद्धान्त पर आधारित है जिसमें अनियन्त्रित श्रृंखला अभिक्रिया होती है और अपार ऊर्जा मुक्त होती है। बम में प्रयुक्त होने वाले पदार्थ में यह आवश्यक है कि उसका द्रव्यमान एक निश्चित मात्रा से अधिक हो, इस मात्रा को क्रान्तिक द्रव्यमान कहते हैं। परमाणु बम के विस्फोट से लगभग 107°C ताप व अत्याधिक उच्च दाब एवं आंखों को अंधा कर देने वाली चमक व बहुत से रेडियोधर्मी प्रदूषण उत्पन्न होते हैं।

हाइड्रोजन बम—यह नाभिकीय संलयन प्रक्रिया पर आधारित है। परमाणु बम की अपेक्षा 1000 गुना अधिक शक्तिशाली होता है। हाइड्रोजन बम के विस्फोट से पहले परमाणु बम विस्फोट कराना आवश्यक होता है। अत: हाइड्रोजन बम को बनाने के लिए परमाणु बम बनाना आवश्यक है। अभी तक नाभिकीय संलयन ऊर्जा को नियन्त्रित करके रचनात्मक कार्य नहीं हो पा रहा है। क्योंकि जिस ताप पर यह प्रक्रिया सम्पन्न होती है उस पर परमाणुओं से सभी मिश्रण को प्लाज्मा कहते हैं। वर्तमान में वैज्ञानिकों के सामने प्लाज्मा संरक्षण एक कठिन समस्या है।

नाभिकीय ऊर्जा—नाभिकीय विखण्डन से प्राप्त ऊर्जा को नाभिकीय ऊर्जा कहते हैं। यूरेनियम के एक नाभिक के विखण्डन से लगभग 200 MeV (मिलियन एलेक्ट्रॉन वोल्ट) ऊर्जा प्राप्त होती है। एक ग्राम यूरेनियम के विखण्डन से इतनी ऊर्जा प्राप्त होती है जितनी 20 टन टी.एन.टी. (Trinitrotoluene) के विस्फोट से प्राप्त की जा सकती है। नाभिकीय ऊर्जा का उपयोग नाभिकीय रिएक्टरों में करके विद्युत ऊर्जा का उत्पादन किया जा रहा है।

परमाणु भट्टी—परमाणु भट्टी में नियंत्रित श्रृंखला अभिक्रिया द्वारा ऊर्जा उत्पन्न किया जाता है। पहली परमाणु भट्टी शिकागों विश्वविद्यालय (U.S.A) में प्रो. फर्मी के निर्देशन में बनाया गया था। भट्टी में न्यूट्रानों की गति को धीमी करने के लिए भारी जल व ग्रेफाइट का प्रयोग किया जाता है। विस्फोट से प्राप्त ऊष्मा से जल को भाप में परिवर्तित करके टर्बाइन मशीन की सहायता से विद्युत उत्पन्न की जाती है। हानिकारक विकिरण के उत्सर्जन को रोकने के लिए रिएक्टर के चारों ओर कंक्रीट की मोटी दीवार बनाई जाती है। अभिक्रिया को नियंत्रित करने के लिए कैडमियम की छड़ों का उपयोग 'नियंत्रक छड़' के रूप में किया जाता है।

सूर्य तथा ब्रह्माण्ड के अन्य तारों की ऊर्जा का स्रोत नाभिकीय संलयन है। सूर्य के भीतरी भाग का तापमान 1070 कैल्विन है जो हाइड्रोजन नाभिक के संलयन से उत्पन्न होता है।

प्रकाश विद्युत प्रभाव (Photo Electric Effect)—कुछ धातुओं पर उच्च आवृत्ति का प्रकाश डालने पर इनकी सतह से एलेक्ट्रॉन उत्सर्जित होते हैं। एलेक्ट्रॉनों के इस प्रकार उत्सर्जन की घटना को प्रकाश विद्युत प्रभाव कहते हैं। इसका प्रयोग कर प्रकाश विद्युत सेल का निर्माण किया जाता है। ये कई प्रकार के होते हैं जैसे—प्रकाज़ उत्सर्जक सेल (Photo Emissive Cell) प्रकाश वोल्टीय सेल (Photo Voltaic Cell) प्रकाश चालकीय सेल (Photo Conductive Cell) आदि। इन सेलों का प्रयोग सिनेमाघरों में ध्वनि पुनरुत्पादन में, टेलीविजन में, सड़कों पर चालित लाइटों, स्वचालित दरवाजों, तथा बैंको के तिजोरियों में चोरी रोकने, अंतरिक्षयानों की बैटरियों की चार्जिंग में किया जाता है। इनका सौर बैटरी (Solar Battery) भी कहते हैं।

रमन प्रभाव (Raman Effect)—प्रकाश जब किसी ठोस, द्रव या गैस के पारदर्शी माध्यम से गुजरता है तो इसका कुछ भाग प्रकीर्णित हो जाता है इस प्रकीर्णित प्रकाश को स्पेक्ट्रम द्वारा देखने पर कई लाइनें प्राप्त होती हैं जिनमें कुछ का तरंगदैर्ध्य प्रारम्भिक प्रकाश के बराबर तथा कुछ का कम व कुछ का अधिक होता है। इस प्रकार प्रकाश के प्रकीर्णित होकर विभिन्न

तरंगदैर्ध्य वाली लाइनों में विभक्त होने की घटना को ईमन प्रभाव कहते हैं। इसकी खोज भारतीय वैज्ञानिक सर सी. वी. रमन ने 1928 ई. में किया था।

प्रतिदीप्ति (Fluorescence)—बहुत से ऐसे पदार्थ हैं जिन पर ऊँची आवृत्ति या निम्न तरंगदैर्ध्य का प्रकाश डालने पर वे अवशोषित कर निम्न आवृत्ति व उच्च तरंगदैर्ध्य का प्रकाश उत्सर्जित करते हैं। उनसें यह उत्सर्जन तभी तक होता है जब तक उन पर प्रकाश पड़ता रहता है। यह घटना प्रतिदीप्ति और ऐसे पदार्थ प्रतिदीप्ति कहलाते है। इसके उदाहरण—'लोर, स्पार, पेट्रोल, कुनीन सल्फेट, यूरेनियम आक्साइड, बेरियम सायनाइड आदि है।

इसका उपयोग पराबैंगनी किरणों व एक्स किरणों का पता लगाने में किया जाता है। इसके द्वारा ट्यूब लाइट से विभिन्न रंगों का प्रकाश प्राप्त किया जा सकता है।

ट्यूब लाइट में लेपित पदार्थ	प्राप्त रंगीन प्रकाश
कैडमियम बोरेट	गुलाबी प्रकाश
जिंक सिलिकेट	हरें रंग का प्रकाश
मैग्नीशियम टंगस्टेट	हल्के नीले रंग का प्रकाश
जिंक बेरीलियम सिलिकेट	पीले रंग का प्रकाश

स्फुरदीप्ति (Phosphorescence)— ऐसे पदार्थ जिन पर कुछ समय तक प्रकाश डाल कर बन्द कर देने पर भी उनसे उनकी अवशोषण क्षमता के अनुसार कुछ देर तक प्रकाश का उत्सर्जन होता रहता है ऐसी घटना 'स्फुरदीप्ति' तथा पदार्थों को 'स्फुरदीप्ति पदार्थ' कहते हैं। इसके उदाहरण —जिंक सल्फाइड, कैल्शियम सल्फाइड, बेरियम सल्फाइड आदि है। प्रकाश डालना बन्द कर देने पर जितने समय तक प्रकाश का उत्सर्जन यह गुण नष्ट हो जाता है। घड़ी की सूइयों, साइन बोर्डो, बिजली बोर्डो पर इन पदार्थों का लेप चढ़ाया जा रहा है।

अतिचालकता (Superconductivity)—इसकी खोज 'केमरलिंघ ओन्स' ने की थी। सामान्यत: चालक धातुओं का प्रतिरोध ताप कम करने पर घटता जाता है ताप को और निम्न किया जाए तो प्रतिरोध तेजी से घटता हुआ शून्य हो जाता है। इस अवस्था में धातुएं अतिचालक कहलाती है। इस अवस्था में धातुओं का ताप शून्य डिग्री केल्विन के समीप या कुछ ऊपर रहता है। अतिचालकता की दज़ा में धातुओं में विद्युत धारा बगैर किसी वाह्य स्रोत के बहती रहती है। धातुओं की चालकता चुम्बकीय क्षेत्र के प्रभाव द्वारा नष्ट हो जाती है।

रडार ((Radar) Radio Detection and Ranging)—यह प्रतिधर्वन के सिद्धान्त से मिलता जुलता है। इसमें एरियल से जुड़े दो यन्त्र रेडियों प्रेणी (Trasmitter) व अभिग्राही (Receiver) होते हैं। ट्रांसमीटर से विद्युत चुम्बकीय तरंगे अंतरिक्ष में भेजी जाती और वायुयान आदि से टकराकर आने पर रिसीवर द्वारा ग्रहण कर ली जाती हे। इसका विश्लेषण करके वायुयान की स्थिति एवं दिशा का ज्ञान प्राप्त कर लिया जाता है। इसके द्वारा वायुयान के रास्ते में आने वाले बादल, पहाड़ तथा जलयान के समुद्रीमार्ग में हिमखण्ड, चट्टानों, पृथ्वी के गर्भ में छिपे खनिजों का पता लगाने के साथ-साथ मौसम की भविष्यवाणी भी की जाती है।

लेसर (Laser)–Light Amplification By Stimulated Emission of Radiation— इसका अर्थ है 'विकिरण के उद्दीपन उत्सर्जन द्वारा प्रकाश का प्रवर्धन'। इन किरणों में एकवर्णता दिशात्मकता, सम्बद्धता, उच्च तीव्रता के गुण होते हैं। लेसर किरणें—निऑन, ऑर्गन, कार्बन डाइआक्साइड, गैलियम फास्फाइड, नियोडिमियम याग, आदि से उत्पन्न की जा सकती है। उत्तेजित करने हेतु जीवन 'लैश लैंप क्रिप्टान लैंप का प्रयोग किया जाता है। चिकित्सा विज्ञान में इसका उपयोग—आँखों के ऑपरेशन, कार्निया के घाव, दाँतों के रोगों, कैंसर, ट्यूमर, पेट के रोगों, त्वचा आदि की चिकित्सा में किया जाता है। रेटिना के उपचार हेतु रेटीनल फोटोकोगूलेटर यंत्र से किया जाता है।

उद्योगों में धातुओं को काटने, उनमें छेद करने जोड़ने, मुद्रण स्याही को सुखाने, चट्टानों को तोड़ने व सुरंगें बनाने में भी किया जाता है।

युद्ध क्षेत्र में मिसाइलों का पता लगाने, लेसर राइफल, पिस्टल, बम बनाने, नाभिकिस विस्फोटों हेतु आवश्यक ऊर्जा प्रदान करने में किया जाता है। अमेरिका नेवादा में एक्सरे लेसरों का विकास कर रहा है।

मेसर (Maser) Microwave Amplification By Stimulated Emission of Radiation—अर्थ है—विकिरण के उद्दीपन उत्सर्जन द्वारा माइक्रों तरंगों का प्रवर्द्धन'। सर्वप्रथम मेसर का आविष्कार टाउन्स ने किया था लेसर में प्रकाश किरणें उत्पन्न होती है। जबकि मेसर में सूक्ष्म तरंगें उत्पन्न होती है। इसके आविष्कार ने अन्तरिक्ष में नये युग का पदार्पण हुआ है। रडार में उपयोग कर कृत्रिम उपग्रहों की सटीक जानकारी प्राप्त की जा सकती है।

अध्याय 4

भारत में विज्ञान एवं प्रौद्योगिकी

इस अध्याय में आप सीखेंगे कि:

- भारतीय अन्तरिक्ष कार्यक्रम द्वारा प्रक्षेपित उपग्रह और उनके कार्य।
- रक्षा-प्रतिरक्षा, परमाणु ऊर्जा प्रौद्योगिकी, ऊर्जा क्षेत्र, चिकित्सा क्षेत्र जैव प्रौद्योगिकी, सूचना संचार क्षेत्र में हाल वर्षों में भारत में किये गये कार्य की समीक्षा।

भारत में अन्तरिक्ष प्रौद्योगिकी

हाल वर्षों में प्रक्षेपित उपग्रह

प्रक्षेपणयान	स्थापित उपग्रह एवं वज़न	तिथि	विशेषतायें/प्रयोग
1. अग्रिम टेक्नोलॉजी वाहन (ATV)	स्क्रैमजेट इंजन प्रौद्योगिकी प्रदर्शन	28 अगस्त, 2016	श्री हरिकोटा स्थित अंतरिक्ष केन्द्र से SCRAM–JET इंजन का परीक्षण इसरो ने किया। यह इंजन वायुमण्डल में उपलब्ध आक्सीजन का प्रयोग करता है। ***नोट***—SCREM–JET इंजन की क्षमता इससे पूर्व अमेरिका, रूस व यूरोपीय अंतरिक्ष एजेन्सी के पास ही उपलब्ध थी तथा भारत ऐसी क्षमता वाला चौथा देश बन गया है।
2. GSLV–F05	INSET–3DR (वज़न: 2211 किग्रा)	08 सितम्बर, 2016	• किसी भी ऑपरेशनल GSLV उड़ान के लिए पहली बार स्वदेशी क्रायोजेनिक इंजन का प्रयोग किया गया। • INSET–3DR इमेजिंग प्रणाली और एटमास्फियरिक साउंडर से युक्त एक उन्नत मौसम उपग्रह है। इसने 17 सितम्बर 2016 से मौसम, खोज व बचाव संबंधी जानकारियों का सम्प्रेषण प्रारम्भ कर दिया। ***नोट***— • यह अपने पूर्ववर्ती INSET–3D के पूरक के रूप में कार्यरत रहेगा। • GSLV–F05 की इस सफलता से अंतरिक्ष विज्ञान के क्षेत्र में ISRO की प्रतिष्ठा में भारी वृद्धि हुई है। इतने भारी वज़न के उपग्रहों को भूस्थैतिक कक्षा (Geo–Stationary Orbit–GSO) में स्थापित करने की क्षमता इससे पूर्व अमेरिका, रूस, रांस, जापान, चीन व यूरोप के पास थी।

(Continued)

प्रक्षेपणयान	स्थापित उपग्रह एवं वज़न	तिथि	विशेषतायें/प्रयोग
3. PSLV–C35	SCAT–SAT–1 और 7 अन्य उपग्रह (वज़न: 675 किग्रा)	26 सितम्बर, 2016	• यह पहला PSLV मिशन है जिसने उपग्रहो को दो अलग-अलग कक्षाओं में एक साथ स्थापित किया है। • भारत निर्मित उपग्रह की संख्या: 3 (1. SCAT–SAT–1: मौसम व समुद्र से संबंधित अध्ययन, 2. प्रथम, 3. PISAT) • विदेशी उपग्रह की संख्या: 5 (अल्जीरिया के: ALSAT–1B, ALSAT–2B, ALSAT–IN, कनाडा के: NLS–19 और अमेरिका के: Path Finder–1) • 3 भारत के और 5 विदेशी सहित कुल 8 उपग्रहों का वज़न 675 किग्रा था।
4. एरियन 5VA–231	GSAT–18 (वज़न: 3404 किग्रा)	06 अक्टूबर, 2016	इस उपग्रह का प्रक्षेपण यूरोप की एरियन स्पेस कम्पनी के रॉकेट एरियन 5VA–231 के जरिए फ्रेंच गुयाना के कौरू स्थित प्रक्षेपण केन्द्र से किया गया। इससे देश में प्रसारण सेवाओं को बल मिलेगा। ***नोट***—GSAT–18 के साथ ही आस्ट्रेलियाई प्रसारण कम्पनी National Broad Bank Network का एक प्रसारण उपग्रह "Sky Muster–II" भी एरियन 5VA–231 के साथ छोड़ा गया।
5. PSLV–C36	RESOURCES SAT–2A	07 दिसम्बर, 2016	• 5 वर्ष मिशन अवधि वाले इस उपग्रह से भेजे गये आंकड़े एवं चित्र कृषिगत अनुप्रयोगों यथा फसल क्षेत्र एवं उत्पादकता आंकलन, फसल प्रणाली विश्लेषण, मृदा मानचित्रण आदि हेतु उपयोगी होंगे। • इस उपग्रह से सूखा क्षेत्र के बेहतर पर्यवेक्षण के अतिरिक्त अन्य भू-संसाधनों के पर्यवक्षणों में भी मदद मिलेगी।
6. PSLV–C37	कुल 104 उपग्रह एक साथ प्रक्षेपित	15 फरवरी, 2017	• कुल 104 सेटेलाइट में से 101 विदेशी और 3 भारत के हैं। • 101 विदेशी सेटेलाइट में से 96 सेटेलाइट अमेरिका के जबकि इजरायल, कजाकिस्तान, यूएई, नीदरलैण्ड, स्विट्जरलैण्ड, के एक-एक सेटेलाइट शामिल हैं। • 3 उपग्रह भारत के हैं, जिसमें सबसे महत्वपूर्ण 714 किलोग्राम का कार्टोसेट-2 हैं। • कार्टोसेट-2 भारत को मौसम संबंधी सूचना इकट्ठा करने में मदद देगा, इसकी कार्यावधि 5 वर्ष की है। ***नोट***—104 सेटेलाइट एक साथ भेजकर भारत ने विश्व रिकार्ड बनाया है, जो अब तक रूस (37 सेटेलाइट एक साथ, वर्ष 2014 में) के नाम था।
7. GSLV–F09	G–SAT–9	5 मई, 2017	दक्षिण एशियाई उपग्रह में केयूबैंड ट्रांसपोंडर है सार्क देशों में आपदा प्रबंधन, मौसम विज्ञान, सूचना संचार की सेवाएँ प्रदान करेगा।
8. GSLV–मार्क–3D	G–SAT–19	5 जून, 2017	• भारत का सबसे अधिक वजनी उपग्रह जो कि GTO कक्षा में स्थापित किया गया है। • इससे भारत को सूचना संचार में क्षमता बहुत अधिक हो जायेगी।
9. PSLV–38 (40वी उड़ान)	कार्टोसैट-2 + 29 ने नौ उपग्रह 14 देशों के प्रक्षेपित किये गये	23 जून, 2017	मानचित्रण उपग्रह है जो आई.आर.एस. के अन्तर्गत जासूसी भी कर सकता है।

(Continued)

प्रक्षेपणयान	स्थापित उपग्रह एवं वज़न	तिथि	विशेषतायें/प्रयोग
10. एरियन–5A–238	GSAT–17	30 जून, 2017	• मौसम संबंधी आंकड़ों के प्रसारण वाले लगे हैं, जो पल-पल के मौसम की जानकारी देंगें। • खोज और बचाव कार्य हो सकेगा। • मोबाइल उपग्रह सेवाओं के साथ-साथ अंटार्कटिक क्षेत्रों तक पहुँचना सुलभ होगा।

अन्तरिक्ष में भारत के कार्यशील उपग्रहों की श्रंखला

वर्तमान में भारत के कुल 41 उपग्रह अन्तरिक्ष में कार्यशील हैं—

विभिन्न क्षेत्र के उपग्रह	संख्या	उपग्रह का नाम
1. संचार उपग्रह (Communication Satellite)	17	INSAT–34, INSAT–3C, INSAT–4A, INSAT–4B, INSAT–4CR, GSAT–7, GSAT–8, GSAT–10, GSAT–14, GSAT–16, GSAT–6, GSAT–15, GSAT–18, GSAT–12, GSAT–19, GSAT–9, GSAT–17
2. भूपर्यवेक्षण उपग्रह (Earth Observation Satellite)	15	RESOURCESAT–2, RESOURCESAT–2A, RISAT–1, RISAT–2, कार्टोसैट-1, कार्टोसैट-2, कार्टोसैट-2A कार्टोसैट-2B ओशन सैट-2, सरल, कल्पना-1, मेघा ट्रापिक्स, INSAT–3D, INSAT–3DR, स्कैट सैट-1
3. नौवाहन उपग्रह (Navigational Satellite)	07	IRNSS–1A, IRNSS–1B, IRNSS–1C, IRNSS–1E, IRNSS–1F, IRNSS–1G, IRNSS–1H
4. मंगलयान (Mars Orbiter Mission–MOM)	01	मंगलयान
5. अंतरिक्ष विज्ञान उपग्रह	01	एस्ट्रोसैट
कुल कार्यशील उपग्रह	**41**	

ध्यातव्य हो कि

प्रधानमंत्री मोदी ने नवम्बर, 2014 में नेपाल में दक्षेस सम्मेलन के दौरान सदस्य देशों को उपहार स्वरूप दक्षेस उपग्रह लांच करने की घोषणा की थी।

ISRO द्वारा विकसित नवीन प्रौद्योगिकियाँ

स्क्रैमजेट इंजन	इसरो द्वारा बनाया गया यह इंजन ईधन के लिए तरल हाइड्रोजन का प्रयोग करता है और ईधन को जलाने के लिए आक्साइडर के रूप में यह आक्सीजन को हवा से ही लेता है। इसे एयर **ब्रीदिंग प्रोपल्शन टेक्नोलॉजी** कहते हैं।
मल्टीपल बर्न टेक्नालॉजी	इस तकनीक से रॉकेट, इंजनों को अलग-अलग कक्षा में बार-बार चलाया और बंद किया जाता है। इससे रॉकेट को भार के साथ आगे बढ़ने के लिए गति देने में मदद मिलती है।
क्रायोजनिक इंजन	सामान्य रॉकेट इंजनों में आक्सीडाइज के रूप में तरल आक्सीजन को ईंधन के साथ ही भेजा जाता है। इसके लिए रॉकेट में दो टैंक लगाये जाते हैं, जिससे वजन बढ़ जाता है और लागत बढ़ जाती है। इससे निजात पाने के लिए इसरो ने क्रायोजनिक इंजन तैयार किया। इसमें तरल ईधन को प्रेशराइज करके कम तापमान में रखा गया। इससे रॉकेट की रफ़्तार बढ़ी और वजन व लागत दोनों में कमी आयी।

(Continued)

इंडियन रीजनल नेविगेशन सेटेलाइट सिस्टम (IRNSS)	यह समय से पहले प्राकृतिक आपदा की जानकारी देने में सक्षम है। वही नाविकों, वाहन चालकों, पर्वतारोही को रास्ता बताने में मदद करता है साथ ही विभिन्न इलाकों की मैपिंग में इसकी मदद ली जाती है।
मंगलयान परियोजना	मंगल पर शोध के लिए मंगलयान (2013) भेजा गया। अपने पहले ही प्रयास में मंगल की कक्षा में शोधयान स्थापित करने वाला भारत दुनिया का पहला देश है।
नेक्स्ट जनरेशन वेदर सेटेलाइट (INSAT–3D)	इसके जरिए मौसमी दशाओं की भविष्यवाणी सटीकता से करने में मदद मिलती है, इसने भारतीय मौसमी एजेंसियों को वातावरण, नमी और दाब के विषय में सटीक जानकारी उपलब्ध करायी है।
चन्द्रयान परियोजना	वर्ष 2008 में भारत का पहला शोधयान सफलतापूर्वक चन्द्रमा की कक्षा में भेजा गया था। इसी ने चंद्रमा पर पानी होने के प्रमाण दिए थे। ***नोट***—तकनीकी खराबी की वजह से इसरो ने एक साल बाद ही इस मिशन को खत्म घोषित किया। वर्तमान में इसरो चन्द्रयान-2 की तैयारी वर्ष 2018 के लिये कर रहा है।
अपनी स्थापना (15 अगस्त, 1969) से कुल 48 साल के सफर में भारत के इसरो (ISRO) ने उक्त सफलताएँ हासिल की है।	

ISRO की उपलब्धियाँ व चुनौतियाँ

(a) उपलब्धियाँ

- 24 जून, 2017 तक इसरो ने 21 देशों के कुल 209 विदेशी उपग्रह प्रक्षेपित किये हैं।

ध्यातव्य हो कि

इन 179 उपग्रह में सर्वाधिक उपग्रह जिन देशों के हैं, वे निम्न प्रकार हैं— 1. अमेरिका (143 उपग्रह), 2. कनाडा (11 उपग्रह), 3. जर्मनी (10 उपग्रह), 4. सिंगापुर (8 उपग्रह), 5. ब्रिटेन (6 उपग्रह)।

- 15 फरवरी, 2017 को भारत ने PSLV–C37 रॉकेट से एक साथ 104 उपग्रह (3 भारत के, 101 विदेशी) प्रेक्षित कर विश्व रिकार्ड अपने नाम किया। इससे पहले यह कीर्तिमान रूस (एक साथ 37 उपग्रह प्रक्षेपित) के नाम था।
- वर्ष 2015 तक लाँच विदेशी सेटेलाइटों से इसरो ने 10 करोड़ डालर की कमाई की है।
- अमेरिका की स्पेस एक्स अभी तक अपने Reusable Rocket फॉल्कन-9 का परीक्षण नहीं कर पायी है, जबकि भारत ने वर्ष 2016 में HS9 रॉकेट से दोबारा इस्तेमाल करने योग्य स्पेस शटल RLV–TD का सफल परीक्षण कर लिया है।
- पृथ्वी की निचली कक्षा में उपग्रह भेजने के लिए भारत ने अब तक (फरवरी, 2017) कुल 39 बार पीएसएलवी का इस्तेमाल किया है, जिसमें वह 38 बार सफल रहा है। इस प्रकार सफल उपग्रह प्रक्षेपण का भारतीय रिकार्ड सर्वश्रेष्ठ है।
- ISRO ने चन्द्रमा व मंगल की कक्षा में शोधयान की सफलता के बाद अब शुक्र पर शोधयान उतारने की तैयारी कर रहा है। रूस के बाद ऐसा करने वाला भारत दुनिया का दूसरा देश होगा।
- नासा की तुलना में इसरो सैटेलाइट भेजने की फीस 60 फीसदी कम लेता है। इस प्रकार लागत से लेकर गुणवत्ता तक हर मामले में इसरो ही बाजी मारता है। अर्थात् जिस मंगल अभियान को अमेरिका की अंतरिक्ष एजेन्सी नासा ने 671 अरब डालर में पूरा किया था वैसा ही अभियान इसरो ने महज 73 अबर डालर में पूरा कर लिया था।
- इसरो के किफायती प्रक्षेपित दरें गरीब देशों को अपनी सैटेलाइटें लांच करने का मौका दे सकती है। इस प्रकार अंतरिक्ष बाजार में इसरो एक बहुत बड़ा खिलाड़ी बन कर उभरा है।

(b) ISRO के समक्ष चुनौतियां

- नासा का सालाना बजट 1235 अरब डालर है, जबकि इसरो का वार्षिक बजट मात्रा 75 अरब डालर है।
- 40 वर्षों में इसरो ने जितना व्यय किया है, वह नासा के सालाना बजट का मात्रा 50 प्रतिशत है।
- एक अनुमान के अनुसार इसरो के लिए हर भारतीय के जेब से 60 रूपये का योगदान होता है, जबकि अमेरिका में यह आंकड़ा 3855 रूपये है।

वैश्विक अन्तरिक्ष स्तर पर विभिन्न क्षेत्र में किये गये कार्य की रूप रेखा

नाम	कार्य
1. Wolf 1061 C	• पृथ्वी से परे जीवन की खोज करने के प्रयास में सैनफ्रांसिस्को स्टेट यूनिवर्सिटी के खगोलविद **स्टीफन केन** ने एक बाह्य ग्रह **वोल्फ 1061C** का अध्ययन किया तथा पाया कि यह खगोलीय पिण्ड (Celestial Body) वास-योग्य (Habitable Zone) हो सकता है। ***नोट***—वास-योग्य क्षेत्र उन्हें कहा जाता है, जिस ग्रह की सतह में जल, तरल अवस्था में मौजूद हो।
2. X बैंड किरामेकी-2	• 24 जनवरी, 2017 को जापान ने X बैंड सुरक्षा संचार उपग्रह किरामेकी-2 को H2A रॉकेट से प्रक्षेपित किया। यह उपग्रह जापानी रक्षा मंत्रालय के लिये प्रक्षेपित पहला संचार उपग्रह है।
3. ओरियन	• नासा (USA) का पहला नया अन्तरिक्षयान 'ओरियन' जो गहरे अंतरिक्ष में मानव युक्त उड़ानों के लिए प्रयोग मे लाया जायेगा। जिसे स्पेस लांच सिस्टम (SLS) नामक शक्तिशाली रॉकेट से 5 दिसंबर 2014 को प्रक्षेपित किया गया।
4. रोसेटा मिशन	• किसी धूमकेतु की कक्षा मे पहुंचने वाला पहला अंतरिक्षयान जिसे यूरोपीयन स्पेस ऐजेन्सी ने भेजा था।
5. इकारोस	• विश्व का पहला सौर अंतरिक्षयान।
6. 30 मीटर टेलिस्कोप	• पांच सदस्य राष्ट्र अमेरिका, कनाडा, जापान, चीन, और भारत की यह महत्वाकांक्षी परियोजना है। अगली पीढ़ी के इस टेलीस्कोप में 30 मीटर का दर्पण लगा है जो 13 अरब प्रकाश वर्ष दूर स्थित आकाशीय पिंड की तस्वीर लेने में सक्षम होगा।
7. न्यूहोराइजन्स	• 19 जनवरी 2006 को मिशन प्लूटो के लिए रवाना हुआ अब तक का सबसे तेज रफ़्तार का यान है, 15 जुलाई 2015 को सौरमण्डल के दूरस्थ ग्रह प्लूटो के निकट पहुँचा तथा वहाँ से तस्वीरें एवं अन्य आंकड़े भेजना शुरू कर दिया।
	• ***नोट***—इसके साथ ही सौरमण्डल के सभी ग्रहों पर यान भेजने वाला अमेरीका दुनिया का पहला देश बन गया।
8. मैसेन्जर	• यह नासा द्वारा बुध ग्रह पर भेजा जाने वाला यान है।
9. बेईदोउफनेविगेशन सेटेलाइट	• यह चीन का ग्लोबल नेविगेशन पोजीशनिंग उपग्रह है जिसे चीन ने 12 जून, 2016 को लांग मार्च 3C राकेट से प्रक्षेपित किया। चीन के इस नेविगेशन उपग्रह को अमेरिका के GPS के विकल्प के रूप में विकसित किया गया है।
10. फास्ट	• चीन ने दुनिया के सबसे बड़े **रेडियो टेलिस्कोप** जो आकार में 30 फुटबाल मैदान (500 मीटर) के बराबर है को, चीन के गुइझोऊ प्रांत के पिंगटांग काउंटी में स्थापित किया। इस नयी दूरबीन से एलियन खोजने और ब्रह्माण्ड की उत्पत्ति को बेहतर तरीके से समझने में मदद मिलेगी।
11. स्पेस शाटगन	• नासा इस शाटगन का विकास '**एस्टेरायएड (क्षुद्र ग्रह) रिडायरेक्ट मिशन**' **(ARM)** के अन्तर्गत कर रही है।
12. आरएस-25	• नासा ने आरएस-25 नामक **अगली पीढ़ी के अत्याधुनिक रॉकेट इंजन का सफल परीक्षण किया है।** इस इंजन का प्रयोग अंतरिक्ष यात्रियों को क्षुद्रग्रह, मंगल और अन्य अंतरिक्ष मिशनों तक ले जाने वाले रॉकेट में किया जायेगा।
13. रोक	• **यह दुनिया का सबसे विशाल एयरक्रॉफ्ट** है जो उपग्रहों को अंतरिक्ष की कक्षा में स्थापित करने के लिए '**हवाई लॉन्च पैड**' की तरह काम करेगा। इस एयरक्रॉफ्ट का डिजाइन '**स्ट्रेटोलान्च सिस्टम**' नामक फर्म तैयार कर रही है।

(Continued)

नाम	कार्य
14. जेम्स वेब स्पेस टेलिस्कोप	• अमेरिका की नासा द्वारा हबल से 100 गुना शक्तिशाली 1 टेनिस्कोड की आकार वाली टेलिस्कोप का विकास किया गया है जिसका नामकरण नासा के दूसरे अध्यक्ष जेम्स एडविन वेब के नाम पर रखा गया है।
15. मून एक्सप्रेस-वे	• विश्व की निजी क्षेत्र का पहला चन्द्रयान मिशन है।
16. सोलर एम्पल्स-2	• यह सौर ऊर्जा से संचालित विमान है। इस विमान ने 26 जुलाई, 2016 को विश्व का पूरी चक्कर लगा कर अपनी ऐतिहासिक यात्रा पूरा करते हुए अबुधाबी (UAE) के अब-बातीन हवाई अड्डे पर अपनी यात्रा समाप्त की। इस विमान में पारंपरिक ईंधन के स्थान पर सौर ऊर्जा का प्रयोग किया गया है। यह विमान कुल 12 स्टॉपेज पर रूका जिसमें भारत के अहमदाबाद (10 मार्च, 2015) और वाराणसी (18 मार्च, 2015) शामिल थे।
17. LIGO–India Project	• यह गुरूत्वीय तरंगों पर अनुसंधान हेतु परियोजना है। जिसे 17 फरवरी, 2016 को प्रधानमंत्री मोदी की अध्यक्षता वाली कैबिनेट ने मंजूरी दी। इस परियोजना से भारत के वैज्ञानिक और इंजीनियरों को गुरूत्वाकर्षण तरंगों की गहराई में जाकर अध्ययन करने और नये खगोलीय क्षेत्र में वैश्विक नेतृत्व करने का अवसर मिलेगा। भारत लिगो प्रोजेक्ट संचालित करने वाला तीसरा देश है।
18. एक्सोमार्स 2016 मिशन (ExoMars 2016 Mission)	• यह मंगल ग्रह पर जीवन की खोज हेतु मानवरहित मिशन है। जिसका 14 मार्च, 2016 को कजाकिस्तान के बैकानूर अंतरिक्ष प्रक्षेपण केन्द्र से यूरोप-रूस का संयुक्त मिशन का सफल प्रक्षेपण किया गया।
19. HTT–40	• यह स्वदेशी बेसिक ट्रेनर एयरक्राफ्ट है। जिसे हिन्दुस्तान एयरोनोटिक्स लिमिटेड (HAL) ने **Make in India** अभियान के तहत निर्मित किया है, जिसे भारतीय वायु सेना द्वारा प्रारंभिक चरण के प्रशिक्षण के लिये प्रयोग में लाया जायेगा। ***नोट***—इस एयरक्राफ्ट के 80 प्रतिशत उपकरण स्वदेशी है शेष उपकरण निजी कंपनियों द्वारा तैयार किये गये है।
20. NEEMO (NASA Exterme Environment Mission)	• यह नासा का एक ऐसा प्रोजक्ट है जो भविष्य में मंगल ग्रह और गहरे अंतरिक्ष मिशन की तैयारी करने से संबंधित है। नीमो प्रोजेक्ट के तहत नासा ने महासागर के तल में अंतरिक्ष यात्रियों का एक दल, प्रशिक्षणार्थ भेजा क्योंकि अटलांटिका महासागर और मंगलग्रह की स्थिति लगभग समान है। इन दोनों ही स्थानों में कम गुरूत्वाकर्षण की स्थिति पायी जाती है।
21. Aquila	• यह मानव रहित सोलर पावर ड्रोन है। फेसबुक कम्पनी ने 28 जून, 2016 को विश्व के दूरदराज इलाकों और शीर्ष टेक कंपनियों को निशुल्क इंटरनेट पहुंचाने के लिये 'अकीला' का पहला सफल परीक्षण किया।
22. गाओफेन-3	• यह चीन का भू-निगरानी उपग्रह है। यह उपग्रह दुनिया भर के सभी मौसमों पर 24 घंटे निगरानी रखने में सक्षम है और इसका प्रयोग आपदा चेतावनी जारी करने, मौसम का हाल जानने, जलसंसाधनों का आकलन करने और समुद्री क्षेत्र में अधिकारों की जानकारी के लिए 10 अगस्त, 2016 को लांग मार्च-4C रॉकेट से प्रक्षेपित किया गया है।
23. FC–31	• दो इंजन वाले अत्याधुनिक जेट विमान (उन्नत लड़ाकू विमान) का उड़ान परीक्षण 23 दिसम्बर, 2016 को चीन के उत्तर-पूर्वी प्रांत लियाओनिंग की राजधानी शेनयांग में किया गया। FC–31 रडार से बचने की क्षमता (स्टील्थ), बेहतर इलेक्ट्रानिक प्रणालियों और अधिक पेलोड क्षमता से युक्त है।

(Continued)

नाम	कार्य
24. ओसीरिस-रेक्स (OSIRIS–REx)	• 8 सितम्बर, 2016 को नासा ने क्षुद्रग्रह बेन्नू (BENNU) में जीवन की संभावनाओं का पता लगाने और सतह से नमूने एकत्रित करने के उद्देश्य से रवाना किया। यह 7 साल बाद धरती पर वापस आयेगा। नासा का यह पहला मिशन है, जो क्षुद्रग्रह से एक टुकड़ा लेकर धरती पर वापस आयेगा।
25. फाल्कन-9	• अमेरिका के फ्लोरिडा स्थित केप केनेवेरल एयर फोर्स स्टेशन से 21 दिसम्बर, 2015 को फल्कन-9 राकेट अपने साथ 11 संचार उपग्रह प्रक्षेपित करते हुए पृथ्वी पर उसी रूप में वापस आकर इतिहास रच दिया है। इससे भविष्य में इसी रॉकेट से और भी उपग्रह प्रक्षेपित किये जा सकेंगे, जो रॉकेट निर्माण पर होने वाले खर्चो को कम करने में सहायक होगा।
26. जूनो अंतरिक्ष मिशन	• बृहस्पति ग्रह के लिए नासा द्वारा भेजा गया यह मिशन सौर ऊर्जा पर आधारित अंतरिक्षयान है। इसने किसी मानव यान के सर्वाधिक दूरी (793 मिलियन किलोमीटर) तक पहुंचने का रिकार्ड बनाया है।
27. प्लैनेट-एक्स	• नेपच्यून के आकार का अर्थात आकार में पृथ्वी से 10 गुना बड़ा एक नया ग्रह खोजा गया, जिसके लिये दावा किया जा रहा है कि यह सौरमण्डल का 9वां ग्रह है।
28. एरीज	• नैनीताल (उत्तराखण्ड) के नजदीक देवस्थल में 'आर्य भट्ट रिसर्च इंस्टीट्यूट ऑफ ऑब्जर्वेशनल साइंसिज' में 3.6 मीटर ऑप्टिकल टेलीस्कोप 'एरीज' जो एशिया की सबसे बड़ी टेलीस्कोप है, स्थापित किया गया। यह टेलीस्कोप तारों की संरचना तथा तारों की चुंबकीय क्षेत्र संरचना का अध्ययन करने में सहायक होगी। ***नोट***—प्रधानमंत्री मोदी व बेल्जियम के प्रधानमंत्री चार्ल्स माइकल ने 30 मार्च, 2016 को संयुक्त रूप से इस टेलीस्कोप को सक्रिय किया। भारत ने बेल्जियम के सहयोग से इस टेलीस्कोप का निर्माण किया।
29. B61–12	• यह अमेरिका द्वारा निर्मित विश्व का प्रथम निर्देशित न्यूक्लियर बम है जिसके विकास व परीक्षण के द्वितीय चरण सफलतापूर्वक पूरे किये गये है।
30. DAMPE– Dark Matter Particle Explorer (डैंप)	• चीन ने 17 दिसम्बर, 2015 को ब्रह्मांड में डार्क मैटर की खोज के उद्देश्य से गोबी मरूस्थल से डैंप नामक उपग्रह को लांग मार्च 2D राकेट से छोड़ा है।
31. केपलर 1647 बी	• खगोलविदो ने हमारी सौर प्रणाली से बाहर सबसे बड़ा ग्रह जो दो तारो का चक्कर लगा रहा है, को नासा वैज्ञानिकों ने केपलर टेलीस्कोप से खोजा है। इसलिए इस ग्रह का नाम **'केपलर 1647 बी'** रखा गया है।
32. अलरोबोट	• इराकी आर्मी ISIS से निपटने के लिए ऐसा रोबोटिक हथियार तैयार कर रही है जो एक मानवरहित वाहन होगा जिसमें भारी मशीनगन कंगुरा लगा होगा और जो रिमोट से संचालित एक बुलेट प्रुफ वाहन होगा।
33. शेन झोऊ–II (Shenzhou–II)	• चीन ने 17 अक्टूबर, 2016 को शेन झाऊ–II अन्तरिक्षयान से दो चीनी अन्तरिक्ष यात्रियों (जिंग हाइपिंग और शेनडोंग) को 30 दिन तक चीन की अन्तरिक्ष प्रयोगशाला तिओनगोंग–II में रहने के लिए गोबी रेगिस्तान में स्थित जिकुआन प्रक्षेपण केन्द्र से लांग मार्च–2 एफ राकेट से प्रक्षेपित किया।
34. स्पेस एक्स	• USA की निजि क्षेत्र की कंपनी स्पेस एक्स ने पुनर्नवीनीकृत रॉकेट बूस्टर का सफलतापूर्वक प्रक्षेपण किया है।

भारत की रक्षा प्रतिरक्षा प्रौद्योगिकी का विकास

हाल मे परीक्षण की गयी मिसाइलें

नाम	परीक्षण की तिथि	अभिलक्षण
1. अग्नि-II	4 मई, 2017	अब्दुल कलाम द्वीप से परीक्षण की गयी मिसाइल मध्यम दूरी की है। इसका पहला परीक्षण 1999 में किया गया था और 2004 में यह सेना में शामिल है।
2. अग्नि-(IV)	2 जनवरी, 2017	**परीक्षण स्थल**—ओडिशा स्थित बालासोर जिले के अब्दुल कलाम द्वीप से। **विशेषताएं—** • स्वदेश निर्मित लंबी दूरी (4000 किमी.) की सतह से सतह पर मार करने वाली बैलिस्टिक मिसाइल है। • यह मिसाइल अत्याधुनिक वैमानिकी और 5वीं पीढ़ी की आन-बोर्ड कम्प्यूटर प्रणाली से सुसज्जित है। • DRDO द्वारा विकसित यह मिसाइल दो चरणों वाली मिसाइल है। इसके दोनों चरण ठोस प्रणोदक से संचालित होते हैं। ***नोट***—इसके 4 अन्य परीक्षण वर्ष 2011, 2012, 2014 एवं 9 नवम्बर, 2015 में किये गये थे।
3. अग्नि-(V)	26 दिसम्बर, 2016	**परीक्षण स्थल**—ओडिशा से दूर अब्दुल कलाम द्वीप से। **विशेषतायें—** • DRDO द्वारा विकसित सतह से सतह तक मार करने वाली परमाणु क्षमता से लैस लंबी दूरी (5000 किमी.) की अंतर-महाद्वीपीय बैलिस्टिक मिसाइल का सफल परीक्षण किया गया और यह ओशेनियाई समुद्र में जा गिरी। • अग्नि श्रृंखला की यह सबसे आधुनिक मिसाइल है, जिसमें नेविगेशन, गाइडेंस, वारहेड और इंजन से जुड़ी नई तकनीकों को शामिल किया गया है। • इसके सेना में शामिल होने पर भारत अंतर-महाद्वीपीय बैलिस्टिक मिसाइल क्षमता वाले देशों—अमेरिका, रूस, चीन, फ्रांस और ब्रिटेन के सूपर एक्सक्लयूसिव क्लब में शामिल हो जायेगा।
4. बराक-8	21 सितम्बर, 2016	**परीक्षण स्थल**—ओडिशा के बालासोर तट के निकट स्थित चाँदीपुर से। **विशेषताएं—** • यह एक सतह से हवा में मार (Surface to Air) करने वाली नई पीढ़ी की अत्याधुनिक प्रक्षेपास्त्र प्रणाली है। • यह मिसाइल 500 मीटर से 70 किमी. तक दूरी के हवाई लक्ष्यों पर अचूक निशाना साधने में सक्षम है। ***नोट***—इस मिसाइल का विकास भारत व इज़राइल द्वारा संयुक्त रूप से किया गया है।
5. अश्विन	15 मई, 2016	**परीक्षण स्थल**—ओडिशा के बालासोर तट के निकट अब्दुल कलाम द्वीप से सफल परीक्षण। **विशेषताएं—** • DRDO द्वारा विकसित 7.5 मीटर लंबी, एकल चरणीय एवं ठोस प्रणोदकयुक्त 'अश्विन' एक निर्देशित इंटरसेप्टर मिसाइल है। • यह मिसाइल अपने मोबाइल लांचर के द्वारा कहीं से भी छोड़ी जा सकती है।
6. के-4	31 मार्च, 2016	**परीक्षण स्थल**—पनडुब्बी INS अरिहंत से बंगाल की खाड़ी में। **विशेषता—** • के-4 मिसाइल 'के' श्रृंखला की सबमरीन लांच्ड बैलिस्टिक मिसाइल है, जिसे पानी के अंदर से 20 फुट के नीचे से प्रक्षेपित किया जा सकता है।

(Continued)

नाम	परीक्षण की तिथि	अभिलक्षण
		• DRDO द्वारा विकसित और स्वदेशी तकनीक से निर्मित मिसाइल की मारक क्षमता 3500 किमी. है। • भारत, विश्व के उन 5 देशों के समूह में शामिल हो गया है, जिनके पास पानी के अंदर से मिसाइल दागने की क्षमता है यह देश—अमेरीका, चीन, रूस और फ्रांस है। ***नोट***—इस बैलिस्टर मिसाइल का नाम पूर्व राष्ट्रपति ए.पी.जे. अब्दुल कलाम के नाम पर रखा गया है।
7. अग्नि-(I)	14 मार्च, 2016	**परीक्षण स्थल**—ओडिशा तट पर अब्दुल कलाम द्वीप (पूर्व नाम व्हीलर द्वीप) से। **विशेषताएं**—सतह से सतह पर मार करने वाली मध्यम दूरी (700 किमी.) की स्वदेश निर्मित बैलिस्टिक मिसाइल है।
8. पृथ्वी-(II)	16 फरवरी, 2016	**परीक्षण स्थल**—ओडिशा तट के पास चांदीपुर से। **विशेषता**—स्वदेश निर्मित सतह से सतह मार करने वाली इस मिसाइल की मारक क्षमता 350 किमी. है। इसमें इंटरसेप्टिक तकनीक लगी है।

महत्वपूर्ण तथ्य

- पृथ्वी मिसाइल सतह से सतह पर मार करने वाली कम दूरी की बैलिस्टक मिसाइल है, जो परंपरागत व परमाणु दोनों तरह के आयुध को प्रक्षेपित करने की क्षमता रखती है। इस मिसाइल का प्रथम संस्करण पृथ्वी-I थल सेना को समर्पित है, द्वितीय संस्करण पृथ्वी-II वायुसेना व तृतीय संस्करण पृथ्वी-III नौसेना को ध्यान में रखकर तैयार किया गया हैं।
- सतह से सतह पर मार करने वाली एक बैलिस्टिक मिसाइल श्रृंखला 'अग्नि' भी है। यह पारंपरिक व परमाणु दोनों तरह के आयुधों के परिवहन की क्षमता रखती है। इसके 5 संस्करणों (अग्नि-I से अग्नि-V) का परीक्षण किया जा चुका है, जो अपनी बढ़ती मारक क्षमता के कारण वैश्विक चर्चा का केन्द्र बनी हुई हैं।
- भारत की अंतर महाद्वीपीय बैलिस्टिक मिसाइल (Inter Continental Ballistic Missile) अग्नि-5 (5000 किमी. मारक क्षमता) के सापेक्ष रूस की R–36M मिसाइल, जिसकी मारक क्षमता 16000 किमी, अमेरिका की LGM–30 मिनटमैन जिसकी मारक क्षमता 13,000 किमी. व चीन की डांगफेंग व इज़राइल की जेरिको मिसाइल की मारक क्षमता 10,000 किमी. से अधिक है। अंतर्महाद्वीपीय मिसाइल क्लब में अपनी उपस्थिति दर्ज कराती हैं।

रक्षा प्रतिरक्षा क्षेत्र में डीआरडीओ के हाल के वर्षों की उपलब्धियाँ

रक्षा प्रतिरक्षा उत्पाद		प्रमुख विशेषता
1.	त्रिशूल	कम दूरी की जमीन से हवा में मार करने वाली मिसाइल, जो कम ऊंचाई पर आक्रमण करने हेतु प्रसिद्ध है।
2.	आकाश	सतह-से-हवा में प्रहार करने में सक्षम स्वदेश निर्मित इस मिसाइल का परीक्षण भारतीय वायु सेना द्वारा चाँदीपुर (ओडिशा) स्थित इण्टीग्रेटेड टेस्ट रेन्ज (आईटीआर) से किया गया। यह प्रक्षेपास्त्र एक साथ समान रूप से किसी भी ध्वनि की गति से उड़ रहे 5 हमलावर विमानों या प्रक्षेपास्त्रों को निशाना बना सकता है।
3.	नाग	दागो और भूल जाओ तकनीक पर आधारित तृतीय पीढ़ी की टैंकरोधी मिसाइल है।
4.	शौर्य	कम दूरी की सतह से सतह पर मार करने वाली हल्की व संवेदनशील बैलिस्टिक मिसाइल।
5.	अस्त्र	हवा से हवा में मार करने वाली परमाणु क्षमता संपन्न बैलिस्टिक मिसाइल है।
6.	निर्भय	लंबी दूरी की सतह से सतह पर मार करने वाली सुपरसोनिक क्रूज मिसाइल हैं।
7.	बराक-8	लंबी दूरी की सतह से हवा में मार करने वाली मिसाइलरोधी रक्षा प्रणाली है।
8.	ब्रह्मोस	भारत और रूस के संयुक्त उपक्रम के तहत विकसित सुपरसोनिक क्रूज मिसाइल हैं।
9.	प्रहार	कम दूरी की सतह से सतह पर मार करने वाली तथा तुरन्त प्रतिक्रिया देने के लिये विकसित बैलिस्टिक मिसाइल।

(Continued)

रक्षा प्रतिरक्षा उत्पाद	प्रमुख विशेषता
10. धनुष	जनवरी, 2017 में भारतीय सेना द्वारा हिमालय क्षेत्र में 155 मी. × 52 कैलिबर की स्वदेश निर्मित (90 प्रतिशत उपकरण भारत में ही निर्मित है) उन्नत कर्षण तोप प्रणाली 'धनुष' (Advance Towed Artillery Gun System–ATAGS) का परीक्षण किया गया। ***नोट—*** भारतीय सेना के तोपखाना आधुनिकीकरण कार्यक्रम के तहत DRDO द्वारा ATAGS धनुष का विकास किया है, जो तीन दशक पुरानी बोफोर्स तोप (स्वीडन से आयातित) का स्थान लेगी। धनुष तोप प्रणाली के कुल 3 संस्करण विकसित हो चुके हैं, 1. 155mm × 39 कैलिबर, मारक रेंज 28 किमी. 2. 155 × 45 कैलिबर, मारक रेंज 38–40 किमी., 3. 155mm × 52 कैलिबर, मारक रेंज 42–45 किमी. तक।
11. कलवारी	यह फ्रांस की पनडुब्बी स्कार्पियन का स्वदेशी संस्करण है।
12. इंद्रा व राजेन्द्र	DRDO ने अपनी प्रयोगशाला इलेक्ट्रानिक्स एण्ड रडार डेवलपमेंट इस्टेब्लिशमेंट के द्वारा इंद्रा व राजेन्द्र नामक रडार का विकास किया है। इसके द्वारा रेडियो तरंगों को सभी दिशाओं में प्रक्षेपित किया जाता है तथा इन तरंगों के वस्तुओं से टकराकर लौटने के आधार पर उनकी अवस्थिति का पता लगाया जाता है।
13. अवाक्स	निगरानी से संबंधित प्रौद्योगिकी में अवाक्स रडार प्रणाली का विशिष्ट स्थान है, यह अन्य देशों की हवाई सीमा का अतिक्रमण किये बगैर ही सभी मौसमों में हवाई निगरानी करने में सक्षम है।
14. कावेरी डेरिवेटिव इंजन	स्वदेश में विकसित इस इंजन का इस्तेमाल भारतीय मानवरहित लड़ाकू विमान को ऊर्जा देने के लिए इस्तेमाल किया जायेगा।
15. नेत्र	आईडियाफोर्ज टेक्नोलॉजिज और DRDO द्वारा विकसित यह हेलीकाप्टर की तरह सीधे ऊपर उड़ सकता है एवं यह वापस अपने पूर्व स्थान पर पहुंच सकता है। इसका उपयोग हथियारबंद और अर्धसैनिक बल कर रहे हैं। राष्ट्रीय आपदा कार्यवाही व उत्तराखण्ड बाढ़ में नुकसान का मूल्यांकन करने के लिए इसका इस्तेमाल किया गया था।
16. निशांत	दिन/रात की गश्ती में उपयोगी है, इसे भारतीय सेना में शामिल किया जा रहा है।
17. पंछी	निशांत का ही पहियो वाला संस्करण है। यह छोटी हवाईपट्टी से उड़ने और उस पर उतरने में सक्षम है। इसने अपनी पहली उड़ान दिसम्बर, 2014 में भरी थी।
18. रूस्तम-1	सभी मौसम के लिए उपयुक्त, मध्य ऊंचाई और लंबे समय तक आकाश में रहने में तथा। तस्वीर भेजने में सक्षम।
19. औरा	यह युद्धक ड्रोन 30 हजार फुट ऊँचाई पर उड़ने में सक्षम है तथा प्रक्षेपास्त्र और बम दागने में भी सक्षम है।
20. स्टेल्थ काम्बेट	भारत जल्द ही शत्रु की नजर में आए बिना उसके ठिकानों पर हमला करने वाला स्टेल्थ ड्रोन बनाएगा।
21. अश्वनी	स्वदेशी इंटरसेप्टर मिसाइल प्रणाली।
22. मारीच	उन्नत टारपीडो रक्षा प्रणाली।
23. स्वाती/भरणी	रडार प्रणाली।
24. गिरी	रडार प्रणाली।
25. तेजस	स्वदेश निर्मित चौथी पीढ़ी का हल्का लड़ाकू विमान है। इसका नारा है—'अजीत नभ' एकल इंजन वाला तेजस विश्व का सबसे छोटा और सबसे हल्का सुपरसोनिक लड़ाकू विमान है HAL द्वारा निर्मित इस विमान के लगभग 70% हिस्से स्वदेशी तकनीक से बने हैं।
26. पिनाका	DRDO द्वारा विकसित इस निदेशित पिनाका रॉकेट प्रणाली (Guided Pinaka Rocket System) का सफल परीक्षण 12 जनवरी, 2017 को चांदीपुर (ओडिशा) से किया गया। ***नोट***—पिनाका मार्क-II का विकास पिनाका मार्क-I राकेट प्रणाली से हुआ है, जो नेविगेशन, गाइडेंस एवं कंट्रोल किट से युक्त होकर निदेशित पिनाका (Guided Pinaka) में रूपांतरित हो गयी।

(Continued)

	रक्षा प्रतिरक्षा उत्पाद	प्रमुख विशेषता
27.	SAAW (Smart Anti Airfield Weapon)	इस लाइट वेट गाइडेड बम के द्वारा भारतीय वायुसेना के विमान सुरक्षित दूरी से दुश्मन की हवाई पट्टियों, हैंगरो, बंकरो और अन्य जमीनी लक्ष्यों को निशाना बना सकेंगे। DRDO द्वारा विकसित किए गये है, ये 120 किग्रा. के लाइट वेट गाइडेड बम सुरक्षित दूरी से 100 किमी. तक की रेंज में अवस्थित जमीनी लक्ष्यों पर अचूक निशाना साधने में सक्षम है।
28.	स्वदेशी ड्रोन तापस-201 (रूस्तम-II)	DRDO ने देश के सबसे बड़े मानवरहित लड़ाकू ड्रोन विमान तापस-201 का पहला सफल परीक्षण किया। इसमें उड़ान भरने और लैंड करने के लिए स्वचालित प्रणाली है यह दुश्मनों के इलाके की टोह लेने से लेकर लक्ष्य की पहचान कर उसे भेदने में सक्षम होगा। यह मध्यम ऊंचाई पर लंबी अवधि तक उड़ान भरने में सक्षम है।
29.	मिराज-2000	यह एक उन्नयित लड़ाकू विमान (Advanced Fighter Plain) है, जिसे फ्रांस ने निर्मित किया है।
30.	मीका (MICA)	24 सितम्बर, 2016 को भारतीय वायुसेना ने मिराज 2000 नामक उन्नत लड़ाकू विमान से लंबी दूरी के दृश्यता सीमा से परे (Beyond Visual Range) हवा से हवा में मार करने वाली मीका (MICA) मिसाइल का सफल परीक्षण किया। यह मिसाइल निम्न ऊंचाई पर उड़ते हुए स्थान परिवर्तन करने वाले लक्ष्यों को सफलतापूर्वक निशाना बनाने में सक्षम हैं।
31.	गरूड़ एवं गरूथम	DRDO द्वारा स्वदेश निर्मित ग्लाइड बम 'गरूड़' एक गैर-पंखयुक्त (Non-Winged) संस्करण है एवं गरूथम एक पंखयुक्त (Winged) ग्लाइड बम है। ***नोट***—पंखयुक्त ग्लाइड बम विमान से जहॉ से इन्हें छोड़ जाएगा वहां से 100 किमी. तक की निर्देशित दूरी तय करके सतह पर अपने लक्ष्य को निशाना बनाते हैं इस तरह बम गिराने के लिए विमान को दुश्मन देश की सीमा में प्रवेश नहीं करना पड़ता।
32.	वरूणास्त्र	स्वदेश निर्मित भारत का पहला हैवीवेट पनडुब्बी-रोधी इलेक्ट्रिक टारपीडो है।
33.	बाराकुडा	भारत से निर्यात किया जाने वाला पहला युद्धपोत जो कि भारत ने मॉरीशस को सौंप दिया है।
34.	ग्लाइड बम	19 दिसंबर, 2014 को DRDO ने 1000 KG तक मारक क्षमता की मिसाइल आधारित ग्लाइड बम का परीक्षण किया जो 100 किमी. तक मार कर सकता है।
35.	ग्लोबमास्टर	6वाँ सैन्य परिवहन विमान।
36.	गरूड़ वसुधा	उन्नत हल्का हेलिकॉप्टर।
37.	F-22 रैप्टर	स्टील्थ टेक्नोलॉजी से निर्मित, 2410 किमी./घंटे की गति एवं दो सीटों वाला USA का लड़ाकू विमान है।

हाल के वर्षों में भारत के रक्षा खरीद सौदे

रक्षा सामग्री	देश
एडमिरल गोर्शकोव, परमाणु पनडुब्बी नेरपा, सुखोई-30, T-90, टैंक केए-226 टी बहुउद्देश्यीय हेलीकाप्टर, एस-400 वायु रक्षा प्रणाली	रूस
मिराज 2000, स्कॉर्पियन पनडुब्बी, 36 राफेल लड़ाकू विमान	फ्रांस
रडार (फॉल्कन) प्रणाली (अवाक्स), बराक मिसाइल प्रणाली, हिरान टीपी ड्रोन	इज़राइल
IL-76, उज्बेकिस्तान का विमान, रूसी इंजन	रूस, उज्बेकिस्तान
एडवांस्ड जेड ट्रेनर विमान	इंग्लैण्ड
बोफोर्स तोप	स्वीडन
SDW पनडुब्बी	जर्मनी
डेनेल राइफलें	द. अफ्रीका
C-130 J सूपर हरक्यूलिस विमान, C-17 ग्लोब मास्टर-III विमान,	अमेरिका
15 चिनूक एवं 22 अपाचे हेलिकाप्टर, पी-81 नौसैनिक निगरानी विमान,	अमेरिका
145 अल्ट्रा-लाइट हाविट्जर (Howitzer) तोप, 89 पोत भेदी हारपून मिसाइलें।	अमेरिका

(Continued)

युद्ध अभ्यास

युद्ध अभ्यास का नाम	तिथि	स्थल	महत्वपूर्ण तथ्य
A. भारत बनाम चीन			
1. हैंड-इन-हैंड 2016	12 से 27 नवम्बर, 2016	पूणे, भारत में सम्पन्न	यह दोनों देशों के बीच छठा संयुक्त प्रशिक्षण अभ्यास था।
2. चीन भारत सहयोग 2016	19 अक्टूबर, 2016	लद्दाख के पूर्वी क्षेत्र में आयोजित	यह दोनों देशों के मध्य दूसरा संयुक्त मानवीय सहायता एवं आपदा राहत अभ्यास था।
B. भारत बनाम रूस			
3. इंद्रा नेवी-2016	14 से 21 दिसम्बर, 2016	बंगाल की खाड़ी में सम्पन्न	यह दोनों देशों के मध्य 9वाँ संयुक्त नौसैनिक अभ्यास था, इस नौसैनिक अभ्यास की शुरूआत 2003 में हुई थी।
4. अभ्यास इंद्रा-2016	22 सिसम्बर, से 2 अक्टूबर, 2016	--	यह दोनों देशों के मध्य 11 दिवसीय युद्धाभ्यास था।
C. भारत बनाम अन्य एशियाई देश			
5. इकूवेरियन-2016	15 से 28 दिसम्बर, 2016	भारत एवं मालद्वीव के मध्य (मालद्वीव में)	यह दोनों देशों के मध्य संयुक्त सैन्याभ्यास का सातवाँ संस्करण।
6. सूर्य किरण-2016	31 अक्टूबर, 2016 से 13 नवम्बर, 2016	भारत एवं नेपाल के मध्य (नेपाल के सलिझंडी नामक आर्मी स्कूल में सम्पन्न)	यह दोनों देशों की सेनाओं के मध्य 10वाँ संयुक्त सैन्य अभ्यास है।
7. सम्प्रीति-2016	5 से 18 नवम्बर, 2016	भारत एवं बांग्लादेश के मध्य (बांग्लादेश के ढाका में सम्पन्न)	यह दोनों देशों के मध्य छठा संयुक्त सैन्य अभ्यास था। इस तरह का पहला द्विपक्षीय युद्धाभ्यास वर्ष 2010 में असम के जोरहाट में सम्पन्न हुआ।
8. सिम्बैक्स-2016	31 अक्टूबर, से 5 नवम्बर, 2016	भारत और सिंगापुर के मध्य (बंगाल की खाड़ी में विशाखापत्तनम तट पर सम्पन्न)	दोनों देशों की नौसेनाओं के मध्य 23वाँ संयुक्त अभ्यास था।
9. मित्र शक्ति-2016	24 अक्टूबर से 6 नवम्बर, 2016	भारत और श्रीलंका के मध्य (श्रीलंका के अम्बेपूसा में सम्पन्न)	--
10. प्रबल दोस्तकी-2016	3 से 17 सितम्बर, 2016	भारत एवं कजाकिस्तान के मध्य (कजाकिस्तान के कारागंडा क्षेत्र में)	दोनों देशों की सेनाओं के मध्य 15 दिवसीय संयुक्त युद्धाभ्यास था।
11. अभ्यास मैत्री-2016	15 से 30 जुलाई, 2016	भारत और थाईलैण्ड के मध्य (थाईलैण्ड में आयोजित)	यह भारतीय सेना और रायल थाइलैण्ड आर्मी के मध्य संयुक्त अभ्यास।
12. नोमैडिक एलिफेंट-2016	25 अप्रैल, से 8 मई, 2016	भारत एवं मंगोलिया के मध्य	यह दोनों देशों के बीच 11वाँ संयुक्त प्रशिक्षण अभ्यास था।
13. गरूड़ शक्ति-2016	11 से 23 मार्च, 2016	भारत और इण्डोनेशिया के मध्य	यह दोनों देशों के बीच चौथा संयुक्त प्रशिक्षण अभ्यास था।
14. इमकोर-2016	13 से 16 फरवरी, 2016	भारत और म्यांमार के मध्य बंगाल की खाड़ी एवं अंडमान सागर के मध्य अंतर्राष्ट्रीय समुद्री रेखा के पास	यह दोनों देशों के बीच चौथा संयुक्त प्रशिक्षण अभ्यास था।

(Continued)

युद्ध अभ्यास का नाम	तिथि	स्थल	महत्वपूर्ण तथ्य
15. भारत-अमेरिका-जापान		मालाबार	यह भारत, अमेरिका, जापान के बीच चलने वाला एक नौसैनिक अभियान है जो जुलाई 2017 में बंगाल की खाड़ी में आयोजित किया गया।
D. भारत बनाम विश्व के अन्य देश			
15. युद्धाभ्यास 2016	14 से 27 सितम्बर, 2016	उत्तराखण्ड के रानीखेत चौबतिया मिलिटरी स्टेशन में आयोजित	भारत और यूएसए के मध्य 12वाँ संयुक्त प्रशिक्षण सैन्याभ्यास
16. रेडफ्लैग अलास्का-2016	28 अप्रैल से 14 मई, 2016	अमेरिका के अलास्का क्षेत्र में इल्सन एयरफोर्स बेस पर आयोजित	इस संयुक्त युद्धाभ्यास में भारतीय वायु सेना के साथ अमेरिकी वायु सेना तथा अमेरिकी नेवी ने भाग लिया।
E. बहुआयामी देशों का एक साथ युद्धाभ्यास			
17. रिमपैक 2016	30 जून, से 4 अगस्त, 2016	यूएसए के हवाईद्वीप पर आयोजित	इसमें दुनिया के 26 देशों ने भाग लिया, भारत भी इस युद्धाभ्यास में शामिल हुआ।
18. मालाबार युद्धाभ्यास-2016	10 से 17 जून, 2016	--	भारत, जापान तथा यूएसए का संयुक्त नौसैनिक युद्धाभ्यास, नौसैनिक 10वाँ संस्करण है।
19. एक्सरसाइज (फोर्स-18)	2 से 8 मार्च, 2016	पूणे, भारत में आयोजित	भारतीय सेना द्वारा बहुराष्ट्रीय फिल्ड ट्रेनिंग एक्सरसाइज का आयोजन किया गया, जिसमें चीन, रूस, जापान, दक्षिण कोरिया, यूएसए सहित 18 आशियान प्लस देशों ने भाग लिया।
20. इब्सामार नौसैन्य अभ्यास-2016	19 से 29 फरवरी, 2016	गोवा तट पर भारत में आयोजित	ब्राजील, भारत एवं दक्षिण अफ्रीका की नौसेनाओं का संयुक्त सैन्य अभ्यास का 5वाँ संस्करण।

विशेष

एडवांस्ड लैडिंग ग्राउंड (ALG)	अरूणाचल प्रदेश के ऊपरी सियांग जिले में सियांग नदी के तट पर तूटिंग ALG तथा पूर्वी सियांग जिले में पासीघाट ALG का शुभारम्भ क्रमश: 28 दिसम्बर, 2016 एवं 19 अगस्त, 2016 को किया गया। **महत्व—**ये दोनों एडवांस्ड लैडिंग ग्राउंड चीन सीमा से काफी निकट स्थित है। अत: सामरिक दृष्टि विशेषकर वायु सेना की क्षमता बढ़ाने तथा आवश्यकता पड़ने पर थल सेना के जवान और उपकरणों को त्वरित भेजने में महत्वपूर्ण भूमिका में रहेंगे। अब ये क्षेत्र भारत के वायु मानचित्र पर आ गए हैं।
आर्मी डिजाइन ब्यूरो की स्थापना (ADB)	इस ब्यूरों की स्थापना की औपचारिक घोषणा दलबीर सिंह (भारतीय थल सेना प्रमुख) ने 30 अगस्त, 2016 को की। **स्थापना का उद्देश्य—**थल सेना हेतु आवश्यक उपकरणों व शस्त्रों के आयात पर निर्भरता को कम करना और उनकी स्वदेश स्तर पर खरीद को संवर्धित करना। **प्रमुख कार्य—**सेना की दीर्घकालीन आवश्यकताओं के संदर्भ में विभिन्न हितधारकों को एकीकृत करना तथा उनके लिए एकल बिन्दु संपर्क के रूप में कार्य करेगा। ***नोट—***इस ब्यूरो को सरकार की मेक-इन-इण्डिया पहल के भाग के रूप में स्थापित किया गया है।
भारत-अमेरिका LEMOA समझौता	लाजिस्टिक एक्सचेंज मेमोरेंडम ऑफ एग्रीमेंट (LEMOA समझौता) के अन्तर्गत दोनों देश मरम्मत और पुनरापूर्ति हेतु एक-दूसरे के सैन्य बेसों का इस्तेमाल कर सकेंगे। ***नोट—***इस समझौते के साथ भारत अमेरिका के निकटतम रणनीतिक एवं रक्षा भागीदार देशों की सूची में शामिल हो गया है तो दूसरी ओर अब भारतीय सैन्य बलों को मानवीय संकटों के प्रति अनुक्रिया एवं आपदा राहत अभियानों को पूरा करने की क्षमता में वृद्धि हो गयी है।
भारत-जापान असैन्य परमाणु समझौता	परमाणु ऊर्जा के शांतिपूर्ण उपयोग में सहयोग से जुड़ा यह समझौता स्वच्छ ऊर्जा साझेदारी के निर्माण के संदर्भ में उठाया गया बड़ा कदम है।

(Continued)

हिमांश	राष्ट्रीय अंटार्कटिक एवं समुद्री अनुसंधान केन्द्र द्वारा हिमालय क्षेत्र (हिमाचल प्रदेश के स्पीति क्षेत्र में 13,500 फीट पर स्थापित) पर 'हिमांश' नामक अनुसंधान स्टेशन की स्थापना की गयी। यह स्टेशन ग्लेशियर के पिघलने तथा उन पर जलवायु परिवर्तन के प्रभाव का अध्ययन करेगा।
सूर्य ज्योति	यह एक कम लागत वाली पर्यावरण अनुकूल सौर ऊर्जा से प्रकाश देने वाला उपकरण है। यह देश के उन शहरी और ग्रामीण परिवारों के लिए एक वरदान साबित होगा, जहाँ बिजली की विश्वसनीय पहुंच नहीं है। इस उपकरण को विज्ञान व प्रौद्योगिकी विभाग द्वारा विकसित किया गया है। ***नोट***—एक अनुमान के अनुसार यदि इस प्रौद्योगिक को केवल 10 मिलियन परिवार अपनाते हैं तो इससे 1750 मिलियन यूनिट ऊर्जा की बचत होगी और 12.5 मिलियन टन कार्बनडाईऑक्साइड कम उत्सर्जित होगा, जिससे स्वच्छ भारत, हरित भारत के मिशन को बढ़ावा मिलेगा। इसका विनिर्माण प्रक्रिया श्रम प्रधान होने से नये रोजगार का सृजन होगा।

भारतीय सेनाओं में शामिल होने वाले आयुध

आयुध का नाम	सेना	तिथि	महत्वपूर्ण तथ्य
• **आईएनएस अरिहन्त**	नौसेना	18 अक्टूबर, 2016	• स्वदेश निर्मित परमाणु पनडुब्बी आईएनएस अरिहन्त को 18 अक्टूबर 2016 को भारतीय नौसेना में शामिल किया गया। इस पनडुब्बी के भारतीय नौसेना में शामिल होने के पश्चात भारत विश्व का छठाँ स्वदेशी परमाणु पनडुब्बी वाला देश बन गया है। इससे पूर्व यह उपलब्धि विश्व में केवल पाँच (यूएसए, ब्रिटेन, फ्रांस, यूके और चीन) देशों को हासिल थी। • आईएनएस-अरिहन्त पर (के-15 अथवा बीओ-5) कम दूरी के मिसाइलों को तैनात किया गया है, जो 700 किमी. तक निशाने पर वार करने में सक्षम है। • इस पनडुब्बी पर के-4 बैलिस्टिक मिसाइल तैनाती की योजना है, जिसकी मारक क्षमता 3500 किमी. है।
• **एलयूएच**	वायु सेना	6 सितम्बर, 2016	• इस हेलीकाप्टर में 2 पायलट सहित 6 यात्री बैठने की क्षमता है। • यह हेलीकाप्टर टोह लेने, परिवहन, मालवाहक, बचाव व आपदा कार्य के लिए उपयोगी हो सकता है। • इसका संचालन समुद्र के स्तर और हिमालय की ऊंचाई जैसे स्थलों से किया जा सकता है। ***नोट***—Light Utility Helicopter से पूर्व HAL–Advance Light Helicopter तथा Light Compat Helicopter का विकास कर चुका है।
• **मोरमुगाओ**	नौसेना	17 सितम्बर, 2016	• 'मेक इन इंडिया' कार्यक्रम के तहत तैयार किये गये विध्वंसक युद्धपोत 'मोरमुगाओ' (गोवा के एक किले का नाम है) में 68 प्रतिशत स्वदेशी उपकरणों का प्रयोग किया गया है। • इस युद्धपोत पर भारत व इज़राइल द्वारा संयुक्त रूप से निर्मित लम्बी दूरी की मिसाइल बराक-8 तथा ब्रह्मोस सूपरसोनिक क्रूज मिसाइल लैस होगी। • इज़राइल का Multi Function Surveillance and Threat Alert Radar 'MF STAR' इस युद्धपोत में लगा है जो कई किलोमीटर दूर से हवा में मौजूद लक्ष्य को पहचानने में सक्षम है।

(Continued)

आयुध का नाम	सेना	तिथि	महत्वपूर्ण तथ्य
• **आईएनएस-अस्त्रधारिणी**	नौसेना	6 अक्टूबर, 2015	• भारत के **पहले स्वदेश निर्मित टारपीडो लान्च एवं रिकवरी पोत अस्त्रधारिणी** को भारतीय नौसेना में शामिल किया गया है। ***नोट—*** • इस पोत का 95% भाग स्वदेशी है जिससे 'मेक इन इण्डिया' को आगे बढ़ाने में मजबूती मिलेगी। • यह युद्धपोत 17 जुलाई, 2015 को **सेवामुक्त आईएनएस-अस्त्रवाहिनी का आधुनिक संस्करण है।**
• **वरूणास्त्र टारपीडो**	नौसेना	29 जून, 2016	• टॉरपीडो, एक स्वचालित हथियार होता है जो जल की सतह के ऊपर या नीचे दागे जाने के बाद पानी के भीतर जाकर मार करने में सक्षम है। • टॉरपीडो मुख्यत: जल के भीतर कार्य करने के लिए ही डिजाइन किया गया है। • हालांकि इसे पनडुब्बी, सतह पर स्थित पोत, वायुयान या हेलीकॉप्टर से भी दागा जा सकता है। • यह युद्धपोत एवं पनडुब्बियों के विरूद्ध एक प्रमुख नौसैनिक हथियार है।
• **स्वदेशी बेसिक ट्रेनर एयर क्राफ्ट**	वायु सेना	17 जून, 2016	• HTT–40 एयर क्राफ्ट का प्रयोग तीनों भारतीय सेनाओं के नवनियुक्त पायलटों को प्रथम चरण के प्रशिक्षण देने के लिए विकसित किया जा रहा है। • 80 प्रतिशत स्वदेशी उपकरणों से निर्मित HTT–40 एयर क्राफ्ट वर्ष 2018 तक HAL द्वारा दो निर्मित किये जायेंगे जबकि वर्ष 2020 से प्रति वर्ष 20 विमानों की आपूर्ति की जायेगी। • HTT–40 का विकास HPT–32 'दीपक' नामक बेसिक ट्रेनर एयरक्राफ्ट का स्थान लेने के लिये किया जा रहा है।
• **युद्धपोत तिहायु (INSTIHAYU)**	नौसेना	30 दिसम्बर, 2016	• 48 मीटर लम्बे और 7.5 मीटर चौड़े इस युद्धपोत में लगभग 315 टन विस्थापन क्षमता सहन करने की शक्ति है। • यह युद्धपोत 12–14 समुद्री मील की गति पर लगभग 2000 समुद्री मील तक अबाध गति से चल सकता है। • इस युद्धपोत का नाम 'तिहायु' अण्डमान के एक द्वीप के नाम पर रखा गया है।
• **आईएनएस खांदेरी**	नौसेना	12 जनवरी, 2017	• यह स्वदेश निर्मित स्कॉर्पियन श्रेणी की दूसरी पनडुब्बी है। इसे 12 जनवरी, 2017 को मुंबई स्थित मझगाँव डाक शिपबिल्डर्स लिमिटेड में जलावतरित किया गया है। • रडार से बच निकलने की विशेष क्षमता से युक्त यह पनडुब्बी जल के अंदर अथवा जल सतह पर टारपीडो के साथ पोत रोधी प्रक्षेपास्त्रों से लक्ष्य भेदने में सक्षम है। यह पनडुब्बी सतह युद्ध, पनडुब्बी रोधी युद्ध, खुफिया सूचनाएं एकत्र करने व क्षेत्रीय निगरानी करने में सक्षम है। ***नोट—***फ्रांस के सहयोग से भारत के मझगाँव डाक पर 6 पनडुब्बिया विकसित की जा रही है। इस प्रोजेक्ट को Project–75 का नाम दिया गया है। इस प्रोजेक्ट की पहली पनडुबी INS कलवारी का समुद्री परीक्षण अंतिम चरण पर है, जबकि INS–खांदेरी इस प्रोजेक्ट की दूसरी पनडुबी है। मध्यकालीन मराठा सेना के द्वीपीय किले खांदेरी के नाम पर इस पनडुब्बी का नामकरण किया गया।

(Continued)

आयुध का नाम	सेना	तिथि	महत्वपूर्ण तथ्य
• आईसीजीएस आयुष (ICGS AYUSH)	भारतीय तटरक्षा बल	30 दिसम्बर, 2016	• कोचीन शिपयार्ड लिमिटेड द्वारा निर्मित यह स्वदेशी **'तीव्र गश्ती पोत'** (Fast Patrol Vessels) की श्रृंखला का 20वाँ एवं अंतिम पोत है। • ये तीव्र गश्ती पोत भारतीय तटरक्षक बल के तहत देश के 'विशिष्ट आर्थिक क्षेत्र' (Exclusive Economic Zone–EEZ) के भीतर निगरानी और तटीय निगरानी का कार्य कर भारत की समुद्र जल सीमा को सुरक्षित बनाने में सहायक होगी। • ये तीव्र गश्ती पोत—तस्करी रोधी, समुद्री डकैती रोधी तथा राहत एवं बचाव अभियानों के साथ मत्स्यन संरक्षण और पर्यवेक्षण हेतु प्रयुक्त किया जायेगा। ***नोट***—इस श्रृंखला के 18वें पोत **ICGS आर्यमान** एवं 19वें पोत **ICGS अतुल्य** को 21 अक्टूबर 2016 को क्रमश: कोच्चि एवं विशाखापत्तनम तट पर तैनात किया गया है।
• INS चेन्नई	भारतीय नौसेना	21 नवम्बर, 2016	• 21 नवम्बर 2016 को भारतीय नौसेना हेतु प्रोजेक्ट-15ए के तहत देश में निर्मित किये गये निर्देशित प्रक्षेपास्त्र विध्वंसक (Guided Missile Distroyer) युद्धपोत INS चेन्नई को रक्षा मंत्री मनोहर परिकर द्वारा भारतीय नौसेना में शामिल किया गया। यह पश्चिमी नौसेना कमान के तहत मुंबई तट के निकट तैनात किया गया है।
• INS विक्रमादित्य	नौसेना	–	• वर्ष 2013 में रूस से प्राप्त किया जिसका मूल नाम 'एडमिरल गोर्शकोव' था। यह विमान वाहक युद्ध पोत है जो वर्तमान में भारतीय नौसेना में तैनात है।
• INS विक्रांत	नौसेना	वर्ष 2017 में भारतीय नौसेना में शामिल होने की संभावना है।	• यह देश में निर्माणाधीन विमान वाहक युद्ध पोत है। ***नोट***—भारतीय नौसेना का विमान वाहक युद्ध पोत INS विराट (ब्रिटेन से प्राप्त व मूल नाम HMS हरमीज था) 29 वर्षों की सेवा के बाद शीघ्र ही सेवा मुक्त होने वाला है।
• INS कर्ण	नौसेना	12 जुलाई, 2016	• भारतीय सामुद्रिक हितों की रक्षा एवं समुद्री सुरक्षा चुनौतियों से निपटने के लिए स्थापित विशेष कार्यबल 'मरीन कमाण्डो फोर्स' (1987 में गठित) के लिए नौसेना को लंबे समय से एक आधार की आवश्यकता थी जिसकी पूर्ति के लिए मरीन कमाण्डो यूनिट के रूप में INS कर्ण को भारतीय नौसेना में शामिल किया गया।
• ICGS सारथी	नौसेना	9 सितम्बर, 2016	• समुद्र में भारतीय नौसेना की शक्ति को मजबूत करने के लिए तटरक्षक बल को गश्ती जहाज ICGS सारथी, गोवा शिपयार्ड में सौंपा गया। इस गश्ती जहाज की तैनाती से तटीय इलाकों की सुरक्षा करने, बचाव अभियान चलाने और तस्करी रोकने की क्षमता में वृद्धि होगी। इसकी तैनाती से महाराष्ट्र, गुजरात, कर्नाटक, गोवा और केरल की समुद्री सीमाएं सुरक्षित होंगी।

परमाणु ऊर्जा प्रौद्योगिकी

भारत के परमाणु रिएक्टर (कार्यरत और प्रस्तावितः हाल के वर्षों में प्रारंभ किए गए)

प्रस्तावित			कार्यरत		
स्थान	**राज्य**	**सहयोग**	**स्थान**	**जिला**	**राज्य**
• कुडनकुलम	तमिलनाडु	रूसी परिसंघ	नरौरा	बुलंदशहर	उत्तर प्रदेश
• हरिपुरा	पश्चिम बंगाल	रूसी परिसंघ	रावतभाटा	चित्तौड़गढ़	राजस्थान
• जैतापुर	महाराष्ट्र	फ्रांस	तारापुर	ठाणे	महाराष्ट्र

(Continued)

प्रस्तावित			कार्यरत		
स्थान	राज्य	सहयोग	स्थान	जिला	राज्य
• छायामीठीविर्दी	गुजरात	यूएसए	काकरापार	सूरत	गुजरात
• कोबाडा	आंध्र प्रदेश	–	कुडनकुलम (1)	तिरूवेली	तमिलनाडु
• गोरखपुर (फतेहबाद)	हरियाणा	–	कुडनकुलम (2)	तिरूवेली	तमिलनाडु
• चुटका एवं भीमपुर	मध्य प्रदेश	–	कलपक्कम	काँचीपुरम	तमिलनाडु
• माही बांसबाड़ा	राजस्थान		कैगा	उत्तरी कन्नड़	कर्नाटक
• हरिपुरा	प.बंगाल	–			

ध्यातव्य हो कि

- वर्तमान में भारत में जितने भी परमाणु रिएक्टर कार्यरत हैं। सभी का संचालन न्यूक्लियर पावर कॉरपोरेशन ऑफ इण्डिया के द्वारा किया जा रहा है।
- भारत के कुल विद्युत उत्पादन क्षमता में केवल 6,780 मेगावाट क्षमता परमाणु ऊर्जा से प्राप्त की जाती है, जो कि भारत की कुल परमाणु ऊर्जा का 2.5 प्रतिशत है।
- भारत के शोध रिएक्टर अप्सरा, सायरस, जर्लिना, पूर्णिमा और ध्रुव ट्राम्बे (महाराष्ट्र) में स्थित नाभिकीय विखंडन की प्रक्रिया पर आधारित परमाणु रिएक्टर हैं जबकि कामिनी कलपक्कम में स्थित है, जो कि संलयन की प्रक्रिया पर आधारित है।
- भारत-अमेरिका परमाणु समझौते के बाद सायरस रिएक्टर को बंद कर दिया गया।
- भारत ने सर्वप्रथम परमाणु समझौता फ्रांस के साथ 2008 में तथा अन्तिम परमाणु समझौता जापान के साथ किया है। इस प्रकार भारत कुल 14 देशों के साथ परमाणु समझौता कर चुका है।
- एनएसजी (न्यूक्लियर सप्लायर्स ग्रुप) के सदस्य देशों की संख्या 48 है। भारत इस संगठन का सदस्य नहीं है।
- परमाणु रिएक्टर में ईंधन के रूप में यूरेनियम, थोरियम और प्लूटोनियम का प्रयोग किया जाता है जबकि नियंत्रक के रूप में कैडमियम की छड़ों का प्रयोग करते हैं और भारी जल का प्रयोग रिएक्टर में मंदक और प्रशीतक के रूप में किया जाता है।
- 17 मई 2017 को प्रधानमंत्री की अध्यक्षता में केन्द्रीय मंत्रिमंडल ने 10 नई इकाईयाँ (प्रत्येक की क्षमता 700 MW) के निर्माण की स्वीकृति प्रदान की गई।
- भारत 2016 में MTCR का 36 वाँ सदस्य बना है इस संगठन की स्थापना 1987 में हुयी थी।
- वर्तमान समय में भारत के पास कुल 22 परमाणु रिएक्टर है।

ऊर्जा क्षेत्र और भारत

परियोजना का नाम	संबंधित स्थान	महत्वपूर्ण तथ्य
पुनतसंगछू-II	भारत व भूटान के मध्य	• यह जल विद्युत परियोजना भारत और भूटान के मध्य अप्रैल, 2010 में हस्ताक्षरित की गयी थी। 13 जुलाई, 2016 को प्रधानमंत्री मोदी की अध्यक्षता वाली कैबिनेट में इस योजना पर आने वाली लागत, जो पूर्व में 3777.8 करोड़ रूपये निर्धारित की गयी थी, को बढ़ाकर 7290.62 करोड़ रूपये करने की स्वीकृति प्रदान की गयी।
मैत्री सूपर थर्मल पावर परियोजना	भारत व बांग्लादेश के मध्य	• 12 जुलाई, 2016 को भारत और बांग्लादेश के मध्य बांग्लादेश के सुन्दर वन के निकट रामपाल में इस प्लांट की स्थापना हेतु महत्वपूर्ण समझौता हुआ। 1320 मेगावाट कोयला आधारित विद्युत संयंत्र की स्थापना की जायेगी तथा वर्ष 2019 तक विद्युत उत्पादन होना प्रारम्भ होगा। यह भारत और बांग्लादेश की अब तक की सबसे बड़ी तापीय परियोजना है। पर्यावरण संरक्षक समूह इस परियोजना का विरोध कर रहे हैं। क्योंकि सुन्दरवन क्षेत्र जहाँ विश्व का सबसे बड़ा मैग्रोंव वन क्षेत्र है और यह परियोजना इस क्षेत्र का पारिस्थितिकीय तंत्र प्रभावित करेगी।

(Continued)

परियोजना का नाम	संबंधित स्थान	महत्वपूर्ण तथ्य
दिबांग, सासकांगरोंग तथा कंटागशिरी	अरूणाचल प्रदेश	• इन 3 जल विद्युत परियोजनाओं की उत्पादक क्षमता 3120 मेगावाट है।
न्यामजांग छू जल विद्युत परियोजना	अरूणाचल प्रदेश	• वर्ष 2016 में 780 मेगावाट विद्युत उत्पादन वाली इस परियोजना का विरोध त्वांग घाटी में रहने वाले हजारों मुनाप बौद्ध द्वारा किया जा रहा है, क्योंकि अरूणाचल प्रदेश भूकम्पीय क्षेत्र में होने के साथ-साथ यहाँ की नदियों में गाद का स्तर बहुत अधिक है।

चिकित्सा एवं स्वास्थ्य क्षेत्र

वैश्विक परिदृश्य में

RVSV–ZEBOV	यह घातक एवं अति संक्रामक रोग इबोला (Ebola) के विरूद्ध प्रभावी टीका है। ***नोट***—इबोला विषाणु रोग फिलोविरिडे (Filovirida) कुल के इबोला विषाणुओं द्वारा होता है। यह रोग इसके विषाणु से संक्रमित जानवरों यथा- बंदर, चिम्पैंजी, हिरण, चमगादड़ आदि या इससे पीड़ित रोगियों के रक्त अथवा शारीरिक द्रव के सम्पर्क में आने से होता है। **लक्षण**—अचानक तेज बुखार, गले एवं मांसपेशियों में दर्द, कमजोरी, डायरिया तथा आंतरिक एवं बाह्य रक्तस्त्रव आदि। **फैलाव**—गिनी में प्रारम्भ और क्रमिक रूप से लाइबेरिया, सिएरा लियोन, नाइजीरिया और अन्य पश्चिमी अफ्रीकी देश।
आर्गस-II	यह दृष्टिहीनों के लिए बायोनिक आंख है। यह एक विशिष्ट इलेक्ट्रानिक रेटिना प्रत्यारोपण है जिसका निर्माण अमेरिकी कंपनी 'सेकेंड साइट' द्वारा किया गया है।
PCV	यह निमोनिया का टीका है। 8 नवम्बर 2016 को केन्द्रीय स्वास्थ्य एवं परिवार कल्याण मंत्रालय द्वारा हिमाचल प्रदेश में 'सार्वभौमिक प्रतिरक्षा कार्यक्रम' के तहत बाल मृत्यु में कमी लाने हेतु इस टीके को प्रारम्भ किये जाने की स्वीकृति दी गयी है।
सिस वैक्स टीका (CYSVAX)	मनुष्यों में मिर्गी की घटनाओं में कमी लाना इस टीके का महत्वपूर्ण संभावित लाभ है।
VPM1002	सीरम इंस्टिट्यूट ऑफ इंडिया पूणे ने तपेदिक (TB) के खिलाफ एक शक्तिशाली टीका तैयार किया है।
गर्भाशय प्रत्यारोपण	अमेरिका में क्लीनलैण्ड अस्पताल के चिकित्सको ने गर्भाशय का प्रत्यारोपण किया। यह प्रक्रिया उन महिलाओं को अपना परिवार बनाने का मौका प्रदान करेगी जो जन्म से गर्भाशय विहीन है या फिर किसी कारणवश उनका गर्भाशय निकाल दिया गया। साथ ही ऐसी महिलाएं जिनके देश में सरोगेसी की अनुमति नहीं है। ***नोट***—वर्ष 2004 से स्वीडन में गर्भाशय प्रत्यारोपण से एक स्वस्थ बच्चे को जन्म हो चुका है।
डेंगवैक्सिया (Dengvaxia)	डेंगू बुखार की रोकथाम हेतु विश्व का प्रथम टीका डेंगवैक्सिया है, इसकी ब्रिकी की अनुमति देने वाला प्रथम देश फिलिपींस है।
स्टेराइल इंसेक्ट तकनीक	8 मार्च, 2016 को International Atomic Energy Agency (IAEA) ने जीका वायरस से मुकाबला करने हेतु लैटिन अमेरिकी और कैरिबियन देशों को 2.3 मिलियन यूरो की स्टेराइल इंसेक्ट तकनीक के हस्तांतरण की मंजूरी प्रदान की। IAEA स्टेराइल इंजेक्ट तकनीक कीट नियंत्रण का एक प्रकार है, जो विशेष परिस्थितियों में वृहद पैमाने पर पैदा होने वाले नर कीटो को जीवाणुहीन बनाने के लिये आयनीकरण विकिरण का प्रयोग करता है। इस परियोजना के तहत जीवाणुहीन नर मच्छरों को प्रभावित क्षेत्र में छोड़ा जाएगा। जहाँ वे मादाओं से संबंध तो बनाएंगे लेकिन कोई संतान की उत्पत्ति नहीं होगी, इससे मच्छरों की आबादी और बीमारी का संचरण कम हो जायेगा।

(Continued)

तीन-व्यक्ति उर्वरता तकनीक (Three Person Fertility Technique)	माता-पिता और डोनर के डीएनए का उपयोग करने वाली नवीनतम गर्भाधान तकनीक के माध्यम से वैज्ञानिकों ने दुनिया में पहले बच्चे का मई, 2016 में मैक्सिको में जन्म कराया। इस बच्चे की दो जैविक माताएं और एक पिता है। तीन लोगों के डीएनए का उपयोग करने वाली इस तकनीक का उद्देश्य घातक आनुवंशिक रोगों को मां से बच्चे तक जाने से रोकना है। ***नोट***—माइटोकांड्रियल DNA (mDNA) दाता तकनीक के इस्तेमाल से एक बच्चे के तीन जनक की अवधारणा को अमली जामा पहनाया जाना संभव हो सकेगा। ब्रिटेन ने इसे मान्यता प्रदान किया है।
RISS (व्यापारिक नाम मास्क्विरिक्स है)	यह मलेरिया प्रतिरोधी टीका है तथा विश्व की किसी परजीवी रोग के विरूद्ध पहला लाइसेंस प्राप्त मानव वैक्सीन है, जो मलेरिया परजीवी संक्रमण के चार प्रतिरूपों में से सर्वाधिक घातक प्लाज्मोडियम फैल्सिपारम को लक्षित कर तैयार किया गया।
MERS (मर्स)	यह एक घातक निमोनिया प्रकार का स्वशन सम्बन्धी विषाणुजनित रोग है, इसे Camle flu भी कहा जाता है। क्योंकि मध्य-पूर्व में ऊँटों में इसके विषाणु के विरूद्ध रोग प्रतिरक्षी पाये गये। अप्रैल, 2012 में सऊदी अरब में इस रोग का पहला मामला सामने आया था।

भारतीय परिदृश्य में

क्षेत्र	**कार्य**
राष्ट्रीय मलेरिया उन्मूलन संरचना (National Framework for Malaria Elimination–NFME)	**प्रारम्भ**—11 फरवरी, 2016 (केन्द्रीय स्वास्थ्य एवं परिवार कल्याण मंत्रालय द्वारा) **उद्देश्य**—वर्ष 2030 तक मलेरिया के उन्मूलन के लिए भारत की रणनीति को रेखांकित करना है।
बीडाक्विलिन दवा (Bedaquiline)	केन्द्रीय स्वास्थ्य एवं परिवार कल्याण मंत्रालय द्वारा 21 मार्च, 2016 को क्षयरोग (TB) के निदान हेतु एक नई औषधि 'बीडाक्विलिग' प्रस्तुत की। यह दवा टीबी के अंतिम चरण में पहुँच चुके रोगियों के उपचार हेतु असरदार है।
बीजीआर-34 (BGR–34)	वैज्ञानिक एवं औद्योगिक अनुसंधान परिषद (CSIR) द्वारा 27 जून, 2016 को Type–2 मधुमेह रोगियों के लिए 'BGR–34' नामक आयुर्वेदिक दवा का अनावरण किया। यह दवा ब्लड शुगर पर नियंत्रण करती है और अन्य दवाओं के हानिकारक प्रभावों को भी कम करती है।
सार्वत्रिक टीकाकरण कार्यक्रम (Universal Immunization Programme)	केन्द्र स्वास्थ्य मंत्रालय इस कार्यक्रम में मानव पैपिलोमा विषाणु (Human Papilloma Virus–HPV) को शामिल करने पर विचार कर ही है। भारतीय महिलाओं में कैंसर की दूसरी सबसे बड़ी बिमारी ग्रीवा कैंसर (Cervical Cancer) पर काबू पाया जा सके। यदि यह यूनिवर्सल टीकाकरण का भाग बनता है तो इसे 11-21 वर्ष की लड़कियों में अनिवार्य रूप से इसका टीका लगाया जायेगा। ***नोट***—HPV टीकाकरण पर अभी संशय के बादल छाय हुई है।
Inactivated Polio Vaccine (IVP)	यह टीका पोलियो के फिर से होने की संभावना को समाप्त करेगा। यह टीका ओरल पोलियो वैक्सिन के साथ दिया जायेगा। पहले चरण में यह देश के 6 राज्यों- असम, बिहार, उ.प्र., गुजरात, मध्य प्रदेश और पंजाब में बच्चों को यह नया टीका लगाया जायेगा। ***नोट***—भारत को 27 मार्च, 2014 में ही पोलियो मुक्त घोषित कर दिया गया था, परन्तु भारत के पड़ोसी देश पाकिस्तान व अफगानिस्तान में पोलियो उन्मूलन नहीं हुआ है अत: भारत में पोलियो जागरूकता अभी भी चलाया जा रहा है।
पोटैसियम ब्रोमेट	भारत में बिकने वाले अधिकांश ब्रेड एवं बेकरी उत्पादों में पोटैसियम ब्रोमेट की उपस्थित का दावा किया गया है, जिसे संभावित कैंसरजन की श्रेणी में रखा गया है।

(Continued)

क्षेत्र	कार्य
स्क्रब टायफस	यह जीवाणु जनित (बैक्टीरिया) रोग है, जो घास व खरपतवार में बैठे पिस्सू से होती है, हिमाचल प्रदेश में स्क्रब टायफस बीमारी से 23 मरीजो की मौत हो चुकी है। एहतिहात बरतने से इस बीमारी से बचा जा सकता है, जैसे- घास काटने या वहां से गुजरते समय शरीर पूरी तरह ढक कर रखे, घास में काम करने के बाद हाथ-पैर अच्छी तरह से धोए तथा आस पास खरपतवार हो तो उसे उखाड़—फेंके।
रोटा वायरस	5 वर्ष के बच्चों में होने वाले दस्त के कारणों में से मुख्य कारण रोटावायरस है। इसके टीके की शुरूआत 26 मार्च, 2016 को ओडिशा, भुवनेश्वर से की गयी। रोटावायरस वैक्सीन बच्चों को रोटावायरस डायरिया से बचाने के साथ रोटा वायरस के कारण बार-बार होने वाले गम्भीर दस्त को भी कम करता है। प्रथम चरण में इसे 4 राज्यों- हरियाणा, हिमाचल प्रदेश, आन्ध्र प्रदेश और ओडिशा में शुरू किया गया है।
आयुष-64 तथा आयुष-82	14 फरवरी, 2016 को विज्ञान एवं प्रौद्योगिकी मंत्रालय के वैज्ञानिक एवं अनुसंधान विभाग के अधीन उपक्रम National Research Development Corporation द्वारा मलेरिया उपचार हेतु आयुष-64 तथा मधुमेह उपचार हेतु आयुष-82 नामक औषधियों के बाजार विपणन हेतु डाबर इण्डिया लि. के साथ एक लाइसेंस पर समझौता किया गया। ***नोट***—दोनों आर्युवैदिक औषधियों का विकास आयुष मंत्रालय की स्वायत्तशासी संस्था केन्द्रीय आर्युवैदिक विज्ञान अनुसंधान परिषद द्वारा किया गया। **AYUSH:** आर्युवेद, योग, प्राकृतिक चिकित्सा, यूनानी, सिद्धा और होम्योपैथी से इसका सम्बन्ध है।

महत्वपूर्ण चिकित्सा उपलब्धियाँ

- 5 सितम्बर, 2016 को विश्व स्वास्थ्य संगठन ने द्वीपीय देश **श्रीलंका को मलेरिया रोग से मुक्त राष्ट्र** घोषित किया।
- 26 जुलाई 2016 को विश्व स्वास्थ्य संगठन ने दक्षिण अमेरिकी देश **ब्राजील को खसरा (Measles) रोग से मुक्त** घोषित किया।
- दिसम्बर 2015 में विश्व स्वास्थ्स संगठन ने मालद्वीप को दक्षिण-पूर्व एशिया क्षेत्र में मलेरिया मुक्त दर्जा पाने वाला पहला देश घोषित किया। (दूसरा देश श्रीलंका हो गया है।)
- ब्रिटेन दुनिया का पहला देश बन गया है जिसने अपने देश के वैज्ञानिकों को मानव भ्रूण के विकास व गर्भपात की स्थिति पर शोध हेतु जेनिटिकली मॉडीफाइड (GM) तकनीक से जीन एडिटिंग की अनुमति प्रदान कर दी।
- WHO एवं UNICEF द्वारा 14 जुलाई, 2016 को नई दिल्ली में भारत को मातृ एवं नवजात टिटनेस उन्मूलन और **याज मुक्त** स्थिति से सम्मानित किया गया।
- महिला के गर्भ में पल रहे शिशु के मस्तिष्क को निशाना बनाने वाले जीका वायरस की भयावह स्थिति देखते हुए विश्व स्वास्थ्य संगठन ने 2 फरवरी, 2016 को इसे 'अंतर्राष्ट्रीय स्वास्थ्य आपातकाल' घोषित कर दिया।

ध्यातव्य हो कि

इस तकनीक को नैतिक आधार पर गलत समझा जाता है।

ध्यातव्य हो कि

टेटनेस—यह एक जीवाणु जनित संक्रमणकारी बीमारी है जिससे मांसपेशियों में ऐंठन के साथ मौत तक हो जाती है।

याज—यह एक जीवाणु संक्रमण का प्रकार है जो त्वचा, जोड़ और हड्डियों को प्रभावित करता है।

ध्यातव्य हो कि

अफ्रीकी देश युगांडा के जीका जंगलों में रीशस बंदर में पहली बार वर्ष 1947 में इस वायरस की पहचान की गयी थी। जीका वायरस का इलाज अभी संभव नहीं।

- भारत में भैंस की क्लोनिंग करने वाला संस्थान राष्ट्रीय डेयरी अनुसंधान संस्थान, करनाल, हरियाणा है, जिसने फरवरी, 2009 में विश्व का पहली बार भैंस का क्लोन विकसित किया है, जिसका नाम समरूपा दिया गय है। इसके बाद 2009 में इसी संस्थान ने गरिमा नामक भैंस का क्लोन तैयार किया। केन्द्रीय भैंस अनुसंधान संस्थान, हिसार, हरियाणा भारत क दूसरा संस्थान है, जिसने भैंस की क्लोनिंग करने में सफलता प्राप्त की है और उसके क्लोन का नाम हिसार गौरव रखा गया।

जैव प्रौद्योगिकी

सोलीबैकिलस कलामी	• नव अन्वेषित जीवाणु जो कि परग्रही नहीं इसकी जानकारी ISS पर हुयी।
मिशन इंद्रधनुष	• डिप्थीरिया, काली खांसी, टिटनेस, पोलियो, तपेदिक, खसरा और हेपेटाइटस-बी के सात टीके लगाए जाएंगे। 2020 तक 90% टीकाकरण करना इसका लक्ष्य है।
इबोला	• चमगादड़ों मे पाये जाने वाले वायरस का प्रथम रोगी 1976 मे कांगो मे मिला व इसकी खोज पीटर वीयोर ने की थी।
स्वाइन फ्लू	• H1N1 वायरस से होती है जो कि सुअर में पाया जाता है।
फ्लोरोसिस	• पानी में पाया जाता है। इसकी मात्रा 1.5 मिली ग्राम प्रति लीटर से अधिक नहीं होना चाहिए।
क्यासनुरवनरोग	• बंदर बुखार (Monkley Fever) के नाम से भी जानते हैं।
हिमालयन माय एपिल	• कैंसर रोधी जेनेटिक रोधक पौधा।
डिजिटल एमनेसिया	• स्मार्टफोन पर निर्भरता बढ़ने व सहज समाधान उपलब्ध होने से हम दिमागी कार्य प्रक्रिया का कम प्रयोग कर पाते है, इससे धीरे-धीरे स्मृति ह्रास होने लगती है और इसे ही चिकित्सीय भाषा मे Digital Amnesia की संज्ञा दी जाती है।
लेनोस्टेराल	• अमेरिकी नेत्र विशेषज्ञों ने लेनोस्टेराल नामक ऐसे रसायन की खोज की है जिसे प्रतिदिन दो बूंद आँखों में डालने से मोतिया बिन्द की बिमारी से छुटकारा पाया जा सकेगा।
बायोनिक तकनीक	• यह तकनीक चिकित्सा विज्ञान और इलेक्ट्रॉनिकी का मिला-जुला रूप है। प्राकृतिक प्रणालियों और जैव वैज्ञानिक विधियों पर आधारित कृत्रिम उपकरण बनाना **बायोनिक या बायोनिक्स** कहलाता है। इसमें छोटी चिपों और कम्प्यूटर प्रोग्राम के माध्यम से शरीर के लिए ऐसे कृत्रिम अंग तैयार किये जाते हैं जो सीधे मस्तिष्क से सम्पर्क स्थापित कर बहुत हद तक असली अंगों की तरह कार्य करते हैं।
ग्रैफीन फोम	• चीन के प्रसिद्ध शोध संस्थान ने ऐसे पदार्थ के निर्माण का दावा किया है **जो गुब्बारे से हल्का और लोहे एवं हीरे के समान मजबूत है।** इस पदार्थ का प्रयोग **बुलेट प्रफू जैकेट और टैंक निर्माण में किया जा सकता है।**
स्वास्थ्य स्लेट	• ये एक **हैंड हेल्ड एंड्रॉयट** उपकरण है जिसका उपयोग प्राथमिक स्वास्थ्य केन्द्र में तैनात स्वास्थ्य कर्मियों को प्रशिक्षित करने के लिए तैयार किया गया है। इसमें रोगों के निदान के लिए विभिन्न स्तरों पर बिंदुवार जानकारियाँ उपलब्ध है साथ ही उनमें निर्णय लेने के लिये सहायता तंत्र भी स्थापित होता है ताकि इस उपकरण का उपयोग करने वाले को निश्चित निर्णय तक पहुँचने में सहायता मिले।
जैविक खाद	• एजेटोवेक्टर—बिना दलहनी वाली फसलों मे होती है। • राइजोबियम—मृदा बैक्टीरिया—दलहनी फसलो की जड़ों में रहता है। • सिक्किम देश का प्रथम जैविक खेती वाला राज्य।
GM फसल	• यू.एस.ए. ब्राजील व अर्जेन्टीना के बाद भारत GM फसलों के बारे में चौथे स्थान पर है। तथा भारत मे कपास की खेती मे भी GM तकनीक का प्रयोग किया गया है।
जैविक ईंधन	• जैट्रोफा, अरेण्डी, महुआ
इलस्टोग्राफी	• ऊतकों का चित्रण करने वाली विधि
टेक्सोवेक्टिन	• नई एंटीबायोटिक
बीटी-सोरघम	• ज्वार का आनुवंशिक परिवर्द्धित संस्करण रूप है।

सूचना संचार प्रौद्योगिकी

सूपर कम्प्यूटर

नाम	संबंधित देश	महत्वपूर्ण तथ्य
1. सनवे ताइहुलाइट	चीन	Processing Speed के संदर्भ में यह लगातार दूसरी बार विश्व का सर्वाधिक शक्तिशाली सूपर कम्प्यूटर है।
2. तियान्हे-2	चीन	यह सूपर कम्प्यूटर जून, 2013 से लगातार प्रथम स्थान पर रहा है। ***नोट***—जून, 2016 में सनवे ताइहुलाइट ने इस सूपर कम्प्यूटर को पीछे छोड़ा।
3. टाइटन-क्रेएक्सके-7	अमेरिका	
4. सीक्योइया	अमेरिका	–
5. कोरी	अमेरिका	–

नोट—

- 14 नवम्बर, 2016 को अमेरिकी राज्य ऊटाह की राजधानी साल्टलेक सिटी में Supercomputing Conference 2016 के दौरान विश्व के 500 शीर्ष कम्प्यूटरों की 48वीं सूची जारी की गयी।
- इस सूची में टॉप 500 कम्प्यूटरों में भारत के केवल 5 कम्प्यूटर को स्थान मिला है, जो निम्नवत् हैं—

भारत के सूपर कम्प्यूटर	रैंक	वर्तमान में कार्यरत
• सहस्त्र-टी या (SERC क्रे एक्ससी-40)	133 वीं रैंक	इंडियन इंस्टिट्यूट ऑफ साइंस, बंगलुरू के सूपर कम्प्यूटर एजुकेशन एवं रिसर्च सेन्टर में स्थापित है।
• आदित्य	193 वीं रैंक	भारतीय उष्ण कटिबंधीय मौसम विज्ञान संस्थान पूणे में स्थापित है।
• टीआईएफआर-क्रे एक्सीसी-30	364 वीं रैंक	टाटा इंस्टीट्यूट ऑफ फंडामेंटल रिसर्च में स्थापित।
• एचपी अपोलो 6000	298 वीं रैंक	आईआईटी दिल्ली में स्थापित।
• परम युवा-II	447 वीं रैंक	सी-डैक में स्थापित।

अन्य

इडुक्की	भारत का पूर्ण ग्रामीण ब्रॉड बैंड कवरेज वाला प्रथम जिला।
क्रोन्जिला एप्प	इण्टरनेट प्रयोग एवं सोशल मीडिया में पासवर्ड इत्यादि की हैकिंग को रोकने वाला यह एप्स (एप्लीकेशन) का प्रयोग कर फेसबुक, ट्विटर अथवा ई-कॉमर्स से जुड़ी साइटों का बिना हैकिंग के डर के प्रयोग किया जा सकता है। ***नोट***—यह एप्स अलीगढ़ मुस्लिम विश्वविद्यालय तथा मंगलायत विश्वविद्यालय के छात्रों ने मिलकर बनाया है।
ऑप्टिकल आधारित	पहली बार पूर्ण ऑप्टिकल तकनीक पर आधारित मैमोरी चिप का विकास किया गया है जिसके प्रयोग से सूचनाओं एवं आंकड़ों को
मैमोरी चिप	दशकों तक सुरिक्षत रखने में सक्षम है। ***नोट***—इसके निर्माण से भविष्य में ऑप्टिकल कम्प्यूटर के निर्माण की संभावना बढ़ गई है।
ऑफिस 2016	सॉफ्टवेयर कम्पनी माइक्रोसाफ्ट ने 23 सितम्बर, 2015 को भारत सहित पूरे विश्व में अपना सॉफ्टवेयर "Micro Soft Office 2016" लांच किया जो प्रयोगकर्ता को अपना कार्य और बेहतर ढंग से करने में सहायता करेगा।
आयन प्रक्षेपक	मात्रा एक टैंक ईंधन से अन्तरिक्षयान को मानव सहित मंगल ग्रह तक भेजने और पृथ्वी पर वापस लौटने की क्षमता वाली तकनीक '**आयन प्रक्षेपक**' की खोज आस्ट्रेलियाई शोधार्थी **पैडी न्यूमैन** ने की। इस तकनीक का प्रयोग कर भविष्य में अन्तरिक्ष यात्राओं को सरल एवं सुलभ बनाया जा सकेगा।

(Continued)

विंडोज़ 10	माइक्रोसॉफ्ट ने अपना नवीनतम ऑपरेटिंग सिस्टम **विंडोज़ 10** भारत सहित विश्व के 190 देशों में 29 जुलाई को लॉन्च किया। ***नोट***—जिन कम्प्यूटरों में विंडोज़ 7 और विंडोज़ 8.1 है उन्हें नि:शुल्क विंडोज़ 10 से अपग्रेड किया जा सकता है। विंडोज़ 10 का सॉफ्टवेयर होता है। मोबाइल फोन, टैबलेट, पर्सनल कम्प्यूटर जैसी कई डिवाइस पर चल सकता है।
फिटविट	वायरलेस संवेदक तकनीकी।
ईएलटी	विश्व का सबसे बडा ऑप्टिकल दूरबीन
सुनवे लाइहुलाइट	चीन द्वारा विकसित दुनिया का तीव्रतम सूपर कम्प्यूटर का विकास नेशनल सूपर कम्प्यूटिंग सेंटर में नेशनल रिसर्च सेंटर ऑफ पैरेलल कम्प्यूटर इंजीनियरिंग एण्ड टेक्नोलॉजी द्वारा विकसित किया गया है। यह अमेरिका के विकसित सूपर कम्प्यूटर से पाँच गुना अधिक शक्तिशाली है।
परम कंचन जंघा	इस सूपर कम्प्यूटर का विकास C–DAC और NIT सिक्किम ने संयुक्त रूप से किया। इसकी कुल लागत 3 करोड़ रूपये है।
प्रोजेक्ट लून	गूगल के सीईओ सुरेन्द्र पचाई द्वारा दूरस्त एवं दुर्गम स्थानों पर इंटरनेटर सेवा।
लाईफाई	इंटरनेट की नई प्रौद्योगिकी Light Fidelity (Li–Fi) वाई–फाई की तुलना में 100 गुणा अधिक स्पीड प्रदान कर सकती है। यह प्रकाश तरंगों पर आधारित डिजीटल सूचना संचार प्रणाली है। इसकी स्पीड का अंदाजा इस बात से लगाया जा सकता है कि पलक झपकते 19 मूवीज डाउनलोड होगी।
परम ईशान	यह भारत का सूपर–कम्प्यूटर है, जिसका मानव संसाधन विकास मंत्री प्रकाश जावड़ेकर ने 19 सितम्बर, 2016 को IIT गुवाहाटी में शुभारम्भ किया।
डिजिलॉकर	यह प्रमाण–पत्रों और दस्तावेजों को डिजिटली जारी करने और जांचने का प्लेटफार्म है। इस पर अकाउंट खोलने वाले को अपने महत्वपूर्ण इस्तावेज रखने के लिए क्लाउड स्टोरेज स्पेस मिलता है। ***नोट***—डिजिलाकर स्कीम को प्रधानमंत्री नरेन्द्र मोदी ने 1 जुलाई, 2015 को शुरू किया था, अब तक लगभग डेढ दर्जन मंत्रालय इससे जुड़ चुके हैं और अपने सभी दस्तावेज डिजिलाकर फार्मेट में इस पर डालने लगे हैं। केन्द्र सरकार ने 7 सितम्बर, 2016 को वाहन और सारथी पोर्टल को डिजिलाकर से जोड़ दिया अब वाहनों के रजिस्ट्रेशन सर्टिफिकेट (RC) और ड्राइविंग लाइसेंस (DL) वाहन चलाते समय साथ लेकर चलने की आवश्यकता नहीं होगी।
वी एक्स नर्व एजेंट	बेहद जहरीला रासायनिक हथियार है यह साफ और रंगहीन, स्वादहीन, गंधहीन होता है।
वॉना क्राई	रैन समवेयर वायरस है जो इंटरनेट के माध्यम से कम्प्यूटरों में फैलता है।

अध्याय सार संग्रह

- आवर्त सारिणी में 4 नये तत्व International Union of Pure & Applied Chemistry (IUPAC) ने प्रस्तावित किये हैं, जो निम्न हैं—

1. परमाणु क्रमांक-113—निहोनियम (Nh)
2. परमाणु क्रमांक-115—मॉस्कोवियम (Mc)
3. परमाणु क्रमांक-117—टेनेस्साइन (Ts)
4. परमाणु क्रमांक-118—ओजेनेस्सन (Og)

इन चार नये तत्वों के शामिल होने से आवृत्त सारिणी में तत्वों की कुल संख्या-118 हो गयी है।

- विश्व की सर्वाधिक काली धातु- वंटाब्लैक S–VIS यह प्रकाश के 99.8% भाग को अवशोषित करती है।
- राष्ट्रीय विज्ञान कांग्रेस का 104वाँ सत्र 3-7 जनवरी, 2017 को चेन्नई के एस.आर.एम. विश्वविद्यालय में आयोजित किया गया।
- भारत सरकार ने पोटैशियम ब्रोमेट पर प्रतिबंध लगा दिया है। इसका प्रयोग ब्रेड एंड बेकरी उत्पादों में संभावित कैंसरजन पोटैशियम ब्रोमेट एवं पोटैशियम आयोडेट की अधिक मात्रा में है। यह यूरोप के अधिकांश देशों में प्रतिबंधित है।

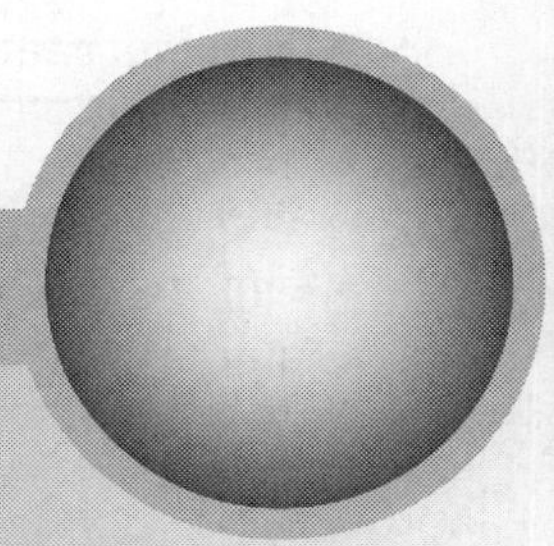

पारिभाषिक शब्दावली

- **कृत्रिम बुद्धि**

  कम्प्यूटर में कृत्रिम बुद्धि का आशय उस विकसित बुद्धि से है जिसके अंतर्गत वह मानव के समान सोच सकें, तर्क कर सके एवं निर्णय ले सकें। पांचवी पीढ़ी के कम्प्यूटर में यह विकसित की जा रहा है।

- **ए.डी.एस.एल. (ऐसिमेट्रिक डिजिटल सबस्क्राइबर लाइन)**

  ए.डी.एस.एल. लाइन जहाँ अपलोड स्पीड, डाउन लोड स्पीड से भिन्न होती हैं सामान्यतः डाउनलोड स्पीड अपलोड स्पीड से अधिक होती है।

- **अजेक्स (एसिन्क्रोनस जावा स्क्रिप्ट एण्ड एक्सएमएल)**

  किसी वेब पेज में कंटेंट सम्मिलित करने की एक विधि, जिसमें वेब पेज में जावा स्क्रिप्ट कोड सर्वर से डाटा ग्रहण करता है और बिना पुनर्ग्रहीत किये, उसके संपूर्ण पेज को प्रदर्शित करता है।

- **ए.टी.एम. (एसिनक्रोनस ट्रांसफर मोड)**

  यह कॉल प्रसारण नेटवर्क प्रोटोकोल है, जिसमें कूट (Encodes) डाटा पैकेट स्विच्ड नेटवर्क (संजाल) में परिवर्तित आकार के पैकेट के बजाय नियम लघु स्वरूप (Small Fixed Sized) (53 बाइट) में संचरण करता है।

- **ए.जी.पी. (ऐक्सेलरेटड ग्राफिक पोर्ट)**

  यह उच्च गति वाला एक कंप्यूटर बस (आंतरिक तार संजाल) है जो कि बाह्य उपकरणों को कम्प्यूटर के मदर बोर्ड से जोड़ता है। यह प्राथमिक रूप से कम्प्यूटर को त्रि-विमीय (थ्री-डाइमेंसनल) लेखाचित्र-कला (ग्रेफिक्स) में सहायता करता है।

- **ए.टी.ए. (एडवान्सड टैक्नोलॉजी अटैचमैंट)**

  यह कम्प्यूटर के अन्दर संग्रहण यंत्रों जैसे कि हार्ड डिस्क एवं सीडी-रोम को संबंद्ध करने की विधि है। यह बहुत ही सामान्य एवं सस्ती विधि है।

- **ए.पी.आई. (एप्लीकेशन प्रोग्रामिंग इंटरफेस)**

  ए.पी.आई, कम्प्यूटर परिचालन तंत्र द्वारा विहित एक विधि या एक एप्लीकेशनल प्रोग्राम है, जिसके अंतर्गत एक प्रोग्रामर लिखता है—परिचालन तंत्र या अन्य उपभोग के लिए।

- **आर्ची**

  यह एक प्रोग्राम है जिसका उपयोग सभी इंटरनेट एफटीपी सर्वरों में किसी फाइल का पता लगाने में किया जाता है।

- **ए.डी.एस.एल. (एसिनक्रोनस डिजिटल सब्सक्राइबर लूप)**

  यह एकल सामान्य टेलिफोन लाइन के साथ 1.5 एम.बी. वीडियो सिग्नल प्रति सेकेंड डाटा स्थानांतरण की विधि है।

- **बैंडविड्थ**

  यह उस प्रक्रिया को संकेतित करता है जिसमें कितनी मात्रा में डाटा को नेटवर्क या मॉडम संयोजन (कनैक्शन) द्वारा भेजा जाता है, इसे सामान्यतः बिट्स पर सेकेण्ड में मापा जाता है। अंग्रेजी टैक्सट का पुईल पेज लगभग 16,000 बिट्स का होता है।

- **ब्लू-रे डिस्क**

  ब्लू-रे एक प्रकाशीय डिस्क संरचना है जैसे सी.डी. और डी.वी.डी.। इसका प्रयोग उच्च परिभाषा वीडियो रिकोर्डिंग एवं संचालन तथा उच्च मात्रा के आंकड़े को संग्रहित करने में किया जाता है। सीडी की संग्राहक क्षमता 700MB एवं डीवीडी संग्राहक 4.7GB होती है। ब्लू-रे 25 GB तक आंकड़ा संग्रहित कर सकता है।

- **ब्रॉड बैंड**

  ब्रॉड बैंड सूचनाओं के संचारण की एक ऐसी आधुनिक तकनीक है जो खासतौर पर इंटरनेट को अधिक गति प्रदान करती है। इसमें मात्र एक केबल के जरिए संदेश और आंकड़ों का ढेर, चंद सेकेंडों में कहीं भी भेजा और हासिल किया जा सकता है। सामान्यता कोई इंटरनेट कनेक्शन जो डी.एस.एल. या केबल टी.वी. व्यवहार में लाता है उसे ब्रॉडबैण्ड कनेक्शन समझा जाता है।

- **ब्लॉग**

ब्लॉग एक वेबसाइट होती है जिसमें संदेश लिखा तथा प्रदर्शित किया जाता है। कुछ ब्लॉग ऑन लाइन व्यक्तिगत डायरियों की तरह होती है।

- **ब्लूटूथ**

ब्लूटूथ एक प्रकार की शोर्ट रेंज टेक्नोलॉजी है जिसके द्वारा पर्सनल डिजिटल एसीसटेंट, मोबाइल फोन डिजिटल कैमरा में काफी सस्ते में सूचनाओं को संबद्ध तथा विनिमय किया जाता है।

- **बीउल्फ (Beowulf)**

यह कम्प्यूटरों का एक समूह होता है जो उच्च गति वाले निजी नेटवर्क से संबद्ध होता है तथा यह लाइमेक्स, मुक्त बीएसडी या अन्य मुक्त परिचालन प्रणाली का संचालन करता है जैसे विशालकाय समानान्तर कम्प्यूटर करता है।

- **बी.बी.एस. (बुलेटिन बोर्ड सर्विस)**

यह वाणिज्यिक आंकड़ा संचार नेटवर्क है जहाँ से प्रयोगकर्ता संदेश भेजकर सॉफ्टवेयर या मनोरंजन संबंधी सलाह ले सकता है। इसका मोडेम द्वारा सीधा संपर्क किया जा सकता है।

- **ब्लू जैकिंग**

ब्लूटूथ वायरलैस कनैक्शन के माध्यम से मोबाइल उपभोक्ताओं के बीच के संदेशों के आदान-प्रदान को कहते हैं।

- **कम्प्यूटर माउस**

माउस का इस्तेमाल करके हम अपने हाथों से कम्प्यूटर को जो निर्देश देते हैं उन्हें कम्प्यूटर प्रयोग कर सकता है।

- **कम्प्यूटर वायरस**

कम्प्यूटर वायरस एक स्व प्रतिकृति कम्प्यूटर प्रोग्राम कार्यक्रम है। जो अपनी प्रतिकृति को दूसरे प्रोग्रामों में निविष्ट (इन्सर्ट) कर देता है। जब दूषित प्रोग्राम को चलाया जाता है तब छिपा वायरस सक्रिय हो जाता है।

- **क्लाईन्ट**

यह एक सॉफ्टवेयर प्रोग्राम है, जिसका उपयोग किसी अन्य कम्प्यूटर द्वारा होता है जो कि प्रायः दूर होता है, सर्वर सॉफ्टवेयर प्रोग्राम से संपर्क करने और डाटा प्राप्त करने के लिए किया जाता है।

- **साइबर पंक**

प्रबल एगोरिथमिक लिपि के प्रयोग द्वारा व्यक्तियों को सुरक्षित निजी व्यापार की सुविधा उपलब्ध करायी जाती है। ये सरकार के लेख संबंधी किसी भी नियमन का विरोध करते हैं।

- **साइबर स्पेस**

'साइबर स्पेस' शब्द विलियम गिब्सन ने अपने उपन्यास 'न्यूरो मेसर' में उल्लिखित किया है जो वर्तमान में कंप्यूटर नेटवर्क में उपलब्ध सारी सूचना स्त्रोतों के संपूर्ण परास को व्याख्यायित करता है।

- **सीडी रोम (कॉम्पेक्ट डिस्क रीड ओनली मेमोरी)**

यह एक प्रकार का भण्डारण उपकरण होता है जो कि ऑडियो सीडी की ही भांति दिखता है। इसमें (600 एमबी) डाटा का भण्डारण किया जा सकता है। फॉन्ट फोटो, इलेक्ट्रानिक इन्साइक्लोपीडिया, गेम्स एवं मल्टीमीडिया इत्यादि के वितरण के लिए यह एक लोकप्रिय साधन है। जैसा कि नाम से स्पष्ट है, आप इसमें भण्डारित डाटाओं को पढ़ सकते हैं उन्हें बदल नहीं सकते।

- **चिप**

यह सिलिकॉन की बनी पतले बिस्कुट की तरह होती है जिसमें लघु इलेक्ट्रिक सर्किट होता है। इसमें मिलियन बिट्स सूचनाओं का भंडारण हो सकता है।

- **कम्प्यूटर हैंडसेक**

आंकड़ों का एक कम्प्यूटर से दूसरे कम्प्यूटर में स्थानान्तरण को कम्प्यूटर हैंडसेक कहते हैं। कम्प्यूटर तारों में से एक को डाटा के स्थानान्तरण को रोकने या आरंभ करने में प्रयोग कर सकता है।

- **क्लोकल स्पीड**

डिजिटल इलेक्ट्रॉनिक्स में क्लोक सिग्नल दो या अधिक परिपथों के समन्वय के प्रयोग में आता है। एक साथ संक्रमित होने वाले परिपथ क्लोक सिग्नल के उठते या गिरते सिरे पर सक्रिय होते हैं।

- **सेंटरीनों**

यह इंटेल कंपनी द्वारा विकसित वह तकनीकी पैकेज है जो लैपटॉप कम्प्यूटरों में प्रयोग में लायी जाती है। इसकी सहायता से बैटरी को बिना चार्ज किए पूरे दिन लगभग 7 घंटे प्रयोग में लाया जा सकता है।

- **क्लिक फ्रॉड**

कृत्रिम रूप से परिपथ सांख्यिकी को पुईलाकर, विज्ञापकों या वेबसाइट को धोखा देकर, पैसा कमाने का व्यवहार है।

- **कैच मैमोरी**

यह एक विशेष खंड की तीव्र मैमोरी चिप होती है जिसमें रैम (आर.ए.एम) द्वारा एकत्र सूचनाओं का भंडारण किया जाता है, इसे एक्स्टर्नल मैमोरी कैच भी कहते हैं।

- **सी.एफ.एम.एल. (कोल्ड फ्यूजन मार्कअप लैग्वेंज)**

यह एच.टी.एम.एल. के समान टैग आधारित लैंग्वेज है, जो विशेष टैग का प्रयोग करती है तथा कार्य करता है। यह एच.टी.एम.एल. की मानकता में वृद्धि करता है।

- **कोडेक (कोडर-डिकोडर)**

यह एक ऑडियो-वीडियो कम्प्रेशन एल्गॉरिथम है जिसमें फाइलों के आकार तथा बैंडविड्थ को आवश्यकतानुसार घटाने में प्रयोग वीडियो प्लेयिंग के लिए प्रति सेकेण्ड 30 फ्रेमों की आवश्यकता होती है जिससे कि वह बिना रुकावट के चल सके।

- **सीडी रिपिंग**
इस प्रक्रिया से सीडी म्यूजिक ट्रेक को पर्सनल कम्प्यूटर पर वेब फाइलों में परिवर्तित किया जाता है और उसके बाद एम.पी.-3 में बदला जाता है।

- **क्रे XI**
यह एशिया का तीव्रगामी कम्प्यूटर है। इसे अमेरिका से भारत में आयात किया गया है तथा टाटा इंस्टीट्यूट फंडामेंटल रिसर्च में लगाया जायेगा।

- **कूकिस**
यह वेब उपभोक्ता के हार्डड्राइव की एक फाइल है जिसका उपयोग वेबसाइटों द्वारा उपभोक्ता से संबंधित डाटा को सुरक्षित करने में किया जाता है। किसी वेबसाइट का प्रयोग किया जाता है तो उस वेबसाइट द्वारा एक छोटी फाइल तैयार की जाती है जिसमें आपके कम्प्यूटर से संबंधित सूचनाएँ सुरक्षित की जाती हैं।

- **साइबर क्राइम**
कम्प्यूटर का या तो उपकरण या लक्ष्य अथवा दोनों का अविधिक या अवैध प्रयोग साइबर क्राइम कहलाता है। आई.टी.एक्ट 2000 के अनुसार साइबर क्राइम एक दंडनीय अपराध है।

- **डी.टी.पी.**
डी.टी.पी. या डेस्क टॉप पब्लिशिंग में कम्प्यूटर तंत्र के प्रयोग के साथ एक मुद्रित पृष्ठ सम्मिलित होता है। यह सम्मिलित रूप से पृष्ठ लेआउट एवं निर्माण, फॉन्ट का चुनाव तथा आरेखों एवं तस्वीरों का अंतर्वेशन जैसे मुद्रण संबंधी अनेक कार्य करते हैं।

- **डिजिटिल डिवाइड**
यह उस स्थिति को कहते हैं जिसमें जिनके पास सूचना प्रौद्योगिकी तथा उससे संबंधी सेवाओं तक पहुंच है जिनके पास पहुंच यह सेवा उपलब्ध नहीं है।

- **डिजिटल सिग्नेचर**
हस्ताक्षरों के दुरुपयोग को रोकने के लिए तथा ई-कॉमर्स को प्रोत्साहित करने के लिए इंटरनेट पर आवश्यक एक भिन्न प्रकार की प्रमाणीकरण प्रक्रिया को अंकीय हस्ताक्षर कहते हैं। आई.टी. एक्ट 2000 के द्वारा भारत में इसे वैधता प्रदान कर दी है।

- **डोमेन नेम**
डोमेन नेम निराला (यूनिक) नाम है जो एक इंटरनेट साइट की पहचान करता है। डोमेन नेम के पास, बिन्दुओं से विभाजित, दो या अधिक भाग होते हैं।

- **डी.एस.एल. (डिजिटल सब्सक्राइबर लाइन)**
इसके अंतर्गत कम्प्यूटर पर इंटरनेट सामान्य टेलीफोन लाइन द्वारा दिया जाता है जिसमें केबल का इस्तेमाल सिर्फ डाटा के आदान-प्रदान के लिए होता है।

- **डी.वी.डी. (डिजिटल वर्सटाइल डिस्क या डिजिटल वीडियो डिस्क)**
यह उच्च क्षमता वाला प्रकाशीय डिस्क है, जो दिखने में सी.डी. के समान लगता है, किन्तु बहुत अधिक सूचना को संग्रहित कर सकता है। एक डी.वी.डी. 4.7 गीगाबाइट आंकड़ों को संचरित कर सकता है जबकि एक सी.डी. मात्र 700 मेगाबाईट आंकड़े ही संग्रहित कर सकती है।

- **डाउनलोड**
डाउनलोड वह प्रक्रिया है जिसमें मोडेम के प्रयोग से दूसरे कम्प्यूटर से फाइल का स्थानांतरण या एक वेबसाइट से प्रयोक्ता के कम्प्यूटर को।

- **डॉटर बोर्ड**
एक बोर्ड जो स्वयं को दूसरे बोर्ड से संबंद्ध करता है जैसे मदर बोर्ड या एक्सपेंशन बोर्ड।

- **डिजिटल एन्वेलप**
यह संदेश को सील बंद कर देता है जिससे प्राप्तकर्ता के अलावा अन्य नहीं खोल सकता है। यह प्रेषक को गोपनीयता प्रदान करता है।

- **ई-मेल**
ई-मेल इलेक्ट्रॉनिक मेल का संक्षिप्त नाम है जिसमें कम्प्यूटर के माध्यम से एक व्यक्ति द्वारा दूसरे को पत्र भेजा जाता है। इसका लाभ है कि संप्रेषण में लगे देरी को यह कम करता है।

- **इथरनेट**
लोकल एरिया नेटवर्क में कम्प्यूटर कनेक्शन का सबसे सामान्य प्रकार है। एक इथरनेट पोर्ट दिखने में नियमित फोन जैक की तरह लगता है किन्तु यह थोड़ा-सा चौड़ा होता है।

- **एक्सट्रानेट**
एक प्रकार का इंट्रानेट, जिनकी ऐसे कम्प्यूटरों तक वह पहुंच है जो भौतिक रूप से किसी कंपनी के अपने निजी नेटवर्क के भाग नहीं है, किन्तु सामान्य जनता के उपभोग के लिए इसकी पहुंच नहीं है।

- **ई-कामर्स**
इंटरनेट के माध्यम से व्यावसायिक गतिविधियों का संचालन ई-कामर्स कहलाता है। उदाहरण कुछ वेबसाइट है : एमेजन डॉट कॉम, ई बे डॉट कॉम आदि।

- **ई-वेस्ट (इलेक्ट्रॉनिक वेस्ट)**
इसमें कम्प्यूटर तथा इलेक्ट्रॉनिक के वे उपकरण आते हैं जो इस्तेमाल करने के लायक नहीं रह गए हैं। इसमें कम्प्यूटर के अतिरिक्त टेलीविजन, मोबाइल फोन, एयर कंडीशन आदि आते हैं।

- **इस्टर एग**
इस्टर एग, किसी सॉफ्टवेयर प्रयोग के परिचालन तंत्र में प्रोग्राम द्वारा छिपी विशेषताएँ होती हैं। इनमें से कुछ हार्डवेयर में भी होती है।

- **ई.ई.पी. रोम (इलेक्ट्रिकली-इरेजबल प्रोग्रामेबल रीड ओनली मेमोरी)**

  यह कम्प्यूटर या अन्य उपकरणों में उपयोग होने वाला अवाष्पशील संग्राहक चिप है। यह निश्चित संख्या में मिटाया एवं पुन: प्रोग्राम किया जा सकता है जिसका परास एक लाख से दस लाख है परन्तु अनिश्चित बार इसे पढ़ा जा सकता है। फ्लैग मेमोरी इसका बाद में आने वाला रूप है।

- **इमोटिकौन्स**

  फेसियल अभिव्यक्तियों का उपयोग करते हुए यह की-बोर्ड का एक संयोजन होता है। जिससे मुस्कान या तेवर प्रदर्शित होते हैं।

- **ई-बुक**

  इलेक्ट्रॉनिक बुक, प्रकाशित पुस्तक का यह इलेक्ट्रॉनिक अथवा डिजिटल संस्करण होता है। यह एच.टी.एम.एल अथवा पीनट मार्कअप लैंग्वेज पर आधारित होता है।

- **ई-सिक्युअर**

  सी.आई.आई. तथा कॉल सेन्टर ऐसोशिएशन द्वारा संयुक्त रूप से प्रवर्तित, यह विकासशील बी.पी.ओ. उद्योग में डाटा चोरी के खतरे को रोकने के लिए है।

- **फायर नेट**

  फायर नेट IEEE 1394 के उपयोग से कम्प्यूटरों को बिना किसी एडाप्टर के संलग्न करता है और इसमें कम्प्यूटरों को खोलने की आवश्यकता नहीं होती है जैसा कि इथरनेट में होता है।

- **फायर वॉल**

  हार्डवेयर तथा सॉफ्टवेयर का संयुक्त, जो नेटवर्क को दो या अधिक भागों में सुरक्षा उद्देश्य से विभाजित करता है। यह नेटवर्क सर्वर या क्लाइंट मशीन को गैर-विधिक उपयोग द्वारा नुकसान से बचाता है।

- **फ्लेम वार**

  ऑन लाइन विचार-विमर्श को विकृत करने के लिए वादी के विरुद्ध व्यक्तिगत आक्रमण किया जाता है, बिना उसकी स्थिति के विचार के।

- **फ्री-वेयर**

  बिना कुछ चार्ज किए डाउनलोडिंग के लिए उपलब्ध कॉपी राइटेड सॉफ्टवेयर, इसे केवल व्यक्तिगत उपयोग में लाया जा सकता है। अन्य उपयोग के लिए ऑथर की पूर्व अनुमति आवश्यक है; फ्रीवेयर, शेयरवेयर की विपरीत स्थिति को दर्शाता है; शेयर वेयर में उपयोग के लिए भुगतान करना पड़ता है।

- **फ्लेश मनी**

  यह एक प्रकार अवाष्पशील मैमोरी है। यह अंतर्वस्तु को संग्रहित रखता है। यहां तक कि इलेक्ट्रिक (विद्युत) आवेश न भी हो।

- **फ्लाई बाई वायर**

  यह शब्द विमान के स्वचालित कम्प्यूटर-निर्देशित कार्यविधि को इंगित करती है। इस आधुनिक प्रौद्योगिकी में विमान के सभी उड़ान कार्यों को नियंत्रित करने के लिए कम्प्यूटरों का उपयोग होता है। यह अत्यंत, विश्वसनीय परिशुद्ध एवं मानवीय त्रुटियों से मुक्त होता है।

- **एफ.पी.एक्स.**

  यह तकनीक नुकसान पहुंचाते वाले सॉफ्टवेयरों (मालवेयरों) को रोकने में इस्तेमाल की जाती है। एफ.पी.एक्स. में हाईवेयर का इस्तेमाल होता है न कि सॉफ्टवेयरों का जिससे की डाटाओं की स्कैनिंग की जाती है।

- **गेटवे**

  विशेष उद्देश्य के लिए समर्पित कम्प्यूटर जो कि दो या अधिक नेटवर्क्स से जुड़ा होता है तथा डाटा पैकट्स को एक रूप से दूसरे में परिवर्तित करता है।

- **जी.आई.एफ. (ग्राफिक इंटरचेंज फॉर्मेट)**

  यह इमेज फाइल के लिए सामान्य ढांचा है जो कि विशेष रूप से समान रंग के बड़े क्षेत्रों के लिए उपयुक्त है। साधारण चित्रों के जी.आई.एफ. ढांचे से कम जगह घेरता है।

- **ग्रुपवेयर**

  यह एक ऐसा सॉफ्टवेयर है जो नेटवर्क से जुड़े एकाकी वस्तुओं के समूहन में काम आता है और दस्तावेज, प्रोग्राम एवं डाटाबेस को संयोजित करता है।

- **गोफर**

  यूनिक्स आधारित प्रणालियों को इंटरनेट से जोड़ने का प्रोग्राम है एक मीनू आधारित प्रोग्राम है, जिससे किसी विषय से संबंधित फाइलों, प्रोग्राम, परिभाषाओं तथा अन्य संसाधनों को आसानी से ढूंढा जा सकता है।

- **होलोग्राम**

  लेजर किरणों की सहायता से एक फोटोग्राफिक प्लेट पर बने त्रिआयामी चित्र को होलोग्राम कहते हैं।

- **एच.टी.टी.पी. (हाइपर टेक्सट ट्रांसफर प्रोटोकोल)**

  यह हाइपर टेक्सट फाइल के लिए संचार संहिता है। यह वर्ल्ड वाइड वेब में सबसे अधिक प्रयोग किया जाने वाला महत्वपूर्ण प्रोटोकॉल है।

- **हाइपर टेक्सट**

  कम्प्यूटर के माध्यम से पाठ करने तथा प्रकाशित करने की विधि है। इसमें पाठक अपनी इच्छानुसार विषयों को चयन कर सकता है।

- **हैकर**

  साइबर जगत के अपराधी को सामान्य नाम दिया गया है। वे तकनीकी रूप से चतुर होते हैं तथा अवैध रूप से कम्प्यूटर प्रणाली तथा कम्प्यूटर प्रोग्रामों का प्रयोग करते हैं।

- **एच.एल.एल. (हाई लेवेल लैंग्वेज)**

विभिन्न प्रयोगों हेतु प्रोग्रामों को लिखने के लिए एक भाषा का प्रयोग किया जाता है उसे एच.एल.एल. कहते हैं। इस शब्द का अर्थ ऐसे प्रोग्राम से जो हार्डवेयर आश्रित नहीं होते है।

- **हॉनीपोट्स**

यह एक प्रलोभन प्रणाली है जो नेटवर्क संरचना में सुरक्षा के अतिरिक्त स्तर को बढ़ाने के लिए दिया जाता है।

- **हॉट स्पॉट**

यह एक निश्चित क्षेत्र होता है जिसके भीतर एक व्यक्ति वायर लैस लैपटॉप कम्प्यूटर के माध्यम से इंटरनेट सुविधा प्राप्त कर सकता है। यहां तक की बिना केबल अथवा मोडेम की सहायता से कॉलेज परिसर, कॉफी शॉप अथवा घर में इंटरनेट सुविधा का प्रयोग किया जा सकता है।

- **हाइपोड्स**

यह आई.बी.एम. द्वारा स्थापित विशेष सॉफ्टवेयर एवं सेवा प्रयोगशाला है जो बंगलौर में है।

- **एच.डी.टी.वी. (हाई डेफिनिशन टेलीविजन)**

एक प्रकार का टेलीविजन सिग्नल, जिसमें स्टैंडर्ड टेलीविजन की रिजोल्युशन अधिक होती है तथा जिससे सांउड, कलर (रंग) तथा छवि अधिक तीक्ष्ण होती है।

- **आई. स्कूजी**

इन्टरनेट, स्कूजी, यौजक डाटा संग्राहक सुविधाओं के लिए इंटरनेट प्रोटोकॉल आधारित संग्राहक नेटवर्किंग मानक है। यह लैन में डाटा संप्रेषण के काम आता है।

- **इंट्रानेट**

इंट्रानेट में प्रयुक्त प्रौद्योगिकी की मदद से किसी संस्था द्वारा तैयार किया गया निजी, इंटरनेट, जिसमें हर किसी को प्रवेश की अनुमति नहीं हो। अलबत्ता, यह संस्था को बाहरी दुनिया से जोड़ सकता है।

- **आई.एस.डी.एन.**

यह डाटा स्थानांतरण प्रौद्योगिक है जिसे 1984 में सृजित किया गया था। यह डायल-अप मोडेम की अपेक्षा डाटा का स्थानांतरण तीव्र गति से किया जाता है। डी.एस.एल. के विपरीत आई.एस. डी.एन. विभिन्न स्थानों को एक समय में ही जोड़ सकता है।

- **आई.टी. (इन्फॉर्मेशन तकनीक)**

सूचना तकनीक संपूर्ण क्षेत्र को संकेतित करने वाला एक सामान्य शब्द है जिसमें कम्प्यूटर हार्डवेयर से प्रोगामिंग, नेटवर्क से प्रबंधन तक आता है।

- **आई.टी.ई.एस. (इंफोर्मेशन टेक्नोलॉजी इनेब्लड सर्विस) सूचना प्रौद्योगिकी समर्थ सेवाएं**

ये एक भौगोलिक क्षेत्र—जिसमें उसके अंत-उपभोक्ता स्थित नहीं है—से प्रदान की जाने वाली व्यवसाय प्रक्रियाओं एवं सेवाओं की श्रृंखला के अंग है। सॉफ्टवेयर विकास के बहि: स्रोत अनुबंधों की अनिश्चितताओं की तुलना में इन सेवाओं की प्रकृति लगभग पारिवार्षिक है। यह क्षेत्र, प्रौद्योगिकी के निचले स्तर पर कई लघु एवं मध्यम व्यवसायों को भी प्रोत्साहित करता है। वस्तुत: सॉफ्टवेयर उद्योग के किसी भी क्षेत्र की तुलना में इस क्षेत्र की रोजगार-क्षमता बहुत अधिक है।

- **इन तथा आउट**

यह एक सॉफ्टवेयर है जो कि ग्राफिक्स एवं उपयुक्त वीडियो किलिपिंग के द्वारा एक क्रिकेटर की ताकत तथा कमजोरियों के सभी पक्षों का विस्तृत सांख्यिकी प्रदर्शित करना है।

- **इंटरनेट सेवा प्रदाता (आई.एस.पी.)**

वृहत् संस्थाएँ, जैसे विश्वविद्यालय, बड़े प्रतिष्ठान एवं इंटरनेट कंपनियां, जिसके होस्ट कम्प्यूटर प्राय: अंग होते हैं, इंटरनेट सेवा-प्रदाता कहलाते हैं। ये संस्थाएं, उपभोक्ताओं को लॉगिन नाम, पासवर्ड एवं एकाधिक दूरभाष नंबर जैसी सूचनाएँ प्रदान करती हैं, जिनका उपयोग कर वे इंटरनेट जुड़ते हैं। उपभोक्ता एक निश्चित शुल्क अदा कर इन संस्थाओं से एक इंटरनेट खाता प्राप्त करते हैं।

- **आई.वी.आर. (इंटरएक्टिव वॉयस रिसपॉन्सेस)**

यह एक सॉफ्टवेयर है जो काल प्रसंस्करण के दौरान अंतक्रियात्मक आवाज की अनुमति देता है।

- **इनफोबान**

इस शब्द का प्रयोग सूचना सुपर हाइवे को व्यक्त करने में किया जाता है। यह एक उच्च गति की सूचना प्रणाली होती है जो घरों, स्कूलों तथा कार्यालयों में उच्च बैंडविड्थ सेवा उपलब्ध कराता है।

- **इंटरनेट-2**

यह उन्नत इंटरनेट टैक्नोलॉजी के विकास के लिए एक सामूहिक प्रयास है जो मुख्य प्रयोगों के शोध तथा उच्च मिशन के लिए है। वर्तमान में इसका प्रयोग टेलीमेडिसीन, डिजिटल तथा वर्चुअल पुस्तकालय के लिए होता है।

- **जंक मेल / स्पैम**

ये अयाचित ई-मेल है जो किसी के मेल बॉक्स में भेजे जाते हैं। ऐसे मेल एक साथ कई पतों पर एक साथ भेजे जाते हैं। ये ज्यादातर व्यावसायिक कंपनियों के होते हैं।

- **जे.पी.ई.जी. (ज्वाइंट फोटोग्राफिक एक्सपर्ट ग्रुप)**

सामान्यत: इसका उल्लेख चित्र फाइलों के लिए एक प्रारूप के रूप में किया जाता है।

- **एल.सी.डी. (लिक्विड क्रिस्टल डिस्पले)**

एल.सी.डी. एक सूक्ष्म (पतला) डिस्पले है, जिसकी लैपटॉप कम्प्यूटर स्क्रीन एवं फ्लैट मॉनीटर में उपयोग किया जाता है।

- **लाइनक्स (Linux)**
  यह यूनिक्स के समान एक बहुप्रयुक्त परिचालन पद्धति है। इसे 1991 में लाइनक्स टोरवाल्ड में सृजित किया था।
- **लेन (लोकल एरिया नेटवर्क)**
  एक कम्प्यूटर नेटवर्क जो कुछ सीमाओं के साथ सीमित क्षेत्र या एक भवन हेतु उपयुक्त होता है।
- **लिंक्स**
  यह एक प्रकार का ब्राउजर है जो सिर्फ टेक्सट में काम करने के लिए डिजाइन किया जाता है।
- **मोडम (माड्युलेटर डिमोड्युलेटर)**
  यह कम्प्यूटरों को आपस में जोड़ने का उपकरण है, जो टेलीफोन लाइन पर काम करता है।
- **मालवेयर**
  यह एक सॉफ्टवेयर प्रोग्राम है, जो कि कम्प्यूटर को नुकसान पहुँचाने अथवा अनचाहे कार्य करवाने के लिए डिजाइन किया गया है। मालबरे के अंतर्गत वायरस, वार्म, स्पाइवेयर, एवं ट्राजन होर्स आते हैं।
- **मोजाइक**
  प्रथम डब्लू. डब्लू. डब्लू.—ब्राउजर, जो कि मेकिंटोंग, विंडो एवं यू.एल.आई.एक्स. के लिए उपलब्ध है।
- **एमपी-3**
  म्युजिक फाइल काम्प्रेसन के लिए एक फार्मेट, जिससे प्रभोक्ता इंटरनेट से म्यूजिक डाउनलोड कर सकता है।
- **मल्टी मीडिया**
  मल्टी मीडिया का आशय मीडिया के विविध स्वरूपों के एकीकरण से है। इसमें टेक्सट, ग्राफिकस, ऑडियो, वीडियो आदि है।
- **मीडी (Musical Instrument Digital Interface)**
  यह एक तकनीक है जो कि कम्प्यूटर के रिकार्ड एवं म्यूजिक क्षमताओं के लिए माध्यम बनाता है।
- **मल्टीटास्किंग**
  एक ऐसा परिचालन तंत्र जिसमें एक साथ कई प्रोसेसिंग कार्यों को एक ही समय में किया जाता है।
- **एम-रैम (मैग्नेटिक रैन्डम एक्सेस मैमोरी)**
  इसमें डाटा के भण्डारण के लिए चुम्बकीय आवेशों का प्रयोग किया जाता है। विद्युत प्रवाह के रूक जाने पर भी इसमें सूचनाएँ सुरक्षित बनी रहती है। डी-रैम के स्थान पर एम-रैम का प्रयोग किया जाता है।
- **एम.पी.ई.जी (मौशन पिक्चर एक्सपर्टस ग्रुप)**
  यह नवीनतम संपीडन मानक है। यह निम्न तथा उच्च बैंडविड्थ नेटवर्कों के लिए इष्टतम् ऑडियो / वीडियो गुणवत्ता उपलब्ध कराता है। विभिन्न उपकरणों जैसे टी.वी.पी.सी. और वायरलैस उपकरणों पर एम.पी.ई.जी.-4 फाइलों को खोला जा सकता है।
- **एम.सी.ए-21**
  यह विश्व बैंक द्वारा वित्तीयन ई-गर्वनेंस परियोजना है।
- **नेटिजेन्स**
  वे नागरिक, जिनके पास इंटरनेट अभिगम्यता है, नेटिजेन्स कहलाते हैं। यह देश एवं विश्व में कम्प्यूटर परिच्छेदन के बारे में जानकारी देता है।
- **एन.वाई.एक्स.ई.एम.**
  यह एक ऐसा कम्प्यूटर वार्म है, जो एक बड़े समूह को ई-मेल के माध्यम से भेजा जाता है जो कि कम्प्यूटर सुरक्षा को असमक्ष बना देता है और स्वयं को ई-मेल पते के साथ संक्रमिक कम्प्यूटर से संबद्ध कर लेता है।
- **नेगवेयर**
  यह एक ऐसी प्रोग्रामिंग है जिसके द्वारा ऐसी व्यवस्था तैयार की जाती है कि उपभोक्ता के एक बार किसी वेब पेज के खुलने पर अथवा बंद करने पर स्वत: एक अथवा कई विन्डों खुलने लगती हैं।
- **न्यूरो चिप्स**
  यह चिप कोशिकाओं द्वारा उत्पन्न की गई विद्युतीय क्रियाओं और सिग्नलों का अध्ययन एवं मापन कर सकती है। यह न्यूरॉन्स, नर्व उत्तकों तथा न्यूनल नेटवर्क से संबंधित अध्ययन को तथा आयाम प्रदान करती है।
- **एन.आई.सी. (राष्ट्रीय सूचना केन्द्र)**
  यह भारत सरकार का प्रमुख विज्ञान एवं प्रौद्योगिकी संगठन है, जो सूचना प्रौद्योगिकी संबंधी सेवाओं के क्षेत्र में कार्य करता है।
- **एन.आई.एस.जी. (नेशनल इंस्टीट्यूट ऑफ स्मार्ट गवर्नमेंट)**
  यह एक ई-गवर्नमेंट कंसलटेंसी संस्था है जो ग्लोबल नेटवर्किंग मेजर सिसको (CISCO) सिस्टम के साथ काम करती है।
- **नेट बायोस**
  नेट बायोस सामान्यत: ए.पी.आई. प्रोग्रामिंग को संकेतित करता है। प्रारंभ के दिनों में यह नेटवर्किंग प्रोटोकॉल था, बाद में इसे अन्य प्रोटोकॉल जैसे 1 PXěkSX तथा TCPěkIP पर कार्य करने के लिए अनुकूलित कर लिया गया है।
- **ओपेन सोर्स सॉफ्टवेयर**
  एक प्रकार का सॉफ्टवेयर जिसके लिए अंडरलेइंग प्रोग्रामिंग कोड प्रयोक्ताओं के लिए उपलब्ध रहता है। ताकि वे इसे पढ़ सकें, इसमें परिवर्तन कर सकें, तथा अपने परिवर्तनों को सामाहित करके सॉफ्टवेयर के नए संस्करण का सृजन कर सकें।
- **ओपरेटिंग सिस्टम**
  सॉफ्टवेयर प्रोग्राम जो कम्प्यूटर सिस्टम के मूल आपरेशन का प्रबंधन करता है। इसमें लोडिंग, शेड्यूलिंग, रिसोर्स, एलोकेशन, तथा इवेंट प्रोसेसिंग एवं टर्मिनेशन शामिल है।

- **ऑर्कुट (जनवरी 2004 – सितंबर 2014)**
  यह गूगल की सामाजिक नेटवर्किंग साइट थी। इसमें उपयोक्ता का अपना एक खाता होता था जिसके द्वारा वह ऑर्कुट में उपलब्ध अपने अन्य मित्रों के साथ दो तरफा संचार रखता था।
- **3 जी. प्रौद्योगिकी**
  यह मोबाइल फोन प्रौद्योगिकी है जो आंकड़ों को 144 किलोबिट प्रति सेकेण्ड के हिसाब से विकीर्ण कर सकता है। यह प्रौद्योगिकी संगीत तथा वीडियो के अनुकूल है।
- **परमालिंक**
  किसी ब्लॉग में विशिष्ट पोस्टिंग के लिए एक परमानेन्ट लिंक होती है।
- **पी.एन.जी (पोर्टेबल नेटवर्क, ग्राफिक)**
  पी.एन.जी एक ग्राफीय फार्मेट है जो विशेषकर वर्ल्ड वाइड वेब पर उपयोग के लिए डिजाइन किया जाता है। पी.एन.जी. बिना गुणवत्ता के ह्रास के आकृति को संपीड़न में सक्षम बनाता है।
- **पोड कास्टिंग**
  यह ऑडियो प्रसारण का एक स्वरूप है जो इंटरनेट पर उपयोग होता है।
- **पोर्टल**
  यह वेबसाइट जो इंटरनेट के लिए 'डोरवे' के रूप में काम करती है और एक विशिष्ट विषय के प्रति लक्षित होती है।
- **प्रोक्सी सर्वर**
  प्रोक्सी सर्वर क्लाइंट तथा वास्तविक सर्वर के बीच स्थापित होता है जिसे क्लाइंट उपयोग करने के लिए प्रयास करता है।
- **पक (PUCK)**
  यह माउस के समान इनपुट प्रणाली है, इसके सामने क्रास हेयर के साथ सूक्ष्म ग्लास होता है, जो कि आपरेटर को सी-केड में उपयोग के लिए ट्राइंग ट्रेस करते समय सूक्ष्म अवस्थिति प्रदान करता है।
- **पेंटियम**
  पेंटियम इंटेल का बहु प्रयुक्त कम्प्यूटर माइक्रोप्रोसेसर है। 1993 में पेंटियम ने इंटेल का 486 माइक्रोप्रोसेसर उपयोग में लाया 109. प्रबन्धित बदलने वाला विनिमय दर गया है।
- **प्वांइट टू प्वांइट प्रोटोकॉल**
  यह कंप्यूटर को सामान्य टेलीफोन तथा मोडम का उपयोग करते हुए टी.सी.पी./आई.पी स्थापित करने की अनुमति देता है।
- **पी.आई.सी (पर्सनल इंटरनेट कम्युनिकेशन)**
  यह एक उपभोक्ता उपकरण है जो उपभोक्ता को प्रबंधित इंटरनेट पहुँच प्रदान करता है। इसे भारत में वी.एस.एल. तथा एडवांस्ड माइक्रो डिवायस द्वारा प्रवर्तित किया गया है।
- **पी.डी.ए. (पर्सनल डिजिटल एसिसटेंट)**
  इसमें फ्लैश मैमोरी का प्रयोग किया जाता है। सिस्टम सॉफ्टवेयर के लिए रॉम एवं प्रयोग तथा भंडारण के लिए रैम (RAM) का प्रयोग किया जाता है। पी.डी.ए के द्वारा रोमिंग पर रहते हुए भी वेब, कार्पोरेट नेटवर्क अथवा अन्य उपकरणों से संपर्क स्थापित किया जा सकता है। पीडीए तथा सेलफोन उत्तम उदाहरण है।
- **फिसिंग**
  इसमें कोई अपराधकर्ता कानूनी दिखने वाले ई-मेल भेजता है ताकि पाने वाले से व्यक्तिगत तथा वित्तीय सूचना प्राप्त किया जा सके।
- **पी. कामर्स**
  यह एक नया उपभोक्ता इलेक्ट्रॉनिक उत्पाद है जो पूरी तरह (ऑन-लाइन) होता है तथा इन उत्पादों के उपयोग के साथ-साथ कारोबार को भी अंजाम दिया जाता है। इसमें एक पाइपलाइन यानि केबल या सैटेलाइट के जरिए घरेलू इलेक्ट्रॉनिक उत्पादों का इंटरनेट से संपर्क बनता है।
- **आर.एफ.आई.टी. (रेडियो फ्रीक्वेंसी आइडेंटिफिकेशन टेक्नोलॉजी)**
  रेडियो फ्रीक्वेन्सी पहचान तकनीक मौलिक रूप से एक डिजिटल चिप है जो वायरलेस सिग्नलों को प्रसारित करता है।
- **सर्च इंजन**
  इंटरनेट पर सूचनाओं का अथाह समुद्र है। इन सूचनाओं को ढूंढने के लिए जिस माध्यम का उपयोग किया जाता है। वह सर्च इंजन कहलाता है। प्रमुख सर्च इंजन है—गूगल.कॉम तथा लाइकास.कॉम
- **सर्वर**
  एक कम्प्यूटर जो क्लाइंट प्रोग्राम या कम्प्यूटर की रिक्वेस्ट हेतु रिस्पोंडिंग के लिए उत्तरदायी होता है। यह 'फाइल सर्वर' भी कहा जाता है।
- **सर्वलेट**
  एक लघु कम्प्यूटर प्रोग्राम जो कि सर्वर सॉफ्टवेयर के एक बड़े भाग हेतु क्षमताओं में वृद्धि के लिए डिजाइन किया गया है।
- **स्पाईवेयर**
  एक सॉफ्टवेयर जिसे प्रयोक्ता के संज्ञान एवं अनुमति के बिना उसके कम्प्यूटर में स्थापित किया जाता है।
- **सिस्टम नेटवर्किंग आर्किटेक्चर (एस.एन.ए)**
  यह आई.सी.बी.एम. के स्वामित्व में 1974 में विकसित नेटवर्किंग आर्किटेक्चर है इसका उपयोग लैन को I.B.M. मैन फ्रेम अथवा I.B.M. पीयर सिस्टम से जोड़ने में किया जाता है। इसका प्रयोग मुख्यत बैंकिंग संस्थानों तथा अन्य वित्तीय लेन-देन कार्यों में होता है।
- **सेट टॉप बॉक्स**
  यह एक ग्राहक इकाई है जिसमें एक आन्तरिक डिकोडर होता है, इसे टेलीविजन के साथ संबद्ध किया जाता है। यह उपग्रह के सिग्नल को ग्रहण करता है।

- **सिम्प्यूटर**

सिम्प्यूटर मूलत: एक सस्ता पोर्टल है जो कम्प्यूटर का एक विकल्प है। इसे 'भारतीय विज्ञान संस्थान' द्वारा विकास किया गया तथा भेल (BHEL) ने इसका वाणिज्यिक उत्पादन शुरू किया है।

- **सिलिंग बॉक्स**

यह एक विशेष प्रकार घरेलू इलेक्ट्रानिक उपकरण है जो इसके प्रयोगकर्ता को सभी प्रकार के मनोरंजन से जुड़े तत्वों जो घर में हो सकते हैं जैसे टीवी चैनल, सीडी और डीवीडी उपस्थित फिल्में लैपटॉप की स्क्रीन पर उपलब्ध आंकड़े व अन्य को दुनिया में और कहीं स्थानांतरित करने की सुविधा प्रदान करता है।

- **ट्रोजन हार्स**

एक ऐसा प्रोग्राम जिसे देखने से ऐसा प्रतीत होता है कि उसका प्रकार्य सही तथा वैध है परन्तु उसमें कुछ छिपे निर्देश होते हैं जो एक प्रणाली को भयंकर क्षति पहुंचा सकते हैं जिस पर ये चलाए जा रहे हैं।

- **टेलीमेडिसिन**

यह उपग्रहों के द्वारा स्वास्थ्य सेवाओं को सम्भव बनाने की गई तकनीक हैं। इस तकनीक में रोगी को किसी अस्पताल में भर्ती कर टेलीविजन कैमरे से फोटोग्राफी की जाती है तथा दूर देश या स्थान पर बैठे अन्य डॉक्टर को उस रोगी के बारे में जानकारी हो जाती है। इस तरह दूर बैठे अच्छे चिकित्सक से सलाह लेकर रोगी का निदान किया जाता है।

- **टी.डी.एम.ए. (टाइम डिविजन मल्टीपल एक्सेस)**

यह द्वितीय चरण के मोबाइल फोन की एक ऐसी तकनीक है जो बहुत सारे प्रयोगकर्ताओं को समान आवृत्ति (फ्रीक्वेंसी) पर विभिन्न समयान्तरालों में प्रयोग करने की सुविधा प्रदान करता है, इसका प्रयोग जी.एस.एम. डिजिटल सेल्युलर मानक उपकरणों में किया जाता है।

- **टी.सी.पी./आई.पी. (ट्रांसमिशन कंट्रोल प्रोटोकोल/इंटर प्रोटोकोल)**

यह इंटरनेट प्रोटोकॉल समूह है जो इंटरनेट के संचालन के लिए उत्तरदायी हैं।

- **यू.पी.एस. (अनइंटरप्टेड पावर सप्लाई)**

यह एक ऐसा उपकरण है जो कि पावर कट जाने पर कम्प्यूटर को पावर की आपूर्ति करता है।

- **यूजनेट**

यह एक समाचार समूहों का नेटवर्क होता है, यूजनेट पर हजारों समाचार समूह उपलब्ध होते है।

- **यूनिक्स**

यह 1960 में बेल-लेब में विकसित परिचालन तंत्र है जो 70 के दशक में उच्च स्तरीय कम्प्यूटिंग में इस्तेमाल के कारण लोकप्रिय हुआ और तब से आज तक बहुत सारी इंटरनेट सेवाओं का विकास यूनिक्स मशीन द्वारा हुआ, जिसने 90 के दशक में बहुत ज्यादा लोकप्रियता अर्जित की।

- **वॉयस ओवर इंटरनेट प्रोटोकोल (वी.ओ.आई.पी)**

जिस तरह मॉडेम कम्प्यूटर को सामान्य टेलिफोन लाइन के द्वारा इंटरनेट प्रदान करता है, उसी तरह वी.ओ.आई.पी. प्रौद्योगिक्री द्वारा मनुष्य इंटरनेट के माध्यम बात कर सकता है।

- **वीडियो कॉन्फ्रेंसिंग**

संचार के क्षेत्र में वीडियो कॉन्फ्रेंसिंग एक आधुनिकतम तकनीक है। इस नवीनतम तकनीक के तहत देश में रहने वाले और देश से बाहर रहने वाले विभिन्न स्थानों के दो या अधिक व्यक्ति किसी भी स्थान पर कम्प्यूटर एवं अन्य संबद्ध उपकरणों की मदद से एक-दूसरे को कम्प्यूटर स्क्रीन पर देखते हुए आपस में संवाद स्थापित कर सकते हैं।

- **वी-सैट (वेरी स्माल एप्रचर टर्मिनल)**

वी-सैट पूरी तरह से निजी स्वामित्व वाला उपग्रह आधारित संचार तंत्र है। वास्तव में यह ऐसे पृथ्वी केन्द्र है जिनमें 2 मीटर से भी छोटे व्यास का एक एंटीना लगाना पड़ता है, जो टर्मिनलों को बड़े नेटवर्क से बहुत आसानी से जोड़ देता है।

- **वर्चुअल विजन**

यह सॉफ्टवेयर आंखों से विकलांग लोगों के लिए है, जिसे भारत सरकार के सूचना प्रौद्योगिकी विभाग ने प्रवर्तित किया है।

- **वी.एल.ए.एन (वर्चुअल लोकल एरिया नेटवर्क)**

उपभोक्ताओं एवं केन्द्रों तथा सेवकों एवं अन्य तंत्रीय उपकरणों का एक तार्किक समूह; जो अपनी भौतिक स्थिति से अनपेक्ष, एक ही स्थानीय क्षेत्र तंत्र पर स्थित प्रतीक होता है, वर्चुअल लोकल एरिया नेटवर्क कहलाता है।

- **वाचांतर**

सी-डैक द्वारा विकसित वेबसाइट पर ब्राउज करने की सुविधा प्रदान करता है। इस सॉफ्टवेयर में अंग्रेजी से हिन्दी में अनुवाद करने की सुविधा उपलब्ध है।

- **वर्चुअल प्राइवेट नेटवर्क**

यह नेटवर्क तैयार करने की एक अवधारणा है जिसके द्वारा कंपनियों की उपशाखाओं को आईपी बैकबोन की मदद से उनके प्रमुख केन्द्रों से जोड़ा जाता है। इसका प्रयोग वाइज एरिया नेटवर्क के स्थान पर किया जा सकता है। एक सुदूर स्थित उपभोक्ता एक लोकल काल के माध्यम से नेटवर्क से जुड़ सकता है।

- **वेबसाइट**

इंटरनेट की किसी विशिष्ट अवस्थिति में वेब पेजों का एक संग्रह; यह संग्रह होम पेज से शुरू होता है और किसी विशिष्ट विषय से संबंधित होता है।

- **वार्म**

वार्म एक वायरस है, जो दूसरे प्रोग्रामों को संक्रमित नहीं करता है। यह अपनी प्रतिलिपियाँ खुद तैयार करता है तथा अतिरिक्त कम्प्यूटरों

को संक्रमित करता है, लेकिन यह अतिरिक्त प्रोग्रामों से संबद्ध नहीं करता, हालांकि वार्म प्रोग्राम तथा फाइल को बदल तथा बर्बाद कर सकता है।

- **वाइड एरिया इन्फार्मेशन सर्वर (वाई.ए.आई.एस.)**

यह रिमोट (सुदूर) सर्वर से सूचकांकित डाटाबेस को खोजने का एक सॉफ्टवेयर प्रणाली है। स्केनर के माध्यम से यह पेज या फाइल के लिस्ट को पुनः प्राप्त करता है।

- **वाईमैक्स**

माइक्रोवेव पहुंच के लिए वर्ल्ड इंटर ऑपरेबिल्टी वाली आधुनिकतम वायरलेस तकनीक है। वाई-फाई की तुलना में यह एक ब्रॉडबैंड सिग्नल का प्रसारण अधिक तेजी से कर सकता है।

- **वोजनेट**

यह बेतार नेटवर्क होता है, जो रेडियो सिग्नल तथा ग्लोबल पॉजिशनिंग सेटेलाइट डाटा को प्रत्येक आधार स्टेशन में एक से दो मील त्रिज्या के भीतर संचालित करता है।

- **विंडो**

एक फार्मेटिंग की गलती है, जिसके कारण किसी अनुच्छेद का आखिरी लाइन अगले पृष्ठ के शुरू में आ जाता है।

- **डब्लू.एम.एल. (वायरलेस मार्कअप लैंग्वेज)**

छोटे वायरलेस उपकरणों जैसे वेप समर्थित सेलफोन में इस्तेमाल करने के लिए इसको डिजायन किया गया है। अनेक स्क्रिप्टिंग लैंग्वेज इसमें उपलब्ध होते हैं।

- **विकी मैपिया**

विकी पिडिया की तरह समान सिद्धांत पर यह आधारित है। यह एक अतिरिक्त उपकरण है, जिसके द्वारा व्यक्ति मेप (मानचित्र) पर देशों को खोज सकता है। जैसे अमेरिका तथा यूरोप को सेटेलाइट इमेज द्वारा खोजना।

- **क्रास प्लेटफॉर्म फ्रंट एण्ड (एक्स.पी. एफ.ई.)**

यह तकनीकियों का एक समूह है, जिसको विभिन्न कम्प्यूटर परिचालन तंत्र में प्रयोग करने पर भी समान कार्य व दृश्य प्राप्त होता है जैसे मोजिला वेब ब्राउजर।

- **एक्स बॉक्स थ्री सिक्सटी (X Box 360)**

माइक्रोसॉफ्ट द्वारा विकसित एक पैकेज कार्यक्रम है जो मल्टीमीडिया कम्प्यूटर, डीवीडी प्लेयर, सीडी, आडियो सिस्टम, डिजिटल कैमरा, एमपी3 प्लेयर को आपस में जोड़ता है।

- **वाई-मोडेम**

यह किसी फाईल के त्रुटियों को सुधार कर एक ही आदेश से कई फाइलों में भेजने का स्थानांतरण प्रोटोकोल है।

- **जोम्बिस**

ये वे कम्प्यूटर जो सुदूर आक्रामक द्वारा हैकिंग कर अन्य कम्प्यूटर पर आक्रमण करने के लिए उपयोग किया जाता है।

- **सिग्नल कैरियर रेडियो ट्रांसमिशन टेक्नोलॉजी (1×आर.टी.टी.)**

एक वायरलेस संचार प्रोटोकोल है जो आपसी नेटवर्क जैसे लेपटॉप कम्प्यूटर को जोड़ने का काम आता है। 1×आर.टी.टी. में उच्च गति से आंकड़ा स्थानांतरण करने की क्षमता है।

- **कैपचा (CAPTCHA)**

यह एक संक्षिप्त रूप है 'कम्पलीट ऑटोमेटेड पब्लिक टूरिंग टेस्ट टू टेल कम्प्यूटर हूमन अपार्ट'। यह एक तरीके का टेस्ट है जो चैलेंज रिस्पांस टेस्ट के द्वारा यह निर्धारित करता है कि 'यूजर' आदमी है या नहीं।

- **एक्जीफ (EXIF)**

यह एक प्रणाली है जो डिजिटल कैमरे में प्रयोग किया जाता है। जब यह 'जी पी एस' के साथ प्रयोग होता है तो इमेज ब्राउजर यह बता सकता है कि पिक्चर कहां सेव की गयी है।

- **बोटनेट (BOTNET)**

इंटरनेट पारलेन्स में, ऑटोमेटेड क्राइम नेटवर्कस बोटनेट कहलाते हैं। हेकर ऐसा नेटवर्क किसी प्रोग्राम को चुराने के लिए बना सकते हैं।

- **वर्चुअलाइजेशन इन कम्प्यूटिंग**

यह हमें एक फिजिकल कम्प्यूटर के द्वारा बहुत सारे 'वर्चुअलाइजेशन मशीनें' से जोड़ देते हैं और हरेक कम्प्यूटर एक सेपरेट कम्प्यूटर की तरह काम करता है जिस पर सारे सॉफ्वेयर काम करते हैं।

- **जिआवेब (GEOWEB)**

यह जिओगार्फिकल (लोकेशन बेस्ड) और इंटरनेट पर उपलब्ध जानकारी का सम्मिलित विवरण है। यही प्रणाली लोगों को ट्रैफिक जाम के समय नजदीकी स्टोर इत्यादि ढूंढने में मदद करता है।

- **मूर के लॉ (MOORE's LAW)**

वो भविष्यवाणी जो जटिल गणक उपकरण जैसे प्रोसेसर जिप्स हरेक 12 से 18 महीने में दूगनी हो जाएगी, यह गोर्डन मूर के द्वारा दी गयी जो इनटेल के को फांउडर है। यह पहली बार 1965 में फारमूलेर हुआ था।

- **प्रोग्रामेबल मेटलाइजेशन सेल (PMC)**

यह प्रणाली कॉपर एटम से बनी मेनोबायर्स द्वारा बायनरी डाटा रिकार्ड करने के लिए होता है। यह जानकारी इकट्ठी करता है एटम्स को दुबारा व्यवस्थित कर स्थिर और सूक्ष्म मेमोरी सेल्स बना कर हरेक सेल बहुत सारी बिट्स की जानकारी रख सकते हैं।

- **कम्पेनियन वाइरस**

यह एक किस्म का कम्प्यूटर वाइरस है जो Dos के लक्षण रखता है जो एक नाम के सॉफ्वेयर के साथ होता है, लेकिन दूसरे एक्सटेंशन के साथ, दूसरे प्राथमिकताओं के साथ काम करने के लिए।

- **क्राइम वेयर**

  यह एक किस्म का दोष युक्त सोफ्टवेयर है; जो इंटरनेट पर क्राइम करने के लिए तैयार किया गया है। क्राइम वेयर एक वायरस हो सकता है, या दूसरे छलावे वाले सॉफ्टवेयर हो सकते हैं जो आइडेनटिटी थेप्ट और फ्रोड के लिए इस्तेमाल होते हैं।

- **मोज़िला फायर फॉक्स**

  यह एक फ्री वेब ब्राउजर है, और यह दुनिया का दूसरा सबसे लोकप्रिय ब्राउजर है। तत्काल समय में इंटरनेट एक्सप्लोरर।

- **सुपर कम्प्यूटर**

  सुपर कम्प्यूटर एक ऐसा कम्प्यूटर है, जो अभी के समय में गणिकीय क्षमता के संदर्भ में सबसे अग्रणी समझा जाता है। खासकर जोड़ की तीव्रता के लिये। इन का उपयोग बड़े जोड़ों के जटिल समस्याओं का हल ढूंढने के लिए होता है। जैसे: मैकेनिकल फिजिक्स इत्यादि।

- **सेंड बॉक्स**

  एक सुरक्षित सीमित कम्प्यूटर मेमोरी, जहाँ एप्लीकेशनस को चलाने को इजाजत दी जाती है, बिना होस्ट सिस्टम को नुकसान पहुँचाये।

- **सेंट्रल प्रोसेसिंग यूनिट (सी. पी. यू.)**

  सी.पी.यू. कम्प्यूटर का दिमाग/ मस्तिष्क है जहाँ सारी गणनाएँ होती हैं। गणक शक्ति के संदर्भ में सी.पी.यू. कम्प्यूटर प्रणाली का सबसे महत्वपूर्ण अंग है।

- **फेसबुक**

  फेसबुक एक सोशल नेटवर्किंग वेबसाइट है जिसे ऑरिजनली कॉलेज स्टूडेन्टस के लिये बनाया गया था, फेसबुक एक सरल माध्यम देता है दोस्तों और अन्य व्यक्तियों को सम्पर्क में रखता है, बिना वेबसाइट बनाये।

- **एच. टी. एम. एल.**

  यह भाषा वेब पृष्ठों पर लिखी जाती है और हाइपर टेक्स्ट डॉक्यूमेंट के नाम से भी जाना जाता है वेब पृष्ठों द्वारा दिखाया जा रहा एच.टी.एम.एल. नियम, वेब ब्राउजर के नियम को सत्यापित करना चाहिए।

- **आई. पी. एड्रेस**

  यह एक कोड है, जो नम्बरों को तीन बिंदुओं से अलग करता है और एक निश्चित कम्प्यूटर को इन्टरनेट द्वारा पहचान देता है। प्रत्येक कम्प्यूर को इन्टरनेट से जोड़ने हेतु आई.पी. एड्रेस की आवश्यकता होती है।

- **स्पूकिंग**

  इस शब्द 'स्पूक' का अर्थ होता है: झूठी तरकीब या छलावा। इसलिए आई. टी. वर्ल्ड में एक कम्प्यूटर–दूसरे कम्प्यूटर सिस्टम या उपयोगकर्त्ता को छलने के लिए उपयोग करता है। । यह प्रक्रिया अपनी पहचान दूसरे इन्टरनेट उपयोगकर्त्ता से छिपाकर या लेकर की जाती है।

- **पिकोनेट (PICONET)**

  यह ऐसा नेटवर्क है जो वायरलेस ब्लूटूथ सम्पर्क द्वारा बनाया जाता है, जिसमें एक उपकरण मास्टर/स्वामी होता है बाकी सारे नेटवर्क के उपकरण स्लेव/दास उपकरण होते हैं।

विषयवार अभ्यास प्रश्न

जीव विज्ञानः परिचय एवं जीवधारियों का वर्गीकरण

1. चिकित्सा शास्त्र का जनक किसे कहा जाता है ?
   (a) अरस्तू (b) थियोफ्रेस्टस
   (c) हिप्पोक्रेटस (d) गैलन

2. सिल्वीकल्चर वनस्पति विज्ञान की वह शाखा है, जिसमें वर्णन होता है–
   (a) शैवालों के संवर्द्धन का
   (b) वन के विकास के
   (c) सिलिसिफाइड पादपों का
   (d) कवकों के संवर्द्धन का

3. एग्रोटोलॉजी में अध्ययन होता है–
   (a) तेल बीजों का (b) फसलों का
   (c) घासों का (d) फलों का

4. पेडोलॉजी में अध्ययन होता है–
   (a) पादप रोगों का (b) भूमि का
   (c) प्रदूषण का (d) चट्टानों का

5. फलों का अध्ययन कहलाता है–
   (a) स्पर्मोलॉजी (b) एन्थ्रोलॉजी
   (c) पीडोलॉजी (d) पोमोलॉजी

6. एग्रोफोरेस्ट्री है–
   (a) वनों के लिये वृक्ष लगाना
   (b) फसल काटने के बाद वन लागना
   (c) कृषि के साथ-साथ उसी भूमि पर काष्ठीय बारहमासी वृक्ष लगाना
   (d) इनमें से कोई नहीं।

7. Exo-biology में निम्नलिखित में से किसका अध्ययन किया जाता है ?
   (a) जीवित जीवों का बाह्य लक्षण
   (b) पृथ्वी की सतह पर जीवन
   (c) वायुमंडल के बाहरी परतों पर जीवन
   (d) बाह्य ग्रहों तथा अंतरिक्ष में जीवन

8. जीवद्रव्य के पृथक्करण एवं संयोजन से संबंधित वनस्पति विज्ञान की शाखा कहलाती है–
   (a) एग्रीकल्चर (b) हॉर्टीकल्चर
   (c) टिशु कल्चर (d) एक्वाकल्चर

9. जीवाणु की खोज सर्वप्रथम किसने की ?
   (a) ल्यूवेनहॉक (b) रॉबर्ट हुक
   (c) रॉबर्ट कोच (d) हुई पाश्चर

10. जीवाणु से संबंधित निम्न कथनों में से कौन सही है ?
    (a) सभी जीवाणु स्वपोषी होते हैं।
    (b) सभी जीवाणु विधिपोषी होते हैं।
    (c) अधिकांश जीवाणु विधिपोषी होते हैं, किंतु कुछ स्वपोषी होते हैं।
    (d) सभी जीवाणु प्रकाश संश्लेषी होते हैं।

11. जो जीवाणु सीधे ही वायुमण्डलीय नाइट्रोजन को नाइट्रोजन के यौगिकों में बदलते हैं, कहलाते हैं–
    (a) विनाइट्रीकारी जीवाणु
    (b) सड़ने वाले जीवाणु
    (c) नाइट्रोजन स्थिरीकरण जीवाणु
    (d) नाइट्रकारी जीवाणु

12. अधिक नमक वाले अचार में जीवाणु जीवित नहीं रह पाते हैं, क्योंकि–
    (a) ये जीवद्रव्यकुंचित हो जाते हैं और इस तरह मर जाते हैं
    (b) अचार में जीवाणुओं के जीवित रहने के लिए आवश्यक पोषक पदार्थ नहीं होते हैं।
    (c) लवण (नमक) जनन का संदमन करता है।
    (d) जीवाणुओं को जनन के लिए पर्याप्त प्रकाश नहीं मिलता है।

13. निम्नलिखित में से कौन-सा रोग बैक्टीरिया से होता है ?
    (a) चेचक (b) पेचिश
    (c) इन्फ्लुएंजा (d) हैजा

14. निम्नलिखित में से कौन सी बीमारी जीवाणु संक्रमण के कारण होती है ?
    (a) चेचक (b) मम्स
    (c) कुष्ठ (d) दमा

15. सूक्ष्म जीवाणुओं युक्त पदार्थ का शीतिकरण एक प्रक्रिया है, जिसका कार्य है–
    (a) जीवाणु का नाश करना
    (b) जीवाणुओं के विकास की गति घटाना
    (c) जीवाणुओं को निष्क्रिय करना
    (d) जीवाणुओं के द्रव्य का संकुचन करना।

उत्तरमाला

1. (c) **2.** (b) **3.** (c) **4.** (b) **5.** (d) **6.** (c) **7.** (d) **8.** (c) **9.** (a) **10.** (c)
11. (c) **12.** (a) **13.** (d) **14.** (c) **15.** (c)

कोशिकाः जीवन की मौलिक इकाई

1. 'सेल' (Cell) नाम किस जीव वैज्ञानिक ने सर्वप्रथम दिया था ?
   (a) फ्लेमिंग (b) ल्यूवेनहॉक
   (c) रॉबर्ट हुक (d) ब्राउन
2. कौन-सी रचना जन्तु कोशिका को वनस्पति कोशिका से विभेदित करती है ?
   (a) राइबोसोम (b) माइटोकॉण्ड्रिया
   (c) सेण्ट्रोमियर (d) सेण्ट्रिओल
3. कोशिका का ऊर्जा गृह किसको कहा जाता है ?
   (a) गॉल्जीकाय (b) न्यूक्लिओलस
   (c) माइटोकॉण्ड्रिया (d) राइबोसोम
4. कोशिका में प्रोटीन संश्लेषण कहां होता है ?
   (a) गॉल्जीकाय में (b) राइबोसोम में
   (c) माइटोकॉण्ड्रिया में (d) सेण्ट्रोसोम में
5. निम्नलिखित में कौन सबसे बड़ा कोशिकांग है ?
   (a) गुणसूत्र (b) माइटोकॉण्ड्रिया
   (c) प्लास्टिड (d) गॉल्जीकाय
6. कोशिका द्रव्य में उपस्थित महीन, शखित, झिल्लीदार और अनियमित नलिकाओं का घना जाल कहलाता है-
   (a) गॉल्जीकाय (b) माइटोकॉण्ड्रिया
   (c) राइबोसोम (d) अंतः प्रद्रव्यी जालिका
7. प्रोटीन निर्माण का सक्रिय स्थल है-
   (a) लाइसोसोम (b) राइबोसोम
   (c) माइटोकॉण्ड्रिया (d) गॉल्जीकाय
8. कौन-सा कोशिकांग केवल पादप कोशिका में पाया जाता है ?
   (a) कोशिका भित्ति (b) लवक
   (c) रिक्तिकाएं (d) उपर्युक्त सभी
9. कोशिका की आत्महत्या की थैली कहलाता है-
   (a) लाइसोसोम (b) साइटोप्लाज्मा
   (c) न्यूक्लिओसोम (d) गॉल्गी कॉप्लेक्स
10. 80% से अधिक कोशिका में पाया जाने वाला पदार्थ है-
   (a) प्रोटीन (b) चर्बी
   (c) खनिज (d) कजल
11. निम्नलिखित में से किसने यह मूल अवधारणा प्रस्तुत की थी कि सभी जीव कोशिकाओं के बने हुए हैं ?
   1. पाश्चर 2. स्लाइडेन
   3. रॉबर्ट हुक 4. टी. श्वान

   कूटः
   (a) केवल 2 (b) 1 एवं 2
   (c) 2 एवं 3 (d) 2 एवं 4
12. किसकी उपस्थिति के कारण किसी पादप कोशिका और जंतु कोशिका में अंतर पाया जाता है ?
   (a) क्लोरोप्लास्ट (b) कोशिका भित्ति
   (c) कोशिका कला (d) सकेन्द्रक (नाभिक)
13. गॉल्जीकाय का प्रमुख कार्य है-
   (a) श्वसन
   (b) कोशिका विभाजन शुरू करना
   (c) पाचक रस उत्पन्न करना
   (d) स्त्रानी
14. निम्नलिखित में से कौन-सा कोशिकांग डी.एन.ए. रखता है ?
   (a) सेंट्रिसॉल (b) गॉल्जीकाय
   (c) लाइसोसोम (d) माइटोकॉण्ड्रिया
15. कौन-सा कोशिकांग प्रोटीन संश्लेषण में प्रमुख भूमिका निभाता है ?
   (a) लाइसोसोम एवं सेन्ट्रोसोम
   (b) एण्डोप्लाज्मिक रेटिकुलम एवं राइबोसोम
   (c) गॉल्जी उपकरण एवं माइटोकॉण्ड्रिया
   (d) लाइसोसोम एवं माइटोकॉण्ड्रिय

उत्तरमाला

1. (c) **2.** (d) **3.** (c) **4.** (b) **5.** (c) **6.** (d) **7.** (b) **8.** (d) **9.** (a) **10.** (d)
11. (d) **12.** (b) **13.** (d) **14.** (d) **15.** (b)

ऊतक और अंग

1. किस प्रकार के ऊतक शरीर की सुरक्षा कवच का कार्य करते हैं?
   (a) एपिथीलियमी ऊतक
   (b) पेशीय ऊतक
   (c) संयोजी ऊतक
   (d) तंत्रिकीय ऊतक

2. निम्नलिखित में से कौन एक शरीर को गर्म रखने हेतु उत्तरदायी है?
   (a) स्वेद ग्रन्थियाँ (b) संयोजी ऊतक
   (c) वसामय ऊतक (d) रोम

3. सैबेसियस ग्रन्थियाँ पायी जाती हैं–
   (a) स्तनधारियों की त्वचा के एपीडर्मिस में
   (d) स्तनधारियों की त्वचा के डर्मिस में
   (c) अमाशय की एथिपीलियम में
   (d) आंत की एपिथीलियम में

4. वृद्धवस्था में त्वचा में झुरियाँ पड़ जाती हैं, इसका कारण है–
   (a) त्वचा में रूधिर का संचारण कम होने के कारण
   (d) उपचर्मीय स्तर में लचीलापन कम होने के कारण
   (c) चर्म में वसा ऊतक की कमी के कारण
   (d) त्वचा में मेलेनिन तथा मेलेनोसाइट्स की अधिकता के कारण

5. मनुष्य की त्वचा सबसे मोटी होती है–
   (a) हथेली पर (b) तलवे पर
   (c) छड़ पर (d) सिर पर

6. मनुष्य के शरीर में सबसे लम्बी कोशिक होती है–
   (a) हाथ की कोशिका (b) पैर की कोशिका
   (c) तंत्रिका कोशिका (d) इनमें से कोई नहीं

7. तंत्रिका ऊतक की इकाई है–
   (a) एक्सॉन (b) न्यूरॉन
   (c) गुच्छिका (d) कोशिकाय

8. संवेदना का चालन शरीर के एक भाग से दूसरे भाग में किसके द्वारा होता है?
   (a) पेशीय ऊतक (b) एपिथीलियमी ऊतक
   (c) संयोजी ऊतक (d) तंत्रिका ऊतक

9. ऊँट का कूबड़ किस का बना होता है?
   (a) कंकालीय ऊतक का (b) पेशीय ऊतक का
   (c) उपस्थि ऊतक (d) वसामय ऊतक का

10. निम्नलिखित में से कौन 'ऊतक' का उदाहरण है?
    (a) मस्तिष्क (b) रक्त
    (c) यकृत (d) अमाशय

11. बायोप्सी संबंधित है–
    (a) मृत्यु का कारण जानने के लिए शव विच्छेदन करने से
    (d) बेहोशी की स्थिति में परीक्षण करने में
    (c) परीक्षण के लिए ऊतकों को शरीर से अलग करने से
    (d) हाइड्रोफोबिया का उपचार करने से

12. मास्टर कोशिकाएँ पायी जाती हैं–
    (a) संयोजी ऊतक में (b) पक्षियों की अस्थियों में
    (c) स्तनधारियों की अस्थियों में (d) सरीसृपों की अस्थियों में

13. हैवरसियन तंत्र पाया जाता है–
    (a) मत्स्यों की अस्थियों में (b) पक्षियों की अस्थियों में
    (c) स्तनधारियों की अस्थियों में (d) सरीसृपों की अस्थियों नें

14. फेफड़ों को ढ़कने वाला आवरण कहलाता है–
    (a) पेरीकार्डियम (b) प्लूरा
    (c) पेरीटोनियम (d) सीरोसा

15. दाँत मुख्य रूप से बने होते हैं–
    (a) इनैमल के (b) डेन्टाइन के
    (c) मज्जा के (d) ऑडोन्टोब्लास्ट्स के

उत्तरमाला

1. (a) **2.** (c) **3.** (b) **4.** (b) **5.** (b) **6.** (c) **7.** (b) **8.** (d) **9.** (d) **10.** (b)
11. (c) **12.** (a) **13.** (c) **14.** (b) **15.** (b)

आनुवंशिकी एवं जैव विकास

1. आनुवंशिकी की इकाईयाँ हैं-
(a) क्रोमोसोम (b) राइबोसोम
(c) जीन (d) लाइसोसोम

2. जीन अवस्थित होते हैं-
(a) गुणसूत्रों में
(d) माइटोकॉण्ड्रिया में
(c) हरित लवकों में
(d) राइबोसोम में

3. जीन है-
(a) यकृत का एक भाग (b) आर.एन.ए. का एक भाग
(c) क्रोमोसोम का एक भाग (d) डी.एन.ए. का एक भाग

4. सर्वप्रथम प्रयोगशाला में 'जीन' का संश्लेषण करने वाले वैज्ञानिक हैं-
(a) मेण्डल (b) डार्विन
(c) वाटसन (d) खुराना

5. 'एक जीन-एक एन्जाइम' सिद्धांत प्रतिपादित किया था-
(a) वाटसन व क्रिक ने (b) हरगोविन्द खुराना ने
(c) बीडल व टैटम ने (d) मॉर्गन ने

6. 'जीन' को व्यक्त किया जा सकता है-
(a) आनुवंशिकता की ईकाई (b) डी.एन.ए. का एक भाग
(c) उत्परिवर्तन की ईकाई (d) उपयुक्त सभी तरह से

7. जीन का वर्तमान नाम देने वाले वैज्ञानिक हैं-
(a) हेल्डन (b) मेण्डल
(c) गाल्टन (d) जोहान्सन

8. कोशिका में पाया जाने वाला अनुवंशिक पदार्थ है-
(a) डी.एन.ए. (b) आर.एन.ए.
(c) प्रोटीन (d) कार्बोहाइड्रेट

9. प्रयोगशाला में सर्वप्रथम डी.एन.ए. का संश्लेषण किया था-
(a) मिलर ने (b) खुराना ने
(c) डी ब्रीज ने (d) कैल्विन ने

10. माता-पिता के गुण उनकी संतानों में किसके द्वारा स्थानांतरित होते हैं ?
(a) रक्त द्वारा (b) हार्मोन द्वारा
(c) गुणसूत्र द्वारा (d) इनमें से कोई नहीं

11. किस कारण एक माता-पिता की सभी संतानें एक समान नहीं होती है ?
(a) आनुवंशिक विभिन्नता (b) वातावरण की विभिन्नता
(c) उपर्युक्त दोनों (d) इनमें से कोई नहीं

12. मनुष्य में द्विगुणित क्रोमोसोम की संख्या होती है-
(a) 23 (b) 24
(c) 46 (d) 48

13. मानव में गुणसूत्रों की कुल संख्या होती है-
(a) 46 (b) 48
(c) 52 (d) अनिश्चित

14. बच्चों के लिंग निर्धारण के लिए उत्तरदायी क्रोमोसोम होता है-
(a) पिता का (b) माता का
(c) माता व पिता दोनों का (d) इनमें से किसी का नहीं

15. एक सामान्य मानव शुक्राणु में ऑटोसोम की संख्या कितनी होती है ?
(a) 20 जोड़ी (b) 21 जोड़ी
(c) 22 जोड़ी (d) 23 जोड़ी

उत्तरमाला

1. (c) **2.** (a) **3.** (d) **4.** (d) **5.** (c) **6.** (d) **7.** (d) **8.** (a) **9.** (b) **10.** (c)
11. (c) **12.** (a) **13.** (a) **14.** (a) **15.** (c)

मानव शरीर

1. निम्नलिखित में से कौन-सा कथन असत्य है ?
   (a) लार अम्लीय होता है इसका pH मान 6.8 होता है।
   (b) मानव शरीर की सबसे बड़ी ग्रंथि यकृत है।
   (c) यकृत प्रोटीन की अधिकतम मात्रा को कार्बनहाइड्रेट में बदल देता है।
   (d) शरीर का 73% भाग पानी होता है।

2. निम्नलिखित में से कौन-सा युग्म सुमेलित नहीं है ?
   (a) जोसेफ लिस्टर—कुष्ठ रोग का उपचार
   (b) जोन्स ई. साल्क—पोलियो के विरुद्ध टीका
   (c) एलेक्जेण्डर फ्लेमिंग—पेनीसिलीन की खोज
   (d) एडवर्ड जेनर—चेचक के विरुद्ध—टीकाकरण

3. पेस मेकर का कार्य है-
   (a) मूत्र बनने का नियमन
   (b) पाचन क्रिया का नियमन
   (c) दिल की धड़कन प्रारंभ करना
   (d) श्वास क्रिया प्रारंभ करना

4. स्वस्थ मानव के शरीर में रक्त की कुल मात्रा कितनी होती है ?
   (a) शरीर के वजन का 10%
   (b) शरीर के वजन का 25%
   (c) शरीर के वजन का 7%
   (d) शरीर के वजन का 5%

5. मानव शरीर के अन्दर नलिकाओं में रक्त का मुक्त प्रवाह होता है। निम्नलिखित में से किस रसायन की उपस्थिति में नलिकाओं में प्रवाहित रक्त का थक्का नहीं बनता है ?
   (a) फाइब्रिन (b) ऑक्सीहीमोग्लोबिन
   (c) थ्राम्बोप्लास्टर (d) हिपेरिन

6. एन्टीजन (प्रतिजन) एक ऐसा पदार्थ है जो-
   (a) शरीर के तापमान को कम करता है
   (b) हानिकारक जीवाणुओं को नष्ट करता है
   (c) प्रतिरक्षी के निर्माण को बढ़ावा देता है
   (d) विष से बचाव के लिए प्रयोग किया जाता है

7. एन्टीबॉडी का मुख्य कार्य किसके विरुद्ध होता है ?
   (a) प्रतिकूल वातावरणीय दशा के
   (b) पोषक पदार्थो की कमी के
   (c) विपत्ति के
   (d) संक्रमण के

8. AB रक्त समूह के व्यक्ति को यूनिवर्सल रेसीपियेन्ट कहते हैं, क्योंकि-
   (a) उसके रक्त में रोग प्रतिकारक पाए जाते हैं
   (b) उसके रक्त में रोग प्रतिकारक नहीं पाए जाते हैं
   (c) उसके रक्त में प्रतिजन का अभाव होता है
   (d) उसके रक्त में प्रतिजन और रोग प्रतिकारक, दोनों का अभाव होता है

9. मस्तिष्क के किस भाग में भूख लगने व भोजन से तृप्ति की अनुभूति कराने के केन्द्र स्थित होते हैं ?
   (a) प्रमस्तिष्क गोलार्द्ध में
   (b) अनुमस्तिष्क(सेरेबेलम) में
   (c) हाइपोथैलेमस में
   (d) मेडुला ऑबलांगाटा में

10. निम्नलिखित में से कार्बोहाइड्रेट का कार्य है-
    1. ऑक्सीजन द्वारा शरीर की ऊर्जा की आवश्यकता की पूर्ति करना
    2. शरीर में भोजन संचय के समान कार्य करना
    3. न्यूक्लिक अम्लों का निर्माण करना तथा अन्य पदार्थों के निर्माण के लिए कच्चे पदार्थों के रूप में कार्य करना
    4. जन्तुओं के बाह्य कंकाल का निर्माण करना

    कूट:
    (a) 1 और 2 (b) 3 और 4
    (c) 1, 2 और 4 (d) उपर्युक्त सभी

11. निम्नलिखित में से कौन-सा असंगत है ?
    (a) ऊर्जा उत्पादक-वसा एवं कार्बोहाइड्रेट
    (b) वृद्धि तथा निर्माण पदार्थ- प्रोटीन
    (c) उपापचयी नियंत्रक- विटामिन और खनिज
    (d) आनुवंशिक पदार्थ- लवण

12. निम्नलिखित में कौन असत्य है ?
    (a) अग्नाशय मानव शरीर की दूसरी सबसे बड़ी ग्रंथि है।
    (b) अग्नाशय, इन्सुलिन के रक्त में शर्करा की मात्रा को नियंत्रित करता है।
    (c) इसके अल्प स्रावण से मधुमेह नामक रोग हो जाता है
    (d) यकृत शरीर के ताप को नियंत्रित करता है।

13. निम्न कथनों पर विचार करें-
    1. शरीर की ऐसी ग्रंथियां जिनके द्वारा स्रावित स्राव को विभिन्न अंगों को पहुंचाने के लिए वाहनियाँ होती हैं, उन्हें अन्त:स्रावी ग्रंथियां कहते हैं।
    2. नलिका विहीन ग्रंथि स्रावित स्राव, हार्मोन को रक्त प्लाज्मा के द्वारा शरीर के विभिन्न भागों में पहुंचाता है, उसे बाध्य स्रावी ग्रंथि कहते हैं।

    कूट:
    (a) 1 सही है
    (b) 2 सही है
    (c) 1 और 2 दोनों सही हैं
    (d) न तो 1 और न ही 2 सही है

14. निम्न कथनों पर विचार करें-

1. मानव का हृदय वक्षीय गुहा में दोनों फेफड़ों के मध्य पाया जाता है। इसके चारों ओर एक झिल्ली पायी जाती है, जिसे पेरिकार्डियल मेम्ब्रेन कहते हैं।
2. इसमें पेरिकार्डियल द्रव भरा रहता है, जो हृदय को बाहरी आघातों से बचाता है। हृदय चार कोष्ठीय अंग है। ऊपर वाले दो कोष्ठक आलिंद तथा नीचे वाले दो कोष्ठक निलय कहलाते हैं।

कूटः

(a) 1 सही है
(b) 2 सही है
(c) 1 और 2 दोनों सही हैं
(d) न तो 1 और न ही 2 सही है

15. निम्नलिखित में से किसे मास्टर ग्रंथि कहा जाता है ?

(a) थाइमस ग्रंथि (b) पीनियल कॉम
(c) एड्रीनल ग्रंथि (d) पीयूष ग्रंथि

उत्तरमाला

1. (d) **2.** (b) **3.** (c) **4.** (c) **5.** (c) **6.** (c) **7.** (c) **8.** (a) **9.** (c) **10.** (d)
11. (d) **12.** (c) **13.** (a) **14.** (a) **15.** (d)

चिकित्सा एवं रोग चिकित्सा

1. सूची-I को सूची-II के साथ सुमेलित कीजिए-

सूची-I	सूची-II
(A) नेशनल इंस्टीट्यूट ऑफ	1. कोलकाता यूनानी मेडिसिन्स
(B) नेशनल इंस्टीट्यूट ऑफ	2. जयपुर होमियोपैथी
(C) नेशनल इंस्टीट्यूट ऑफ	3 चेन्नई आयुर्वेद
(D) नेशनल इंस्टीट्यूट ऑफ सिद्धा	4. बंगलुरू

कूटः

	A	B	C	D
(a)	4	2	1	3
(b)	3	1	2	4
(c)	4	1	2	3
(d)	3	2	1	4

2. Radio Immunoassay (RIA) किसके लिए उपयोग में लाई जाती है ?

(a) फेफड़ों के कैंसर के उपचार के लिए
(b) एड्स के उपचार के लिए
(c) रक्त सेम्पल में एण्टीबोडीज और हार्मोन्स की उपस्थिति जानने के लिए
(d) हड्डियों के फ्रेक्चर के लिए

3. अन्तर्दर्शी क्या है ?

(a) यह आहारनाल के भीतर देखने के लिए प्रयुक्त एक प्रकाशिक यन्त्र है।
(b) यह अनियमित हृदय स्पंद को नियमित करने के लिए रोगी के वक्ष पर लगाया जाने वाला एक उपकरण है।
(c) यह कान के विकास की जाँच के लिए प्रयुक्त एक यंत्र है।
(d) यह मानव पेशियों द्वारा जनित विद्युत सिग्नलों को रिकॉर्ड करने के लिए एक मंत्र है।

4. स्टेथोस्कोप किस सिद्धान्त पर काम करता है ?

(a) धारा ध्वनि का रूपान्तरण
(b) ध्वनि का धारा रूपान्तरण
(c) ध्वनि का परावर्तन
(d) प्रकाश का परावर्तन

5. घटते हुए क्रम में मानव शरीर में विद्यमान प्रमुख तत्व हैं-

(a) कैल्शियम, लौह, सोडियम, फॉस्फोरस
(b) कैल्शियम, फॉस्फोरस, पोटैशियम, गंधक
(c) कैल्शियम, फॉस्फोरस, गंधक, पोटैशियम, सोडियम
(d) कैल्शियम, फॉस्फोरस, पोटैशियम, लौह

6. मानव शरीर में संक्रमण को रोकने में मदद करने वाला विटामिन है-

(a) विटामिन-ए (b) विटामिन-बी
(c) विटामिन-सी (d) विटामिन-डी

7. एंडीबायोटिक क्या होता है ?

(a) किसी सूक्ष्मजीव द्वारा संश्लेषित रसायन, जो अन्य सूक्ष्मजीवों से रक्षा करता है।
(b) रक्त कोशिकाओं द्वारा निर्मित पदार्थ, जो संक्रमण का सामना करता है।
(c) रक्त कोशिकाओं द्वारा निर्मित पदार्थ, जो कीटाणुओं से रक्षा करता है।
(d) मानव कोशिका में संश्लेषित रसायन, जो सूक्ष्मजीवों से रक्षा करता है।

8. ट्रिप्सिन ऐसा एन्जाइम होता है जो कि-

(a) अमाशय में अम्लीय माध्यम में प्रोटीन्स को तोड़ता है
(b) ग्रहणी में क्षारीय माध्यम में प्रोटीन्स को तोड़ता है।
(c) ग्रहणी में अम्लीय माध्यम में प्रोटीन्स को पचाता है।
(d) अमाशय में क्षारीय माध्यम में प्रोटीन्स को पचाता है।

9. निम्नलिखित विटामिनों में से किसकी हीनता से मूत्र में बढ़ी हुई कैल्शियम आयन की हानि होती है ?

(a) विटामिन-ए (b) विटामिन-बी
(c) विटामिन-सी (d) विटामिन-डी

10. सूची-I को सूची-II के साथ सुमेलित कीजिए-

सूची-I	सूची-II
A. वी.सी.जी	1. एक वर्ष बाद
B. डी.पी.टी	2. दो वर्ष के बाद
C. टाइफाइड	3. 45वाँ दिन
D. चीकेन पाक्स	4. जन्म के समय

कूटः

	A	B	C	D
(a)	1	2	3	4
(b)	2	1	4	3
(c)	4	3	2	1
(d)	3	2	1	4

11. सूची-I को सूची-II के साथ सुमेलित कीजिए-

सूची-I	सूची-II
A. केन्द्रीय औषधि अनुसंधान	1. लखनऊ
B. राष्ट्रीय प्राकृतिक चिकित्सा संस्थान	2. पुणे
C. अखिल भारतीय आयुर्विज्ञान संस्थान	3. नई दिल्ली
D. राष्ट्रीय कैंसर अनुसंधान संस्थान	4. मुम्बई

कूटः

	A	B	C	D
(a)	1	2	3	4
(b)	2	3	4	1
(c)	3	4	1	2
(d)	1	2	3	4

12. सूची-I को सूची-II के साथ सुमेलित कीजिए तथा सूचियों के नीचे दिये गए कूट का प्रयोग का सही उत्तर चुनिये :

सूची-I	**सूची-II**
A. मायोग्लोबिन	1. विकिरण चिकित्सा
B. सर्पगंधा	2. ऑक्सीजन परिवहन
C. कर्कट रोग	3. प्रशांतक
D. रुधिरवर्णिका (हीमोग्लोबिन)	4. पेशी कोशिका

कूटः

	A	B	C	D
(a)	4	2	1	4
(b)	4	1	2	3
(c)	4	3	1	2
(d)	2	3	1	4

13. कौन-सा रोग संक्रामक है ?
(a) मलेरिया (b) मधुमेह
(c) हाइपरटेन्सन (d) क्वाशवोरकर

14. टाइफाइड में शरीर का कौन-सा अंग प्रभावित होता है ?
(a) फेफड़ा (b) तिल्ली
(c) यकृत (d) आंत

15. मच्छर भगाने वाली दवाओं में सक्रिय रसायन है-
(a) एलिथ्रिन (b) एट्रोपिन
(c) आइसोप्रोपीन (d) बेंजीन टेक्सा क्लोरोफीन

उत्तरमाला

1. (c) **2.** (c) **3.** (a) **4.** (c) **5.** (c) **6.** (a) **7.** (a) **8.** (c) **9.** (d) **10.** (c)
11. (a) **12.** (c) **13.** (a) **14.** (a) **15.** (c)

जीवमण्डल

1. जड़ के किस भाग में सर्वाधिक वृद्धि होती है ?
   (a) मूल शीर्ष के ठीक पीछे
   (b) मूल शीर्ष में
   (c) प्रकाश में
   (d) अन्धकार में

2. बरगद के पेड़ के तने से लटकने वाली मोटी जड़ें कहलाती हैं–
   (a) वलयाकार मूल (b) वायवीय मूल
   (c) स्तम्भ मूल (d) आहोरी मूल

3. निम्न जोड़ों में से कौन-सा गलत है ?
   (a) शंक्वाकार जड़-प्याज़
   (b) तर्कुरूपी जड़-मूली
   (c) कुम्भीरूप जड़-शलजम
   (d) श्वसन मूल-मैन्ग्रोव पौधे

4. अदरक है–
   (a) रूपान्तरित जड़ (b) राइजोम
   (c) ट्यूबर (d) बल्ब

5. प्याज़ परिवर्तित रूप है–
   (a) तने का (b) जड़ का
   (c) पत्तियों का (d) फल का

6. शरद् ऋतु में पत्तियाँ शाखाओं से टूटकर नीचे गिर जाती है–
   (a) दिन के काल के कम हो जाने के कारण
   (b) विलगन परत के निर्माण के कारण
   (c) वायुमण्डलीय तापमान के गिरने के कारण
   (d) वायुमण्डलीय दाब के गिरने के कारण

7. जीवनचक्र की दृष्टि से पौधे का सबसे महत्वपूर्ण अंग है–
   (a) पुष्प (b) पत्ती
   (c) तना (d) जड़

8. निषेचन क्रिया है–
   (a) एक नर युग्मक का अण्डाणु से संयोजन
   (b) परागकणों का परागकोष से वर्तिकाग्र पर स्थानांतरण
   (c) नर युग्मकों का ध्रुवीय केन्द्रकों से संयोजन
   (d) बीजाण्ड से बीज का निर्माण

9. नारियल का खाने योग्य भाग होता है–
   (a) फलभित्ति (b) भ्रूणपोष
   (c) पूर्ण बीज (d) बीजावरण

10. लीची फल का खाने योग्य अकारिकीय भाग होता है–
   (a) मांसल पुष्पासन (b) एरिल
   (c) मध्य फलभित्ति (d) बीजपत्र

11. सर्वाधिक महत्वपूर्ण भोजन उत्पन्न होते हैं–
   (a) जड़ों में (b) तनों से
   (c) फलों से (d) पत्तियों से

12. बीजरहित फल प्राप्त किया जा सकता है–
   (a) विकरों के व्यवहार द्वारा
   (b) हार्मोन्स के व्यवहार द्वारा
   (c) पादपों को 70°C पर रखकर
   (d) पादपों को चमकदार प्रकाश में रखकर

उत्तरमाला

1. (a) **2.** (c) **3.** (a) **4.** (b) **5.** (a) **6.** (b) **7.** (a) **8.** (a) **9.** (b) **10.** (b)
11. (c) **12.** (b)

वनस्पति विज्ञान

1. वह ऊतक जो द्वितीयक वृद्धि के लिये उत्तरदायी है-
   (a) जाइलम (b) फ्लोएक
   (c) कैम्बियम (d) कार्टेक्स

2. व्यापारिक कॉर्क प्राप्त होती है-
   (a) जाइलम से (b) फ्लाएम से
   (c) कॉर्क कैम्बियम से (d) संवहन कैम्बियम से

3. पादपों में बना खाद्य पदार्थ, पौधे के विभिन्न अंगों में किसके द्वारा पहुंचता है ?
   (a) जाइलम (b) कार्टेक्स
   (c) फ्लोएम (d) पिथ

4. पादपों में जल तथा खनिज लवणों का संचालन किसके द्वारा होता है ?
   (a) जाइलम (b) फ्लोएम
   (c) पिथ (d) कार्टेक्स

5. वृक्षों की आयु वर्षों में निर्धारित की जाती है-
   (a) इसके भार द्वारा
   (b) इसकी ऊँचाई द्वारा
   (c) इसमें वार्षिक वलयों की संख्या के आधार पर
   (d) इसकी जड़ों की लम्बाई द्वारा

6. वायुतक पाया जाता है-
   (a) लिथोफाइट्स में (b) हाइड्रोफाइट्स में
   (c) जीरोफाइट्स में (d) मीसोफाइट्स में

7. आर्किड में विलामेन ऊतक पाया जाता है-
   (a) प्ररोहों में (b) मूलों में
   (c) पत्तियों में (d) पुष्पों में

8. निम्न में से किसकी सक्रियता के कारण वृद्धि वलय बनती है ?
   (a) अन्तः रम्भीय एधा की
   (b) अंतविष्ट एधा
   (c) बाह्यरम्भीय एधा की
   (d) प्राथमिक एधा की

9. समुद्र के किनारे उगने वाले वृक्षों में वार्षिक वलय नहीं होते हैं, क्योंकि-
   (a) भूमि बलुई होती है
   (b) जलवायवीय विभिन्नता होती है।
   (c) स्पष्ट जलवायुवीय विभिन्नता नहीं होती है।
   (d) वायुमण्डल में प्रचुर नमी होती है।

10. एक वृक्ष के पुराने तने की अनुप्रस्थ काट में 50 वार्षिक वलय मिलते हैं। वृक्ष की आयु होगी-
    (a) 25 वर्ष (b) 49 वर्ष
    (c) 50 वर्ष (d) 100 वर्ष

11. यदि सन् 1985 में एक वृक्ष में एक साइनबोर्ड की कील भूमि से 5 फीट की ऊँचाई पर लगायी गई। सन् 1998 में यह कील कितनी ऊँची होगी, यदि वृक्ष प्रतिवर्ष 4 इंच लम्बाई में बढ़ता है-
    (a) 5 फीट (b) 8 फीट
    (c) 9 फीट (d) 14 फीट

12. जलोद्भिद निम्न में से किसकी उपस्थिति के कारण जल पर तैरते हैं ?
    (a) वायुतक की (b) मृदुतक की
    (c) हरित ऊतक की (d) दृढ़ोतक की

13. शीर्षस्थ विभाज्योतक उत्तरदायी होता है-
    (a) लम्बाई में वृद्धि के लिए (b) मोटाई में वृद्धि के लिए
    (c) मृदुतक में वृद्धि के लिए (d) वल्कुट में वृद्धि के लिए

14. रन्ध्रों की संख्या न्यूनीकृत होती है तथा ये धंसे होते हैं-
    (a) समोद्भिदों में (b) लवणोद्भिदों में
    (c) जलादि्भदों में (d) मरूद्भिदों में

15. शाखाओं से पत्तियाँ झड़ जाती है, निम्न के कारण से-
    (a) अपना जीवन काल पूर्ण करने से
    (b) वायुमण्डलीय तापमान में गिरावट से
    (c) कॉर्क के बाहर विलगन परत के बने जाने से
    (d) दैनिक काल के छोटा हो जाने से

उत्तरमाला

1. (c) **2.** (c) **3.** (c) **4.** (a) **5.** (c) **6.** (b) **7.** (b) **8.** (a) **9.** (c) **10.** (c)
11. (a) **12.** (a) **13.** (a) **14.** (d) **15.** (c)

रसायन विज्ञान : सामान्य परिचय

1. दो या दो से अधिक धातुओं के मिश्रण को कहते हैं-
   (a) अधातु (b) उपधातु
   (c) मिश्रधातु (d) आदर्श धातु

2. मिश्रधातु होती है-
   (a) ठोस का ठोस में विलयन
   (b) ठोस का द्रव में विलयन
   (c) गैस का द्रव में विलयन
   (d) गैस का गैस में विलयन

3. कांस्य मूर्तियां किसकी बनी होती हैं ?
   (a) तांबा-लोहा
   (b) तांबा-जस्ता
   (c) तांबा-टिन
   (d) तांबा-निकेल

4. पीतल में होता है-
   (a) तांबा व टिन (b) तांबा व जस्ता
   (c) तांबा व ऐल्यूमिनियम (d) तांबा व सोना

5. जर्मन सिल्वर किसका मिश्रण होता है ?
   (a) Cu, Zn, Ni (b) Cu, Zn, Fe
   (c) Cu, Ag, Ni (d) Cu, Al, Ni

6. धातुओं के टुकड़ों को टांका लगाने का मिश्रण होता है-
   (a) टिन और जस्ता (b) टिन और सीसा
   (c) जस्ता और सीसा (d) जस्ता और तांबा

7. अमलगम है-
   (a) एक मिश्रधातु जिसमें ऐल्यूमिनियम होता है
   (b) एक मिश्रधातु जिसमें सिल्वर होता है
   (c) एक मिश्रधातु जिसमें पारा होता है
   (d) एक मिश्रधातु जिसमें लोहा होता है

8. घड़ियों के पेण्डुलम बनाने में किस मिश्रधातु का उपयोग होता है ?
   (a) नाइक्रोम (b) इनवार
   (c) डच मेटल (d) मोनल मेटल

9. फ्यूज़ तार किस पदार्थ के बने होते हैं ?
   (a) तांबा (b) कार्बन
   (c) चांदी (d) सीसा व टिन

10. गन पाउडर किन तत्वों का मिश्रण होता है ?
   (a) सल्फर, कार्बन, फॉस्फोरस
   (b) सल्फर, चारकोल, नाइटर
   (c) सल्फर, चारकोल, कार्बन
   (d) कार्बन, नाइट्रोजन, क्लोरीन

11. सोल्डर एक मिश्रधातु है जिसके घटक होते हैं-
   (a) टिन एवं सीसा (b) टिन एवं जस्ता
   (c) जस्ता एवं सीसा (d) जस्ता एवं तांबा

12. रोल्ड गोल्ड किन धातुओं की मिश्रधातु है ?
   (a) तांबा एवं ऐल्यूमिनियम
   (b) तांबा एवं टिन
   (c) तांबा एवं जस्ता
   (d) मैग्नीशियम एवं ऐल्यूमिनियम

13. पारद धातु मिश्रण-
   (a) अति रंगीन मिश्रधातु होती है
   (b) कार्बन युक्त मिश्रधातु होती है
   (c) पारद युक्त मिश्रधातु होती है
   (d) अपघर्षण के लिये अति प्रतिरोधक वाली मिश्रधातु होती है

14. स्टेनलेस स्टील बनाने के लिए क्या प्रयोग में लाया जाता है ?
   (a) क्रोमियम और निकेल (b) निकेल और तांबा
   (c) क्रोमियम और ग्रेफाइट (d) बेन्जीन और ऐसीटोन

15. मैग्नेलियम क्या है ?
   (a) ऐल्यूमिनियम का खनिज
   (b) ऐल्यूमिनियम का अयस्क
   (c) ऐल्यूमिनियम की मिश्रधातु
   (d) ऐल्यूमिनियम का यौगिक

उत्तरमाला

1. (c) **2.** (a) **3.** (c) **4.** (b) **5.** (a) **6.** (b) **7.** (c) **8.** (b) **9.** (d) **10.** (b)
11. (a) **12.** (a) **13.** (c) **14.** (a) **15.** (c)

परमाणु, अणु तथा उसकी संरचना एवं रेडियोधर्मिता

1. वह वैज्ञानिक जिसने 'परमाणु सिद्धांत' की खोज की-
   (a) रदरफोर्ड (b) मैडम क्यूरी
   (c) जॉन डाल्टन (d) एलबर्ट आइन्सटीन

2. परमाणु नाभिक के अवयव हैं-
   (a) इलेक्ट्रॉन और प्रोटॉन
   (b) प्रोटॉन और न्यूट्रॉन
   (c) इलेक्ट्रॉन और न्यूट्रॉन
   (d) इलेक्ट्रॉन, प्रोटॉन और न्यूटॉन

3. परमाणु के नाभिक में निम्न कण होते हैं-
   (a) प्रोटॉन एवं न्यूट्रॉन
   (b) इलेक्ट्रॉन एवं α-कण
   (c) प्रोटॉन एवं इलेक्ट्रॉन
   (d) इलेक्ट्रॉन एवं न्यूट्रॉन

4. पॉज़िट्रॉन है-
   (a) धनावेशित इलेक्ट्रॉन
   (b) हीलियम
   (c) दो प्रोटॉन का नाभिक आवेशित
   (d) एक प्रोटॉन तथा एक न्यूट्रॉन का नाभिक

5. पॉज़िट्रॉन के खोजकर्ता हैं-
   (a) चैडविक (b) युकावा
   (c) एण्डरसन (d) रदरफोर्ड

6. न्यूट्रॉन की खोज की थी-
   (a) चैडविक ने (b) रदरफोर्ड ने
   (c) बोहर ने (d) न्यूटन ने

7. नाभिक की द्रव्यमान संख्या है-
   (a) नाभिक में इलेक्ट्रानों की संख्या
   (b) नाभिक में प्रोटॉनों की संख्या
   (c) नाभिक में न्यूट्रॉनों की संख्या
   (d) इनमें से कोई नहीं

8. एक ही तत्व के दो समस्थानिकों के विद्युत उदासीन परमाणु के लिए निम्नलिखित गुणों में से कौन-सा गुण भिन्न होगा ?
   (a) परमाणु संख्या (b) परमाणु द्रव्यमान
   (c) प्रोटॉन की संख्या (d) इलेक्ट्रॉन की संख्या

9. रासायनिक तत्व के अणु के संदर्भ में चुम्बकीय क्वान्टम संख्या का संबंध है-
   (a) अभिविन्यास से (b) आवृति से
   (c) आमाप से (d) चक्रण से

10. किसी परमाणु की बाह्यतम कक्षा में कितने इलेक्ट्रॉन रह सकते हैं ?
    (a) 2 (b) 8
    (c) 18 (d) कोई निश्चित सीमा नहीं

11. निम्नलिखित में से कौन-सी इलेक्ट्रॉनिक संरूपण धातु तत्वों के लिए हैं ?
    (a) 2, 8 (b) 2, 8, 7
    (c) 2, 8, 8 (d) 2, 8, 8, 2

12. रेडियोधर्मी पदार्थ उत्सर्जित करता है-
    (a) अल्फा कण (b) बीटा कण
    (c) गामा कण (d) उपर्युक्त सभी

13. निम्नलिखित में से किसमें ऋणात्मक आवेश होता है ?
    (a) अल्फा किरण (b) बीटा किरण
    (c) गामा किरण (d) एक्स किरण

14. गामा किरणें हैं-
    (a) उच्च ऊर्जा वाली विद्युत चुम्बकीय तरंगें
    (b) उच्च ऊर्जा वाले इलेक्ट्रॉन
    (c) निम्न ऊर्जा वाले इलेक्ट्रॉन
    (d) उच्च ऊर्जा वाले पॉज़िट्रॉन

15. क्यूरी किसकी इकाई है ?
    (a) रेडियोधर्मिता की (b) ताप की
    (c) उष्मा की (d) ऊर्जा की

उत्तरमाला

1. (c) **2.** (b) **3.** (a) **4.** (a) **5.** (c) **6.** (a) **7.** (b) **8.** (b) **9.** (d) **10.** (b)
11. (d) **12.** (d) **13.** (b) **14.** (a) **15.** (a)

तत्वों की आवर्त सारणी

1. तत्वों का सबसे पहला वर्गीकरण किसने किया था ?
   (a) लोथर मेयर (b) न्यूलैंडस
   (c) मेंडलीफ (d) डोबेरेनर
2. तत्वों के वर्गीकरण से संबंधित 'त्रिक के नियम' का प्रतिपादन किया-
   (a) लोथर मेयर (b) डोबरेनर
   (c) मेंडिलीफ (d) न्यूलैंडस
3. तत्वों के वर्गीकरण से संबंधित 'अष्टक नियम' (Law of Octave) का प्रतिपादन किसने किया ?
   (a) डूमा ने (b) डोबरेनर ने
   (c) न्यूलैंडस ने (d) मेंडलीफ ने
4. किस वैज्ञानिक ने सर्वप्रथम 'आवर्त सारणी' का निर्माण किया ?
   (a) मोसले (b) मेंडलीफ
   (c) डाल्टन (d) रदरफोर्ड
5. मेंडलीफ के अनुसार तत्वों के गुण आवर्ती फलन होते हैं-
   (a) परमाणु भार के (b) परमाणु आयतन के
   (c) परमाणु संख्या के (d) परमाणु घनत्व के
6. आधुनिक आवर्त नियम का प्रतिपादन किसने किया था ?
   (a) न्यूलैंडस ने (b) डोबरेनर ने
   (c) मेंडलीफ ने (d) मोसले ने
7. मेंडलीफ की आवर्त सारणी में तत्वों के वर्गीकरण का आधार है-
   (a) परमाणु द्रव्यमान (संहति)
   (b) परमाणु संख्या
   (c) परमाणु आयतन
   (d) परमाणु घनत्व
8. आधुनिक आवर्त सारणी में तत्वों के वर्गीकरण का आधार हैं-
   (a) परमाणु संख्या (b) परमाणु द्रव्यमान
   (c) परमाणु आयतन (d) परमाणु घनत्व
9. आवर्त सारणी के उदग्र स्तम्भों को कहते हैं-
   (a) आवर्त (b) वर्ग
   (c) विद्युत् रासायनिक क्रम (d) अधातु
10. आधुनिक आवर्त सारणी में तत्वों को व्यवस्थित किया गया है-
   (a) घटते हुए परमाणु भारत में
   (b) बढ़ते हुए परमाणु भार में
   (c) बढ़ते हुए परमाणु आयतन में
   (d) बढ़ते हुए परमाणु संख्या में
11. आधुनिक आवर्त नियम के प्रवर्तक हैं-
   (a) मोसले (b) मेंडलीफ
   (c) एवोगाड्रो (d) डाल्टन
12. तत्वों की आवर्त सारणी का जनक कौन है ?
   (a) जोहानेस वाण्डरवाल्स (b) जोहान बेयर
   (c) अल्फ्रेड नोबेल (d) डेमित्रि मेंडलीफ
13. आवर्त सारणी का लम्बा रूप निर्भर करता है-
   (a) परमाणु के आकार पर
   (b) परमाणु के द्रव्यमान पर
   (c) परमाणु संख्या पर
   (d) विद्युत् ऋणात्मकता पर
14. निम्नलिखित में से किस एक पर आधुनिक आवर्त सारणी आधारित है ?
   (a) परमाणु आयतन (b) परमाणु संख्या
   (c) परमाणु भार (d) परमाणु आकार
15. असक्रिय तत्व किस समूह के सदस्य हैं ?
   (a) शून्य समूह (b) VIIA
   (c) VIII (d) IA

उत्तरमाला

1. (d) **2.** (b) **3.** (c) **4.** (b) **5.** (a) **6.** (d) **7.** (a) **8.** (a) **9.** (b) **10.** (d)
11. (a) **12.** (d) **13.** (c) **14.** (b) **15.** (a)

रासायनिक अभिक्रियाएं तथा रासायनिक समीकरण

1. धनायन तब बनता है, जब–
(a) परमाणु इलेक्ट्रॉन ग्रहण करता है।
(b) परमाणु इलेक्ट्रॉन खोता है।
(c) परमाणु पर बाहर से धनावेश आता है।
(d) परमाणु से प्रोटॉन बाहर निकल जाता है।

2. ऋणायन तब बनता है, जब–
(a) परमाणु इलेक्ट्रॉन ग्रहण करता है।
(b) परमाणु इलेक्ट्रॉन खोता है।
(c) परमाणु पर बाहर से धनावेश आता है।
(d) परमाणु से प्रोटॉन बाहर निकल जाता है।

3. आयनों से बने हुए यौगिक का सामान्य नाम है–
(a) वैद्युत संयोजक (b) सह संयोजक
(c) उप सहसंयोजक (d) इनमें से कोई नहीं

4. एक आयनिक बंधन बनता है, जब–
(a) संयोजन करने वाले परमाणु इलेक्ट्रॉन प्राप्त करते हैं।
(b) संयोजन करने वाले परमाणु इलेक्ट्रॉन का त्याग करते हैं।
(c) एक धातु तत्व का संयोग अधातु तत्व से होता है।
(d) दो धातु तत्व परस्पर अभिक्रिया करते हैं।

5. विद्युत संयोजक बंध बनता है–
(a) धनाविष्ट आयनों के बीच
(b) ऋणाविष्ट आयनों के बीच
(c) विपरीत आविष्ट आयनों के बीच
(d) इनमें से कोई नहीं

6. सहसंयोजकता में–
(a) इलेक्ट्रॉनों का स्थानान्तरण होता है।
(b) इलेक्ट्रॉनों की बराबर की साझेदारी होती है
(c) इलेक्ट्रॉनों का न स्थानान्तरण होता है, न साझेदारी
(d) इलेक्ट्रॉनों का क्षय होता है।

7. जब एक ही तत्व के दो परमाणु परस्पर संयोग करते हैं, तो उनके बीच बंधन की प्रकृति होगी–
(a) आयनिक (b) सहसंयोजक
(c) ध्रुवीय सहसंयोजक (d) अध्रुवीय सहसंयोजक

8. मिथेन अणु में है–
(a) द्वि-संयोजक बंधन (b) त्रि-संयोजक बंधन
(c) एकल सहसंयोजक बंधन (d) इनमें से कोई नहीं

9. निम्नलिखित में से किस यौगिक की आकृति चतुष्फलकीय होती है ?
(a) अमोनिया (b) कार्बन टेट्राक्लोराइड
(c) जल (d) ऐसीटिलीन

10. सहसंयोजक यौगिकों के द्रवणांक तथा क्वथनांक निम्न होते हैं, क्योंकि–
(a) ये कम क्रियाशील होते हैं।
(b) जल में इनका आयनन नहीं होता है।
(c) ये प्रायः जल में अविलेय होते हैं।
(d) इनमें अन्तराण्विक बल कमजोर होता है।

11. सोडियम क्लोराइड में होता है–
(a) सह-संयोजक बंध (b) उप-सहसंयोजक बंध
(c) वैद्युत संयोजक बंध (d) इनमें से कोई नहीं

12. जब एक रासायनिक बंध बनता है, तब क्या होता है ?
(a) ऊर्जा हमेशा अवशोषित होती है।
(b) ऊर्जा हमेशा निर्मुक्त होती है।
(c) ऊर्जा जितनी अवशोषित होती है, उससे अधिक निर्मुक्त होती है।
(d) ऊर्जा न तो अवशोषित होती है और न ही निर्मुक्त होती है।

13. कार्बन टेट्राक्लोराइड अणु की आकृति है–
(a) पिरामिडीय (b) वर्गाकार समतलीय
(c) चतुष्फलकीय (d) विकृत चतुष्फलकीय

14. जल के अधिक क्वथनांक का कारण है–
(a) इसकी अधिक विशिष्ट ऊष्मा
(b) इसका अधिक हाइलेक्ट्रिक स्थिरांक
(c) जल के अणुओं का कम वियोजन
(d) जल के अणुओं में हाइड्रोजन आबंधन

15. द्रवित सोडियम क्लाराइड विद्युत धारा का प्रवाह कर सकता है, क्योंकि इसमें उपस्थिति होता है–
(a) मुक्त इलेक्ट्रॉन (b) मुक्त आयन
(c) मुक्त अणु (d) सोडियम तथा क्लोरीन के परमाणु

उत्तरमाला

1. (b) **2.** (a) **3.** (a) **4.** (c) **5.** (c) **6.** (b) **7.** (d) **8.** (c) **9.** (b) **10.** (d)
11. (c) **12.** (b) **13.** (c) **14.** (d) **15.** (b)

कार्बन और उसके यौगिक

1. पेट्रोल जिसे मोटरगाड़ी के ईंधन के रूप में प्रयुक्त किया जाता है, किसका मिश्रण है ?
   (a) एल्कोहॉल का
   (b) कार्बोहाइड्रेट्स का
   (c) हाइड्रोकार्बन का
   (d) हाइड्रोकार्बन व ऐल्कोहॉल

2. जब पेट्रोलियम को गर्म किया जाता है तो सर्वाधिक मात्रा में निकलने वाली वाष्प होती है–
   (a) केरोसिन (b) साइमोजिन
   (c) वैसलिन (d) पेट्रोलियम ईंथर

3. 'द्रव सोना' के नाम से जाना जाता है–
   (a) पेट्रोलियम (b) प्लेटिनम
   (c) एक्वारेजिया (d) पायरीन

4. पेट्रोल में प्रयोग होने वाला सबसे अच्छा अपस्टोफन रोधी यौगिक हैं–
   (a) सोडियम इथॉक्साइड (b) जिंक इथाइल
   (c) इथाइल मैग्नीशियम ब्रोमाइड (d) लेड टेट्राइथाइल

5. पेट्रोल स्टेशन पर बिकने वाला पेट्रोल मिश्रित गैसोलिन होता है। मिश्रित करने पर–
   (a) पेट्रोल का अपस्फोटरोधी गुण बढ़ जाता है।
   (b) पेट्रोल सस्ता हो जाता है।
   (c) गंध कम हो जाती है।
   (d) पेट्रोल के दहन पर निकलने वाला धुआं कम हो जाता है।

6. गैसोलिन के नमूने की गुणवत्ता का पता कैसे लगता है ?
   (a) इसकी आयोडीन वैल्यू से
   (b) इसके सीटेन नम्बर से
   (c) इसके ऑक्टेन संख्या से
   (d) इसके द्रव्यमान घनत्व से

7. किस पेट्रोलियम कम्पनी ने 'स्पीड' नामक एक उच्च गुणवत्ता वाले पेट्रोल को बाजार में उतारा है ?
   (a) भारत पेट्रोलियम (b) इण्डियन ऑयल
   (c) हिन्दुस्तान पेट्रोलियम (d) सेल

8. पेट्रोलियम से प्राप्त होने वाला मोम है–
   (a) कार्नोबा मोम (b) जोजोबा मोम
   (c) पैराफिन मोम (d) मधुमक्खी का मोम

9. भारत में मिथेन का एक बड़ा स्रोत है–
   (a) धान का खेत (b) गेहूँ का खेत
   (c) गन्ने का खेत (d) फलों के बगीचे

10. दलदली भूमि से कौन-सी गैस निकलती है ?
    (a) मिथेन (b) इथेन
    (c) प्रोपेन (d) ब्यूटेन

11. खाना बनाने में प्रयोग की जाने वाली गैस मुख्यत: है–
    (a) कार्बन डाइऑक्साइड (b) कार्बन मोनो ऑक्साइड
    (c) मिथेन (d) N_2 का O_2 मिश्रण

12. खदानों में अधिकांश विस्फोट होते हैं–
    (a) ऑक्सीजन के साथ नाइट्रोजन के मिश्रण से
    (b) ऐसीटिलीन के साथ ऑक्सीजन के मिश्रण से
    (c) हवा के साथ मिथेन के मिश्रण से
    (d) इथेन के साथ कार्बन डाइऑक्साइड के मिश्रण से

13. एल.पी.जी. में मुख्यत: होती है–
    (a) मिथेन, इथेन व हेक्सेन (b) मिथेन, इथेन व नोनेन
    (c) मिथेन, प्रोपेन व ब्यूटेन (d) इथेन, ब्यूटेन व हेक्सेन

14. इथिलीन है एक–
    (a) संतृप्त हाइड्रोकार्बन (b) असंतृप्त हाइड्रोकार्बन
    (c) ऐल्कोहॉल (d) ऐल्डिहाइड

15. कैल्शियम कार्बाइड पर जल डालने से बनता है–
    (a) इथिलीन (b) मिथेन
    (c) ऐसीटिलीन (d) इथेन

उत्तरमाला

1. (c) **2.** (b) **3.** (a) **4.** (d) **5.** (a) **6.** (c) **7.** (a) **8.** (c) **9.** (a) **10.** (a)
11. (c) **12.** (c) **13.** (c) **14.** (b) **15.** (c)

धातुएं, अधातुएं एवं खनिज

1. आटे में खाने वाला सोडा मिलाया जाता है, क्योंकि-
   (a) इससे रोटियाँ स्वादिष्ट बनती है।
   (b) आटे को गूंथने में कम जल की आवश्यकता होती है।
   (c) खाने वाला सोडा कार्बन डाइऑक्सवाइड मुक्त करता है, जिससे रोटी फूल जाती है।
   (d) उपर्युक्त सभी।

2. डबल रोटी बनाने में प्रयुक्त किये जाने वाला बेकिंग पाउडर क्या होता है?
   (a) सोडियम कार्बोनेट
   (b) सोडियम बाइकार्बोनेट
   (c) सोडियम सल्फेट
   (d) सोडियम क्लोराइड

3. सोडियम बाइकार्बोनेट आग बुझाने में उपयोगी है, क्योंकि-
   (a) गर्म होने पर यह विघटित होकर कार्बन डाईऑक्साइड उत्पन्न करता है, जो आग को बुझा देती है।
   (b) यह आग के लिए आवरण की तरह कार्य करता है।
   (c) यह पानी छोड़ता है जो आग को बुझा देता है।
   (d) यह झाग उत्पन्न करता है, जो आग बुझा देता है।

4. खाने का नमक बरसात के मौसम में गीला हो जाता है, क्योंकि-
   (a) सोडियम क्लोराइड आद्रर्ता ग्राही होता है।
   (b) सोडियम क्लोराइड पसीजने वाला होता है।
   (c) सोडियम क्लोराइड में सोडियम आयोडाइड की कुछ मात्रा होती है।
   (d) सोडियम क्लोराइड में मैग्नीशियम क्लोराइड जैसी आसंजक अशुद्धता (अपद्रव्य) होती है।

5. आयोडीकृत लवण में रहता है-
   (a) मुक्त आयोडीन
   (b) कैल्शियम आयोडाइड
   (c) मैग्नीशियम आयोडाइड
   (d) पोटैशियम आयोडाइड

6. फोटोग्राफी में स्थायीकर के रूप में प्रयुक्त होने वाला रसायन है-
   (a) सोडियम सल्फेट
   (b) सोडियम थायोसल्फेट
   (c) अमोनियम परसल्फेट
   (d) बोरेक्स (सुहागा)

7. रक्त कोषों में मनुष्य का रक्त किस रसायन के साथ मिलाकर रखा जाता है?
   (a) सोडियम नाइट्रेट व डेक्सट्रेट
   (b) सोडियम एवं ऑक्सीजन
   (c) ऑक्सीजन एवं क्लोरीन
   (d) पोटैशियम एवं कैल्शियम क्लोराइड

8. यद्यपि भूपटल में ऐलुमिनियम की मात्रा लोहे से अधिक है, फिर भी एल्युमिनियम, लोहे से महंगा है, क्योंकि-
   (a) एल्युमिनियम, लोहे की अपेक्षा अधिक प्रयुक्त होता है।
   (b) एल्युमिनियम, लोहे की अपेक्षा अधिक मिश्रधातु बनाता है।
   (c) एल्युमिनियम, निर्मित उपकरणों की माँग लोहे के उपकरणों से अधिक है।
   (d) एल्युमिनियम, उत्पादन की धात्विक विधियाँ लोहे की अपेक्षा अधिक खर्चीली हैं।

9. एल्युमिनियम के संबंध में निम्नलिखित में से कौन-सा कथन सही नहीं है?
   (a) एल्युमिनियम हाइड्रॉक्साइड प्रकृति से एम्फाटरिक होता है।
   (b) एल्युमिनियम प्रकृति में स्वतंत्र अवस्था में रहता है।
   (c) नाइट्रिक अम्ल एल्युमिनियम पर कोई प्रभाव नहीं डालता है।
   (d) गर्म सान्द्र गन्धकाम्ल एल्युमिनियम के साथ SO_2 देता है।

10. कौन-सी धातु अपने ही ऑक्साइड से रक्षित होता है?
    (a) लोहा (b) चाँदी
    (c) सोना (d) एल्युमिनियम

11. पोटाश एलम पानी के शोधन में उपयोगी है, क्योंकि यह-
    (a) सूक्ष्म जीवाणुओं को मार देती है।
    (b) यह जल की कठोरता को दूर कर देती है।
    (c) यह कोलॉइडी विलयन को अवक्षेपित करती है।
    (d) यह जल को मृदु बनाये रखती है।

12. ऐल्यूमिना के विद्युत अपघटन में क्रायोलाइट इसलिए मिलाया जाता है-
    (a) वैद्युत चालकता बढ़ाने के लिए
    (b) ऐलुमिना का गलनांक घटाने के लिए
    (c) एनोड प्रभाव कम करने के लिए
    (d) ऐलुमिना की अशुद्धियाँ पृथक करने के लिए

13. कैल्शियम धातु के निष्कर्षण में, कैल्शियम क्लोराइड में कैल्शियम फ्लोराइड मिलाया जाता है, क्योंकि-
    (a) वह द्रवणांक घटाता है
    (b) वह जलशोषक का काम करता है
    (c) वह ऑक्सीकारक का काम करता है
    (d) कैल्शियम क्लोराइड को विद्युत अपघट्य बनाता है।

14. चूने की पुताई से उत्पन्न चमक किसके बनने से होती है ?
(a) कैल्शियम कार्बोनेट
(b) कैल्शियम हाइड्रॉक्साइड
(c) कैल्शियम बाइकार्बोनेट
(d) कैल्शियम ऑक्साइड

15. ब्लीचिंग पाउडर का रासायनिक नाम है–
(a) कैल्शियम ऑक्सीक्लोराइड
(b) सोडियम बाईकार्बोनेट
(c) कैल्शियम हाइड्रॉक्साइड
(d) कैल्शियम कार्बोनेट

उत्तरमाला

1. (c) **2.** (b) **3.** (a) **4.** (d) **5.** (d) **6.** (b) **7.** (a) **8.** (d) **9.** (b) **10.** (d)
11. (c) **12.** (b) **13.** (a) **14.** (b) **15.** (a)

नाभिकीय रसायन विज्ञान

1. परमाणु वस्तुत: होते हैं–
   (a) धनात्मक रूप से
   (b) ऋणात्मक रूप से
   (c) द्वि-धनात्मक रूप से
   (d) उदासीन रूप से

2. इलेक्ट्रॉन की खोज की थी–
   (a) थॉमसन (b) नील्स बोहर
   (c) रदरफोर्ड (d) फैराडे

3. प्रोटॉन की खोज किसने की?
   (a) रदरफोर्ड (b) चैडविक
   (c) थॉमसन (d) फैराडे

4. जेम्स चैडविक ने निम्नलिखित में से किसकी खोज की थी?
   (a) इलेक्ट्रॉन (b) प्रोटॉन
   (c) न्यूट्रॉन (d) मेसॉन

5. निम्न में से कौन से वैज्ञानिक किसी मूल कण की खोज से जुड़े हैं?
   (a) सी. वी. रमन (b) होमी जहाँगीर भाभा
   (c) सत्येन्द्रनाथ बोस (d) मेघनाथ साहा

6. इलेक्ट्रॉन की तरंग की प्रकृति की खोज सर्वप्रथम किसने की थी?
   (a) थॉमसन (b) डी ब्रोग्ली
   (c) रदरफोर्ड (d) बोहर

7. तत्व के सबसे छोटे भाग को क्या कहते हैं?
   (a) परमाणु (b) इलेक्ट्रॉन
   (c) न्यूट्रॉन (d) प्रोटॉन

8. होल्टन के परमाणु सिद्धांत के अनुसार कौन-सा सबसे छोटा कण स्वतंत्र रूप से रह सकता है?
   (a) अणु (b) परमाणु
   (c) धनायन (d) ऋणायन

9. 'इलेक्ट्रॉन तब तक युग्मित नहीं होते, जब तक कि उनके लिए प्राप्त रिक्त कक्षक समाप्त न हो जाए' यह सिद्धांत कहलाता है।
   (a) हुण्ड का नियम (b) पाउली का नियम
   (c) ऑफबाऊ का सिद्धांत (d) हाइजेनबर्ग का सिद्धांत

10. अनिश्चितता के सिद्धांत का प्रतिपादन किया–
    (a) आइन्सटीन (b) हाइजेनबर्ग
    (c) रदरफोर्ड (d) पाउली

11. 'इलेक्ट्रॉन जैसे छोटे कणों की स्थिति तथा वेग का युगपत् निर्धारण नहीं किया जा सकता'। यह कथन है–
    (a) हाइजेनबर्ग के अनिश्चितता सिद्धांत का
    (b) पाउलनी के अपवर्जन सिद्धांत का
    (c) ऑफबाऊ सिद्धांत का
    (d) इलेक्ट्रॉन के तरंग प्रकृति की डी ब्राग्ली धारण का

12. नाभिक की खोज रदरफोर्ड ने किन कणों की सहायता से की?
    (a) α-कण (b) β-कण
    (c) Y-कण (d) X-कण

13. इलेक्ट्रॉन के आवेश की खोज किसने की?
    (a) रदरफोर्ड (b) थॉमसन
    (c) चैडविक (d) मिलिकन

14. वह कण, जो न्यूक्लिऑन को बांधे रखने का कार्य करता है–
    (a) इलेक्ट्रॉन (b) पॉजिट्रॉन
    (c) न्यूट्रॉन (d) मेसॉन

15. किसी तत्व की रासायनिक प्रकृति निर्भर करती है–
    (a) आवेश पर (b) इलेक्ट्रॉन पर
    (c) संयोजी इलेक्ट्रॉन पर (d) प्रोटॉन पर

उत्तरमाला

1. (d) **2.** (a) **3.** (a) **4.** (c) **5.** (c) **6.** (b) **7.** (a) **8.** (b) **9.** (a) **10.** (b)
11. (a) **12.** (a) **13.** (d) **14.** (d) **15.** (c)

मानव निर्मित पदार्थ

1. दो या दो से अधिक शुद्ध पदार्थों को किसी भी अनुपात में मिला देने से बनता है–
   (a) तत्व (b) यौगिक
   (c) मिश्रण (d) ठोस

2. ऐसे तत्व, जिनमें धातु और अधातु दोनों के गुण पाये जाते हैं, कहलाते हैं–
   (a) आदर्श धातु (b) उपधातु
   (c) मिश्रधातु (d) धातुमल

3. निम्नलिखित में से कौन धातु होते हुए भी विद्युत का कुचालक है?
   (a) टिन (b) कॉपर
   (c) लेड (d) निकेल

4. निम्नलिखित में से किस अधातु में धातुई चमक पायी जाती है?
   (a) ग्रेफाइट (b) आयोडीन
   (c) उपर्युक्त दोनों में (d) इनमें से कोई नहीं

5. निम्नलिखित में से कौन उपधातु है/हैं?
   (a) आर्सेनिक (b) एण्टीमनी
   (c) बिस्मथ (d) इनमें से सभी

6. जल एक यौगिक है, क्योंकि–
   (a) यह ठोस, द्रव और गैस तीनों रूपों में पाया जाता है
   (b) इसमें हाइड्रोजन एवं ऑक्सीजन होती है
   (c) इसमें रासायनिक बंधों से जुड़े हुए दो भिन्न तत्व होते हैं
   (d) यह रासायनिक साधनों द्वारा दो सरल पदार्थों में तोड़ा जा सकता है

7. सूची-I तथा सूची-II को सुमेलित कीजिए तथा नीचे दिये गये कूट से सही उत्तर चुनिये–

सूची-I (पदार्थ)	**सूची-II (तत्व)**
A. हीरा	1. कैल्शियम
B. संगमरमर	2. सिलिकन
C. रेत (बालू)	3. ऐल्यूमिनियम
D. माणिक्य	4. कार्बन

कूटः

	A	B	C	D
(a)	1	2	3	4
(b)	4	1	2	3
(c)	4	3	2	1
(d)	3	4	1	2

8. निम्नलिखित में से किस पदार्थ में ऑक्सीजन नहीं है?
   (a) सीमेंट (b) रेत
   (c) मिट्टी का तेल (d) काँच

9. स्टेनलेस स्टील एक मिश्रधातु है, जबकि वायु है एक–
   (a) मिश्रण (b) यौगिक
   (c) तत्व (d) विलयन

10. निम्न में से कौन न तो तत्व है और न ही यौगिक?
    (a) वायु (b) जल
    (c) पारा (d) सोडियम क्लोराइड

11. पदार्थ की चतुर्थ अवस्था है–
    (a) ठोस (b) तरल
    (c) प्लाज्मा (d) गैस

12. निम्नलिखित में कौन एक यौगिक है?
    (a) स्टील (b) पीतल
    (c) रेत (d) हीरा

13. विरंजक चूर्ण है–
    (a) तत्व (b) यौगिक
    (c) मिश्रण (d) अपरूप

14. वायु है–
    (a) तत्व (b) यौगिक
    (c) मिश्रण (d) विलयन

15. बारूद होता है–
    (a) तत्व (b) यौगिक
    (c) मिश्रण (d) तरल

उत्तरमाला

1. (c) **2.** (b) **3.** (c) **4.** (c) **5.** (d) **6.** (c) **7.** (b) **8.** (c) **9.** (a) **10.** (a)
11. (c) **12.** (c) **13.** (b) **14.** (c) **15.** (c)

भौतिक राशियां, मानक एवं मात्रक और गति

1. निम्नलिखित में से कौन-सी राशि ऐसी है, जिसकी इकाई सभी पद्धतियों में एक समान होती है-
   (a) मात्रा (b) लम्बाई
   (c) क्षेत्रफल (d) समय

2. निम्नलिखित में से कौन लम्बाई की सबसे छोटी इकाई है ?
   (a) एंगस्ट्रम मात्रक (b) किमी.
   (c) प्रकाश वर्ष (d) पारसेक

3. सार्वत्रिक गुरूत्वाकर्षण नियम का प्रस्तुतकर्ता है-
   (a) कैलर (b) गैलबियो
   (c) न्यूटन (d) कॉपर निकस

4. मात्रकों की अन्तर्राष्ट्रीय पद्धति लागू की गई थी-
   (a) 1969 में (b) 1971 में
   (c) 1983 में (d) 1991 में

5. पारसेक किसकी इकाई है ?
   (a) दाब (b) खगोलीय दूरी की
   (c) समय की (d) ऊर्जा की

6. पृथ्वी पर सूर्य का गुरूत्वाकर्षण बल-
   (a) सूर्य पर पृथ्वी द्वारा गुरूत्वाकर्षण बल की अपेक्षा कम होता है।
   (b) सूर्य पर पृथ्वी द्वारा गुरूत्वाकर्षण बल के बराबर होता है।
   (c) सूर्य पर पृथ्वी द्वारा गुरूत्वाकर्षण बल की अपेक्षा अधिक होता है।
   (d) वर्षभर एक समान रहता है।

7. किसी पिण्ड का भार-
   (a) पृथ्वी पर सभी स्थानों पर एक समान होता है।
   (b) ध्रुवों पर अधिकतम होता है।
   (c) विषुवत रेखा पर अधिकतम होता है।
   (d) मैदानों की अपेक्षा पहाड़ों पर अधिक होता है।

8. जेट इंजन किस सिद्धांत पर कार्य करता है ?
   (a) द्रव्यमान संरक्षण (b) ऊर्जा संरक्षण
   (c) रैखिक संवेग संरक्षण (d) कोणी संवेग संरक्षण

9. चन्द्रमा पर वायुमण्डल नहीं है क्योंकि-
   (a) यह पृथ्वी के निकट है
   (b) यह पृथ्वी की परिक्रमा करता है
   (c) यह सूर्य से प्रकाश प्राप्त करता है
   (d) यहाँ पर गैसों के अणुओं का पलायन वेग वर्ग मध्यमूलमान से कम होता है।

10. किसी पिण्ड का वेग दो गुना होने पर उसकी गतिज ऊर्जा-
    (a) दुगनी हो जायेगी (b) आधी रह जायेगी
    (c) चार गुना हो जायेगी (d) एक-चौथाई हो जायेगी

11. **कथन (A):** प्रक्षेप्य के वेग का क्षैतिज घटक नियत रहता है।
    कारण (R): प्रक्षेप्य की क्षैतिज गति पर गुरूत्वीय त्वरण प्रभावी नहीं होता है।
    (a) कथन (A) सत्य है, परन्तु कारण (R) सत्य नहीं है।
    (b) कथन (A) असत्य है, कारण (R) भी सत्य है।
    (c) कथन (A) सत्य है, तथा उसका कारण (R) भी सत्य है
    (d) कथन (R) तो सत्य है, परन्तु कथन (A) असत्य है।

12. एक समान वृत्तीय गति में-
    (a) वेग व त्वरण दोनों ही नियत रहते हैं
    (b) त्वरण एवं चाल नियत रहती है, जबकि वेग परिवर्ती होता है।
    (c) त्वरण एवं वेग दोनों ही परिवर्ती होते हैं।
    (d) त्वरण एवं चाल दोनों ही नियत रहते है।

13. सही कथन छांटिए-
    (a) चाल व वेग दोनों में दिशा व परिमाण होते हैं।
    (b) चाल में केवल परिमाण व वेग में परिमाण व दिशा दोनों होते हैं।
    (c) चाल धनात्मक, ऋणात्मक व शून्य कुछ भी हो सकती है।
    (d) वेग के परिमाण को चाल कहते हैं।

14. पृथ्वी पर किसी वस्तु का पलायन वेग चन्द्रमा पर उस वस्तु का पलायन वेग होगा-
    (a) बराबर (b) अधिक
    (c) कम (d) उपरोक्त में से कोई नहीं

15. जब कोई द्रव्यमान किसी तल में घूर्णन गति करता है तो उसका कोणीय संवेग विष्ट होता है-
    (a) वृत्तीय मार्ग की त्रिज्या के अनुदिश
    (b) कक्षा की स्पर्शी के अनुदिश
    (c) घूर्णन तल के लम्बवत रेखा के अनुदिश
    (d) उपरोक्त में से कोई नहीं

उत्तरमाला

1. (d) **2.** (a) **3.** (c) **4.** (b) **5.** (b) **6.** (b) **7.** (b) **8.** (c) **9.** (d) **10.** (c)
11. (c) **12.** (c) **13.** (b) **14.** (b) **15.** (c)

बल विज्ञान यांत्रिकीय एवं पदार्थ के गुण

1. बल की परिभाषा मिलती है–
(a) गति के प्रथम नियम (b) गति के दूसरे नियम
(c) गति के तीसरे नियम (d) इनमें से कोई नहीं

2. ग्रहों की गति का नियम किसने प्रतिपादित किया–
(a) न्यूटन (b) केप्लर
(c) गैलीलियो (d) कॉपरनिक्स

3. कार्य का मान स्वतंत्र होता है–
(a) बल की दिशा से (b) विस्थापन की दिशा से
(c) बल लगने के समय से (d) इनमें से कोई नहीं

4. जब ब्रुश को पानी में डुबोते है तो उसके बाल आपस में चिपक जाते हैं–
(a) श्यानता के कारण (b) पृष्ठ तनाव के कारण
(c) ससंघन के कारण (d) प्रत्यास्थता के कारण

5. साबुन को जल में घोलने से जल का पृष्ठ तनाव–
(a) घट जाता है
(b) बढ़ जाता है
(c) पहले घटता है फिर बढ़ता है
(d) अपरिवर्तित रहता है

6. 'पृथ्वी तथा अन्य ग्रह सूर्य का चक्कर लगाते है' यह सबसे पहले सिद्ध किया था–
(a) कॉपरनिक्स (b) गैलीलियो
(c) अरस्तू (d) एडलिन हबल

7. तारों व आकाशगंगा का व्यास नापने के लिए प्रयुक्त उपकरण है–
(a) फोटोमीटर (b) बैरोमीटर
(c) विस्कोमीटर (d) इन्टरफेरोमीटर

8. द्रवों का गुण जिसके कारण यह अपनी विभिन्न पर्तों में होने वाली गति का विरोध करता है, कहलाता है–
(a) पृष्ठ तनाव (b) श्यानता
(c) घनत्व (d) आपेक्षिक आर्द्रता

9. 'वेन्चुरीमीटर' से ज्ञात करते हैं–
(a) जल का पृष्ठ तनाव (b) जल का आयतन
(c) जल का घनत्व (d) जल के प्रवाह की दर

10. चन्द्रमा पर वायुमण्डल न होने का कारण है–
(a) कोणीय संवेग (b) कक्षीय वेग
(c) गुरुत्वीय वेग (d) पलायनवेग

11. सूची-I को सूची-II से सुमेलित कीजिए–

सूची-I	**सूची-II**
A. आइन्सटीन	1. ग्रहों की गति विषयक नियम
B. न्यूटन	2. सापेक्षिकता का सिद्धांत
C. फैराडे	3. विद्युत चुम्बकीय प्रेरण
D. केप्लर	4. गिरती हुयी वस्तुओं के नियम

कूट:

	A	**B**	**C**	**D**
(a)	2	4	3	1
(b)	4	3	1	2
(c)	1	3	2	4
(d)	3	1	2	4

12. **निर्देश:** प्रश्न (12 से 17) में दिये गये कथनों पर विचार कीजिए। इनमें से एक कथन (A) और द्वितीय कारण (B) है। इन दोनों कथनों के संदर्भ में निम्नलिखित प्रश्नों में से कौन-सा विकल्प सही है।
(a) A और R दोनों कथन सही है तथा A की सही व्याख्या R करता है।
(b) A और R दोनों सही है पर A की व्याख्या R नहीं करता है।
(c) A और R दोनों सही है पर A की सही व्याख्या R नहीं करता है।
(d) A सही है पर R गलत हैं A गलत है पर R सही है।

12. **कथन (A):** पृथ्वी के केन्द्र पर वस्तुओं का भार शून्य होता है।
कारण (R): पृथ्वी केन्द्र पर गुरुत्वीय त्वरण शून्य है।

13. **कथन (A):** अन्तरिक्ष यात्री चन्द्रमा पर भारहीनता का अनुभव नहीं करता।
कारण (R): चन्द्रमा का गुरुत्वीय त्वरण शून्य होता है।

14. **कथन (A):** भूस्थिर उपग्रह पृथ्वी के सापेक्ष स्थिर रहता है।
कारण (R): भूस्थिर उपग्रह का परिक्रमण काल ठीक पृथ्वी की अक्षीय गति के परिक्रमण काल के बराबर होता है।

15. **कथन (A):** साबुन मिला हुआ जल कपड़ों की धुलाई ठीक तरह से करता है।
कारण (R): जल का घनत्व 4 डिग्री सैल्सियस पर अधिकतम होता है।

उत्तरमाला

1. (b) **2.** (b) **3.** (c) **4.** (b) **5.** (a) **6.** (d) **7.** (d) **8.** (b) **9.** (d) **10.** (d)
11. (a) **12.** (a) **13.** (d) **14.** (a) **15.** (b)

ध्वनि

1. कौन-सी तरंगें शून्य (निर्वात) में संचरण नहीं कर सकतीं ?
   (a) प्रकाश (b) ध्वनि तरंगे
   (c) उक्त दोनों (d) गामा तरंगे
2. वायु में ध्वनि में चाल है-
   (a) 3.20 मीटर/सेकेंड (b) 3.32 मीटर/सेकेंड
   (c) 332 मीटर/सेकेंड (d) 332 कि.मीटर/सेकेंड
3. निम्नलिखित में ध्वनि की चाल सबसे अधिक किसमें होगी ?
   (a) जल (b) निर्वात
   (c) वायु (d) स्टील
4. कभी-कभी पराध्वनिक (ध्वनि की गति तेज चलने वाले) वायुयानों के गुजरने या बम विस्फोट से मकान की खिड़कियाँ तथा शीशे की अन्य वस्तुएं टूट जाती है। इसका कारण है-
   (a) अनुदान
   (b) व्यतिकरण
   (c) ध्वनि का परावर्तन
   (d) प्रघाती तरंगों का उत्पन्न होना
5. 'बी तरंगे' उत्पन्न होती हैं-
   (a) वायुयान के उड़ने से
   (b) भूकम्प आने से
   (c) समुद्र में मोटर वोट के ध्वनि की गति से तेज चलने पर
   (d) बिजली चमकने से
6. यदि किसी पुल पर सैनिक कदम से कदम मिलाकर मार्च करें तो पुल के गिर जाने का खतरा रहता है। इसका कारण-
   (a) अनुनाद
   (b) व्यतिकरण
   (c) पुल पर एक साथ अधिक बल लगाना
   (d) प्रघाती तरंगों का उत्पन्न होना
7. ध्वनि की तीव्रता का मात्रक है-
   (a) फोन (ph) (b) डेसिबल (db)
   (c) हर्ट्ज (d) इनमें से कोई नहीं
8. मनुष्य के लिए शोर की सहन सीमा है ?
   (a) 20 db (b) 180 db
   (c) 65 db (d) 80 db
9. अपश्रव्य तरंगे हैं ?
   (a) जिनकी आवृत्ति 20 हर्ट्ज से कम होती है।
   (b) जिनकी आवृत्ति 20,000 हर्ट्ज से अधिक होती है
   (c) जिनकी आवृत्ति 20 से 20,000 हर्ट्ज के बीच होती है।
   (d) उपर्युक्त सभी
10. उड़ते हुए वायुयान का वेग ज्ञात किया जाता है-
    (a) ध्वनि के अपवर्तन के द्वारा
    (b) व्यतिकरण के द्वारा
    (c) ध्वनि के अनुदान के द्वारा
    (d) डॉप्लर प्रभाव के द्वारा
11. **कथन (A):** ध्वनि की चाल वायु की अपेक्षा जल में अधिक होती है।
    कारण (R): क्योंकि जल का घनत्व वायु से अधिक होता है।
    (a) A तथा R दोनों सही हैं और R, A का सही स्पष्टीकरण है।
    (b) A तथा R दोनों सही हैं परन्तु R, A की सही व्याख्या नहीं हैं।
    (c) A सही है परन्तु R गलत है।
    (d) A तथा R दोनों गलत हैं।
12. नीचे दिये गये विकल्पों में से किसमें ध्वनि आर-पार नहीं जा सकती है ?
    (a) लोटा (b) पानी
    (c) निर्वात (d) वायु
13. डेटम रेखा है-
    (a) समुद्र तल की रेखा जो तल से ऊंचाई नापने वाली रेखा होती है
    (b) तिथी रेखा
    (c) शून्य अंश देशान्तर के बीच की काल्पनिक रेखाएं
    (d) भारत और पाकिस्तान के बीच की रेखा।
14. रेडियो तरंगे पृथ्वी की किस सतह से परावर्तित होती हैं ?
    (a) क्षोभमण्डल (b) समातप मण्डल
    (c) आयन मण्डल (d) बर्हिमण्डल
15. मनुष्य किस आवृत्ति की तरंगों को सुन सकता है ?
    (a) 20 हार्ट्ज से कम की
    (b) 20 से 20,000 हर्ट्ज के बीच
    (c) 20,000 हर्ट्ज से अधिक
    (d) उपरोक्त सभी

उत्तरमाला

1. (b) **2.** (c) **3.** (d) **4.** (d) **5.** (b) **6.** (a) **7.** (b) **8.** (d) **9.** (a) **10.** (d)
1. (a) **12.** (c) **13.** (a) **14.** (c) **15.** (b)

ऊष्मा एवं ऊष्मा गतिकी

1. सही उत्तर चुनिए-
जल से भरा एक बीकर एक मेज पर रखा है। इस जल को उबाला जा सकता है, यदि इसमें
   (a) वायुमण्डलीय दाब पर भाप प्रवाहित करें ।
   (b) वायुमण्डलीय दाब से कम दाब पर भाप प्रवाहित करें।
   (c) वायुमण्डलीय दाब से अधिक दाब पर भाप प्रवाहित करें।
   (b) गर्म तार डाल दें।
2. ग्रहों की गति के नियम किसने प्रतिपादित किया।
   (a) केपिलर (b) न्यूटन
   (c) डॉप्लर (d) डॉलटन
3. कमरे में रखे एक चालू रेफ्रीजरेटर के दरवाजे खुले छोड़ दिये गये। निम्न में से कौन-सा कथन सही है ?
   (a) कमरा रेफ्रीजरेटर के भीतर के ताप एक ठण्डा हो जायेगा।
   (b) कमरा बहुत ठण्डा होगा।
   (c) कमरा धीरे-धीरे गर्म हो जायेगा।
   (d) कमरे में वायु का ताप अपरिवर्तित रहेगा।
4. दाब बढ़ाने पर जल का क्वथनांक-
   (a) बढ़ता है (b) घटता है
   (c) पहले बढ़ता है, फिर घटता है (d) अपरिवर्तित रहता है
5. कोहरा सम्भवत:-
   (a) ठण्डी-शुष्क रात में बनता है।
   (b) ठण्डी बादलों वाली रात में बनता है।
   (c) गर्मी की रातों में बनता है।
   (d) वर्षा के मौसम में बनता है।
6. पूर्णरूपेण काली वस्तु से निकली हुई किरणें होती हैं-
   (a) आदर्श गैस पैमाने पर तापमान के समानुपाती
   (b) आदर्श गैस पैमाने पर चतुवर्ग मूल के समानुपाती
   (c) आदर्श गैस पैमाने पर ताप के चतुवर्ग के समानुपाती
   (d) आदर्श गैस पैमाने पर ताप स्त्रोत के समानुपाती
7. यदि विभव मापने वाले यंत्र के द्वारा किसी ताप का मापन करना हो तो आवश्यकता होगी-
   (a) प्रतिरोध तापमापी (b) वायु तापमापी
   (c) ताप विद्युत तापमापी (d) हाइड्रोजन गैस तापमापी
8. 'सेल्सियस' ईकाई है-
   (a) विद्युत स्थितिज अन्तर
   (b) लिकोणमितीय कोण
   (c) केल्विन डिग्री के समकक्ष
   (d) डिग्री सेण्टीग्रेड के समकक्ष
9. प्रेशर कुकर में खाना कम समय में तैयार हो जाता है क्योंकि-
   (a) जल का क्वथनांक बढ़ जाता है।
   (b) जल का क्वथनांक घट जाता है।
   (c) खाना अधिक ऊष्मा नहीं लेता।
   (d) इसमें ऊष्मा कम खर्च होती है।
10. क्रांतिक ताप, वह ताप है-
   (a) जिस पर जल उबल जाता है।
   (b) जिससे अधिक ताप गैसीय अवस्था में पदार्थ को कभी भी द्रवित नहीं किया जा सकता है।
   (c) जिस पर गैस को द्रवित किया जा सकता है।
   (d) जिस पर बर्फ पिघलने लगती है।
11. ऊष्मा का अच्छा अवशोषक होता है-
   (a) लघु निर्गतक (b) अनिर्गतक
   (c) अच्छा निर्गतक (d) अच्छा चमकीला
12. किसी तूफानी रात में कोई ओस नहीं जमती क्योंकि-
   (a) क्योंकि वाष्पन की दर तीव्र होती है।
   (b) हवा में कुहरा कम होता है।
   (c) ताप उच्च होता है।
   (d) आकाश स्वच्छ नहीं रहता है।
13. परम शून्य वह ताप होता है जिस पर-
   (a) गतिज ऊर्जा में गैसीय अणु शून्य होते हैं।
   (b) गैस के अणु घूमना बंद कर देते हैं।
   (c) इसमें ऊष्मा विनिमय नहीं होता है।
   (d) प्रतिकूल प्रभाव वाली समतापीय प्रक्रिया ऊष्मा विनिमय में नही आती।
14. न्यूटन का शीतलता नियम लागू होता है-
   (a) संवहन की हानि (b) प्राकृतिक संवहन हानि
   (c) बल प्रेरित संवहन हानि (d) इनमें से कोई नहीं
15. निम्न में से कौन-सा सबसे अधिक ठण्डा होता है ?
   (a) बर्फ (b) आइसक्रीम
   (c) 0 डिग्री सेल्सियस पर जल (d) समुद्र का पानी

उत्तरमाला

1. (b) **2.** (a) **3.** (c) **4.** (a) **5.** (a) **6.** (c) **7.** (c) **8.** (d) **9.** (a) **10.** (b)
11. (c) **12.** (a) **13.** (d) **14.** (b) **15.** (a)

प्रकाश

1. जब स्पेक्ट्रोमीटर की स्लिट को सूर्य की किरणों द्वारा प्रदीप्त किया जाता है, तो दूरदर्शक में प्राप्त स्पेक्ट्रम–
   (a) काली रेखाओं द्वारा क्रासित आबंटित स्पेक्ट्रम होती है
   (b) बैण्ड स्पेक्ट्रम होती है
   (c) रैखिक स्पेक्ट्रम होती है
   (d) एक समान तीव्रता वाली होती है

2. दूर दृष्टि से पीड़ित व्यक्ति को–
   (a) दूर की वस्तुए नहीं दिखाई देती हैं
   (b) निकट की वस्तुएं नहीं दिखाई देती हैं
   (c) वस्तु तिरछी दिखाई देती है
   (d) वस्तुएं उल्टी दिखाई देती हैं

3. निकट दृष्टि दोष वाली आंख स्पष्टतया देख सकती है–
   (a) दूरस्थ वस्तु को
   (b) समीपस्थ वस्तु को
   (c) अनंत पर स्थित वस्तु को
   (d) किसी को नहीं

4. रेडियो दूरदर्शी प्रयुक्त किया जा सकता है–
   (a) रात और दिन में सूर्य या तारों का अध्ययन करने के लिए
   (b) रात और दिन में कुछ ग्रहों का अध्ययन करने के लिए
   (c) रात और दिन में कुछ निहारिकाओं का अध्ययन करने में
   (d) उपरोक्त सभी के लिए

5. एक उत्तल व अवतल लेंस को मिलाकर अवर्णक संयोजन प्राप्त किया जाता है, तब दोनों लेंसों–
   (a) की क्षमताएं बराबर होनी चाहिए
   (b) अपवर्तनांक बराबर होने चाहिए
   (c) की विसर्पण क्षमताएं बराबर होनी चाहिए
   (d) की विसर्पण क्षमता तथा क्षमता के गुणनफल बराबर होने चाहिऐ

6. जब एक प्रकाश किरण वायु से कांच के गुटके में प्रवेश करती है–
   (a) इसकी तरंग दैर्ध्य घटेगी
   (b) इसकी तरंग दैर्ध्य बढ़ेगी
   (c) इसकी आवृत्ति बढ़ेगी
   (d) तरंग दैर्ध्य तथा आवृत्ति, दोनों ही अपरिवर्तित रहेगी

7. जब एक प्रकाश किरण वायु से कांच के गुटके में प्रवेश करती है–
   (a) इसकी तरंग दैर्ध्य घटेगी
   (b) इसकी तरंग दैर्ध्य बढ़ेगी
   (c) इसकी आवृत्ति बढ़ेगी
   (d) तरंग दैर्ध्य तथा आवृत्ति, दोनों ही अपरिवर्तित रहेगी

8. एक दृश्य वस्तु का आवर्धित सीधा प्रतिबिम्ब प्राप्त करने के लिए उत्तल लेंस के साथ निम्न में से क्या प्रयुक्त करना चाहिए–
   (a) एक उत्तल लेंस
   (b) एक अवतल लेंस
   (c) एक उत्तल दर्पण
   (d) एक अवतल दर्पण

9. प्रकाश की किरण पुंज वायु से जल में प्रवेश करता है। जल में प्रकाश के किस अभिलक्षण में परिवर्तन नहीं होता?
   (a) रंग
   (b) वेग
   (c) आयाम
   (d) आवृत्ति

10. कांच के उत्तल लेंस को जल में डुबा दिया गया है। वायु की अपेक्षा जल में लेंस की क्षमता–
    (a) लाल प्रकाश के लिए शून्य तथा नीले प्रकाश के लिए बढ़ जायेगी
    (b) परिवर्तित नहीं होती
    (c) बढ़ जाती है
    (d) घट जाती है

11. एक सरल सूक्ष्मदर्शी द्वारा उत्पन्न आवर्धन–
    (a) लेंस की अधिक फोकस दूरी के लिए अधिक होता है
    (b) लेंस की कम फोकस दूरी के लिए अधिक होता है
    (c) लेंस की फोकस दूरी पर निर्भर करता है
    (d) एक नियतांक है

12. तारे टिमटिमाते हैं–
    (a) अपवर्तन के कारण
    (b) परावर्तन के कारण
    (c) ध्रुवण के कारण
    (d) प्रकीर्णन के कारण

13. इन्द्रधनुष का बनना एक उदाहरण हैं–
    (a) प्रकाश के परावर्तन का
    (b) प्रकाश के वर्ण विक्षेपण का
    (c) प्रकाश के व्यतिकरण का
    (d) प्रकाश के विवर्तन का

14. एक रंगहीन द्रव में रखी हुई कांच की एक प्लेट अदृश्य हो जाती है क्योंकि–
    (a) द्रव तथा कांच का एक ही रंग है
    (b) द्रव कांच की कोशिकात्व के कारण उसे गीला कर देता है
    (c) कांच तथा द्रव का एक ही अपवर्तनांक है
    (d) कांच और द्रव का घनत्व समान है

15. जल, दृश्य प्रकाश के लिए पारदर्शी होता है तो भी कोहरे में जिसमें जल की छोटी-छोटी बूंदे होती हैं, दूर की वस्तुएं देखना संभव नहीं होता, क्योंकि-

(a) जल की छोटी बूंदें दृश्य प्रकाश के लिए अपारदर्शी हैं

(b) अधिकतर प्रकाश प्रकीर्ण हो जाता है और इससे अपारदर्शिता उत्पन्न होती है

(c) कोहरा हमारी दृष्टि पर प्रकाश डालता है

(d) प्रकाश किरणों का पूर्ण आंतरिक परावर्तन हो जाता है और वे आंख तक नहीं पहुंच पातीं

उत्तरमाला

1. (a)	**2.** (b)	**3.** (d)	**4.** (d)	**5.** (d)	**6.** (a)	**7.** (c)	**8.** (b)	**9.** (d)	**10.** (d)
11. (c)	**12.** (a)	**13.** (a)	**14.** (c)	**15.** (d)					

विद्युत एवं विद्युत चुम्बकीय विकिरण

1. किलोवाट घण्टा मात्रक है-
   (a) ऊर्जा का (b) शक्ति का
   (c) विद्युत आवेश का (d) विद्युत धारा का

2. एक स्थिर आवेश उत्पन्न करता है-
   (a) वैद्युत क्षेत्र
   (b) चुम्बकीय क्षेत्र
   (c) विद्युत एवं चुम्बकीय दोनों
   (d) उपरोक्त में से कोई नहीं

3. प्रत्यावर्ती द्वारा मापक यन्त्र आधारित होते हैं-
   (a) विद्युत धारा के ऊष्मीय प्रभाव पर
   (b) विद्युत धारा के चुम्बकीय प्रभाव पर
   (c) विद्युत धारा के रासयनिक प्रभाव पर
   (d) विद्युत धारा के प्रभाव पर

4. प्रत्यावर्ती धारा को दिष्ट धारा में परिवर्तित किया जाता है-
   (a) दिष्टकारी द्वारा (b) डायनमो द्वारा
   (c) ट्रांसफार्मर द्वारा (d) मोटर द्वारा

5. ट्रांसफार्मर कार्य करते हैं-
   (a) केवल दिष्टधारा से (b) प्रत्यावर्ती धारा से
   (c) दिष्ट एवं प्रत्यावर्ती दोनों (d) उपरोक्त में कोई नहीं

6. घरेलू प्रकाश में लैम्प किस क्रम में जोड़े जाते हैं ?
   (a) श्रेणीक्रम में (b) समानान्तर क्रम में
   (c) मिश्रित क्रम में (d) उपरोक्त में से कोई नहीं

7. कुछ पदार्थ निम्न ताप पर अपना विद्युत प्रतिरोध खो बैठते हैं, इनको कहते हैं-
   (a) सुचालक (b) अर्ध-चालक
   (c) श्रेष्ठचालक (d) परावैद्युत

8. ट्रांजिस्टर बनाने में सर्वाधिक सामान्य रूप से इस्तेमाल किया जाता है-
   (a) तांबा (b) सिलिकान
   (c) एबोनाइट (d) चांदी

9. कौन विद्युतरोधी नहीं है ?
   (a) सीसा (b) एबोनाइट
   (c) चारकोल (d) लाख

10. विद्युत केतली में पानी गर्म होता है-
    (a) चालन
    (b) संवहन
    (c) विकिरण
    (d) अणुओं की गति के कारण

11. एक सामान्य शुष्क सेल में विद्युत अपघट्य-
    (a) जिंक होता है।
    (b) गंधक का अम्ल होता है।
    (c) अमोनियक क्लोराइड होता है।
    (d) मैग्नीज ऑक्साइड होता है।

12. निम्न में से अर्ध-चालक कौन है ?
    (a) फास्फोरस (b) लकड़ी
    (c) सिलिकन (d) कॉच

13. कौन-सा पदार्थ विद्युत-चुम्बकों के बनाने के लिये सबसे उपयुक्त है ?
    (a) तांबा (b) टंगस्टन
    (c) नर्म लोहा (d) इस्पात

14. निम्न में से कौन विद्युत धारा के चुम्बकीय प्रभाव पर आधारित नहीं है ?
    (a) विद्युत पंखा (b) टेलीफोन रिसीवर
    (c) कार्बन माइक्रोफोन (d) डायनेमो

15. निम्न में से कौन नर्म लोहे पर आकर्षण बल का प्रयोग करता है ?
    (a) कार्बन माइक्रोफोन (b) टेलीफोन रिसीवर
    (c) साधारण मोटर (d) डायनेमो

उत्तरमाला

1. (a) **2.** (a) **3.** (a) **4.** (a) **5.** (b) **6.** (b) **7.** (c) **8.** (b) **9.** (b) **10.** (b)
11. (c) **12.** (c) **13.** (c) **14.** (c) **15.** (b)

चुम्बकत्व एवं स्थिर विद्युत

1. स्थायी चुम्बक के लिये सर्वाधिक श्रेष्ठ पदार्थ है–
   (a) लोहा (b) स्टील
   (c) ऐलिनिको (d) तांबा

2. निम्न में से कौन सा पदार्थ प्रतिचुम्बकीय है ?
   (a) कॉपर (b) द्रव ऑक्सीजन
   (c) जल (d) एल्युमिनियम

3. किसी रेडियोऐक्टिव पदार्थ के उत्सर्जित कण चुम्बकीय क्षेत्र में विक्षेपित होते हैं–
   (a) ये कण न्यूट्रिन हो सकते हैं।
   (b) ये कण न्यूट्रॉन हो सकते हैं।
   (c) ये कण इलेक्ट्रॉन हो सकते हैं।
   (d) ये कण फोटॉन हो सकते हैं।

4. हट्‌र्ज किसका मात्रक है ?
   (a) ऊर्जा (b) विद्युत क्षेत्र की सामर्थ्य
   (c) आवृत्ति (d) चुम्बकीय प्रवृत्ति

5. एक शक्तिशाली चुम्बक–
   (a) सब पदार्थों को आकर्षित करता है।
   (b) केवल लोहा एवं उसकी मिश्र धातुओं को आकर्षित कर देता है।
   (c) केवल लोहा एवं उसकी मिश्र धातुओं को आकर्षित करता है। किंतु प्रतिकर्षित नहीं
   (d) कोई नहीं

6. निम्न में से कौन अर्धचालक है–
   1. सिलिकान 2. क्वार्ट्ज
   3. सेरेमिक 4. जरमेनियम

   कूट:
   (a) 1 और 4 (b) 1 और 2
   (c) 1 और 3 (d) 3 और 4

7. यदि एक चुम्बक को दो भागों में विभक्त कर दिया जाये तो–
   (a) दोनों भाग पृथक-पृथक चुम्बक बन जाते हैं।
   (b) एक भाग चुम्बक तथा दूसरा भाग अचुम्बक बन जाता है।
   (c) एक भाग उत्तरी ध्रुव तथा दूसरा दक्षिणी ध्रुव बन जाता है।
   (d) दोनों अचुम्बकीय हो जाते हैं।

8. चुम्बकीय फ्लक्स का SI मात्रक है–
   (a) ओरटैड (b) गॉस
   (c) वेबर (d) ऐम्पियर/मीटर

9. लोहे के बंद बक्से के भीतर पृथ्वी का चुम्बकीय क्षेत्र बाहर की अपेक्षा–
   (a) कम होता है (b) अधिक होता है
   (c) उतना ही रहता है (d) शून्य होता है

10. चुम्बकीय आघूर्ण किस प्रकार की राशि है ?
    (a) अदिश (b) सदिश
    (c) उदासीन (d) कोई नहीं

11. निम्न में से कौन सा पदार्थ अनुचुम्बकीय है ?
    (a) विस्मथ (b) ऐमिनी
    (c) क्रोमियम (d) स्टील

12. लेंज का नियम अनुरूप है–
    (a) चुम्बक फ्लक्स संरक्षण के नियम के
    (b) आवेश संरक्षण के नियम
    (c) ऊर्जा संरक्षण के नियम के
    (d) धारा संरक्षण के नियम

13. निम्न में किसके लिये चुम्बकशीलता अधिकतम होती है ?
    (a) अनुचुम्बकीय पदार्थ (b) लौह चुम्बकीय पदार्थ
    (c) प्रति चुम्बकीय पदार्थ (d) अचुम्बकीय पदार्थ

14. सही उत्तर चुनिए–
    प्रोटॉन किसी चुम्बकीय क्षेत्र के लम्बवत् फायर किये जाते हैं तो–
    (a) प्रोटॉनों की गति पर चुम्बकीय क्षेत्र का कोई प्रभाव नहीं पड़ता
    (b) प्रोटॉन अपने प्रारम्भिक पथ पर चलते रहेंगे किंतु उनके संवेग में वृद्धि होगी।
    (c) प्रोटॉन अपने प्रारम्भिक पथ पर चलते रहेंगे किन्तु उनके संवेग में ह्रास होगा।
    (d) वे किसी वृत्त में मुड़ जायेंगे।

15. ट्रासफार्मर प्रयुक्त होते हैं–
    (a) A.C को D.C में बदलने के लिए
    (b) D.C को A.C में बदलने के लिए
    (c) D.C वोल्टेज में अपचयन करने के लिये
    (d) A.C वोल्टेज में उपचयन या अपचयन करने के लिए

उत्तरमाला

1. (b) **2.** (c) **3.** (c) **4.** (c) **5.** (c) **6.** (a) **7.** (a) **8.** (d) **9.** (a) **10.** (b)
11. (c) **12.** (a) **13.** (c) **14.** (d) **15.** (d)

तरंगें

1. निम्न में से किनका तरंग द्वारा प्रसरण होता है ?
   (a) आयाम (b) वेग
   (c) ऊर्जा (d) आवृत्ति

2. अनुप्रस्थ तरंगें संचारित हो सकती हैं–
   (a) गैस व धातुओं में (b) केवल धातुओं में
   (c) केवल गैस में (d) न धातु में न गैस में

3. किसी गैस में उत्पन्न ध्वनि तरंग सदैव होती है–
   (a) अनुप्रस्थ (b) अनुदैर्ध्य
   (c) अप्रगामी (d) विद्युत चुम्बकीय तरंग

4. स्थिर तरंग के पृष्ठ भाग में कण की गति होती है–
   (a) सर्वाधिक
   (b) न्यूनतम, लेकिन शून्य नहीं
   (c) शून्य
   (d) विस्तार पर निर्भर

5. सितार के तार में किस प्रकार के कम्पन उत्पन्न होते हैं ?
   (a) प्रगामी अनुप्रस्थ कम्पन
   (b) प्रगामी अनुदैर्ध्य कम्पन्न
   (c) अप्रगामी अनुदैर्ध्य कम्पन
   (d) अप्रगामी अनुप्रस्थ कम्पन्न

6. जब कोई तरंग वायु से जल में प्रवेश करती है तो क्या नहीं बदलता ?
   (a) आवृत्ति (b) आयाम
   (c) तरंग दैर्ध्य (d) चाल

7. विभिन्न पदार्थों के दो एकसमान तारों को समान तनाव से खींचा गया है। दोनों तारों में अनुप्रस्थ तरंगों का वेग–
   (a) बराबर होगा (b) भिन्न–भिन्न होगा
   (c) शून्य (d) अनन्त

8. 330 हट्र्ज आवृत्ति के स्वरित्र से उत्पन्न ध्वनि तरंगों की तरंग दैर्ध्य लगभग होगी–
   (a) 100 सेमी. (b) 10 सेमी.
   (c) 1 सेमी. (d) 330 सेमी.

9. ऊर्जा नहीं ले जायी जाती है–
   (a) अनुप्रस्थ प्रगामी तरंगों द्वारा
   (b) अनुदैर्ध्य प्रगामी तरंगों द्वारा
   (c) अप्रगामी तरंगों द्वारा
   (d) विद्युत चुम्बकीय तरंग द्वारा

10. जब प्रकाश, वायु से कांच में जाता है तो–
    (a) तरंग दैर्ध्य बढ़ती है (b) तरंग दैर्ध्य घटती है
    (c) आवृत्ति बढ़ती है (d) कुछ नहीं बदलता

11. स्थिर तरंग में–
    (a) कहीं–कहीं तो विस्तार अधिकतम होता है तो कहीं–कहीं शून्य होता है।
    (b) सभी स्थानों पर विस्तार समान होता है।
    (c) कण विराम अवस्था में होते हैं।
    (d) कणों से चक्रीय गति होती है।

12. 100 हट्र्ज आवृत्ति के एक स्वरित्र को एक–दूसरे अज्ञात आवृत्ति के स्वरित्र के साथ बजाने पर प्रति सेकेण्ड 2 विस्पन्द उत्पन्न होते हैं। अज्ञात स्वरित्र पर जब मोम लगा देते हैं तो प्रति सेकेण्ड 1 विस्पन्द उत्पन्न होता है। अज्ञात स्वरित्र की आवृत्ति–
    (a) 102 (b) 98 (c) 99 (d) 101

13. जब किसी माध्यम में अप्रगामी तरंगें उत्पन्न होती हैं तो निम्न में से कौन–सा कथन सत्य है ?
    (a) माध्यम के सभी कण एक कला में है।
    (b) आयाम के तुल्य दूरी पर स्थित कण विपरीत कला में हैं।
    (c) दो क्रमागत विस्पदों के बीच स्थित कण समान कला में है।
    (d) आयाम के तुल्य दूरी पर स्थित कण समान कला में है।

14. निम्न में कौन–सा कथन सत्य है ?
    (a) ध्वनि तरंगें अनुप्रस्थ होती हैं।
    (b) ध्वनि की सबसे अधिक गति जल में होती है।
    (c) ध्वनि, ठोसों की अपेक्षा गैसों में अधिक तीव्र होती है।
    (d) ध्वनि, गैसों की अपेक्षा द्रवों में गतिमान है।

15. अप्रगामी तरंगें बनती हैं, जबकि–
    (a) एक समान आयाम तथा एक समान आवृत्ति की दो तरंगें एक ही मार्ग के अनुदिश विपरीत दिशा में चलती हैं।
    (b) एक समान तरंग दैर्ध्य तथा समान आयाम की दो तरंगें एक ही मार्ग के अनुदिश विपरीत समान चालों से विपरीत दिशा में चलती हैं।
    (c) दोनों सही हैं।
    (d) उपरोक्त में से कोई नहीं।

उत्तरमाला

1. (c) **2.** (b) **3.** (b) **4.** (a) **5.** (d) **6.** (a) **7.** (b) **8.** (a) **9.** (c) **10.** (b)
11. (a) **12.** (a) **13.** (c) **14.** (d) **15.** (b)

नाभिकीय भौतिकी

1. समस्थानिक परमाणुओं में–
   (a) प्रोटॉनों की संख्या समान होती है।
   (b) न्यूट्रॉनों की संख्या समान होती है।
   (c) न्यूक्लियानों की संख्या समान होती है।
   (d) सभी सत्य हैं।

2. समस्थानिक होते हैं, किसी एक ही तत्व के परमाणु जिनका–
   (a) परमाणु भार समान, किन्तु परमाणु क्रमांक भिन्न होता है।
   (b) परमाणु भार, भिन्न किन्तु परमाणु क्रमांक समान होता है।
   (c) परमाणु भार तथा परमाणु क्रमांक, दोनों ही समान होते हैं।
   (d) उपर्युक्त में से कोई नहीं

3. ऐसे दो तत्वों, जिनमें इलेक्ट्रॉनों की संख्या भिन्न-भिन्न हो, परन्तु जिनकी द्रव्यमान संख्या समान हो, को कहते हैं–
   (a) समस्थानिक (b) समभारिक
   (c) समावयवी (d) समन्यूट्रॉनिक

4. ऐसे परमाणु, जिनके परमाणु क्रमांक समान परन्तु द्रव्यमान भिन्न-भिन्न होते हैं, कहलाते हैं–
   (a) समभारिक (b) समस्थानिक
   (c) आइसोबार (d) इनमें से कोई नहीं

5. एक भारी नाभिक के दो हल्के नाभिकों में टूटने की प्रक्रिया को कहते हैं–
   (a) नाभिकीय संलयन (b) नाभिकीय विखण्डन
   (c) द्रव्यमान क्षति (d) रेडियोएक्टिव विघटन

6. परमाणु बम में निम्न सिद्धांत कार्य करता है–
   (a) नाभिकीय संलयन (b) नाभिकीय विखण्डन
   (c) फ्लेमिंग का नियम (d) प्रकाश विद्युत प्रभाव

7. हाइड्रोजन बम आधारित है–
   (a) नाभिकीय संलयन पर
   (b) नाभिकीय विखण्डन पर
   (c) रेडियोएक्टिव विघटन पर
   (d) उपर्युक्त सभी पर

8. सबसे पहला नाभिकीय रिएक्टर बनाया था–
   (a) आइन्सटीन ने (b) न्यूटन ने
   (c) रदरफोर्ड ने (d) फर्मी ने

9. परमाणु बम का सिद्धांत आधारित है–
   (a) नाभिकीय संलयन पर (b) नाभिकीय विखण्डन पर
   (c) उपर्युक्त दोनों पर (d) उपर्युक्त किसी पर नहीं

10. रेडियो सक्रिय पदार्थ उत्सर्जित करता है–
    (a) अल्फा किरणें (b) बीटा किरणें
    (c) गामा किरणें (d) उपर्युक्त सभी

11. सूर्य पर ऊर्जा का निर्माण होता है–
    (a) नाभिकीय विखण्डन द्वारा
    (b) नाभिकीय संलयन द्वारा
    (c) ऑक्सीजन अभिक्रियाओं द्वारा
    (d) अवकरण अभिक्रियाओं द्वारा

12. नाभिकीय रिएक्टर और परमाणु बम में यह अन्तर है कि–
    (a) नाभिकीय रिएक्टर में कोई श्रृंखला अभिक्रिया नहीं होती जबकि परमाणु बम में होती है।
    (b) नाभिकीय रिएक्टर में श्रृंखला अभिक्रिया नियंत्रित होती है।
    (c) नाभिकीय रिएक्टर में श्रृंखला नियंत्रित नहीं होती है।
    (d) परमाणु बम में कोई श्रृंखला अभिक्रिया नहीं होती है, जबकि नाभिकीय रिएक्टर में होती है।

13. अल्फा कण के दो इकाई धन आवेश होते हैं। इसका द्रव्यमान लगभग बराबर होता है–
    (a) दो प्रोटॉनों के
    (b) हीलियम के एक परमाणु के
    (c) दो पॉज़िट्रोनों और दो न्यूट्रॉनों के द्रव्यमान के योग के
    (d) दो पोजिट्रानों के, क्योंकि प्रत्येक पोजिट्रान में केवल एक धनावेश होता है।

14. परमाणु पाइल का प्रयोग कहां होता है?
    (a) एक्स किरणों के उत्पादन में
    (b) नाभिकीय विखण्डन के प्रचालन में
    (c) ताप नाभिकीय संलयन के प्रचालन में
    (d) परमाणु त्वरण में

15. क्यूरी किसकी इकाई का नाम है?
    (a) रेडियोऐक्टिव धर्मिता (b) तापक्रम
    (c) ऊष्मा (d) ऊर्जा

उत्तरमाला

1. (a) **2.** (a) **3.** (b) **4.** (b) **5.** (b) **6.** (b) **7.** (a) **8.** (d) **9.** (b) **10.** (d)
11. (b) **12.** (b) **13.** (a) **14.** (d) **15.** (a)

ऊर्जा एवं उसके स्रोत

1. 'सौर प्रणाली' को समझने के लिए कॉपरनिक्स द्वारा प्रतिपादित सिद्धान्त को कहते हैं-
   (a) विद्युत चुम्बकीय सिद्धांत
   (b) हीलियो सेन्ट्रिक सिद्धांत
   (c) हाइजेन सिद्धांत
   (d) उपरोक्त कोई नहीं

2. ऊष्मा किस प्रक्रिया से सर्वाधिक तीव्र गति से स्थानान्तरित होती है ?
   (a) चालन (b) संवहन
   (c) विकिरण (d) कोई नहीं

3. वह प्रक्रिया, जिसमें नाभिक संयुक्त होकर नया नाभिक बनाते हैं तथा ऊर्जा विमोचित होती है-
   (a) संलयन (b) विखण्डन
   (c) शृंखला अभिक्रिया (d) कृत्रिम विघटन क्रिया

4. पहला व्यापारिक सौर सेल बनाया गया-
   (a) 1954 (b) 1960
   (c) 1950 (d) 1953

5. गामा किरणें प्रयुक्त की जाती हैं-
   (a) कैंसर के उपचार में
   (b) खाद्य पदार्थों को सुरक्षित रखने में
   (c) कीटाणुओं का नाश करने में
   (d) उपर्युक्त सभी में

6. सूर्य में ऊर्जा जनित होती है, मुख्यत:-
   (a) रासायनिक अभिक्रिया
   (b) रेडियोएक्टिव पदार्थ के विखण्डन के द्वारा
   (c) हाइड्रोजन के परमाणुओं के संलयन द्वारा
   (d) हीलियम के परमाणुओं के संलयन द्वारा

7. सूर्य की ऊर्जा उत्पन्न होती है-
   (a) आयनन द्वारा (b) नाभिकीय संकयन द्वारा
   (c) नाभिकीय विखण्डन द्वारा (d) ऑक्सीजन द्वारा

8. सूर्य में निरन्तर ऊर्जा का सृजन किस कारण होता रहता है ?
   (a) नाभिकीय संलयन (b) नाभिकीय विखण्डन
   (c) रेडियोसक्रियता (d) कृत्रिम रेडियोसक्रियता

9. चाभी भरी घड़ी में कौन-सी ऊर्जा होती है ?
   (a) गतिज ऊर्जा (b) स्थितिज ऊर्जा
   (c) संचित ऊर्जा (d) संचित ऊर्जा

10. जब हम रबड़ के गद्दे वाली सीट पर बैठते हैं या गद्दे पर लेटते है तो उसका आकार परिवर्तित हो जाता है। ऐसे पदार्थ में पाया जाता है-
    (a) गतिज ऊर्जा (b) स्थितिज ऊर्जा
    (c) चलता हथौड़ा (d) विखण्डन ऊर्जा

11. सूर्य की ऊर्जा उत्पन्न होती है-
    (a) आयनन द्वारा
    (b) नाभिकीय संकयन द्वारा
    (c) नाभिकीय विखण्डन द्वारा
    (d) ऑक्सीजन द्वारा

12. निम्नलिखित में से किसमें गतिज ऊर्जा नहीं है ?
    (a) चली हुई गोली (b) बहता हुआ पानी
    (c) चलता हथौड़ा (d) खींचा हुआ धनुष

13. जब एक चल वस्तु की गति दुगुनी हो जाती है तो उसकी गतिज ऊर्जा-
    (a) दुगुनी हो जाती है
    (b) चौगुनी हो जाती है
    (c) नाभिकीय विखण्डन द्वारा
    (d) ऑक्सीजन द्वारा

14. सीढ़ी पर चढ़ने में अधिक ऊर्जा खर्च होती है, क्योंकि-
    (a) व्यक्ति गुरूत्वाकर्षण के विरुद्ध कार्य करता है।
    (b) व्यक्ति गुरूत्व के विरुद्ध कार्य करता है।
    (c) व्यक्ति गुरूत्व की दिशा में कार्य करता है।
    (d) व्यक्ति कोई कार्य ही नहीं करता।

15. निम्नलिखित में से कौन-सा नियम इस कथन को बैध ठहराता है कि द्रव्य का न तो सृजन किया जा सकता है और न ही विनाश ?
    (a) ऊर्जा संरक्षण का नियम
    (b) ऊर्जा प्रसरण नियम
    (c) द्रव्यमान संरक्षण का नियम
    (d) परासरण का नियम

उत्तरमाला

1. (b) **2.** (b) **3.** (a) **4.** (a) **5.** (d) **6.** (c) **7.** (b) **8.** (a) **9.** (a) **10.** (b)
11. (b) **12.** (d) **13.** (b) **14.** (b) **15.** (a)

विज्ञान एवं प्रौद्योगिकी

निर्देशः इस पुस्तक में दिए गए कथन (A) और कारण (R) संबंधी प्रश्नों के उत्तर निम्न कूटों का प्रयोग कर दिए जाने हैं :

कूटः

(a) A और R दोनों सही हैं, और R, A का सही स्पष्टीकरण है।
(b) A और R दोनों सही हैं, परन्तु R, A का सही स्पष्टीकरण नहीं है।
(c) A सही है, परन्तु R गलत है।
(d) A गलत है, परन्तु R सही है।

1. निम्नलिखित में से किन कार्यकलापों में भारतीय दूर संवेदन उपग्रह का प्रयोग किया जाता है?

अंतरिक्ष प्रौद्योगिकी

1. फसल की उपज का आकलन
2. भौम जल (ग्राउंडवॉटर) संसाधनों का स्थान-निर्धारण
3. खनिज का अन्वेषण
4. दूरसंचार
5. यातायात अध्ययन

नीचे दिये गये कूट का प्रयोग कर सही उत्तर चुनिएः-

(a) केवल 1, 2 और 3 (b) केवल 4 और 5
(c) केवल 1 और 2 (d) 1, 2, 3, 4 और 5

2. निम्नलिखित वैज्ञानिकों में से किसने यह सिद्ध किया कि सूर्य के द्रव्यमान से 1.44 गुना कम द्रव्यमान वाले तारे मृत होकर श्वेत वामन तारे (White Dwarfs) बन जाते हैं?

(a) एडविन हबल (b) एस चंद्रशेखर
(c) स्टीफन हॉकिंग (d) स्टीवेन वीनबर्ग

3. भारत ने हाल में चंद्रमा संघट्टय अन्वेषी (Moon Impact Probe) चन्द्रमा पर उतारा है। निम्नलिखित देशों में से किस देश ने इसी तरह का अन्वेषी चन्द्रमा पर पहले उतारा था?

(a) ऑस्ट्रेलिया (b) कनाडा
(c) चीन (d) जापान

4. अंतरिक्ष प्रौद्योगिकी के संदर्भ में, 'भुवन' क्या है, जो हाल ही में समाचारों में था?

(a) इसरो (ISRO) द्वारा भारत में दूर शिक्षण को प्रवर्तित करने के लिए प्रमोचित एक लघु उपग्रह
(b) अगले चन्द्र प्रभाव अन्वेषी (मून इम्पैक्ट प्रोब), चन्द्रयान-II का नाम
(c) इसरो का भू-पोर्टल (जियोपोर्टल) जिसमें भारत के त्रिविम प्रतिबिम्बन की क्षमता है।
(d) एक अंतरिक्ष दूरबीन जिसको भारत में विकसित किया गया है।

5. नासा का डीप इंपैक्ट अंतरिक्ष मिष्ठान कौन से धूमकेतू केन्द्रक के विस्तृत चित्र लेने के लिए प्रयोग में लाया गया?

(a) हैली कॉमेट (b) हेल-बॉप
(c) ह्याकुतक (Hyakutake) (d) टेम्पल 1

6. निम्नलिखित युग्मों में से कौन सा एक सही सुमेलित नहीं है?

(a) कास्मिक बैकग्राउंड एक्सप्लोरर (COBE) : उपग्रह कार्यक्रम
(b) फेल्कान : समुद्रगत केबल तंत्र
(c) डिस्कवरी : अंतरिक्ष शटल
(d) एटलांटिस : अंतरिक्ष स्टेशन

7. गैलिलियो परियोजना, जो हाल में चर्चा का विषय थी, क्या है?

(a) संयुक्त राज्य अमेरिका द्वारा विकसित मिसाइल परिक्षण का एक अन्तरदेशीय कार्यक्रम
(b) कनाडा के सहयोग से भारत द्वारा विकसित एक परियोजना
(c) जापान द्वारा विकसित की जा रही पर्यावरण सरंक्षण परियोजना
(d) यूरोपीय संघ द्वारा विकसित की जा रही एक बहु-उपग्रह संचालन परियोजना

8. निम्नलिखित कथनों पर विचार कीजिए-

1. तुल्यकारी उपग्रह लगभग 10,000 कि.मी. की ऊँचाई पर स्थापित किया जाता है।
2. संगीत के FM संचरण के उत्तम प्रकार का होने का कारण है कि वायुमंडलीय अथवा कृत्रिम शोर जो सामान्यतः आवृत्ति परिवर्तन के रूप में होता है, इसके लिए अधिक हानिकारक नहीं होता।

उपरोक्त कथनों में से कौन-सा/से सही है/हैं ?

(a) केवल 1 (b) केवल 2
(c) दोनों 1 और 2 (d) न ही 1 और न ही 2

9. भारत का संचार उपग्रह इनसैट–3E वर्ष 2003 में निम्नलिखित में से कहाँ से छोड़ा गया?

(a) फ्रेन्च गुइआना (b) सेचिलीज
(c) मॉरिशस (d) मॉरीटानिया

10. भारतीय उपग्रहों और उनके प्रक्षेपकों के संदर्भ में, निम्नलिखित कथनों पर विचार कीजिए–

1. इनसेट–शृंखला के सभी उपग्रह विदेशों से छोड़े गए।
2. पीएसएलवी का प्रयोग आईआरएस शृंखला के उपग्रहों के प्रक्षेपण के लिए किया गया।
3. भारत ने जीएसएलवी के तीसरे चरण को शक्ति प्रदान करने के लिए पहली बार स्वदेश निर्मित शीतजनित इंजनों का प्रयोग किया।
4. वर्ष 2001 में छोड़े गए जीएसएटी में अंकीय प्रसारणों और इंटरनेट सेवाओं को प्रदर्शित करने के लिए अर्जक भार (पे लोड) हैं।

इनमें से कौन–कौन से कथन सही हैं?

(a) 1, 2, 3 और 4 (b) 2, 3 और 4
(c) 1, 2 और 4 (d) 1 और 3

11. **कथन (A):** कृत्रिम उपग्रह हमेशा पृथ्वी से पूर्वी दिशा में छोड़े जाते हैं।

कारण (R): पृथ्वी पश्चिम से पूर्व की ओर चक्कर लगाती है और इसलिए उपग्रह को निकास वेग मिल जाता है।

कूट:

(a) A और R दोनों सही हैं, और R, A का सही स्पष्टीकरण है।
(b) A और R दोनों सही हैं, परन्तु R, A का सही स्पष्टीकरण नहीं है।
(c) A सही है, परन्तु R गलत है।
(d) A गलत है, परन्तु R सही है।

12. विश्व की सबसे ऊंचाई पर स्थित दूरबीनी वेधशाला है

(a) कोलम्बिया में (b) भारत में
(c) नेपाल में (d) स्विट्जरलैण्ड में

13. 'चंद्रा' एक्स–रे दूरबीन का नाम किस वैज्ञानिक के सम्मान में रखा गया?

(a) चंद्रशेखर वेंकट रमन (b) जगदीश चन्द्र बोस
(c) प्रफुल्ल चंद्र राय (d) सुब्रमण्यम चंद्रशेखर

14. न्यून तापमानों (क्रायोजेनिक्स) का अनुप्रयोग होता है

(a) अन्तरिक्ष यात्रा, शल्यकर्म एवं चुम्बकीय प्रोत्थापन में
(b) शल्यकर्म, चुम्बकीय प्रोत्थापन एवं दूरमिति में
(c) अन्तरिक्ष यात्रा, शल्यकर्म एवं दूरमिति में
(d) अन्तरिक्ष यात्रा, चुम्बकीय प्रोत्थापन एवं दूरमिति में

15. निम्नलिखित देशों में से किस एक के उपग्रहों से अन्टार्कटिका का विस्तृत एवं सम्पूर्ण मानचित्र बनाने में सहायता मिली है?

(a) कनाडा (b) फ्रांस
(c) रूस (d) यूएसए

उत्तरमाला

1. (a) **2.** (b) **3.** (d) **4.** (c) **5.** (d) **6.** (d) **7.** (d) **8.** (b) **9.** (a) **10.** (c)
11. (d) **12.** (b) **13.** (d) **14.** (a) **15.** (c)

रक्षा प्रतिरक्षा

1. भारतीय रक्षा के संदर्भ में निम्नलिखित कथनों पर विचार कीजिए-

1. शौर्य मिसाइल 8 मैक से अधिक गति से उड़ती है।
2. शौर्य मिसाइल की परास 1600 कि.मी. से अधिक है।

उपरोक्त कथनों में से कौन-सा/से कथन सही है/हैं ?

(a) केवल 1 (b) केवल 2
(c) 1 और 2 (d) न तो 1 और न ही 2

2. अग्नि IV प्रक्षेपास्त्र के संदर्भ में निम्नलिखित कथनों में से कौन-सा/से सही है/हैं ?

1. यह धरातल-से-धरातल तक मार करने वाला प्रक्षेपास्त्र है।
2. इसमें केवल द्रव नोदक ईंधन के रूप मे प्रयोग होता है।
3. यह एक टन नाभिकीय भारहेड को 7500 किमी दूरी तक फेंक सकता है।

कूटः

(a) केवल 1 (b) 2 और 3
(c) 1 और 3 (d) उपर्युक्तसभी

3. भारतीय सुरक्षा के संदर्भ में ध्रुव क्या है ?

(a) वायुयान वाहक युद्ध पोत
(b) मिसाइल वाहक पनडुब्बी
(c) उन्नत हलका हेलिकॉप्टर
(d) महाद्वीपांतर प्रक्षेपास्त्र

4. हाल ही में बराक मिसाइल रोधी रक्षा प्रणाली भारत ने खरीदा है।

(a) इस्राइल (b) फ्रेंस
(c) रूस (d) अमेरिका

5. निम्नलिखित युग्मों में से कौन-सा एक सही सुमेलित नहीं है ?

(a) दक्षिणी वायुसेना कमान : तिरुवनंतपुरम
(b) पूर्वी नौसेना कमान : विशाखापत्तनम
(c) आरमर्ड कोर सेंटर एण्ड स्कूल : जबलपुर
(d) आर्मी मेडिकल कोर सेंटर एण्ड स्कूल : लखनऊ

8. निम्नलिखित युग्मों में से कौन-सा एक सही सुमेलित नहीं है ?

(a) अर्जुन : स्वदेशी निर्मित प्रमुख युद्ध टैंक (MBT)
(b) फैल्कॉन : रूस द्वारा भारत को उपलब्ध कराई गई क्रूज मिसाइल
(c) सारस : स्वदेशी निर्मित नागर यात्री वायुयान
(d) ऑप्रेशन सीबर्ड : कारवाड़ में भारतीय नौसेना का नया अड्डा

9. भारतीय सुरक्षा के संदर्भ में निम्न में से कौन-सा एक कथन सही नहीं है ?

(a) पृथ्वी-II से लैस होने पर IAF विश्व की एकमात्र वायुसेना है जिसकी कमान में जमीन से जमीन पर मार करने वाले प्राक्षेपिक क्षेप्यास्त्र (मिसाइल) हैं
(b) सुखोई-30 MKI जेट लड़ाकू हवा से हवा तथा हवा से जमीन पर मार करने वाले सूक्ष्म क्षेप्यास्त्र (मिसाइल) का प्रक्षेपण कर सकते हैं
(c) त्रिशूल जमीन से हवा में मार करने वाला पराध्वनिक क्षेप्यास्त्र (मिसाइल) है तथा उसका परास 30 कि.मी. है
(d) स्वदेश में निर्मित INS प्रबल जमीन से जमीन पर मार करने वाले क्षेप्यास्त्र (मिसाइल) का प्रक्षेपण कर सकता है

10. अग्नि-II प्रक्षेपणास्त्र का परास है लगभग-

(a) 500 कि.मी. (b) 2000 कि.मी.
(c) 3500 कि.मी. (d) 5000 कि.मी.

11. निम्नलिखित में से कौन-सा आधुनिक टैंक है ?

(a) भीम (b) आकाश
(c) अर्जुन (d) पृथ्वी

उत्तरमाला

1. (d) **2.** (a) **3.** (c) **4.** (a) **5.** (c) **6.** (b) **7.** (c) **8.** (b) **9.** (c) **10.** (b)
11. (c)

सूचना संचार

1. WIMAX निम्नलिखित में से किससे सम्बन्धित है ?
   (a) जैव प्रौद्योगिकी (Biotechnology)
   (b) अन्तरिक्ष प्रौद्योगिकी (Space technology)
   (c) मिसाइल प्रौद्योगिकी (Missile Technology)
   (d) संचार प्रौद्योगिकी (communication technology)

2. निम्नलिखित में से कौन-सा/से, बेतार प्रौद्योगिकियों के GSM कुल में नहीं है/हैं ?
   (a) EDGE (b) LTE
   (c) DSL (d) EDGE और LTE दोनों

3. निम्नलिखित पर विचार कीजिए-
   1. ब्लूटूथ उपकरण (डिवाइस)
   2. तार रहित फोन (कॉर्डलेस फोन)
   3. सूक्ष्मतरंग अवन
   4. वाई-फाई (Wi-Fi) उपकरण

   उपरोक्त कथनों से कौन से, 2.4 और 2.5 GHz रेडियो आवृत्ति बैण्ड पर प्रचालन कर सकते हैं ?
   (a) 1 और 2 (b) 3 और 4
   (c) 1, 2 और 4 (d) ये सभी

4. भारत सरकार द्वारा प्रारंभ किया गया एक प्रमुख उपक्रमण MCA-21 निम्नलिखित क्षेत्रों में से किस एक से संबंधित है ? (2007)
   (a) भारत में सीधा विदेशी निवेश
   (b) अन्तर्राष्ट्रीय पर्यटकों को आकृष्ट करना
   (c) e-प्रशासन
   (d) हवाई पत्तनों का आधुनिकीकरण

5. निम्नलिखित कथनों पर विचार कीजिए-
   1. एडम ऑस्बार्न ने प्रथम सुवाह्य अभिकलित्र (कम्प्यूटर) निर्मित किया।
   2. ईयान विलमट ने प्रथम कृन्तक भेड़ की उत्पत्ति की।

   उपरोक्त कथनों में से कौन-सा/से सही है/हैं ?
   (a) केवल 1 (b) केवल 2
   (c) दोनों 1 और 2 (d) न ही 1 और न ही 2

6. परम पद्म, जो हाल में चर्चा का विषय था
   (a) भारत सरकार द्वारा संस्थापित एक नवीन नागरिक पुरस्कार है
   (b) भारत द्वारा विकसित महा-अभिकलित्र (सुपर-कम्प्यूटर) का नाम है
   (c) भारत की उत्तरी तथा दक्षिणी नदियों को जोड़ने के लिए प्रस्तावित नहरों के तंत्र का नाम है
   (d) मध्य प्रदेश में ई-प्रशासन (e-गवर्नेंस) को सुकर बनाने के लिए प्रक्रिया सामग्री क्रमादेश (सॉफ्टवेयर प्रोग्राम) है

7. निम्नलिखित में से कौन-सा एक युग्म सही सुमेलित नहीं है ?
   (a) रेनहोल्ड मेसनर : अभिकलित्र (कम्प्यूटर) प्रौद्योगिकी
   (b) हेरलो शेपली : खगोल-विज्ञान
   (c) ग्रेगर मेण्डेल : आनुवंशिक सिद्धान्त
   (d) गॉडफ्रे हाउंसफील्ड : सी. टी. स्कैन (क्रमवीक्षण)

8. एक कम्प्यूटर की स्मृति सामान्य तौर से किलोबाइट अथवा मेगाबाइट के रूप में व्यक्त की जाती है। एक बाइट बना होता है
   (a) आठ द्वि-आधारी अंकों का
   (b) आठ दशमलव अंकों का
   (c) दो द्वि-आधारी अंकों का
   (d) दो दशमलव अंकों का

9. ध्वनि के पुनरुत्पादन के लिए एक सीडी (कम्पैक्ट डिस्क) आडियो प्लेयर में प्रयुक्त होता है
   (a) क्वार्ट्स क्रिस्टल
   (b) टाइटेनियम नीडिल
   (c) लेसर बीम
   (d) बेरियम टाइटेनिक सिरेमिक

उत्तरमाला

1. (d) **2.** (c) **3.** (d) **4.** (c) **5.** (c) **6.** (b) **7.** (a) **8.** (a) **9.** (b)

ऊर्जा एवं परमाणु ऊर्जा

1. वर्ष 2008 में निम्नलिखित में से किसने एक जटिल, वैज्ञानिक प्रयोग किया, जिसमें अवपरमाण्विक कणों को लगभग प्रकाश की गति तक त्वरित किया गया ?

(a) यूरोपियन स्पेस एजेन्सी
(b) यूरोपियन ऑर्गेनाइजेशन फॉर न्यूक्लियर रिसर्च
(c) इंटरनेशनल एटॉमिक एनर्जी एजेन्सी
(d) नेशनल एयरोनॉटिक्स एंड स्पेस एडमिनिस्ट्रेशन

2. हाइड्रोजन ईंधन सेल वाले वाहन, 'रेचन (एक्ज्हास्ट)' के रूप में क्या निर्मित करते हैं ?

(a) NH_3 (b) CH_4
(c) H_2O (d) H_2O_2

3. जल शुद्धीकरण प्रणालियों मे पराबैंगनी (अल्ट्रा-वायलेट, UV) विकिरण की क्या भूमिका है ?

1. यह जल में उपस्थित नुकसानदेह सूक्ष्मजीवों को निष्क्रिय/नष्ट कर देती है।
2. यह जल में उपस्थित सभी अवांछनीय गंधों को दूर कर देती है।
3. यह जल में उपस्थित ठोस कणों के अवसादन को तेज करती है अविलेयता दूर करती है और जल की निर्मलता में सुधार लाती है।

कूटः

(a) केवल 1 (b) 2 और 3
(c) 1 और 3 (d) ये सभी

4. निकट अतीत में हिग्स बोसॉन कण के अस्तित्व के सूचना के लिए किए गए प्रत्यन लगातार समाचारों मे रहे हैं। इस कण की खोज का क्या महत्व है ?

1. यह हमे यह समझने में मदद करेगा कि मूल कणों में संहति क्यों होती है।
2. यह निकट भविष्य में हमें दो बिन्दुओं के बीच के भौतिक अन्तराल को पार किए बिना एक बिंदु से दूसरे बिंदु तक पदार्थ स्थानांतरित करने की प्रौद्योगिकी विकसित करने में मदद करेगा।
3. यह हमें नाभिकीय विखंडन के लिए बेहतर ईंधन उत्पन्न करने में मदद करेगा।

कूटः

(a) केवल 1 (b) 2 और 3
(c) 1 और 3 (d) ये सभी

5. बीआरआईटी (भारत सरकार) निम्नलिखित में से किस एक के साथ कार्यरत हैं ?

(a) रेल वैगन (b) सूचना प्रौद्योगिक
(c) समस्थानिक प्रौद्योगिकी (d) सड़क परिवहन

6. निम्नलिखित में से किसने भारी पानी की खोज की ?

(a) हेनरिख हर्ट्ज (b) एच. सी. उरे
(c) जी मेण्डल (d) जोसेफ प्रीस्ट्ले

7. अन्तर्राष्ट्रीय ताप नाभिकीय प्रायोगिक रिएक्टर (आई.टी.ई.आर.) परियोजना निम्नलिखित में से किस एक स्थान पर बनाई जाने वाली है ?

(a) उत्तरी स्पेन (b) दक्षिणी प्रइंस
(c) पूर्वी जर्मनी (d) दक्षिणी इटली

8. निम्नलिखित कथनों पर विचार कीजिए-

(i) न्यूक्लियर प्रदाय समूह (न्यूक्लियर सप्लायर्स ग्रुप) में सदस्य देशों की संख्या 24 है।
(ii) भारत न्यूक्लियर प्रदाय समूह (न्यूक्लियर सप्लायर्स ग्रुप) का सदस्य है।

उपरोक्त कथनों में से कौन-सा/से सही है ?

(a) केवल 1 (b) केवल 1 और 2
(c) केवल 2 (d) न तो 1 और न ही 2

9. निम्नलिखित क्षेत्रों में से किस एक में इन्दिरा गांधी परमाणु अनुसंधान केन्द्र ने वर्ष 2005 में महत्वपूर्ण प्रगति की ?

(a) फास्ट ब्रीडर परीक्षण रिएक्टर के यूरेनियम-प्लूटोनियम मिश्रित कार्बाइड ईंधन का पुन: संसाधन
(b) धातुकर्म में रेडियोआइसोटोपों के नए अनुप्रयोग
(c) गुरू जल के उत्पादन के लिए नई प्रौद्योगिकी
(d) उच्च स्तरीय न्यूक्लीयर अपशिष्ट प्रबन्धन के लिए नई प्रौद्योगिकी

10. निम्नलिखित कथनों पर विचार कीजिए-

1. इन्दिरा गाँधी परमाणु अनुसंधान केन्द्र द्रुत रिएक्टर प्रौद्योगिकी प्रयोग में लाता है।
2. परमाणु खनिज अनुसंधान और अन्वेषण निदेशालय भारी पानी उत्पादन में कार्यरत है।
3. भारतीय रेयर अर्थ लिमिटेड भारत के नाभिकीय कार्यक्रम में अन्य दुर्लभ मृदा पदार्थों के अतिरिक्त जिरकॉन के उत्पादन में कार्यरत है।

उपरोक्त कथनों में से कौन-से सही हैं ?

(a) 1, 2 और 3 (b) 1 और 2
(c) 1 और 3 (d) 2 और 3

11. निम्नलिखित संगठनों पर विचार कीजिए-

1. परमाणु खनिज अनुसंधान एवं अन्वेषण निदेशालय
2. गुरूजल बोर्ड
3. भारतीय रेयर अर्थ लिमिटेड

4. भारतीय यूरेनियम कॉर्पोरेशन

इनमें से कौन सा/कौन से परमाणु ऊर्जा विभाग के अन्तर्गत है/हैं ?

(a) 1 मात्र (b) 1 और 4
(c) 2, 3 और 4 (d) 1, 2, 3 और 4

12. एक रेडियोऐक्टिव पदार्थ की अर्द्ध-आयु चार महीने है, इस पदार्थ के तीन-चौथाई का क्षय होने में समय लगेगा-

(a) 3 महीने (b) 4 महीने
(c) 8 महीने (d) 12 महीने

13. निम्नलिखित में से कौन-सा एक रेडियो ऐक्टिव नहीं है ?

(a) एस्टेटाइन (b) फ्रैंसियम
(c) ट्रिटियम (d) जर्कोनियम

14. अमेरिकी बहुराष्ट्रीय कम्पनी मोनसांटो ने एक कीट प्रतिरोधी कपास की किस्म बनाई है, जिसका भारत में क्षेत्र परीक्षण किया जा रहा है। निम्नलिखित जीवाणुओं में किस एक आविष जीन (Toxim gene) का इस पारजीनी कपास आविष में (Transgenic Cotton) अन्तरण हुआ है।

(a) वैसिलस थूरिनजेमेसिस
(b) वैसिलस सबटाईलिस
(c) वैसिलस एमाइलोलिक्की फैन्सिएन्ट
(d) वैसिलस ग्लोसबाई

15. कोबाल्ट-60 आमतौर पर विकिरण चिकित्सा में प्रयुक्त होता है, क्योंकि यह उत्सर्जित करता है

(a) ऐल्फा किरणें
(b) बीटा किरणें
(c) गामा किरणें
(d) एक्स-किरणें

उत्तरमाला

1. (b) **2.** (a) **3.** (d) **4.** (d) **5.** (c) **6.** (b) **7.** (b) **8.** (d) **9.** (a) **10.** (c)
11. (b) **12.** (b) **13.** (d) **14.** (a) **15.** (a)

जैव प्रौद्योगिकी

1. जेनेटिक इंजीनियरिंग अनुमोदन समिति का गठन निम्नलिखित में से किसके अधीन किया गया?

(a) खाद्य सुरक्षा एवं मानक अधिनियम,
(b) माल के भौगोलिक उपदर्शन (रजिस्ट्रीकरण और संरक्षण) अधिनियम (जियोग्राफिकल इंडिकेशंस ऑफ गुड्स (रजिस्ट्रेशन ऐंड प्रोटेक्शन) ऐक्ट, 1999।
(c) पर्यावरण (संरक्षण) अधिनियम, 1986
(d) वन्य जीव (संरक्षण) अधिनियम, 1972

2. जैव-सुरक्षा का कार्टेजेना प्रोटोकॉल निम्नलिखित केन्द्रीय मंत्रालयों में से कौन कार्यान्वित करता है?

(a) विज्ञान एवं प्रौद्योगिकी मंत्रालय
(b) स्वास्थ्य एवं परिवार कल्याण मंत्रालय
(c) पर्यावरण एवं वन मंत्रालय
(d) रसायन एवं उर्वरक मंत्रालय

3. भारत में जैविक डीजल के उत्पादन के लिए जेट्रोफा करकास के अलावा पौन्गोमिया पिनाटा को भी क्यों एक उत्तम विकल्प माना जाता है?

1. भारत के अधिकांश शुष्क क्षेत्रों में पौन्गामिया पिनाटा प्राकृतिक रूप से उगता है।
2. पौन्गामिया पिनाटा के बीजों में लिपिड अंश बहुतायत में होता है, जिसमें से लगभग आधा मैलिक अम्ल होता है।

कूटः

(a) केवल 1 (b) केवल 2
(c) 1 और 2 (d) न तो 1 और न ही 2

4. बैंगन की आनुवंशिक अभियान्त्रिकी से उसकी एक नई किस्म Bt-बैंगन विकसित की गई है। इसका लक्ष्य है

(a) इसे नाशकजीव-सह बनाना है
(b) इसे अधिक स्वादिष्ट और पौष्टिक बनाना है
(c) इसे जलाभाव-सह बनाना है
(d) इसकी निधानी आयु बढ़ाना है

5. भारत सरकार 'सी बकथोर्न' की खेती को प्रोत्साहित कर रही है। इस पादप का क्या महत्व है?

1. यह मृदा क्षरण के नियंत्रण में सहायक है और मरूस्थलीकरण को रोकता है।
2. यह बायोडीजल का एक समृद्ध स्रोत है।
3. इसमें पोषकीय मान होता है और यह उच्च तुंगता वाले ठंडे क्षेत्रों में जीवित रहने के लिए भली-भांति अनुकूलित होता है।
4. इसकी इमारती लकड़ी का उच्च वाणिज्यिक मूल्य है।

कूटः

(a) केवल 1 (b) 2, 3 और 4
(c) 1 और 3 (d) उपरोक्त सभी

6. पीड़कों के प्रतिरोध के अतिरिक्त, वे कौन-सी सम्भावनाएँ हैं, जिनके लिए आनुवंशिक रूप से रूपान्तरित पादपों का निर्माण किया गया है?

1. सूखा सहन करने के लिए उन्हें सक्षम बनाना।
2. उत्पाद में पोषकीय मान बढ़ाना।
3. अंतरिक्ष यानों और अंतरिक्ष स्टेशनों में उन्हें उगने और प्रकाश संश्लेषण करने के लिए सक्षम बनाना।
4. उनकी शेल्फ लाइफ बढ़ाना

कूटः

(a) 1 और 2 (b) 3 और 4
(c) 1, 2 और 4 (d) ये सभी

7. कवकमूलीय (माइकोराइजल) जैव प्रौद्योगिकी को निम्नीकृत स्थलों के पुनर्वासन में उपयोग में लाया गया है, क्योंकि कवकमूल के द्वारा पौधों में-

1. सूखे का प्रतिरोध करने एवं अवशोषण क्षेत्र बढ़ाने की क्षमता आ जाती है।
2. pH की अतिसीमाओं को सहन करने की क्षमता आ जाती है।
3. रोगग्रस्ततां से प्रतिरोध की क्षमता आ जाती है।

कूटः

(a) केवल 1 (b) 2 और 3
(c) 1 और 3 (d) उपरोक्त सभी

8. पुनर्योगज डी.एन.ए. प्रौद्योगिकी (आनुवंशिक इंजीनियरी) जीनों को स्थानान्तरित होने देता है

1. पौधों की विभिन्न जातियों में
2. जन्तुओं से पौधों में
3. सूक्ष्मजीवों से उच्चतर जीवों में

कूटः

(a) केवल 1 (b) 2 और 3
(c) 1 और 3 (d) ये सभी

9. निम्नलिखित जीवों पर विचार कीजिए-

1. एगैरिकस 2. नॉस्टॉक
3. स्पाइरोगाइरा

उपरोक्त मे से कौन-सा/से जैव उर्वरक के रूप में प्रयुक्त होता है/होते हैं?

(a) 1 और 2 (b) केवल 2
(c) 2 और 3 (d) केवल 3

10. निम्नलिखित कथनों पर विचार कीजिए-

1. मक्का को मण्ड के उत्पादन के लिए प्रयोग किया जा सकता है।
2. मक्का से निष्कर्षित तेल जैव डीजल के लिए फीडस्टॉक हो सकता है।
3. मक्का के प्रयोग से एल्कोहॉली पेय उत्पन्न किया जा सकता है।

उपरोक्त कथनों में से कौन-सा/से कथन सही है/हैं ?

(a) केवल 1 (b) 1 और 2
(c) 2 और 3 (d) ये सभी

11. किसी व्यक्ति के जीवमितीय पहचान हेतु, अँगुली छाप क्रमवीक्षण के अलावा, निम्नलिखित में से कौन-सा/से प्रयोग में लाया जा सकता है/लाए जा सकते हैं ?

1. परितारिका क्रमवीक्षण
2. दृष्टिपटल क्रमवीक्षण
3. वाक् अभिज्ञान

कूट :

(a) केवल 1 (b) 2 और 3
(c) 1 और 3 (d) ये सभी

12. बायोटेक खाद्य के संदर्भ में निम्नलिखित कथनों पर विचार करें-

(i) बायोटेक खाद्य में सजीव जीवाणु विद्यमान होते हैं जो मानव के लिए लाभकारी माने जाते हैं।
(ii) बायोटेक खाद्य अन्य फ्लोरा के अनुरक्षण में सहायता देता है।

उपरोक्त कथनों में से कौन-सा/से सही है ?

(a) केवल 1 (b) केवल 1 और 2
(c) केवल 2 (d) न तो 1 और न ही 2

13. बिसफेनॉल-ए (बीपीए) क्या है ?

(a) कैंसर की पहचान करने वाले एक चिकित्सीय परीक्षण हैं
(b) एथलीटों द्वारा निष्पादन सुधार के लिए दिया जाने वाला ड्रग को जांचने के लिए एक परीक्षण है।
(c) खाद्य अन्वेषण सामग्री के विकास के लिए प्रयोग में लाया जाने वाला रसायन है।
(d) मिस्र धातु इस्पात का एक प्रकार है।

14. Bt-कपास जैसी किसी आनुवांशिक रूपान्तरित फसल की पैदावार के लिए जिस आनुवंशिकी प्रौद्योगिकी अनुमोदन समिति की अनुमति लेनी पड़ती है, वह अधीनस्थ है

(a) कृषि मंत्रालय के
(b) पर्यावरण तथा वन मंत्रालय के
(c) वाणिज्य तथा उद्योग मंत्रालय के
(d) ग्रामीण विकास मंत्रालय के

15. **कथन (A):** वैज्ञानिक डी.एन.ए. अणुओं को, चाहे वे अणुओं के किसी भी स्रोत से हों, इच्छानुसार अलग-अलग काट और एक साथ जोड़ सकते हैं।

कारण (R): डी.एन.ए. के टुकड़ों को, रेस्ट्रिक्शन एंडोन्यूक्लिएज तथा डी.एन.ए. लाइगेज का उपयोग कर जोड़ा-तोड़ा जा सकता है।

कूट :

(a) A और R दोनों सही हैं, और R, A का सही स्पष्टीकरण है।
(b) A और R दोनों सही हैं, परन्तु R, A का सही स्पष्टीकरण नहीं है।
(c) A सही है, परन्तु R गलत है।
(d) A गलत है, परन्तु R सही है।

उत्तरमाला

1. (b) **2.** (a) **3.** (d) **4.** (d) **5.** (c) **6.** (b) **7.** (b) **8.** (d) **9.** (a) **10.** (c)
11. (b) **12.** (b) **13.** (d) **14.** (a) **15.** (a)

आधुनिक प्रौद्योगिकी

1. आधुनिक वैज्ञानिक अनुसंधान के सन्दर्भ में, हाल ही में समाचारों में आये दक्षिणी ध्रुव पर स्थित एक कण संसूचक (पार्टिकल डिटेक्टर) 'आइसक्यूब' के बारे में निम्नलिखित कथनों पर विचार कीजिए-

1. यह विश्व का सबसे बड़ा, बर्फ में एक घन किलोमीटर घेरे वाला, न्यूट्रिनों संसूचक (न्यूट्रिनो डिटेक्टर) है।
2. यह डार्क मैटर की खोज के लिए बनी शक्तिशाली दूरबीन है।
3. यह बर्फ में गहराई में दबा हुआ है।

उपर्युक्त कथनों में से कौन-सा/से सही है/हैं ?

(a) केवल 1 (b) केवल 2 और 3
(c) केवल 1 और 3 (d) 1, 2 और 3

2. 'निकट क्षेत्र संचार (नियर फील्ड कम्युनिकेशन) प्रौद्योगिकी' के सन्दर्भ में, निम्नलिखित कथनों में से कौन-सा/से सही है/हैं ?

1. यह एक सम्पर्क रहित संचार प्रौद्योगिकी है, जो विद्युत-चुम्बकीय रेडिया क्षेत्रों का उपयोग करती है।
2. एन.एफ.सी. उन युक्तियों (डिवाइसेज) द्वारा उपयोग के लिए अभिकल्पित किया गया है, जो एक-दूसरे से एक मीटर की दूरी पर भी स्थित हो सकते हैं।
3. यह एक सम्पर्क रहित संचार प्रौद्योगिकी है, जो विद्युत-चुम्बकीय रेडिया क्षेत्रों का उपयोग करती है।

नीचे दिए गए कूट का प्रयोग कर सही उत्तर चुनिए।

(a) केवल 1 और 2 (b) केवल 3
(c) केवल 1 और 3 (d) 1, 2 और 3

3. विभिन्न उत्पादों के विनिर्माण में उद्योग द्वारा प्रयुक्त होने वाले कुछ रासायनिक तत्वों के नैनो कणों के बारे में कुछ चिन्ता है। क्यों ?

1. वे पर्यावरण में संचित हो सकते हैं तथा जल और मृदा को सन्दूषित कर सकते है।
2. वे खाद्य श्रृंखलाओं में प्रविष्ट हो सकते है।
3. वे मुक्त मूलकों के उत्पादन को विमोचित कर सकते हैं।

कूटः

(a) 1 और 2 (b) केवल 3
(c) 1 और 3 (d) ये सभी

4. शीत कोष्ठक में भण्डारित फल अधिक समय तक चलते हैं, क्योंकि

(a) सूरज की रोशनी नहीं पड़ने दी जाती है।
(b) पर्यावरण में कार्बन डाइ-ऑक्साइड की सान्द्रता बढ़ा दी जाती है।
(c) श्वसन की दर घटा दी जाती है।
(d) आर्द्रता बढ़ जाती है।

5. कई प्रतिरोपित पौधे इसलिए नहीं बढ़ते हैं, क्योंकि

(a) नई मिटटी में इष्ट खनिज पदार्थ नहीं रहते हैं
(b) अधिकांश मूल रोम नई मिट्टी को अधिक सख्ती से जकड़ लेते हैं
(c) प्रतिरोपण के दौरान अधिकांश मूल रोम नष्ट हो जाते हैं
(d) प्रतिरोपण के दौरान पत्तियां क्षतिग्रस्त हो जाती हैं

6. ग्राफीन आजकल प्रायः सुर्खियों में रहता है। उसका क्या महत्व है।

1. वह एक द्वि-आयामीय पदार्थ है और उसकी विद्युत चालकता उत्तम है।
2. वह अब तक जांचे गए सबसे तनु किन्तु सबसे शक्तिशाली पदार्थों में से है।
3. वह पूर्णतः सिलिकॉन से बना होता है और उसकी चाक्षुष पारदर्शिता उच्च होती है।
4. उसका टच स्क्रीन, एलसीडी और कार्बनिक एलईडी के लिए चालक इलेक्ट्रोड के रूप में इस्तेमाल किया जा सकता है।

कूटः

(a) 1 और 2 (b) 3 और 4
(c) 1, 2 और 4 (d) ये सभी

7. सीएफएल तथा एलईडी लैम्प में क्या अन्तर है ?

1. प्रकाश उत्पन्न करने के लिए सीएफएल पारा-वाष्प और सन्दीपक का प्रयोग करता है, जबकि एलईडी लैम्प अर्द्धचालक पदार्थों का प्रयोग करता है।
2. सीएफएल की औसत जीवन अवधि एलईडी लैम्प से बहुत अधिक होती है।
3. एलईडी लैम्प की तुलना में सीएफएल कम ऊर्जा सक्षम है।

कूटः

(a) केवल 1 (b) 2 और 3
(c) 1 और 3 (d) ये सभी

8. हाल में 'ऑयलजैपर' समाचारों में था। यह क्या है ?

(a) यह तैलीय पंक तथा बिखरे हुए तेल के उपचार हेतु पारिस्थितिकी के अनुकूल विकसित प्रौद्योगिकी है।
(b) यह समुद्र के भीतर तेल अन्वेषण हेतु विकसित अत्याधुनिक प्रौद्योगिकी है।
(c) यह आनुवंशिक इंजीनियरिंग से निर्मित उच्च मात्रा में जैव ईंधन प्रदान करने वाली मक्का की किस्म है।
(d) यह तेल के कुओं में आकस्मिक उपजी लपटों को नियंत्रित करने वाली अत्याधुनिक प्रौद्योगिकी है।

9. आभासी निजी परिपथ क्या है ?

(a) यह किसी संस्था का निजी कम्प्यूटर परिपथ है जिसमें सुदूर बैठे प्रयोक्ता संस्था के परिवेषक (सर्वर) के माध्यम से सूचना प्रेषित कर सकते है।
(b) यह निजी इंटरनेट पर बना कम्प्यूटर परिपथ है जो प्रयोक्ताओं को अपनी संस्था के परिपथ में प्रवेश करने की सुविधा देता है और प्रेषित की जा रही सूचना को सुरक्षित रखता है।

(c) यह एक ऐसा कम्प्यूटर परिपथ है, जिसके द्वारा प्रयोक्ता सेवा प्रबन्धक (सर्विस प्रोवाइडर) के माध्यम से कम्प्यूटिंग संसाधनों के साझे भंडार में प्रवेश पा सकते हैं।
(d) उपरोक्त 'a', 'b' और 'c' कथनों में से कोई भी आभासी निजी परिपथ का सही वर्णन नहीं है।

10. केन्सर ग्रन्थि अर्बुद के उपचार के संदर्भ में साइबरनाइफ नामक उपकरण समाचारों में रहा है। इस संदर्भ में निम्नलिखित मे से कौन सा एक कथन सही नहीं है ?

(a) यह एक रोबोटो प्रतिबिम्ब निर्देशित प्रणाली है।
(b) यह अत्यंत सटीक मात्रा में विकिरण प्रदान करता है।
(c) इसमें अमिलिमीटर परिशुद्धता प्राप्त करने की क्षमता है।
(d) यह शरीर में अर्बुद के प्रसार का मानचित्रण कर सकता है।

11. निम्नलिखित में कौन-सी फसल में एथेनाल की मात्रा होती है-

(a) जेट्रोफा (b) मक्का
(c) पौन्गामिया (d) सूरजमुखी

12. CO_2 उत्सर्जन एवं भूमंडलीय तापन के संदर्भ में UNICEF के अंतर्गत उस बाजार संचालित युक्ति का क्या नाम है, जो विकासशील देशो विकसित देशों को विकसित देशों से निधियां/प्रोत्साहन उपलब्ध कराती है ताकि वे अच्छी प्रौद्योगिकियां अपनाकर ग्रीनहाउस उत्सर्जन कर सकें ?

(a) कार्बन फुटप्रिंट
(b) कार्बन क्रेडिट रेटिंग
(c) स्वच्छ विकास युक्ति
(d) उत्सर्जन निम्नीकरण मानक

13. कार्बन क्रेडिट की संकल्पना निम्नलिखित में से किससे उद्भूत हुई ?

(a) पृथ्वी शिखरवार्ता रियो-डि-जेनेरो
(b) क्योटो प्रोटोकाल
(c) मान्ट्रियल प्रोटोकाल
(d) जी-8 शिखरवार्ता, हीलिजेन्डाम

उत्तरमाला

1. (d) **2.** (c) **3.** (d) **4.** (c) **5.** (c) **6.** (c) **7.** (a) **8.** (a) **9.** (b) **10.** (b)
11. (d) **12.** (c) **13.** (b)

अभ्यास प्रश्न
व्याख्यात्मक हल सहित

सामान्य विज्ञान तथा प्रौद्योगिकी

1. आधुनिक आयुर्विज्ञान विज्ञान में नाभिकीय औषधियां नैदानिक और उपचार के प्रभावी उपकरणों के रूप में उभर रही हैं। ये वास्तव में-
(a) ड्रग्स हैं।
(b) जड़ी-बूटियों का सत्त हैं।
(c) रेडियो-आइसोटोप्स हैं।
(d) क्लोरोफ्लूरो कार्बन हैं।

2. मिलावटी सरसों के तेल में पके भोजन को खाने वाले लोगों में होने वाली खतरनाक 'ड्राप्सी' का कारण निम्न में से कौन-सा एक नहीं हो सकता (जैसा कि भारत में हुआ)?
(a) आर्जीमोन तेल मिलावट
(b) सरसों के तेल के सायनाइड अंश
(c) धान की भूसी की तेल मिलावट
(d) उजला रंग करने वाली मिलावट

3. निम्न कथनों पर विचार कीजिये और अन्त में दिये कूट में से सही उत्तर का चयन कीजिये-
कथन (A): साधारणत: यह देखा गया है कि लोहे की वस्तुएं जब वायुमंडल में अनाश्रित होती हैं तब वे भूरे पाउडर की परत से आच्छादित हो जाती हैं जिसको जंग कहते हैं।
कारण (R): जंग अर्थात् भूरा पाउडरी पदार्थ टैनिन के जमा होने से बनता है।
कूट:
(a) A और R दोनों सही हैं और R, A का सही स्पष्टीकरण है।
(b) A और R दोनों सही हैं परंतु R, A का सही स्पष्टीकरण नहीं है।
(c) A सही है परन्तु R गलत है।
(d) A गलत है परंतु R सही है।

4. सूची-I का सूची-II से सुमेल कीजिए और सूचियों के नीचे दिए कूट का प्रयोग करते हुए सही उत्तर का चयन कीजिये-

सूची-I	सूची-II
A. पक्षी	1. पेलियोबायोलॉजी
B. वंशागति	2. इकोलॉजी
C. पर्यावरण	3. आर्निथोलॉजी
D. जीवाश्म	4. जेनेटिक्स

कूट:

	A	B	C	D
(a)	1	3	4	2
(b)	3	4	2	1
(c)	4	2	1	3
(d)	2	4	1	3

5. निम्न में से किस एक में जैव विभिन्नता सर्वाधिक होगी?
(a) मरूस्थल (b) उष्णकटिबंधीय वन
(c) बर्फ से ढका पहाड़ (d) घास के मैदान

6. मेगावाट बिजली के नापने की इकाई है जो-
(a) उत्पादित की जाती है।
(b) उपभोग की जाती है।
(c) बचत की जाती है।
(d) ट्रांसमिशन में ह्रास हो जाती है।

7. निम्न कथनों पर विचार कीजिए-
कथन (A): नमक और बर्फ के मिश्रण से 0° से. से नीचे का तापमान प्राप्त होता है।
कारण (R): नमक बर्फ के हिमांक को बढ़ा देता है।
उपर्युक्त कथनों के संदर्भ में निम्न में से कौन-सा सही है:
कूट:
(a) A और R दोनों सही हैं और R, A का सही स्पष्टीकरण है।
(b) A और R दोनों सही हैं परंतु R, A का सही स्पष्टीकरण नहीं है।
(c) A सही है परन्तु R गलत है।
(d) A गलत है परंतु R सही है।

8. सूची-I का सूची-II से सुमेल कीजिये और सूचियों के नीचे दिए हुए कूट में से सही उत्तर का चयन कीजिए-

सूची-I	सूची-II
A. विटामिन	1. पेप्सिन
B. एन्जाइम	2. कौरोटिन
C. हार्मोन	3. कैरेटिन
D. प्रोटीन	4. टेस्टोस्टेरोन

कूट:

	A	B	C	D
(a)	1	2	3	4
(b)	2	1	4	3
(c)	2	1	3	4
(d)	1	2	4	3

9. मानव कान निम्न में से किस आवृत्ति से अधिक आवृत्ति वाली ध्वनि को सुन नहीं सकते?
(a) 20,000 चक्र/सेकेण्ड (b) 15,000 चक्र/सेकेण्ड
(c) 12,000 चक्र/सेकेण्ड (d) 10,000 चक्र/सेकेण्ड

10. निम्न में से कौन-सा एक युग्म सुमेलित नहीं है-
(a) पोटैशियम क्लोरेट — माचिस
(b) मैंगनीज डाइआक्साइड — शुष्क सेल
(c) हाइड्रोक्लोरिक एसिड — संचायक सेल
(d) यूरेनियम — परमाणु बम

11. आकाश नीला दिखाई देता है ?

(a) प्रकाश के प्रकीर्णन के कारण
(b) हवा के प्रकीर्णन के कारण
(c) धूल के कणों के प्रकीर्णन के कारण
(d) पानी के कणों के प्रकीर्णन के कारण

12. रेडियो तरंगों के विक्षेपण के लिए वायुमंडल के निम्नलिखित स्तरों में से कौन-सा स्तर उत्तरदायी है ?

(a) क्षोभमंडल (b) मध्यमंडल
(c) समतापमंडल (d) आयनमंडल

13. यदि मूत्र में ऐल्बूमिन आ रहा हो तो ऐसे व्यक्ति के निम्न में से किसी एक अंग के फेल हो जाने से पीड़ित होने की संभावना होती है:

(a) यकृत (b) वृक्क
(c) हृदय (d) प्लीहा

14. पारिस्थितिक अनुक्रमण के चार महत्वपूर्ण चरण है-

1. आक्रमण 2. क्षीणता
3. प्रतिस्पर्द्धा 4. स्थानान्तरण

प्राथमिक अनुक्रमण के दौरान इन चरणों का सही अनुक्रम होता है:

(a) 2, 1, 3, 4 (b) 1, 2, 3, 4
(c) 2, 1, 4, 3 (d) 1, 2, 4, 3

15. धूम-कोहरा का कारण है-

(a) ओज़ोन परत की क्षीणता।
(b) वायुमंडल में उच्च आद्रर्ता का होना।
(c) वायुमंडल में CO_2 का तीव्र जमाव।
(d) वायुमंडल में प्रदूषण तत्वों के प्रकाश रासायनिक आक्सीकरण द्वारा निर्मित उत्पादों का तीव्र जमाव।

16. यदि भारत की मानव जनसंख्या तीव्र गति से बढ़ रही है किन्तु पक्षी जनसंख्या तेजी से घट रही है क्योंकि-

1. शिकारियों की संख्या में असाधारण वृद्धि हुई है।
2. जैविक कीट नाशक तथा जैविक उर्वरक का बड़े पैमाने पर उपयोग हो रहा है।
3. पक्षियों के पास स्थानों में बड़े पैमाने पर कटौती हुई है।
4. कीट नाशक रासायनिक उर्वरक तथा मच्छरों को भगाने वाली दवाओं का बड़े पैमाने पर उपयोग हो रहा है।

नीचे दिए गए कूट से सही उत्तर चुनिए:

(a) 1 तथा 2 (b) 2 तथा 3
(c) 3 तथा 4 (d) 1 तथा 4

17. अपोहक जिसके कार्य सम्पादन हेतु प्रयुक्त होता है, वह है-

(a) हृदय (b) वृक्क
(c) यकृत (d) फेफड़े

18. भूमंडलीय उष्णता के परिणामस्वरूप-

1. सार्वभौमिक संपर्क अच्छे हो गये
2. हिमनद द्रवीभूत होने लगे
3. समय से पूर्व आम में बौर आने लगा
4. स्वास्थ्य पर कुप्रभाव पड़ा

निम्नलिखित कूट से सही उत्तर चुनिए:

कूट:

(a) 1, 2 तथा 3
(b) 2, 3 तथा 4
(c) 1, 2 तथा 4
(d) 1, 3 तथा 4

19. सूची-I को सूची-II से सुमेलित कीजिए तथा सही उत्तर सूची के नीचे दिये गये कूट से चुनिए-

सूची-I (इकाई)	**सूची-II (प्राचल)**
A. वाट	1. ऊष्मा
B. नॉट	2. नौसंचालन
C. नॉटिकल मील	3. समुद्री जहाज की गति
D. कैलोरी	4. शक्ति

कूट:

	A	B	C	D
(a)	3	1	4	2
(b)	1	2	3	4
(c)	4	3	2	1
(d)	2	4	1	3

20. निम्नलिखित में से कौन-सा कथन सत्य है ?

(a) प्रकाश का वेग अधिक होता है।
(b) ध्वनि का वेग सबसे अधिक होता है।
(c) आकाशीय पिन्डो का वेग सबसे अधिक होता है।
(d) राकेट का वेग सबसे अधिक होता है।

21. निम्नलिखित कथनों पर विचार कीजिए-

कथन (A): विटामिन्स बलवर्धक तत्व है जिनके अच्छे स्वास्थ्य के लिये थोड़ी मात्रा में आवश्यकता होती है।

कारण (R): विटामिन्स हानिकारक बैक्टीरिया को मारकर शरीर को स्वस्थ रखने में सहायता करते हैं।

कूट:

(a) A और R दोनों सही हैं और R, A का सही स्पष्टीकरण है।
(b) A और R दोनों सही हैं परंतु R, A का सही स्पष्टीकरण नहीं है।
(c) A सही है परन्तु R गलत है।
(d) A गलत है परंतु R सही है।

22. सूची-I को सूची-II से सुमेलित कीजिए तथा सही उत्तर सूची के नीचे दिये गये कूट से चुनिए-

सूची-I	सूची-II
A. पृथ्वी	1. बहुनाली राकेट प्रणाली
B. त्रिशूल	2. युद्धक्षेत्र के निरीक्षण हेतु दूरस्थ चालित यान
C. कर्नाटक	3. सतह से सतह तक प्रक्षेपास्त्र
D. निशान्त	4. सतह से वायु तक प्रक्षेपास्त्र

कूटः

	A	B	C	D
(a)	1	2	3	4
(b)	3	4	1	2
(c)	3	4	2	1
(d)	2	3	4	1

23. समुद्र में नदी की अपेक्षा तैरना आसान होता है क्योंकि-
(a) समुद्री जल नमकीन होता है।
(b) समुद्री जल गहरा होता है।
(c) समुद्री जल भारी होता है।
(d) समुद्री जल हल्का होता है।

24. भोपाल में यूनियन कार्बाइड फैक्ट्री से जो गैस रिस गई थी, वह थी-
(a) कार्बन मोनोऑक्साइड
(b) मीथेन
(c) मिथाइल आईसोसाईनाइट
(d) सल्फर डाय-आक्साइड

25. सूची-I को सूची-II से सुमेलित कीजिए तथा सही उत्तर सूची के नीचे दिये गये कूट से चुनिए-

सूची-I	सूची-II
A. वाशिंग सोडा	1. सोडियम हाइड्रोक्साइड
B. कास्टिक सोडा	2. कॉपर सल्फेट
C. नीला थोथा	3. सोडियम थायोसल्फेट
D. हाइपो	4. सोडियम कार्बोनेट

कूटः

	A	B	C	D
(a)	1	3	4	2
(b)	4	1	2	3
(c)	2	4	3	1
(d)	3	2	1	4

26. पारे का साधारणतया तापमापी यंत्रों में उपयोग किया जाता है क्योंकि इसकी विशेषता है-
(a) उच्च घनत्व (b) उच्च द्रवता
(c) उच्च संचालन शक्ति (d) उच्च विशिष्ट ऊष्मा

27. सूची-I को सूची-II से सुमेलित कीजिए तथा सही उत्तर सूची के नीचे दिये गये कूट से चुनिए-

सूची-I	सूची-II
A. ऊष्मा तथा विद्युत का सर्वोत्तम संचालक	1. स्वर्ण
B. सबसे अधिक मात्रा में पायी जाने वाली धातु	2. सीसा
C. सबसे अधिक लचीली तथा पीटकर बढ़ाये जाने योग्य धातु	3. एल्यूमिनियम
D. ऊष्मा का न्यूनतम संचालक	4. चांदी

कूटः

	A	B	C	D
(a)	4	3	1	2
(b)	4	1	2	3
(c)	2	4	3	1
(d)	3	2	1	4

28. सूची-I तथा सूची-II में से सही सुमेलित वस्तुओं का चयन कीजिए-

सूची-I		सूची-II
1. बायोगैस	—	कीटनाशी
2. इलैक्ट्रो कार्डियोग्राफी	—	हृदय
3. डी.डी.टी.	—	गोबर
4. निकोटिन	—	तंबाकू

(a) 1, 2 एवं 4 (b) 2, 3 एवं 4
(c) 2 एवं 3 (d) 2 एवं 4

29. प्रेशर कुकर में खाना शीघ्रता पूर्वक बन जाता है, क्योंकि-
(a) बढ़ा हुआ दाब क्वथनांक को बढ़ा देता है।
(b) भाप का अपव्यय नहीं होता।
(c) भाप खाने को शीघ्रता से पका देती है।
(d) जल निम्नतर तापमान पर खौल जाता है।

30. कुछ विटामिन वसा में घुलनशील हैं जबकि अन्य जल में घुलनशील हैं। निम्न में से कौन जल में घुलनशील हैं?
(a) विटामिन A, B एवं D
(b) विटामिन A, D, E एवं K
(c) विटामिन A, E एवं K
(d) विटामिन B एवं C

31. **कथन (A) :** जस्तेदार लोहे में जल्दी जंग नहीं लगता।
कारण (R) : यशद में अपचयन क्षमता है।
कूटः
(a) A और R दोनों सही हैं और R, A का सही स्पष्टीकरण है।
(b) A और R दोनों सही हैं परंतु R, A का सही स्पष्टीकरण नहीं है।
(c) A सही है परन्तु R गलत है।
(d) A गलत है परंतु R सही है।

32. निम्नलिखित युग्मों में से कौन-सा सही सुमेलित नहीं है?
(a) फुलरीन्स — फ्लोरीन युक्त कार्बनिक यौगिक
(b) शुष्क बर्फ — ठोस कार्बन डाईऑक्साइड
(c) केराटिन — मानव चर्म के बाहरी पर्त में पाया जाने वाला प्रोटीन
(d) मस्टर्ड गैस — रासायनिक युद्ध में प्रयुक्त होने वाला विषैला द्रव

33. सूची-I को सूची-II से सुमेलित कीजिए तथा सही उत्तर सूची के नीचे दिये गये कूट से चुनिए-

सूची-I	सूची-II
A. आर्सेनिक-74	1. थायराइड ग्रंथि सक्रियता
B. कोबाल्ट-60	2. रक्त व्यतिक्रम
C. आयोडीन-131	3. ट्यूमर
D. सोडियम-24	4. कैंसर

कूटः

	A	B	C	D
(a)	1	2	3	4
(b)	4	3	1	2
(c)	3	4	1	2
(d)	4	3	2	1

34. लौंग है-
(a) तना की गांठें (b) जड़ की गांठें
(c) बन्द कलियां (d) बीज

35. निकट दृष्टि दोष को ठीक किया जाता है-
(a) उत्तल लेंस प्रयुक्त करके
(b) अवतल लेंस प्रयुक्त करके
(c) समतल-अवतल लेंस प्रयुक्त करके
(d) समतल कांच प्रयुक्त करके

36. मां और शिशु के बीच गले लगना या चूमना निम्न हार्मोनों में किसके मोचन को प्रेरित करता है?
(a) इन्सुलिन (b) नॉरएड्रीनैलिन
(c) पुटकोद्दीपक हार्मोन (d) ऑक्सीटोसिन

37. निम्नलिखित में से कौन सा पोटैशियम अल्पता से सम्बंधित है?
(a) वृक्क क्षति तथा पेशीय लकवा
(b) निम्न रक्त चाप
(c) रक्ताल्पता
(d) जोड़ों में व्यथा तथा धूमिल दृष्टि

38. ऐसी युक्ति जो आंकड़ों को आवेगों में परिवर्तित करती है तथा उन्हें टर्मिनल से कंप्यूटर को और कंप्यूटर से टर्मिनल को टेलिफोन लाइन पर सम्प्रेषित करती है, वह है-
(a) चुंबकीय डिस्क (b) माइक्रो कंप्यूटर
(c) सी डी रोम (d) मोडैम

39. निम्नांकित में से कौन सुमेलित नहीं है?
(a) नीलहरित शैवाल — जैव उर्वरक
(b) क्रायोसोपा — माहो नियंत्रण
(c) बायो-902 — सरसों का कायक्लोन
(d) एजोबैक्टर — जैव कीटनाशी

40. सूची-I को सूची-II से सुमेलित कीजिए तथा सही उत्तर सूची के नीचे दिये गये कूट से चुनिए-

सूची-I	सूची-II
A. रेटिनाल	1. घातक रक्ताल्पता
B. टोकोफेरॉल	2. मानसिक व्याधि
C. सायनो कोबालामीन	3. नेत्र सूख कर लाल होना
D. पीरिडाक्सिन	4. बन्ध्यता

कूटः

	A	B	C	D
(a)	1	2	3	4
(b)	3	4	1	2
(c)	4	3	2	1
(d)	3	4	2	1

41. भारत में प्रचुर मात्रा में उपलब्ध महत्वपूर्ण नाभिकीय ईंधन है-
(a) यूरेनियम (b) थोरियम
(c) इरीडियम (d) प्लूटोनियम

42. वर्ल्ड वाइल्ड लाइफ फंड (डब्लू.डब्लू.एफ.) का प्रतीक कौन सा जानवर है?
(a) जाइन्ट पाण्डा (b) बाघ
(c) हॉर्नबिल (d) सफेद भालू

43. निम्नलिखित में से कौन सा एक पारिस्थितिकी तंत्र पृथ्वी के सर्वाधिक क्षेत्र पर फैला हुआ है?
(a) मरूस्थलीय (b) घास के मैदान
(c) पर्वतीय (d) सामुद्रिक

44. निम्नलिखित में से कौन-सा एक ओज़ोन परत क्षीणता के लिए उत्तरदायी नहीं है?

(a) प्रशीतकों में प्रयुक्त होने वाला
(b) विलायक के रूप में प्रयुक्त मेथिल क्लोरोफार्म
(c) अग्निशमन में प्रयुक्त हैलॉन-1211
(d) नाइट्रस ऑक्साइड

45. वायुमंडल में ओज़ोन परत-

(a) वर्षा कराती है।
(b) प्रदूषण उत्पन्न करती है।
(c) पृथ्वी पर पराबैंगनी किरणों से जीवन रक्षा करती है।
(d) वायुमंडल में ऑक्सीजन उत्पन्न करती है।

46. निम्न में से किसमें प्रतिग्राम सबसे अधिक कैलोरी होती हैं?

(a) प्रोटीन
(b) वसा
(c) शर्करा
(d) ग्लूकोज

47. 'ऐलिसा' परीक्षण किया जाता है-

(a) एड्स पहचानने के लिए
(b) क्षयरोग की पहचान के लिए
(c) डायबिटीज (मधुमेह) की पहचान के लिए
(d) टायफायड की पहचान के लिए

48. नवजात शिशु को 'ट्रिपिल एन्टीजन वैक्सीन' निम्नलिखित में से किन रोगों से प्रतिरक्षित करने के लिए लगायी जाती है?

(a) कुकर-खांसी, टिटनेस और खसरा
(b) कुकर-खांसी, टिटनेस और डिफ्थीरिया
(c) टिटनेस, डिफ्थीरिया और खसरा
(d) टिटनेस, डिफ्थीरिया और चेचक

49. इनमें से कौन क्लोरोफ्लोरो कार्बन के लिए सत्य नहीं है?

(a) यह प्रशीतकों के रूप में प्रयोग में लायी जाती है।
(b) यह 'ग्रीन हाउस' प्रभाव में योगदान नहीं देती है।
(c) यह समतापमंडल में ओज़ोन घटाने में उत्तरदायी है।
(d) यह निचले वायुमंडल में अक्रियाशील है।

50. सूची-I को सूची-II से सुमेलित कीजिए तथा सही उत्तर सूची के नीचे दिये गये कूट से चुनिए-

सूची-I	सूची-II
A. शुष्क बर्फ	1. कैंसर का उपचार
B. जीन थिरेपी	2. पुनर्जीवित करने हेतु जीवित पिंडों का जमन
C. क्रायोनिक्स	3. ठोस कार्बनडाइआक्साइड
D. कोबोल्ट 60	4. रक्त रोगों का उपचार

कूट:

	A	B	C	D
(a)	1	2	3	4
(b)	4	3	2	1
(c)	3	4	2	1
(d)	2	1	4	3

51. **कथन (A):** एक शुष्क सेल आवेशित नहीं की जा सकती है।
कारण (R): शुष्क सेल में होने वाली अभिक्रिया उत्क्रमणीय होती है।

कूट:

(a) A और R दोनों सही हैं और R, A का सही स्पष्टीकरण है।
(b) A और R दोनों सही हैं परंतु R, A का सही स्पष्टीकरण नहीं है।
(c) A सही है परन्तु R गलत है।
(d) A गलत है परंतु R सही है।

52. भूकंपों की तीव्रता मापी जाती है-

(a) रिक्टर पैमाना में
(b) डेसिबल पैमाना में
(c) pH पैमाना में
(d) सैल्सियस पैमाना में

53. गहरे समुद्र के गोताखोर निम्न में से किस एक गैस मिश्रण का उपयोग करते हैं?

(a) हीलियम — ऑक्सीजन मिश्रण
(b) हीलियम — नाइट्रोजन मिश्रण
(c) ऑक्सीजन — एसीटिलीन मिश्रण
(d) ऑक्सीजन — हाइड्रोजन मिश्रण

54. 'डायमन्ड पार्क' क्या है?

(a) ये राष्ट्रीय पार्क है, जो भारत के पहाड़ी स्थानों पर केंद्रीय पर्यावरण मंत्रालय द्वारा विकसित किये गये हैं।
(b) यह वे स्थान हैं जहां शोधक कारखाने स्थापित हैं।
(c) यह औद्योगिक केंद्र हैं जो हीरों, सिन्थेटिक जवाहरातों तथा आभूषणों के निर्माण और निर्यात को प्रोत्साहित करने के लिए बनाये गये हैं।
(d) यह केंद्र हैं जहां बड़ी ऊर्जा परियोजनायें स्थापित होती हैं।

55. **कथन (A):** अंतरिक्ष यान पृथ्वी पर उतरते समय कुछ क्षण के लिए भू-स्टेशन से रेडियो संपर्क खो देता है।
कारण (R): जब एक अंतरिक्ष यान पृथ्वी के वायुमंडल में प्रवेश करता है, यान की सतह का ताप बढ़ जाता है जिससे उसके चारों ओर की वायु आयनित हो जाती है।

कूट:

(a) A और R दोनों सही हैं और R, A का सही स्पष्टीकरण है।
(b) A और R दोनों सही हैं परंतु R, A का सही स्पष्टीकरण नहीं है।
(c) A सही है परन्तु R गलत है।
(d) A गलत है परंतु R सही है।

56. पारिस्थितिक तंत्र (Ecosystem) से संबंधित निम्नलिखित कथनों पर विचार कीजिये-

1. पारिस्थितिक तंत्र शब्द का प्रयोग सर्वप्रथम ए. जे. टान्स्ले ने किया था।
2. जो जीव अपना भोजन स्वयं उत्पादित करते हैं उन्हें स्वपोषित कहते हैं।
3. प्रकाश संश्लेषण की प्रक्रिया द्वारा उपभोक्ता अपने भोजन का उपभोग करता है।
4. वियोजक अकार्बनिक पदार्थ को कार्बनिक पदार्थ में परिवर्तित करते हैं।

उपर्युक्त कथनों में से कौन सही है-

(a) 1 और 2 (b) 1 और 3
(c) 2 और 4 (d) 3 और 4

57. निम्नलिखित में से कौन सा विस्फोटक नहीं है ?

(a) ट्राइनाइट्रोटॉलूईन
(b) ट्राइनाट्रोग्लिसरीन
(c) साइक्लोट्राइमेथिलीन ट्राइनाइट्रैमीन
(d) नाइट्रोक्लोरोफार्म

58. कथन (A) : कृष्ण छिद्र (Black hole) एक ऐसा खगोलीय अस्तित्व है जिसे दूरबीन से देखा नहीं जा सकता।

कारण (R) : कृष्ण छिद्र पर गुरूत्वीय क्षेत्र इतना प्रबल होता है कि यह प्रकाश को भी बच निकलने नहीं देता।

कूटः

(a) A और R दोनों सही हैं और R, A का सही स्पष्टीकरण है।
(b) A और R दोनों सही हैं परंतु R, A का सही स्पष्टीकरण नहीं है।
(c) A सही है परन्तु R गलत है।
(d) A गलत है परंतु R सही है।

59. यद्यपि भारत की जनसंख्या विस्मयकारक गति से बढ़ रही है किंतु पक्षियों की संख्या तेजी से घट रही है क्योंकि-

1. शिकारियों की संख्या में असाधारण वृद्धि हुई है।
2. जैविक कीटनाशक तथा जैविक उर्वरक का बड़े पैमाने पर उपयोग हो रहा है।
3. पक्षियों के वास स्थानों में बड़े पैमाने पर कटौती हुई है।
4. कीटनाशक, उर्वरक तथा मच्छर भगाने वाली दवाओं का बड़े पैमाने पर उपयोग हो रहा है।

नीचे दिए गए कूट से सही उत्तर का चयन कीजिए:

(a) 1 तथा 2
(b) 2 तथा 3
(c) 3 तथा 4
(d) 1 तथा 4

60. शल्य क्रिया में आर्थोप्लास्टी क्या है ?

(a) ओपेन हार्ट सर्जरी
(b) दुर्गा प्रत्यारोपण
(c) कूल्हे के जोड़ का प्रतिस्थापन
(d) रूधिर आदान

61. सूची-I को सूची-II से सुमेलित कीजिए तथा सही उत्तर सूची के नीचे दिये गये कूट से चुनिए-

सूची-I	**सूची-II**
A. त्रिशूल	1. एंटी टैंक प्रक्षेपास्त्र
B. पृथ्वी	2. माध्यमिक परास प्राक्षेपिक निकाय
C. अग्नि	3. लघु परास सतह से वायु प्रक्षेपास्त्र
D. नाग	4. सतह से सतह प्रक्षेपास्त्र

कूटः

	A	B	C	D
(a)	1	2	3	4
(b)	4	3	2	1
(c)	3	4	2	1
(d)	2	1	4	3

62. निम्नलिखित कथनों पर विचार कीजिए-

1. तंतु प्रकाशिकी (Fiber optics) पूर्ण आंतरिक परावर्तन सिद्धांत पर आधारित है।
2. प्रकाशिक तंतु संचार तंत्र में ऊर्जा उपभोग अत्यधिक कम होता है।
3. प्रकाशित तंतु संचार रेडियो आवृत्ति अवरोध से मुक्त है।
4. भारत में प्रकाशित तंतु के निर्माण में रिलायंस उद्योग समूह सम्बद्ध है।

इन कथनों में से कौन सही है ?

(a) 1, 2 और 3 (b) 1, 2 और 4
(c) 1, 3 और 4 (d) 2, 3 और 4

63. सूची-I को सूची-II से सुमेलित कीजिए तथा सही उत्तर सूची के नीचे दिये गये कूट से चुनिए-

सूची-I (रेडियो समस्थानिक)	**सूची-II** (निदानात्मक उपयोग)
A. आर्सेनिक-74	1. थॉयरॉयड ग्रंथि की सक्रियता
B. कोबाल्ट-60	2. रक्त व्यतिक्रम
C. आयोडीन-131	3. ट्यूमर
D. सोडियम-24	4. कैंसर

कूटः

	A	B	C	D
(a)	1	2	3	4
(b)	4	3	2	1
(c)	3	4	2	1
(d)	4	3	2	1

64. कौन सा हार्मोन 'लड़ो या उड़ो' हार्मोन कहलाता है ?

(a) इंसुलिन (b) एड्रीनेलीन
(c) एस्ट्रोजेन (d) ऑक्सीटोसिन

65. निम्नलिखित युग्मों में से कौन-सा सुमेलित नहीं है ?

(a) फुलरीन्स — फ्लोरीनयुक्त कार्बनिक यौगिक
(b) शुष्क बर्फ — ठोस कार्बन डाइऑक्साइड
(c) कैराटिन — मानव त्वचा के बाहरी परत में पाया जाने वाला प्रोटीन
(d) मस्टर्ड गैस — रासायनिक युद्ध में प्रयुक्त होने वाला विषैला द्रव

66. निम्नलिखित में से कौन, जैव उर्वरक के रूप में प्रयुक्त होते हैं ?

1. एजोला 2. नील हरित शैवाल
3. अल्फा-अल्फा 4. नाइट्रोलिम

निम्न में से सही उत्तर का चयन कीजिए-

(a) 2 तथा 4 (b) 1, 2 तथा 4
(c) 2, 3 तथा 4 (d) 1, 2 तथा 3

67. निम्नलिखित में से कौन-सा युग्म सुमेलित नहीं है ?

(a) मेसान की खोज — डिहेकी गुकाया
(b) पॉजीट्रॉन की खोज — सी. डी. एंडरसन एवं यू.एफ. हेस
(c) सूर्य तथा तारों में ऊर्जा उत्पादन का सिद्धांत — एच.ए. बेथे
(d) परायूरेनियम तत्वों का संश्लेषण — एनरिको फर्मी

68. निम्नांकित कथनों पर विचार कीजिये-

1. टेपलॉन तथा डेक्रॉन बहुलक है।
2. नियोप्रीन संश्लोषित रबड़ है।
3. पालिथीन, पालिएथिलीन बहुलक है।
4. प्राकृतिक रबड़ क्लोरोपिन है।

उपर्युक्त कथनों में से कौन सही है ?

(a) 1, 2 तथा 3 (b) 1, 2 तथा 4
(c) 2, 3 तथा 4 (d) 1, 3 तथा 4

69. भूमंडलीय उष्णता के परिणाम स्वरूप-

1. विश्व में संपर्क बेहतर हो गये
2. हिमनद पिघलने लगे
3. समय से पूर्व आम में बौर आने लगी
4. स्वास्थ्य पर कुप्रभाव पड़ा

इन कथनों में से कौन-कौन से सही हैं-

(a) 1, 2 तथा 4 (b) 2, 3 तथा 4
(c) 1, 2 तथा 4 (d) 1, 3 तथा 4

70. कथन (A) : जब कोई जहाज नदी से निकलकर सागर में प्रवेश करता है तो वह कुछ उपर उठ जाता है।

कारण (R) : सागर के जल का घनत्व नदी के जल के घनत्व से अधिक है।

कूटः

(a) A और R दोनों सही हैं और R, A का सही स्पष्टीकरण है।
(b) A और R दोनों सही हैं परंतु R, A का सही स्पष्टीकरण नहीं है।
(c) A सही है परन्तु R गलत है।
(d) A गलत है परंतु R सही है।

71. कलारीप्पेयट (Kalarippayatt) है-

1. शारीरिक क्षमता बढ़ाने हेतु एक युद्ध कला प्रणाली
2. गठिया तथा अस्थि संबंधी व्याधियों को दूर करने की क्रिया
3. प्राचीन भारत में प्रचलित एक चित्रकला
4. आदिवासियों के एक नृत्य का नाम

नीचे दिए गए कूट से सही उत्तर का चयन कीजिए-

(a) 1 तथा 2 (b) 1 तथा 3
(c) 2 तथा 3 (d) 1 तथा 4

72. सूची-I को सूची-II से सुमेलित कीजिए तथा सही उत्तर सूची के नीचे दिये गये कूट से चुनिए-

सूची-I (राज्य)	**सूची-II (अणु शक्ति केंद्र)**
A. गुजरात	1. नरोरा
B. कर्नाटक	2. ककरापार
C. राजस्थान	3. रावतभाटा
D. उत्तर प्रदेश	4. कैगा

कूटः

	A	B	C	D
(a)	1	2	3	4
(b)	4	3	2	1
(c)	2	4	3	1
(d)	4	2	1	3

73. चन्द्रमा के धरातल पर दो व्यक्ति एक-दूसरे की बात नहीं सुन सकते क्योंकि-

(a) चंद्रमा पर उनके कान काम करने बंद कर देते हैं।
(b) चंद्रमा पर वायुमंडल नहीं है।
(c) चंद्रमा पर वे विशेष प्रकार के अंतरिक्ष सूट पहने रहते हैं।
(d) चंद्रमा पर ध्वनि बहुत ही मंद गति से चलती है।

74. भारतीय नौसेना की 'सी-बर्ड परियोजना' का संबंध है-

(a) जहाज आधारित एक ऐसे प्रक्षेपास्त्र के विकास से जो खुले सागर में किसी भी लक्ष्य को भेद सकता है।

(b) वायुयान वाहक पोत के निर्माण से
(c) अति द्रुतगामी टॉरपीडो जहाजों के विकास में
(d) मुंबई नौ-सैनिक बेड़े के अधिकांश भाग को कारवाड स्थानांतरण से

75. जैव-वासिकी (Bionomics) के संबंध में निम्नलिखित कथनों में से कौन-से सही हैं?
1. इसका शाब्दिक अर्थ है 'जीवन का प्रबंधन'
2. यह पारिस्थितिकी का पर्याय है।
3. यह प्राकृतिक तंत्रों के मूल्य पर बल देता है जो मानव तंत्रों को प्रभावित करते हैं।

कूट:
(a) केवल 1 (b) 1 और 2
(c) 2 और 3 (d) 1, 2 और 3

76. वायुयानों के टायरों को फुलाने के लिए उपयुक्त की जानी वाली गैस है-
(a) हाइड्रोजन (b) हीलियम
(c) नाइट्रोजन (d) आर्गन

77. प्रकाश का रंग निर्भर करता है-
(a) तीव्रता पर (b) तरंगदैर्घ्य पर
(c) आवृत्ति पर (d) इनमें से कोई नहीं

78. चार भारतीय अंतरिक्ष प्रोग्रामों के कार्यान्वयन का सही कालानुक्रम है-
(a) TERLS — SITE — STEP — APPLE
(b) APPLE — STEP — SITE — TERLS
(c) SITE — STEP — TERLS — APPLE
(d) TERLS — APPLE — STEP — SITE

79. कच्ची चीनी को रंग विहीन करने के लिए जो चारकोल प्रयुक्त किया जाता है, वह है-
(a) लकड़ी का चारकोल
(b) पशु चारकोल
(c) नारियल चारकोल
(d) उपरोक्त सभी

80. जल की अस्थायी तथा स्थायी दोनों प्रकार की कठोरतायें दूर की जा सकती है-
(a) उबाल पर (b) छान कर
(c) आसवन कर (d) निथार कर

81. 'कूचुक' किस पदार्थ का स्रोत है?
(a) रबड़ (b) जैव ईंधन
(c) मॉर्फिन (d) कोडीन

82. सूची-I को सूची-II से सुमेलित कीजिए तथा सही उत्तर सूची के नीचे दिये गये कूट से चुनिए-

सूची-I (विटामिन)	सूची-II (बीमारियां)
A. K	1. बेरी-बेरी
B. D	2. नवजात शिशु की रक्त संबंधित बीमारी
C. B	3. रतौंधी
D. A	4. सूखा रोग

कूट:

	A	B	C	D
(a)	3	2	4	1
(b)	1	2	4	3
(c)	3	1	4	2
(d)	3	4	1	2

83. निम्न कथनों पर विचार कीजिए-
कथन (A): स्टेम सेल अनुसंधान अत्यंत महत्वपूर्ण हो गया है स्टेम कोशिकाओं की वृहद क्षमताओं को देखते हुए।
कारण (R): स्टेम सेलों से एक संपूर्ण भ्रूण का निर्माण हो सकता है।

कूट:
(a) A और R दोनों सही हैं और R, A का सही स्पष्टीकरण है।
(b) A और R दोनों सही हैं परंतु R, A का सही स्पष्टीकरण नहीं है।
(c) A सही है परन्तु R गलत है।
(d) A गलत है परंतु R सही है।

84. रडार का प्रयोग किया जाता है-
(a) प्रकाश तरंगों द्वारा वस्तुओं का पता लगाने के लिए।
(b) ध्वनि तरंगों को परावर्तित करके वस्तुओं का पता लगाने के लिए।
(c) रेडियो तरंगों द्वारा वस्तुओं की उपस्थिति और स्थिति ज्ञात करने के लिए।
(d) वर्षा के जल भरे बादलों का पीछा करने (ट्रैक करने) के लिए।

85. यदि चन्द्रमा की सतह से एक शैल पृथ्वी पर लाया गया है, तो-
(a) इसके द्रव्यमान में परिवर्तन हो जायेगा।
(b) इसके भार में परिवर्तन होगा परंतु द्रव्यमान में नहीं।
(c) द्रव्यमान एवं भार दोनों में परिवर्तन होगा।
(d) द्रव्यमान एवं भार दोनों समान रहेंगे।

86. माचिस बनाने में निम्न मुख्य वस्तुओं (एलीमेन्ट्स) में से किसका प्रयोग किया जाता है?
(a) ग्रेफाइट (b) फास्फोरस
(c) सिलीकन (d) सोडियम

87. निम्नलिखित युग्मों में कौन सुमेलित नहीं है ?

(a) एपीकल्चर — शहद की मक्खी
(b) सेरीकल्चर — सिल्क वर्म
(c) पिसीकल्चर — लाख का कीड़ा
(d) हॉर्टीकल्चर — फूल

88. मानव हार्मोन 'इन्सुलिन' उत्पन्न होता है–

(a) यकृत में (b) अग्न्याशय में
(c) गुर्दे में (d) पिट्यूटरी में

89. मस्तिष्क तथा मेरूरज्जु पर चढी झिल्ली में सूजन आ जाने से होने वाला रोग है–

(a) ल्यूकीमिया (b) पैरालिसिस
(c) स्क्लेरोसिस (d) मेनेन्जाइटिस

90. ध्वनि निम्न प्रकार से चलती है–

(a) अनुप्रस्थ तरंगों की तरह
(b) अनुदैर्ध्य तरंगों की तरह
(c) अप्रगामी तरंगों की तरह
(d) उपरोक्त में से कोई नहीं

91. सूची-I को सूची-II से सुमेलित कीजिए तथा सही उत्तर सूची के नीचे दिये गये कूट से चुनिए–

सूची-I	सूची-II
A. तरंगदैर्घ्य	1. हर्ट्ज
B. ऊर्जा	2. आंगस्ट्राम
C. ध्वनि की तीव्रता	3. जूल
D. आवृत्ति	4. डेसिबल

कूट:

	A	B	C	D
(a)	2	3	4	1
(b)	1	2	3	4
(c)	2	3	1	4
(d)	2	1	3	4

92. प्रदूषकों को उनके दीर्घ-कालीन प्रभाव के साथ दिए गए कूट की सहायता से सुमेलित कीजिए–

प्रदूषक	प्रभाव
A. कार्बन मोनो-ऑक्साइड	1. लीवर और किडनी की क्षति
B. नाइट्रोजन के ऑक्साइड	2. कैन्सर
C. धूल कण	3. श्वास संबंधी रोग
D. सीसा	4. केंद्रीय नर्वस सिस्टम

कूट:

	A	B	C	D
(a)	2	3	4	1
(b)	4	3	2	1
(c)	1	2	3	4
(d)	3	4	1	2

93. सूची-I को सूची-II से सुमेलित कीजिए तथा सही उत्तर सूची के नीचे दिये गये कूट से चुनिए–

सूची-I	सूची-II
A. स्टैथोस्कोप	1. प्रकाश की तीव्रता मापने के लिए
B. स्फिग्नोमैनोमीटर	2. सोने की शुद्धता पता लगाने के लिए
C. कैरेटोमीटर	3. हृदय की ध्वनि सुनने के लिए
D. लक्स मीटर	4. रक्त चाप मापने के लिए

कूट:

	A	B	C	D
(a)	1	2	3	4
(b)	4	3	2	1
(c)	3	4	2	1
(d)	2	1	4	3

94. एटम बम के सिद्धांत का आधार होता है–

(a) नाभिकीय विखंडन
(b) नाभिकीय संलयन
(c) नाभिकीय समुत्खंडन
(d) इनमें से कोई नहीं

95. इलेक्ट्रॉन वोल्ट इकाई होती है–

(a) ऊर्जा की
(b) इलेक्ट्रॉन के आवेश की
(c) विभवान्तर की
(d) शक्ति की

96. निम्नलिखित में से कौन-सा रोग एक विषाणु द्वारा होता है ?

(a) डिफ्थीरिया
(b) मलेरिया
(c) हैजा
(d) हेपेटाइटिस

97. बॉक्साइट एक अयस्क है–

(a) एल्यूमिनियम का
(b) बोरॉन का
(c) सीसा का
(d) चांदी का

98. भारतीय अंतरिक्ष प्रक्षेपण केंद्र श्री हरिकोटा स्थित है–

(a) आंध्र प्रदेश में (b) कर्नाटक में
(c) तमिलनाडु में (d) उड़ीसा में

99. हेपेटाइटिस रोग से मनुष्य शरीर का सीधा प्रभावति होने वाला अंग है–

(a) यकृत (लीवर) (b) फेफड़ा
(c) हृदय (d) मस्तिष्क

100. सूची-I को सूची-II से सुमेलित कीजिए तथा सही उत्तर सूची के नीचे दिये गये कूट से चुनिए-

सूची-I	सूची-II
A. पक्षी जो कभी अपना घोसला नहीं बनाता	1. छिपकली
B. जीव जो अपनी पूंछ त्याग देता है	2. चिम्पैंजी
C. सबसे अधिक काल तक जीवित रहने वाला जीव	3. कोयल
D. सर्वाधिक बुद्धिमान जानवर	4. नीली व्हेल

कूट:

	A	B	C	D
(a)	1	2	3	4
(b)	3	1	4	2
(c)	4	3	2	1
(d)	1	3	2	4

उत्तरमाला

1. (c)	**2.** (c)	**3.** (c)	**4.** (b)	**5.** (b)	**6.** (a)	**7.** (c)	**8.** (b)	**9.** (a)	**10.** (c)
11. (a)	**12.** (d)	**13.** (b)	**14.** (c)	**15.** (d)	**16.** (c)	**17.** (b)	**18.** (b)	**19.** (c)	**20.** (a)
21. (d)	**22.** (b)	**23.** (c)	**24.** (c)	**25.** (b)	**26.** (a)	**27.** (d)	**28.** (d)	**29.** (a)	**30.** (d)
31. (a)	**32.** (a)	**33.** (c)	**34.** (c)	**35.** (a)	**36.** (b)	**37.** (b)	**38.** (d)	**39.** (d)	**40.** (b)
41. (b)	**42.** (a)	**43.** (d)	**44.** (d)	**45.** (c)	**46.** (b)	**47.** (a)	**48.** (b)	**49.** (b)	**50.** (c)
51. (d)	**52.** (a)	**53.** (a)	**54.** (c)	**55.** (a)	**56.** (a)	**57.** (d)	**58.** (a)	**59.** (c)	**60.** (c)
61. (c)	**62.** (b)	**63.** (c)	**64.** (b)	**65.** (a)	**66.** (b)	**67.** (d)	**68.** (a)	**69.** (b)	**70.** (a)
71. (a)	**72.** (c)	**73.** (b)	**74.** (d)	**75.** (d)	**76.** (b)	**77.** (b)	**78.** (a)	**79.** (b)	**80.** (c)
81. (c)	**82.** (a)	**83.** (a)	**84.** (c)	**85.** (b)	**86.** (b)	**87.** (c)	**88.** (b)	**89.** (d)	**90.** (b)
91. (a)	**92.** (c)	**93.** (c)	**94.** (a)	**95.** (a)	**96.** (d)	**97.** (a)	**98.** (a)	**99.** (a)	**100.** (b)

व्याख्यात्मक हल

1. (c) आधुनिक चिकित्सा जगत में नाभिकीय औषधियां एक नवीन प्रयोग है जो अनेक जटिल एवं खतरनाक बीमारियों के निदान में अत्यंत ही कारगर सिद्ध हुई है। इसमें रेडियो आइसोटोप्स जैसे-कोबाल्ट 60, क्रोमियम 51, गैलियम 67, आयोडीन 131 आदि का प्रयोग किया जाता है। कोबाल्ट 60 का प्रयोग कैंसर के उपचार में, आयोडीन 131 का उपयोग थाइराइड्स संबंधी रोगों के उपचार में किया जाता है।

2. (c) ड्राप्सी एक जानलेवा बीमारी है जिसके कारण मनुष्य के शरीर में सूजन आ जाता है एवं व्यक्ति को सांस लेने में भी परेशानी होती है। यह सरसों के तेल में आर्जीमोन मैक्सिकाना (प्रिक्ली पॉपी) के तेल के मिलावट के कारण होता है। इसमें पाया जाने वाला सेग्यूरेनीन रक्त का थक्का जमा देता है जिससे रक्त के मुख्य अंश पायरोविक अम्ल कार्य करना बंद कर देता है। सरसों तेल में मिलावट की जांच नाइट्रिक अम्ल के द्वारा की जाती है।

3. (c) लोहा वायुमंडल में व्याप्त आद्रर्ता से संयोग कर भूरे रंग के पाउडर (लौह ऑक्साइड) का निर्माण करता है जिसे जंग कहते हैं। लोहे में जंग लगने पर उसके भार में वृद्धि हो जाती है। जबकि रेगिन एवं टेनिन पौधों द्वारा स्रावित होने वाले पदार्थ हैं।

4. (b)

इकोलॉजी	—	पर्यावरण एवं उसके संतुलन का अध्ययन
जेनटिक्स	—	जीवों के वंशगति का अध्ययन
आर्निथोलॉजी	—	पक्षियों एवं उनके जीवन का अध्ययन
जीवाश्म	—	पेलियो बायोलाजी

5. (b) जैव विविधता उष्ण कटिबंधीय क्षेत्रों में सर्वाधिक पायी जाती है। जैव विविधता के अंतर्गत विभिन्न प्रकार के पेड़-पौधों, जीव-जंतुओं एवं उनके पर्यावरण का अध्ययन किया जाता है। जैव विविधता वाले ये क्षेत्र भारत, चीन, म्यांमार, दक्षिण पश्चिमी एशिया एवं उत्तरी एवं दक्षिणी अमेरिका है।

6. (a) विद्युत शक्ति गृह में उत्पादित विद्युत क्षमता मापन के लिए मेगावाट मानक का प्रयोग किया जाता है।

9. (a) मनुष्य की श्रव्य सीमा 20 हर्ट्ज से लेकर 20,000 हर्ट्ज तक होती है। 20 हर्ट्ज से कम की ध्वनि (अवश्रव्य ध्वनि) एवं 20,000 हर्ट्ज से अधिक की ध्वनि (पराश्रव्य ध्वनि) को मनुष्य नहीं सुन सकता है। चमगादड़ पराश्रव्य ध्वनि तरंगें उत्पन्न करते हैं जो उनके सामने उपस्थित बाधा से टकराकर उससे परावर्तित होते हैं एवं बाधा उपस्थिति का ज्ञान कराते हैं।

10. (c) माचिस के निर्माण में लाल फास्फोरस का प्रयोग किया जाता है। मैगनीज डाईआक्साइड एवं अमोनियम क्लोराइड का प्रयोग शुष्क सेल के निर्माण में करते हैं। परमाणु बम के निर्माण में यूरेनियम 238 प्रयुक्त होता है। संचायक सेलों के निर्माण में सल्फ्यूरिक अम्ल H_2SO_4 का उपयोग किया जाता है।

11. (a) आकाश का नीला रंग सूर्य प्रकाश में उपस्थित रंगों (बै. नी. आ. ह. पि. ना. ला.) में सर्वाधिक कम तरंगदैर्घ्य वाले नीले के प्रकीर्णन के कारण होता है। प्रकीर्णन की यह घटना वायुमंडल में उपस्थित धूलकणों की उपस्थिति के कारण संभव होती है।

12. (d) वायुमंडल का महत्वपूर्ण परत आयन मंडल (80 किमी. से 640 किमी.) उसमें उपस्थित रेडियो तरंगों के विक्षेपण के लिए प्रसिद्ध है।

ओज़ोन मंडल या मध्य मंडल (32 किमी. से 80 किमी.)-ओज़ोन गैस की विशेष परत के लिए प्रसिद्ध है जो सूर्य से आने वाली पराबैंगनी किरणों को अवशोषित करती है।

समताप मंडल (13 से 32 किमी.) इसमें निरंतर ताप समान रहता है। जिससे इसमें आंधी, तूफान नहीं आते हैं। यही कारण है कि इससे रॉकेट और जेट विमानों का संचालन किया जाता है।

अधो मंडल (धरातल से 12 किमी.) यह पृथ्वी की धरातल के संपर्क का वायुमंडलीय भाग है जिसमें विभिन्न गैसें पायी जाती हैं।

13. (b) वृक्क शरीर का एक विशेष अंग है जो रक्त की सफाई का कार्य करता है। व्यक्ति के मूत्र में एल्ब्यूमिन आने से मूत्र का रंग लाल हो जाता है। यह व्यक्ति के वृक्क में इन्फेक्सन या फेल हो जाने के कारण होता है।

14. (c) पारिस्थितिकी तंत्र का सर्वप्रथम प्रयोग टान्सली नामक वैज्ञानिक ने 1935 ई. में किया था। इसके चार महत्वपूर्ण चरण हैं-क्षीणता, आक्रमण, स्थानांतरण और प्रतिस्प्रर्द्धा।

पारिस्थितिक-जीव जगत एवं वनस्पति जगत एवं पर्यावरण का संतुलित समायोजन है। इसका सर्वप्रथम प्रयोग 1869 ई. में हैकल महोदय ने किया था।

15. (d) धूम कोहरा-वायुमंडल का जलवाष्प तापमान के कम होने पर वायु में उपस्थित धूलकणों पर द्रवीभूत होकर कोहरा का रूप ले लेता है। जाड़े के दिनों में कोहरा अत्यधिक दिखाई पड़ता है। वायुमंडल का कार्बन या धुआं इससे संयुक्त होम धूम कोहरा निर्मित करता है।

19. (c)

वाट	—	शक्ति
नॉट	—	समुद्री जहाज की गति
नाटिकल झील	—	नौसंचालन
कैलोरी	—	ऊष्मा

21. (d) विटामिन से ऊर्जा नहीं मिलती बल्कि यह शरीर में चलने वाले उपाचय में आसंजक के रूप में कार्य करता है। यह ऊतकों में एन्जाइम का निर्माण करता है जो कोशिकाओं और ऊतकों में पोषक तत्वों को परिवर्तित करने में मदद करता है।

22. (b)

पृथ्वी	—	सतह से सतह तक प्रक्षेपास्त्र
त्रिशूल	—	सतह से वायु तक प्रक्षेपास्त्र
पिनाका	—	बहुनाली राकेट प्रणाली
निशांत	—	युद्ध क्षेत्र के निरीक्षण हेतु दूरस्थ चालितयान

23. (c) समुद्र के जल में नदी के जल की अपेक्षा लवण पर्याप्त मात्रा में रहता है। फलस्वरूप नदी के जल की अपेक्षा इसके जल का घनत्व अधिक होता है। व्यक्ति अधिक घनत्व वाले जल में आसानी से तैर सकता है क्योंकि अपने भार को संतुलित करने के लिए नदी के जल की अपेक्षा समुद्र के जल को अल्प मात्रा में ही विस्थापित करना पड़ता है।

25. (b)

वाशिंग सोडा	—	सोडियम कार्बोनेट
कास्टिक सोडा	—	सोडियम हाइड्राक्साइड
नीला थोथा	—	कापर सल्फेट
हाइपो	—	सोडियम थायोसल्फेट

26. (a) पारा अपारदर्शी और चमकदार होने के कारण केश नली मे आसानी से देखा जा सकता है। इसमें गर्मी और ठंडक के कारण समान प्रसार और समान संकुचन होता है। इसे गर्म करने के लिए अधिक ताप की आवश्यकता नहीं होती। इसकी सहायता से 357ºC तक का तापक्रम मापा जा सकता है इसके साथ ही यह थर्मामीटर के भीतरी दीवार में नहीं सटता इन्हीं सब कारणों से थर्मामीटर में पारे का उपयोग किया जाता है।

27. (d)

ऊष्मा तथा विद्युत का सर्वोत्तम संचालक	—	चांदी
सबसे अधिक मात्रा में पाई जाने वाली धातु	—	एल्युमीनियम
सबसे अधिक लचीली धातु	—	स्वर्ण
ऊष्मा का न्यूनतम संचालक	—	सीसा

29. (a) जल का क्वथनांक वायुमंडलीय दाब पर निर्भर करता है। वायु का दबाव बढ़ जाने पर क्वथनांक बढ़ जाता है और दबाव घट जाने पर क्वथनांक कम हो जाता है। प्रेसर कूकर में वायु का दबाव बढ़ जाने के कारण क्वथनांक बढ़ जाता है और अधिक क्वथनांक पर भोजन जल्दी तैयार हो जाता है।

30. (d) विटामिन B और C जल में घुलनशील है जबकि अन्य सभी विटामिन्स वसा में घुलनशील हैं।

32. (a) फुलरीन्स ग्रेफाइट तथा हीरा के बाद कार्बन का तीसरा अपरूप है। इसकी खोज 1985 में ब्रिटेन के वैज्ञानिक हैराल्ड क्रोटो और अमेरिकी वैज्ञानिक रिचर्ड स्मैलो द्वारा की गई थी। इनका उपयोग औद्योगिक रासायनिक क्रिया में उत्प्रेरक एवं बैटरियों के इलेक्ट्रोड बनाने में किया जा सकता है।

33. (c)

आर्सेनिक 74	—	ट्यूमर
कोबाल्ट 60	—	कैंसर
आयोडीन 131	—	थायराइड ग्रंथि सक्रियता
सोडियम 24	—	रक्त व्यतिक्रम

35. (a) निकट दृष्टि दोष से पीड़ित व्यक्ति अपने पास की वस्तुएं तो स्पष्ट रूप से देख लेता है, लेकिन एक निश्चित दूरी से अधिक दूरी पर रखी वस्तुएं स्पष्ट नहीं देख पाता। इस दृष्टि की स्थिति में नेत्रगोलक लंबा हो जाता है। फलस्वरूप बहुत दूर स्थित वस्तु किसी बिंदु से करीब-करीब समान्तर किरणें दृष्टि पटल के सामने फोकस हो जाती हैं। इस दृष्टि दोष को दूर करने के लिए अवतल लेन्स का प्रयोग किया जाता है।

38. (d) मोडेम एक ऐसी युक्ति है जो आंकड़ों को आवेगों में परिवर्तित करती है तथा उन्हें टर्मिनल से कम्प्यूटर को और कम्प्यूटर से टर्मिनल को टेलीफोन लाइन पर सम्प्रेषित करती है।

39. (d) एजोबैक्टर को जैव कीटनाशी के रूप में नहीं बल्कि जैव उर्वरक के रूप में उपयोग किया जाता है। स्वतंत्र जीवन यापन करते हुए नाइट्रोजन यौगीकरण करने वाले जीवाणुओं में एजोबैक्टर का महत्वपूर्ण स्थान है। ये जीवाणु दलहनी फसलों के अतिरिक्त गैर दलहनी फसलों में भी नाइट्रोजन स्थिरीकरण में महत्वपूर्ण भूमिका निभाता है।

40. (b)

रेटिनाल	—	नेत्र सूत्र का लाल होना
टोकोफेराल	—	बन्ध्यता
साइनो कोबालामीन	—	घातक रक्ताल्पता
पायराडॉक्सिन	—	मानसिक व्याधि

41. (b) थोरियम भारत के केरल राज्य में प्रचुर मात्रा में पाया जाता है। इसका उपयोग परमाणु ईंधन के रूप में किया जाता है। थोरियम की उपलब्धता के कारण भारत में परमाणु ऊर्जा के विकास की असीम संभावनायें हैं।

43. (d) जल मंडल से आशय पृथ्वी की उस परत से है जो पृथ्वी की सतह पर महासागरों, झीलों, नदियों और अन्य जलाशयों के रूप में फैली है। इस मंडल की विशेषता यह है कि यह पृथ्वी पर जीवन को संभव बनाये हुए है। पृथ्वी की सतह के संपूर्ण क्षेत्र के 71% भाग पर जल का विस्तार है।

45. (c) समताप मंडल के निचले भाग में 20-35 किमी. की ऊँचाई पर ओज़ोन मंडल पाया जाता है ओज़ोन गैस में आक्सीजन के तीन अणु पाये जाते हैं। ये गैसें पृथ्वी के लिए रक्षा आवरण का काम करती है क्योंकि ओज़ोन द्वारा सूर्य से आने वाली तीन पराबैंगनी किरणों का अवशोषण कर लिया जाता है और पृथ्वी इसके हानिकारक प्रभाव से बच जाती है।

46. (b) प्रोटीन और कार्बोहाइड्रेट्स में प्रति ग्राम 4 कैलोरी ऊर्जा प्राप्त होती है जबकि वसा के प्रति 5 ग्राम के उपभोग से 9 कैलोरी ऊर्जा प्राप्त होती है। वसा ऊतकों का निर्माण करती है। कार्बोहाइड्रेट की भांति वसा भी आक्सीजन और हाइड्रोजन का कार्बनिक यौगिक है।

47. (a) एलीजा परीक्षण का उपयोग एड्स वायरस की प्रारंभिक जांच हेतु किया जाता है। एलीसा उपकरण में एक प्लेट होती है जिसमें कई जगह खाली होते हैं। इन जगहों में रक्त की जांच से पहले रासायनिक पदार्थ डाला जाता है। यदि रक्त में HIV पाजिटिव है तो रोगों के रक्त का रंग बदल दिया जाता है यदि एलीजा परीक्षण द्वारा एड्स की संभावना व्यक्त की जाती है तो पुष्टि के लिए वेस्टर्न प्लान्ट परीक्षण किया जाता है।

49. (b) क्लोरोफ्लोरो कार्बन का कई औद्योगिक उत्पाद जैसे रेफ्रिजरेटर, एअर कंडीशनर, अग्निशमन पदार्थों अनेक तरह के परफ्यूम आदि में प्रयोग किया जाता है। यह हल्की गैस होने के कारण जब वायुमंडल में पहुंचती है तो पराबैंगनी किरणें इसे तोड़ देती हैं और इससे मुक्त क्लोरीन व ओज़ोन परत के लिए घातक होती है। इसके साथ-साथ ग्रीन हाउस प्रभाव के लिए भी ये उत्तरदायी होती है।

50. (c) शुष्क बर्फ — ठोस कार्बन डाईऑक्साइड
जीन थिरेपी — रक्त रोगों का उपचार
क्रायोनिक्स — पुर्नजीवित करने हेतु जीवित पिंडों का जमन
कोबाल्ट-60 — कैंसर का उपचार

52. (a) भूकंपों की तीव्रता रिएक्टर पैमाने पर मापी जाती है। इसे 1935 में अमेरिकी भूवैज्ञानिक द्वारा विकसित किया गया था इसके अन्दर 1-9 तक संख्यायें होती हैं। इसके अंदर हर आगे वाली संख्या पीछे वाली संख्या के 10 गुने भूकंपीय परिमाण को प्रदर्शित करती है।

54. (c) डाथम-5 पार्क औद्योगिक केंद्र है जो हीरों सिन्थेटिक जवाहरातों तथा आभूषणों के निर्माण और निर्यात को प्रोत्साहित करने के लिए बनाये गये हैं।

61. (c) त्रिशूल — लघु परास सतह से वायु प्रक्षेपास्त्र
पृथ्वी — सतह से सतह प्रक्षेपास्त्र
अग्नि — माध्यमिक परास प्राक्षेपिक निकाय
नाग — एंटी टैंक प्रक्षेपास्त्र

63. (c) आर्सेनिक 74 — ट्यूमर
कोबाल्ट 60 — कैंसर
आयोडीन 131 — थायराइड ग्रंथि
सोडियम — रक्त व्यतिक्रम

64. (b) एड्रिनल ग्रंथि मनुष्य के शरीर में होने वाले अन्त: स्त्रावों को बहुत हद तक प्रभावित करती है। यह कार्टिकोस्टेराइड और एपिनफ्रीन हार्मोन साव्रित करती है। एपिनफ्रीन हार्मोन मांस पेशियों और यकृत में ग्लाइकोजन तथा श्वेतसार को खंडित करता है और यकृत में ग्लाइकोजन का निर्माण करता है। यह यौन प्रेरणाओं को भी प्रभावित करता है। भूख, प्यास, कष्ट आदि भावोत्तेजक स्थितियों में बहुत अधिक सक्रिय होने के कारण इसे लड़ो या उड़ो हार्मोन भी कहा जाता है।

72. (c) गुजरात — काकरापार
कर्नाटक — रावत भाटा
राजस्थान — कैगा
उत्तर प्रदेश — नरौरा

73. (b) चन्द्रमा पर वायुमंडल नहीं पाया जाता है। जबकि ध्वनि तरंगों के आवागमन के लिए माध्यम का होना आवश्यक है। यही कारण है कि चन्द्रमा पर दो व्यक्ति एक दूसरे की आवाज को नहीं सुन पाते।

74. (d) भारतीय नौसेना की महत्वाकांक्षी सी बर्ड परियोजना के पहले चरण के तहत पश्चिमी तट पर कर्नाटक के कारवाड में नौ सैनिक केंद्र की स्थापना की गई है। इसका नाम आईएनएस कदम्ब रखा गया है। पूर्णत: विकसित होने पर यह विश्व का नौवां सबसे बड़ा तथा एशिया का सबसे बड़ा नौसैनिक केंद्र होगा।

80. (c) जल की अस्थायी कठोरता कैल्शियम और मैग्नीशियम के बाईकार्बोनेट के कारण होती है। जल को उबाल देने पर ऐसी कठोरता दूर हो जाती है। जबकि स्थायी कठोरता कैल्शियम और मैग्नीशियम के क्लोराइड तथा सल्फर के कारण होती है। यह कठोरता मात्र जल के उबाल देने से दूर नहीं की जा सकती। इसके लिए साबुन विधि, सोडा विधि आदि विधियों का प्रयोग किया जाता है। जबकि आसवन विधि द्वारा दोनों प्रकार की कठोरता दूर की जा सकती है।

82. (a) K — नवजात शिशु की रक्त संबंधी बीमारी
D — सूखा रोग
B — बेरी-बेरी
A — रतौंधी

83. (a) स्टेम सेल वास्तव में शरीर के कच्चे माल की तरह कार्य करती है। लगभग 100 स्टेम कोशिकायें कुछ दिनों तक मानव भ्रूण में होती हैं। जो विशिष्ट अंगों के निर्माण क्षमता से परिपूर्ण होती हैं। इसके द्वारा मानव अंगों की समस्त प्रकार की कोशिकाओं जैसे रक्त, अस्थि, मस्तिष्क व अन्य कोशिकाओं की उत्पत्ति होती है। अर्थात रक्त स्तंभ कोशिका द्वारा विभिन्न अंगों का निर्माण किया जा सकता है।

84. (c) रडार (RADAR)—Radio detection and ranging का संक्षिप्त रूप है। इसका अर्थ है रेडियो संसूचना एवं सर्वेक्षण। इसका सिद्धांत प्रतिध्वनि (Echo) के सिद्धांत से मिलता-जुलता है। इसमें रेडियो प्रेषी Transmeter व अभिग्राही (Receiver) नामक दो यंत्र एक ही स्थान पर लगे होते हैं तथा इनका संबंध एरियल से होता है। प्रेषी व अभिग्राही भी एक दूसरे से जुड़े रहते हैं। प्रेषी से विद्युत चुंबकीय तरंगें उत्पन्न होकर अंतरिक्ष में जाती हैं तथा वायुयान आदि से टकराकर परावर्तित होकर प्रेषी में वापस लौट आती है तथा प्रेषी के साथ जुड़े ग्राही द्वारा ग्रहण कर ली जाती है। इससे वायुयान की उपस्थिति दिशा आदि का ज्ञान हो जाता है।

85. (b) चन्द्रमा भी पृथ्वी का एक उपग्रह है परंतु चंद्रमा पर भारहीनता नहीं है। इसका कारण यह है कि चंद्रमा का द्रव्यमान अधिक होने के कारण चन्द्रमा स्वयं अपने तल पर स्थित व्यक्ति पर एक आकर्षण बल लगाता है, जिसके कारण कुछ भार का अनुभव होता है जिसे चन्द्रमा पर व्यक्ति का भार कहते हैं। चन्द्रमा के g का मान पृथ्वी के g का 1/6 गुणा है। अत: चंद्रमा पर व्यक्ति का भार पृथ्वी पर के भार का 1/6 गुणा होता है।

86. (b) दियासलाई बनाने में लाल फास्फोरस और फास्फोरस डाइसल्फाइड (P_2S_3) का उपयोग होता है। निरापद दियासलाई बनाने में चीड़ की लकड़ी की सलाइयों के सिर पर पोटेशियम क्लोरेट रेडलेड एण्टिमनी सल्फाइड और गोंद का मिश्रण लगाया जाता है और डिब्बी पर (रगड़ने वाली सतह पर) लाल फास्फोरस, एण्टिमनी सल्फाइड कांच के चूर्ण और गोंद का मिश्रण लगाया जाता है।

87. (c)

एपीकलचर	—	शहद की मक्खी
सेरी कलचर	—	सिल्कवर्म
पीसीकलचर	—	मत्स्य-पालन
हार्टी कलचर	—	फूल

88. (b) इन्सुलिन अग्नाशय के एक भाग 'लैंगर हैंस की द्वीपिका'' के द्वारा स्रावित एक प्रकार का हार्मोन है जो रक्त में शर्करा की मात्रा को नियंत्रित करता है। इसकी खोज वैटिंग एवं वेस्ट ने 1921 में की थी। यह ग्लूकोज के उपापचय का नियमन करता है। इसके अल्प स्रावण से मधुमेह या डाइबिटीज नामक रोग हो जाता है। इसके अति स्रावण से हाइपोग्लाइसीमिया नामक रोग हो जाता है।

89. (d) मेनेन्जाइटिस वाइरस से फैलने वाली बीमारी है। इस रोग में मस्तिष्क प्रभावित होता है। इस रोग में रोगी को तेज बुखार आता है तथा बाद में बेहोशी भी होने लगती है। मस्तिष्क तथा मेरूरज्जु के ऊपर चढ़ी झिल्ली के नीचे रहने वाले द्रव सेरिब्रो स्पाइनल द्रव से संक्रमण होता है, कभी-कभी रोगी की मृत्यु भी हो जाती है।

90. (b) ध्वनि तरंगें अनुदैर्घ्य तरंगें होती हैं। इसकी उत्पत्ति वस्तुओं में कम्पन होने से होती है लेकिन सब प्रकार का कंपन ध्वनि उत्पन्न नहीं करता। जिन तरंगों की आवृत्ति लगभग 20 कंपनी प्रति सेकंड से 20,000 कंपन प्रति सेकंड के बीच होती है उनकी अनुभूति हमें अपने कानों द्वारा होती है और उन्हें हम सुन सकते हैं। जिन यांत्रिक तरंगों की आवृत्ति इस सीमा से कम या अधिक होती है उसके लिए हमारे कान सुग्राही नहीं है और हमें उनसे ध्वनि की अनुभूति नहीं होती है।

95. (a) इलेक्ट्रान वोल्ट ऊर्जा की इकाई होती है।

96. (d) हेपेटाइटिस या पीलिया विषाणु द्वारा होने वाला रोग है। हेपेटाइटिस दो प्रकार के होते हैं—संक्रामक हेपेटाइटिस (Type-A) तथा सीरम हेपेटाइटिस (Type-B)।

97. (a) ऐल्युमिनियम धातु का निष्कर्षण मुख्यतया बाक्साइड अयस्क से विद्युत अपघटन विधि द्वारा किया जाता है। बॉक्साइड के विद्युत अपघटन में क्रायोलाइट का उपयोग बॉक्साइट को कम ताप पर घुलाने हेतु किया जाता है। बाक्साइड का रासायनिक नाम हाइड्रेटेड एलुमिना है। ऐल्युमिनियम भूपर्पटी पर सर्वाधिक मात्रा में पायी जाने वाली धातु है।

98. (a) श्री हरिकोटा इसरो का प्रमुख प्रक्षेपण केंद्र है। जो आंध्र प्रदेश के पूर्वी तट पर स्थित है। इस केंद्र में भारतीय प्रक्षेपण यान के ठोस ईंधन राकेट के विभिन्न चरणों का पृथ्वी पर परीक्षण तथा प्रणोदक का प्रसंस्करण भी किया जाता है। इसको सतीश धवन अंतरिक्ष केंद्र नाम दिया गया है। इस केंद्र में अत्याधुनिक दूसरे लांचिग पैड का 5 मई, 2005 को राष्ट्रपति द्वारा उद्घाटन किया गया है।

99. (a) हेपेटाइटिस एक विषाणु जनित रोग है जिसके कारण व्यक्ति गंभीर रूप से पीलिया से ग्रस्त हो जाता है। हेपेटाइटिस के कारण उल्टी की शिकायत हो जाती है और लीवर सिरोसिस जैसी प्राण घातक बीमारी का सामना करना पड़ता है जिसमें यकृत बुरी तरह प्रभावित होता है। इसके कारण 'ग्रैस्टो इन्टेस्टाइनल' रक्त स्राव और कोमा की शिकायत होती है। हेपेटाइटिस रोग के लिए विभिन्न प्रकार के 7 विषाणु जिम्मेदार हैं, जिन्हें A, B, C, D, E व F नाम से जाना जाता है।